AYAKO GRAEFE • IKEBANA

Ayako Graefe

Ikebana

Geist und Schönheit japanischer Blumenkunst

p.machinery

Ayako Graefe

Ikebana • Geist und Schönheit japanischer Blumenkunst

Bibliografische Information der Deutschen Nationalbibliothek
Die Deutsche Nationalbibliothek verzeichnet diese Publikation in der Deutschen Nationalbibliografie; detaillierte bibliografische Daten sind im Internet über http://dnb.d-nb.de abrufbar.

Titelbild: Christof Eichler
Layout & Umschlaggestaltung:
global:epropaganda, Xlendi
Lektorat: Michael Haitel
Co-Verlag:
p.machinery • Maschinenliteratur • Menschenwerk
Michael Haitel, Ammergauer Str. 11, 82418 Murnau am Staffelsee

Herstellung & Verlag:
Books on Demand GmbH, Norderstedt

ISBN: 978 3 8391 4034 5

Vorwort

Ikebana ist eine Kunst, die sich ursprünglich in Japan entwickelt hat. Erst in den letzten Jahrzehnten fand sie immer mehr Anhänger in der westlichen Welt.

Dieses Buch soll einen Überblick über die wesentlichen Grundlagen des Ikebana vermitteln. Dabei habe ich Lehre und Methode verschiedener Ikebana-Schulen Japans berücksichtigt und Beispiele sowohl klassischer als auch moderner Stilrichtungen herangezogen, um so, unabhängig von einer bestimmten Schule, das eigentliche Wesen dieser Blumenkunst darzustellen.

»Ikebana« (wörtlich »lebende Blumen«) heißt sinngemäß etwa, Blumen zum Leben zu erwecken und ihnen ein neues Leben zu geben. Wenn der Ikebana-Künstler eine Blume oder eine andere Pflanze aus der Natur holt und sie in eine Vase steckt, erhält er sie nicht nur mit Wasser am Leben, sondern lässt sie als Teil eines Kunstwerks ein neues Leben beginnen und schenkt ihr ein schöneres Aussehen, als es ihr die Natur gegeben hatte. In anderen Worten: Ikebana ist eine schöpferische Tätigkeit, die mit Pflanzen eine Blumen-Skulptur entstehen lässt.

Ikebana ist eine erlernbare Kunst, und wer sie erlernt, findet sie auf jeder Stufe des Lernens auf eine neue Weise reizvoll. Wer einmal damit anfängt, entdeckt bald, dass es eine sehr viel Freude bringende und beglückende Tätigkeit ist. Man lebt mit der Welt der Pflanzen und lernt in ihr, neu zu sehen.

Ikebana hat auch eine handwerkliche Seite, und in den Jahrhunderten der intensiven Beschäftigung mit Blumen und Zweigen haben die Ikebana-Meister sie zu einer Fülle von Kunstgriffen entwickelt, um der Schönheit der Pflanzen zur vollen Entfaltung zu verhelfen.

Ikebana ist mehr als nur die Technik, dekorative Blumenarrangements zu gestalten. Der Weg des Ikebana ist anregend und tief mit der Natur und mit Philosophie verbunden. Durch eine Vertiefung des Verständnisses der Natur bereichert es das ganze Leben, und je weiter man diesen Weg beschreitet, desto mehr Reiz findet man an ihm.

Dieses Buch möchte Ihnen, lieber Leser, verstehen helfen, was Ikebana ist, und Sie zu einer eigenen, aktiven Beschäftigung mit dieser schönen Kunst anregen.

Ayako Graefe (Seiiku)
Ottobrunn bei München
Sommer 1982

Vorwort

zur Neuausgabe 2004

»Das Ikebana-Buch«, das 1982 beim Ulmer-Verlag in Stuttgart erschienen ist, hat sich bald zu einem Standardwerk entwickelt, das nicht nur von Ikebana-Freunden, sondern auch von Floristen und Japan-Liebhabern viel gelesen wurde. Leider ist das Buch seit einigen Jahren vergriffen. Es ist mir deshalb eine große Freude, dass nunmehr der Verleger Michael Haitel sich entschlossen hat, das vorliegende Buch herauszugeben, und damit die Wiedergeburt meines Ikebana-Buches unter dem neuen Titel »Ikebana – Geist und Schönheit japanischer Blumenkunst« zu ermöglichen.

Inhaltlich hat sich nicht viel geändert; ich habe ein paar veraltete Angaben korrigiert und, vor allem in dem Teil über die historische Entwicklung, einige neue Informationen aus den letzten zwei Jahrzehnten hinzugefügt. Die Fotos von Herrn Christof Eichler und die Zeichnungen von Frau Gisela Tambour habe ich ebenfalls unverändert übernommen. Beiden danke ich dafür, dass sie mir freundlicherweise die Wiederverwendung ihrer Werke für die neue Ausgabe gestattet haben.

Mein Dank gilt auch Herrn Michael Haitel, der diese Neuausgabe angeregt und nicht nur ihre Herausgabe besorgt, sondern auch wesentlich zum Erscheinungsbild des vorliegenden Buches beigetragen hat.

Ayako Graefe (Seiiku)
Ottobrunn bei München
Frühjahr 2004

Inhaltsverzeichnis

Vorbemerkung

In einem Buch über Ikebana lässt sich der Gebrauch zahlreicher japanischer Fachausdrücke nicht vermeiden. Nicht alle werden dem deutschen Leser gänzlich ungewohnt sein, sind doch viele inzwischen in die unter Ikebana-Freunden übliche Fachsprache eingegangen. Anders verhält es sich mit Begriffen, deren spezifischer Sinngehalt eine treffende, allgemein anerkannte Übersetzung ins Deutsche nicht zulässt. Solche Ausdrücke werden, sobald sie das erste Mal im Text erscheinen, kurz erläutert; sie wurden außerdem in das Register aufgenommen, um die Erklärung jederzeit wiederfinden zu können.

Bei japanischen Personennamen wird entsprechend der japanischen Gepflogenheit stets der Familienname vor dem Rufnamen angegeben. Bei einigen historischen Herrschern und Künstlern hat es sich eingebürgert, anstelle des vollständigen Namens auch den Rufnamen allein zu verwenden; diesem Brauch wird hier ebenfalls gefolgt.

Die Transliteration japanischer Wörter orientiert sich am Hepburn-System, allerdings wird auf die besondere Kennzeichnung langer Vokale verzichtet. Anstelle von Tōkyō wird also einfach Tokyo geschrieben.

Bei Pflanzennamen wird der lateinische Name nur dann angegeben, wenn der deutsche Name allein zu Missverständnissen Anlass geben könnte, oder wenn es sich um eine in Deutschland weniger bekannte Pflanzenart handelt.

Ästhetik

Wer nur »westliche« Blumensträuße und -gestecke kennt und zum ersten Mal ein Ikebana-Gesteck erblickt, dem wird sofort deutlich, dass es sich dabei um eine ganz andere Art des Arrangierens von Blumen handelt, als die ihm vertraute (siehe Farbtafel 1). Worin der Unterschied im Einzelnen besteht, ist vielleicht nicht sogleich erkennbar, obwohl die beim Ikebana verwendeten Pflanzen und Gefäße schon für sich einen etwas ungewohnten Anblick bieten. Der eigentliche Unterschied liegt jedoch auf einer anderen Ebene: in der Gestaltungsart, den Regeln und Schönheitsidealen, die beim Anordnen der Blumen – bewusst oder unbewusst – eine Rolle gespielt haben.

Natürlich besteht auch unter Japans Blumenmeistern nicht immer Einigkeit darüber, was »schön« ist, sonst gäbe es nicht so viele verschiedene Ikebana-Schulen. Dennoch gibt es für die künstlerische Gestaltung eines Ikebana-Arrangements eine Reihe allumfassender Regeln, die in Jahrhunderten von den Blumenkünstlern als wichtige Hilfe für schöne Gestaltung entwickelt und überliefert worden sind. Sie spiegeln einerseits die sorgfältige Beobachtung der Natur und das tiefe Naturgefühl der Japaner wider und beruhen andererseits auf den Grundelementen und philosophischen Gedanken, die auch in anderen japanischen Kunstwerken alter und neuer Zeit zum Ausdruck kommen. Vor allem diese philosophische und gestalterische Überlieferung ist der Grund dafür, dass sich Ikebana wesentlich von »europäischen« Blumensträußen und -gestecken unterscheidet (obwohl neuere Entwicklungen Gemeinsamkeiten erkennen lassen), und dass ein Ikebana-Arrangement nicht nur als Schmuckobjekt, sondern als Kunstwerk betrachtet werden will.

Selbstverständlich darf der Blumenkünstler absichtlich gegen einzelne Gestaltungsregeln verstoßen – dies geschieht oft im modernen »freien Stil« –, um ganz besondere künstlerische Wirkungen zu erzielen; aber ein solch bewusster Verstoß gegen die traditionellen Regeln im Sinne einer künstlerischen Aussage setzt eine ebenso gründliche Kenntnis dieser Regeln voraus wie ihre Beachtung.

Auch für den Betrachter von Ikebana-Arrangements ist die Kenntnis der Regeln wertvoll: Sie erlaubt ihm, den inneren Gehalt des Kunstwerkes zu verstehen und die Auseinandersetzung des Künstlers mit den Gestaltungsregeln zu würdigen.

In diesem Kapitel werden Regeln der Ästhetik wiedergegeben, die weitgehend unabhängig von einer bestimmten Schule sind und eine gewisse Allgemeingültigkeit besitzen; zum Teil werden sie auch den Gepflogenheiten des »europäischen« Blumenarrangements gegenübergestellt. Mit »westlichen« oder »europäischen« Blumenarrangements sind in diesem Buch stets traditionelle, von Ikebana unbeeinflusste »dekorative Gestecke« oder »Formgestecke« (Wundermann 1967 und Wundermann 1978) gemeint, weil sie weithin noch als »typisch westlich« gelten, nicht dagegen die modernen Stilrichtungen wie »vegetative (wuchshafte)« oder »formal-lineare Gestecke«.

1.1 Die Pflanze

Die Grundlage der Blumenkunst ist der Umgang mit dem pflanzlichen Material. Er hat eine handwerkliche Seite – sie wird im Kapitel 3 dargestellt – und eine künstlerische, die Gegenstand der folgenden Abschnitte ist. Ein Kernpunkt der Gestaltungsregeln ist ein innerer Widerspruch der Blumenkunst: der Konflikt zwischen Natürlichkeit und Kunst. Vollständige Natürlichkeit lässt keinen Raum für künstlerische Betätigung; ungezügeltes künstlerisches Bemühen führt zu einer Vergewaltigung der Natur und zu Ergebnissen, die gekünstelt wirken. Ziel des Ikebana ist es, im Spannungsfeld zwischen Kunst und Natur Werke zu schaffen, die gleichzeitig natürlich und künstlerisch sind.

Bei »europäischen« Blumenarrangements wird die Eigenart der einzelnen Pflanze vergleichsweise wenig berücksichtigt; häufig wird sie bei der Anordnung zugunsten einer bestimmten Umrissform (Kugel, Pyramide, Dreieck) völlig ignoriert. Beim Ikebana wird zwar auch oft eine gewisse Umrissform gebildet, aber die natürliche Eigenart, die Lebensbedingungen und der Habitus der Pflanzen werden dabei genau beachtet und im Ikebana-Gesteck wiedergegeben. Dies nennt man im Ikebana »Shussho o ikasu« (zur eigentlichen Gestalt verhelfen).

Das bedeutet jedoch keine getreue Wiedergabe der Natur, sondern vielmehr die Symbolisierung, die Abstrahierung oder die Stilisierung der Natur. Beim Ikebana steckt man die Pflanzen nicht genauso, wie sie in der Natur wachsen, sondern die Natürlichkeit der Pflanze wird durch ihre Bearbeitung und durch die Komposition symbolisch und künstlerisch abgebildet.

Eine wichtige Rolle spielt in vielen japanischen Kunstrichtungen der Begriff »Kyo-jitsu« (Schein und Sein). Allen Kunstformen liegt das »Jitsu« (Wirklichkeit) zugrunde, aber das Ausdrucksmittel ist das »Kyo« (Schein). Beim Ikebana ist die Natur selbst das »Jitsu«, und die Natürlichkeit der Pflanzen im Gesteck ist das »Kyo«. Zum Ikebana gehört die Kunst, dem »Jitsu« der Pflanzen zu ihrem künstlerischen »Kyo« zu verhelfen.

1.1.1 Persönlichkeit der Pflanze

Jede Blume und jeder Zweig ist eine vollkommene Schöpfung und bietet außerdem in Farbe, Form, Charakter oder Duft etwas Besonderes an; es ist die Aufgabe des Ikebana, diese Persönlichkeit jeder Pflanze hervorzuheben.

Es gibt ein Ikebana-Sprichwort: »Ume wa ume rashiku, momo wa momo rashiku.« Das bedeutet, dass man Pflaumenzweige und Pfirsichzweige unterschiedlich zur Geltung bringen muss. Der Pflaumenbaum (Prunus mume) ist ein sehr kräftiger Baum mit groben, dicken und knorrigen Ästen; die Blüten sind leuchtend rot oder weiß. Er ist Symbol der Männlichkeit. Typisch weiblich ist dagegen ein Pfirsichzweig (Prunus persica): Er hat eine sehr glatte Haut und ist sehr biegsam; seine zartrosa Blüten sind weich und warm. Diese unterschiedliche Persönlichkeit muss im Ikebana hervorgehoben werden. Der Pflaumenbaum wirkt am besten in einer großen Vase aus Metall oder dicker Keramik, und seine kräftigen Zweige sollen aufrecht und teilweise gekreuzt gesteckt werden, um die Kraft zu betonen, während Pfirsich am besten in einem zierlichen Körbchen oder Holzgefäß geneigt gesteckt wird; dabei werden die biegsamen Zweige etwas stärker mit der Hand gebogen, um ihre anmutigen Linien zu betonen (siehe Farbtafel 2 und Abbildung 36).

Alle Pflanzen haben ihre eigenen Wuchsrichtungen: Manche wachsen himmelstrebend gerade, während andere sich seitlich ausbreiten und wieder andere hängend wachsen. Beim Ikebana achtet man darauf, diese natürliche Wuchsrichtung jeder Pflanze deutlich hervorzuheben.

Es ist um die Pflanzen schade, wenn eine von ihnen gegen ihre natürliche Wuchsrichtung in eine ihr fremde Form gepresst wird. Im Lehrplan jeder Ikebana-Schule gibt es deshalb eine Reihe von Aufbauformen als Übungsformen; mit ihnen beginnen die Schüler des Ikebana, sich mit verschiedenartigen

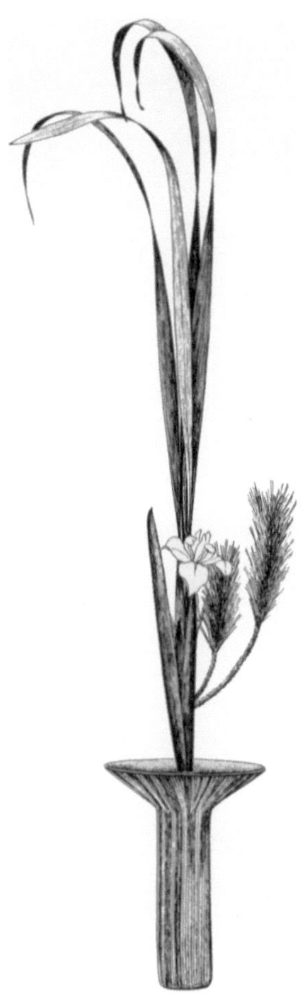

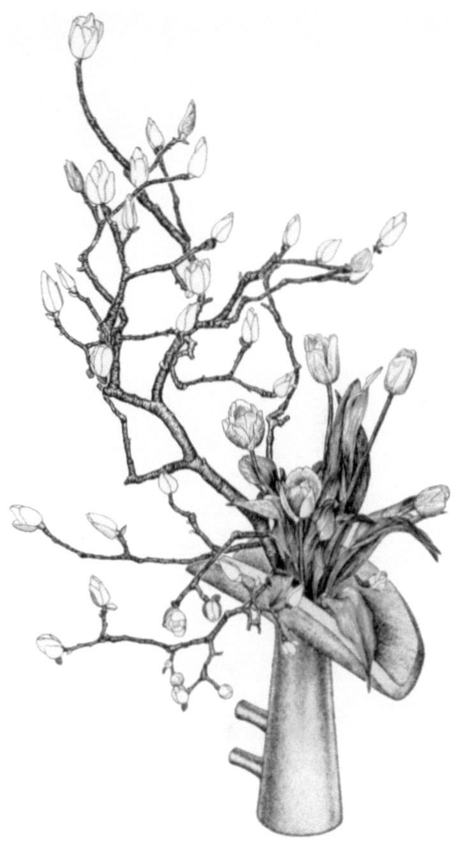

Abbildung 1. Aufrechtes Arrangement. Ein modernes Seika- (= Shoka-) Arrangement von schlichter Eleganz, mit Rohrkolbenblättern (Typha latifolia), Iris und Kiefer in einem kelchförmigen Gefäß. Als Shin wurden die schlanken, parallelnervigen Rohrkolbenblätter mit sorgfältig gebogenen Spitzen senkrecht gesteckt. Die gerade wachsende Iris und das gestreifte Gefäß mit dem hohen Fuß unterstützen die Wirkung der aufrechten Aufbauform. Die Kiefer gibt dem Arrangement Akzent. Arrangement von Ikenobo Senei, Ikenobo-Schule.

Abbildung 2. Geneigtes Arrangement. Magnolienzweige und Tulpen, in einer interessant geformten Vase im Nageire-Stil gesteckt. Pflanzen wie Magnolien, deren Seitentriebe schöne Querlinien bilden, sind für die geneigte Form am besten geeignet. Der schiefwinklige Vasenrand passt gut zu ihr. Arrangement von Sato Shuho, Shuho-Schule.

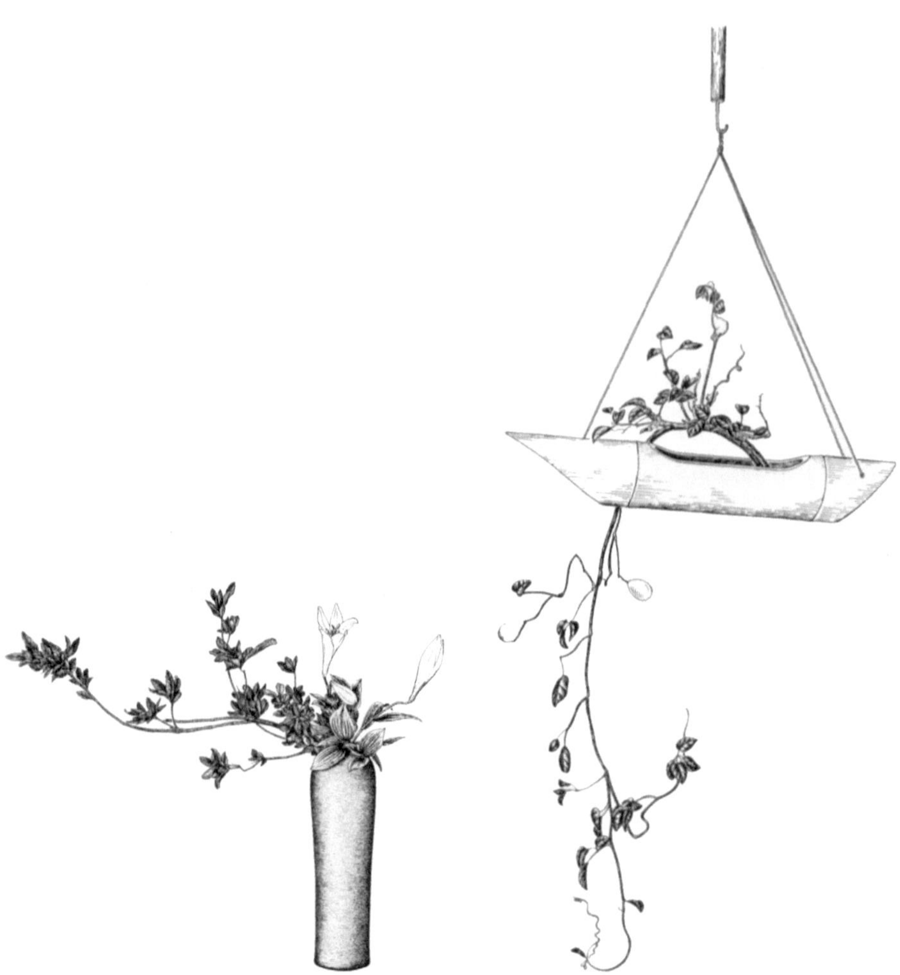

Abbildung 3. Waagerechtes Arrangement. Ein elegantes Nageire- (= Heika-) Arrangement mit einem schön ausladenden Zweig. Horizontal wachsende Pflanzen, wie die Azalee (Rhododendron japonicum) hier, können am besten in waagerechter Form gesteckt werden. Das Gleichgewicht zum langen Hauptstiel links halten weiße Lilien und buschige Blätter von Salomonssiegel (Polygonatum falcatum) auf der anderen Seite. Arrangement von Tsuchimoto Seiho, Saga-Schule.

Abbildung 4. Hängendes Arrangement. Akebia (Stauntonia hexaphylla) mit ihren interessanten Ranken und Früchten wird oft in hängender Form gestaltet. Dieses Bootgesteck im Seika-Stil symbolisiert ein in ruhigem Wasser ankerndes Boot. Der ziemlich senkrecht und locker hängende Teil (Seilblume) deutet das Ankertau an (siehe Abschnitt 2.1.4., Themen und Motive). Arrangement von Saeki Ippo, Misho-Schule.

Pflanzengestalten vertraut zu machen. Diese Aufbauformen lassen sich in vier Grundformen zusammenstellen, in denen sich die grundlegende Wuchsrichtung der Pflanzen widerspiegelt:

- *Aufrechte Form:* für Pflanzen, die hoch und gerade wachsen, zum Beispiel Rohrkolben, Bambus, Iris und Prachtscharte (Abbildung 1).
- *Geneigte Form:* für Pflanzen, die etwas geneigt wachsen. Die meisten Pflanzen, die man in Gärten und Wäldern sieht, können in dieser Form gesteckt werden, zum Beispiel Kiefer, Magnolie, Tulpe und Freesie (Abbildung 2).
- *Waagerechte Form:* für Pflanzen, die sich seitwärts ausbreiten oder sich leicht in eine waagerechte Form biegen lassen, zum Beispiel Azalee, Quitte, Gerbera und Lilie; auch Pflanzen, die von oben einen hübschen Anblick bieten, sind dafür geeignet, zum Beispiel Ahorn, Farn, Lotosblume und Veilchen (Abbildung 3).
- *Hängende Form:* für Pflanzen, die hängend wachsen, zum Beispiel rankende Pflanzen, Spierstrauch, Ginster und Orchidee, oder Zweige, die wegen ihrer schweren Früchte hängen (Abb. 4).

Die meisten Ikebana-Schulen schreiben für Übungszwecke einen bestimmten Neigungswinkel für jeden Aufbaustiel vor. Im Allgemeinen spielt wegen der Symbolik der längste Stiel des Arrangements eine entscheidende Rolle; er wird deshalb »Hauptstiel« genannt. Bei der aufrechten Form wird der Hauptstiel annähernd senkrecht angeordnet oder höchstens 15 Grad nach rechts oder links geneigt. Bei der geneigten Form dagegen erhält er 15 bis 45 Grad Neigung. Wenn der Hauptstiel 45 bis 90 Grad geneigt gesteckt wird, spricht man von der waagerechten Form, und wenn er noch tiefer geneigt wird, von der hängenden Form.

Manche Ikebana-Schulen stellen nach dem Grad der Neigung noch mehrere Variationen auf; zum Beispiel »himmelstrebende Form« für die senkrecht aufgebaute Form oder »Kaskadenform« für die sehr steil hängende Aufbauform. Aber man kann diese Variationen grundsätzlich als Abarten der obigen vier Aufbauformen betrachten.

Neben der Wuchsrichtung jeder Pflanze werden im Ikebana noch weitere Merkmale ihrer Persönlichkeit berücksichtigt.

Einige Pflanzen sind groß und stattlich, andere klein und zierlich – Eigenschaften, die man durch Gegensatzbildung betonen kann. So sieht ein großer Zweig besonders groß aus, wenn neben ihm vergleichsweise kleine Pflanzen stehen (Abbildung 5).

Nelken, Osterglocken und Lilien haben ein besonders hübsches Profil; um diese Eigenart ihrer Persönlichkeit hervorzuheben, ordnet man die Blüten gern so an, dass sie von der Seite gesehen werden.

Narzissen (Narcissus tacetta) sind die Symbolblumen des Winters; ihre Persönlichkeit kommt gut zur Geltung, wenn ihre kleinen Blüten teilweise hinter den Blättern versteckt sind. Betrachtet man Narzissen genau, so entdeckt man, dass jeweils ein Blütenstiel und einige – oft vier – Blätter unten von einem »Hakama« genannten weißen Röckchen zusammengehalten werden. Für den klassischen Seika-Stil wird jede Narzisse zunächst auseinandergenommen und dann wieder nach einer bestimmten Vorschrift neu zusammengesetzt (Abbildung 6). Obwohl diese Vorschrift nicht in jeder Ikebana-Schule völlig gleich ist, wird jede Pflanze in der Regel so zusammengesetzt, wie die Abbildung 6 zeigt: Vier Blätter in unterschiedlicher Höhe und ein Blütenstiel in der Mitte werden von ihrem ursprünglichen Röckchen (Hakama) zusammengehalten.

Man wundert sich vielleicht über diese umständliche, detaillierte Vorbereitung, aber das fertige Arrangement (Abbildung 7) zeigt die Persönlichkeit der Narzisse besonders deutlich; hübsche Blätter schützen die zierlichen Blüten vor der winterlichen Kälte, und die sichtbar gesteckten weißen Hakama-Röckchen ergeben einen anziehenden Blickpunkt am Fuß des Arrangements (siehe auch Farbtafel 7).

Man braucht die Narzisse nicht immer so zu stecken wie in Abbildung 7, aber diese überlieferte Weise zeigt beispielhaft den Gedanken der künstlerischen Wiedergabe des einzigartigen Wesens dieser Pflanzen.

Hat man die Persönlichkeit einer Pflanze entdeckt, muss man sie wirkungsvoll zum Ausdruck bringen; dazu haben die Ikebana-Meister im Laufe der Zeit bestimmte Techniken entwickelt, wie Schneiden, Biegen, Rollen und Neugruppieren (siehe Abschnitt 3.2). So kann man, wenn ein Zweig besonders biegsam ist, ihn mit der Hand noch stärker biegen und eine reizvoll verschnörkelte Linie oder sogar einen Knoten formen (siehe Farbtafel 39). Wenn ein Blatt eine Neigung hat, sich zu rollen (zum Beispiel Tulpe, Lotos oder Schusterpalme), kann man es mit der Hand noch weiter rollen, wenn man es steckt (siehe Abbildung 17).

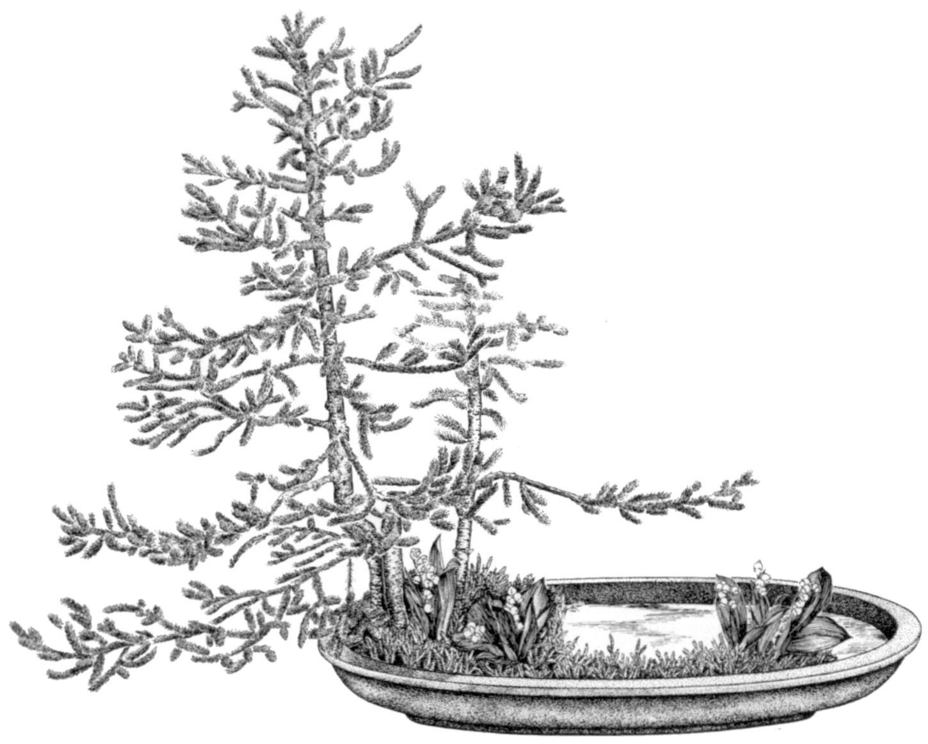

Abbildung 5. Landschaftsgesteck »Hokkaido« im Moribana-Stil. Ezo-Kiefer (Picea jezoensis) und Maiglöckchen (Convallaria majalis) sind in Japan nur auf Hokkaido heimisch; hier stellen sie mit Bärlapp (Lycopodium clavatum) die weite, offene Insellandschaft im Frühsommer dar. Die Kiefernzweige wirken besonders groß neben den kleinen Maiglöckchen. Arrangement von Ohara Houn, Ohara-Schule.

Wichtig ist es, bei der Anwendung solcher Techniken nicht gegen die Natürlichkeit der Pflanzen zu verstoßen. Für ein klassisches Gesteck sollte man niemals die Pflanze in eine Form pressen, die nicht ihrer Eigengesetzlichkeit und ihren Lebensbedingungen entspricht. Andererseits kann man der Pflanze durchaus eine Form geben, die sie in der Natur niemals hat (siehe Farbtafel 39), wenn man dadurch eine Eigenschaft, die für diese Pflanze charakteristisch ist – in diesem Fall die Biegsamkeit –, besonders betonen möchte.

1.1.2 Licht- und Schattenseite

Beim Ikebana wird keine Blüte, kein einziges Blatt und kein Zweig aufs Geratewohl gesteckt; man achtet sorgfältig darauf, dass keine Blüte in eine falsche Richtung blickt oder eine benachbarte Blüte berührt.

Jede Blüte, jedes Blatt, jeder Zweig einer lebenden Pflanze schaut in eine bestimmte Richtung, zur Sonne. Deshalb haben alle Pflanzen ihre Lichtseite und ihre Schattenseite. Diese Licht- und Schattenseite je-

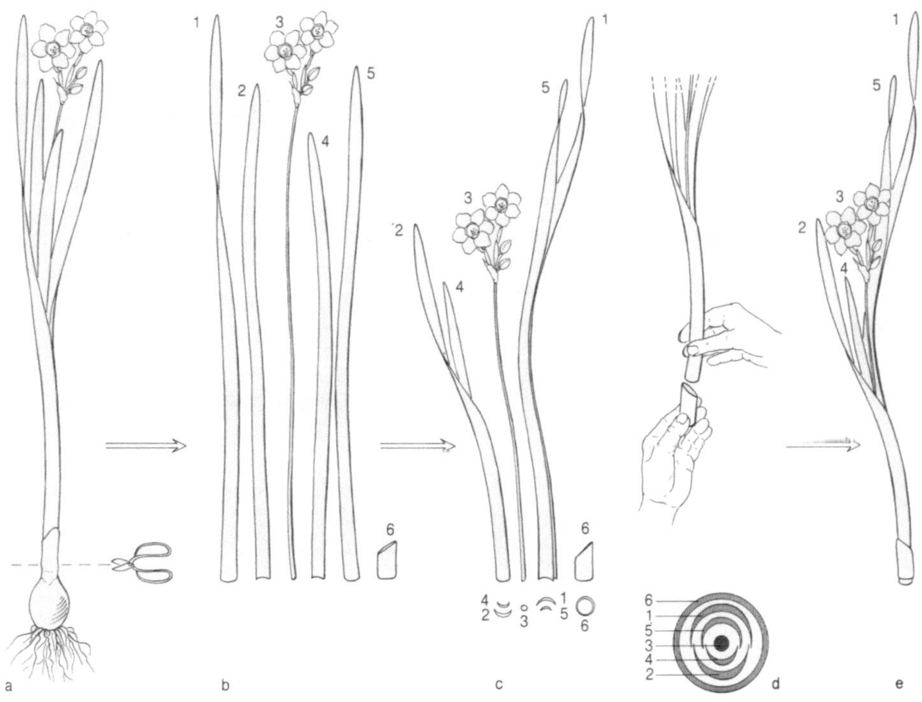

Abbildung 6. Die klassische Neugruppierung der Narzissen. Eine Narzisse in der Natur (**a**); ihre Einzelteile (**b**) werden auf die gewünschte Länge zugeschnitten (**c**), neu gruppiert und in ihr ursprüngliches Röckchen wieder eingesetzt (**d**). Eine neu gruppierte Narzisse (**e**).

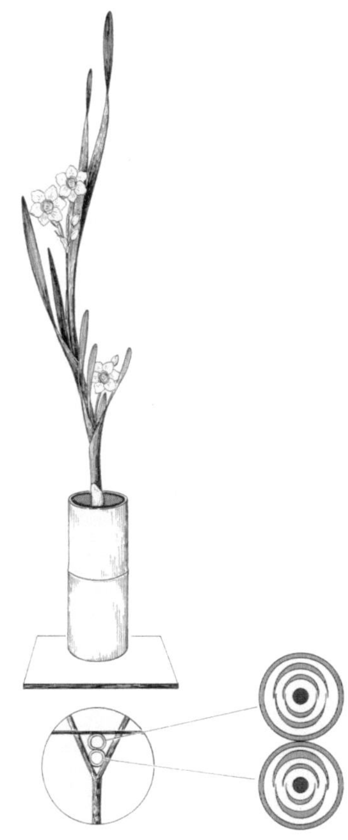

Abbildung 7. Klassisches Narzissengesteck. Zwei neu gruppierte Narzissen in einer Bambusvase. Die künstliche Rekonstruktion der Narzissen bringt die Persönlichkeit dieser anmutigen Blume deutlich zum Ausdruck. Ein klassisches Seika-Gesteck, das zur formellen Shin-Stufe der Förmlichkeit gehört (siehe auch Farbtafel 7). Die Draufsicht zeigt schematisch die Steckweise: Eine Astgabel wird in die Vasenöffnung fest eingeklemmt und zwei neue Narzissengruppen, die kürzere vorn, die längere hinten, werden in die Gabelung gesteckt. Um die beiden Gruppen in der Gabelung festzuhalten, wird anschließend ein Holzstäbchen hinter den Narzissen quer in die Vase über die Astgabel geklemmt (siehe auch Abbildung 55b).

der Pflanze wird beim Ikebana-Arrangement »richtig« verwendet. »Richtig« bedeutet allerdings nicht immer »genau wie in der Natur«, sondern vielmehr, wie die Pflanzen ihre lebendige Eigenart am besten zeigen.

So wird eine Blüte gern schräg nach oben (zur Sonne) und nach vorn (zum Betrachter hin) gerichtet. Wird ein Arrangement unter Augenhöhe des Betrachters aufgestellt, so wird ein Blütenkopf nie direkt nach unten gerichtet, selbst wenn er, wie etwa die Lilie (Lilium pomponium) in der Natur dazu neigt. Wenn ein Arrangement aber oben an einer Wand aufgehängt werden soll, kann der Blütenkopf nach unten blicken; allerdings muss dann ein anderer Teil des Gestecks lebendig wirken, soll das Arrangement nicht wie sterbend aussehen; beispielsweise wird ein hängender Zweig ein Stückchen nach oben gebogen wie ein Rankenende in der Natur (siehe Abbildung 4 und Farbtafel 29), es sei denn, der Künstler hat die Absicht, durch das Arrangement eine traurige Stimmung zum Ausdruck zu bringen.

Dass beim Ikebana der richtigen Verwendung der Licht- und der Schattenseite der Pflanzen eine so große Bedeutung beigemessen wird, hängt auch damit zusammen, dass in der ostasiatischen Philosophie die sogenannte Schatten-Licht-Theorie (In-Yo-Theorie) eine wichtige Rolle spielt. Ihre Beziehung zur Blumenkunst wird im Abschnitt 2.2.1 dargelegt.

Nicht nur Blüten, sondern auch Blätter und Zweige haben ihre Licht- und Schattenseite. Bei Blättern sind die Licht- und die Schattenseite meistens leicht erkennbar: Die Oberseite eines Blattes ist die Lichtseite (Yo-Seite), die Unterseite ist die Schattenseite (In-Seite). Schwieriger ist es, die Lichtseite eines Zweiges zu erkennen; bei genauer Betrachtung sieht man jedoch, dass die meisten Blätter am Zweig ihre Oberseite in die gleiche Richtung gewendet haben, weil von dort die Sonne kam. Auf dieser Seite hat der Zweig mehr Blüten und mehr und größere Blätter; dies ist seine Lichtseite.

Das lebendige Aussehen eines Arrangements hängt oft davon ab, wie man die Lichtseite einer Blüte, eines Blattes oder eines Zweiges entsprechend ausrichtet. Außerdem macht ein Gesteck, dessen Pflanzen ihre Schattenseiten (beziehungsweise Unterseiten) zum großen Teil dem Betrachter direkt zuwenden, einen unfreundlichen, ja abweisenden Eindruck.

Es gibt aber auch Pflanzen, bei denen die Licht- und Schattenseiten der Blätter nicht mit ihren Ober- beziehungsweise Unterseiten identisch sind. Ein Beispiel dafür ist die Schusterpalme (Aspidistra elatior, Abbildung 8).

Das Aspidistra-Blatt zeigt auf der Unterseite eine starke Mittelader, die es in zwei Teile teilt; eigenartigerweise ist der eine immer deutlich breiter als der andere. Hier wird die breitere Seite als »Lichtseite«, die schmalere als »Schattenseite« bezeichnet.

Ein Blatt, dessen rechter Teil (auf der Unterseite) schmaler als der linke ist, wird übrigens »Rechtsblatt« genannt; ein Blatt, dessen linker Teil (der Unterseite) schmaler ist, heißt »Linksblatt«.

Beim Stecken werden Rechts- und Linksblätter verschiedener Größen verwendet. Dabei wird die breitere Seite (= Lichtseite) aller Blätter stets in die gleiche Richtung gebracht; diese Richtung ist die Lichtseite des Arrangements, aus der die Sonne kommen sollte. Außerdem wird darauf geachtet, dass eine Komposition, die nur aus flachen Blättern besteht, trotzdem dreidimensional gestaltet wird.

Aspidistra-Blätter werden wegen ihrer deutlich erkennbaren Licht- und Schattenseite und ihrer Vielseitigkeit in vielen Ikebana-Schulen als ideales Übungsmaterial betrachtet. Man sagt oft: »Ikebana fängt mit Aspidistra-Blättern an und endet auch damit.«

Aspidistra-Blätter wachsen in der Natur nicht so, wie in Abbildung 8 gezeigt; dies ist eine künstlerische Wiedergabe ihrer natürlichen Eigenart, bei der vor allem die Licht- und Schattenseiten der Blätter deutlich zum Ausdruck gebracht werden. Um diese Eigentümlichkeit der Blätter zu betonen, werden sie oft im Einzelgesteck (ohne andere Blumen und Zweige, wie in Abbildung 8) gesteckt.

1.1.3 Farben

Bei üblichen Zimmergestecken werden nur wenige Pflanzenarten in einer Komposition zusammengestellt; das ist die einfachste Möglichkeit, zu einer farblichen Abstimmung zu kommen, denn die Anzahl der Farben ist so von vornherein beschränkt.

In den meisten Arrangements ist die Farbe Grün vertreten: grüne Zweige oder grüne Gräser. Grün empfindet man beim Blumenstecken als ein selbstverständlich zu allen Pflanzen gehörendes Element; ein Arrangement ohne Grün wirkt nicht natürlich, selbst wenn den verwendeten Pflanzen das grüne Element in der Natur fehlt. Deshalb fügt man beim »Einzelgesteck« aus blühenden Kirschzweigen, die oft nur wenige Blätter haben, gern grüne Kiefernzweige hinzu, um die zarte Rosafarbe der Kirschblüten zu betonen und den Kontrast zwischen der kurzlebigen Kirschblüte und der immergrünen, unsterblichen Kiefer darzustellen. Viele »europäische« Blumensträuße und -gestecke haben zwar mannigfaltige Farben, aber zu wenig Grün: Man konzentriert sich ganz auf die bunten Blüten. Beim Ikebana dagegen spielt oft gerade die Schönheit des grünen Anteils die Hauptrolle.

Beim Seika-Gesteck der Farbtafel 38 stellen die hübschen Blätter der Iris die Grundidee der Komposition dar; die Blüten der Iris und die Lilien spielen nur eine Nebenrolle. Auch im Seika-Gesteck der Farbtafel 19 ist der Grünanteil die Hauptsache; die rosa Blumen werden nur als Fußschmuck angebracht. Es gibt sogar Gestecke, die nur aus »Grün« bestehen, zum Beispiel Aspidistra- und Zypressengestecke (siehe Abbildung 8 und 105).

Bei den anderen Farben unterscheidet man helle und dunkle: Zu den hellen Farben gehören Weiß, Gelb und Rosa; zu den dunklen Rot, Blau und Lila.

Farbtafel 1. »Europäische« Blumenarrangements und japanische Ikebana-Arrangements im Vergleich.

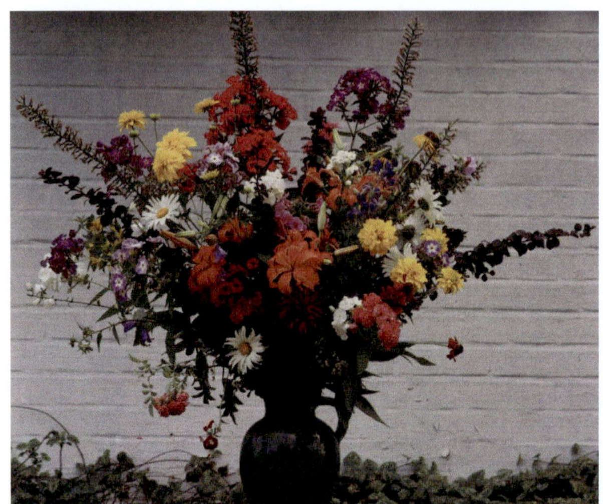

a Dekoratives Arrangement in einem Tonkrug, gesteckt von Lieselotte Rapp.

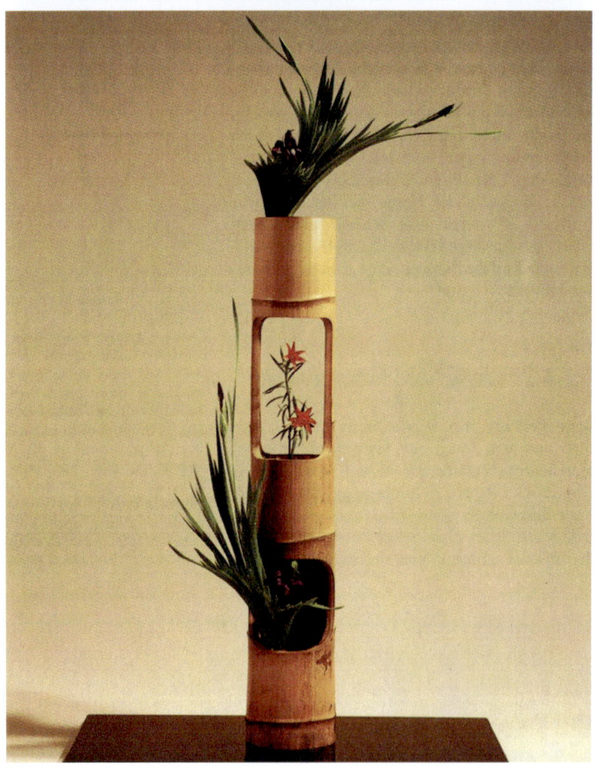

c Ein klassisches Ikebana in einer Bambusvase (Seika-Gesteck), siehe auch Farbtafel 38.

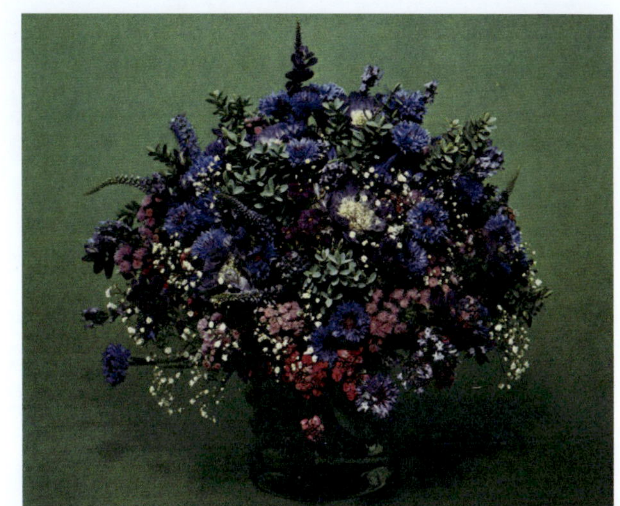

b Kugelförmiges Arrangement in einer Glasvase, gearbeitet von Kirsten Harders.

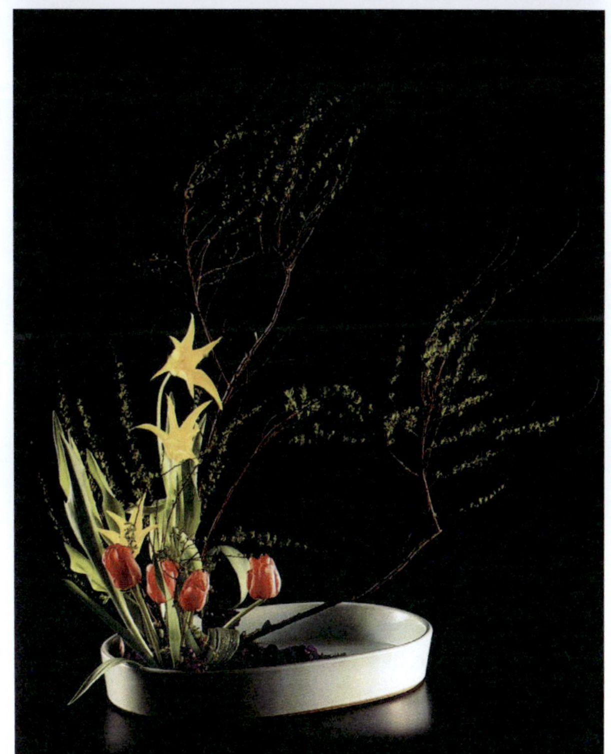

d Ein modernes Ikebana in einer flachen Schale (Moribana-Gesteck), siehe auch Farbtafel 20.

Weil helle Farben als leicht, dunkle als schwer empfunden werden, ordnet man in einer Komposition die hellen Farben oben, die dunklen unten an – man wird den optischen Schwerpunkt möglichst weit nach unten verlegen, was dem Arrangement Gleichgewicht und Stabilität verleiht. Wenn man gelbe und rote Tulpen zusammen in einer Komposition verwendet, soll man deshalb die gelben oben und die roten unten anordnen (siehe Farbtafel 20).

Eine bekannte Ausnahme ist das Irisgesteck. Dort werden oft lila Blüten oben, als Shin (der längste Aufbaustiel des Arrangements), und weiße Blüten unten gesteckt, weil Lila als die ursprüngliche Irisfarbe gilt.

Damit die Pflanzen nicht miteinander rivalisieren, vermeidet man es im Allgemeinen, zwei gleichfarbige Blumen von ähnlicher Gestalt in einer Komposition zusammenzubringen; zwei Pflanzen gleicher

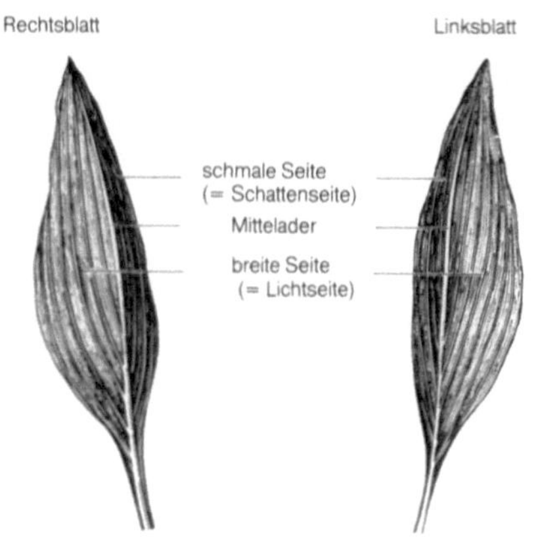

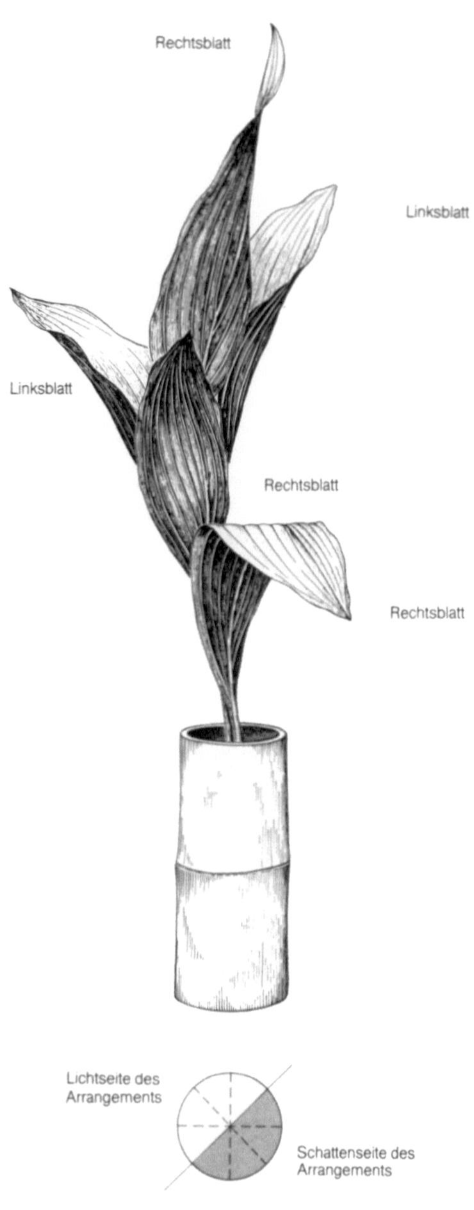

Abbildung 8. Rechts- und Linksblatt, demonstriert an Aspidistra. Zwei Blätter, von der Unterseite gesehen, und fünfstieliges Seika- (= Shoka-) Arrangement, gestaltet nach den Regeln der Ikenobo-Schule.

Farbe, aber verschiedener Gestalt werden jedoch gern gemeinsam verwendet. Auch Farben, die sich »beißen«, werden in einem Arrangement ungern zusammengebracht. Wenn eine Blume eine kräftige Farbe hat, bleibt sie am besten das einzige farbliche Element der Komposition. Nur Rot, Lila und Grün, die nach europäischem Geschmack nur bedingt miteinander harmonieren, gelten in Japan als eine traditionelle Farbkombination, die für formelle Anlässe auch oft verwendet wird (siehe rötliche Lilien, lila Iris und grüne Blätter in Farbtafel 38).

Der klassische Stil hat eine Reihe von Gestecken entwickelt, die nur eine einzige Pflanzenart verwenden und in denen die feinen Abstufungen von Farben zum Ausdruck gebracht werden, zum Beispiel das Ahorn- und das Ebereschengesteck (siehe Farbtafel 17 und 25). Die verschieden verfärbten Ahornblätter (rot, gelb und grün) oder die Blätter und Beeren von Ebereschen werden nicht mit anderen Pflanzen kombiniert, und eben deshalb kommen ihre Farbtöne um so stärker zur Geltung.

Die Vorstellungen über die Verwendung von Farben haben sich allerdings sehr geändert, seit gegen Ende des 19. Jahrhunderts viele westliche Blumenarten nach Japan eingeführt wurden. Da sie an Farbenpracht und -reichtum die einheimischen Blumen übertroffen haben, bemühten sich die Blumenmeister, diese neue Farbigkeit als künstlerisches Ausdrucksmittel zu verwenden. So entstand der Stil »Moribana« (aufgehäuftes Gesteck), der die neuen Farben durch die »aufgehäufte« Komposition gut zur Geltung brachte. Dies war der Anfang der modernen Richtung des Ikebana, welche die Farbenwirkung in den Vordergrund stellt. Die vorher für Ikebana verwendeten einheimischen Blumen haben dagegen zarte Farben; deshalb sehen klassische Rikka-Arrangements elegant und dezent aus, auch wenn sie vielerlei Pflanzenarten verwenden (siehe Farbtafel 34). Wenn der Rikka-Stil heute mit westlichen Schnittblumen nachgeahmt wird, wirkt er oft zu bunt.

Auf jeden Fall spielt im modernen Arrangement im Allgemeinen die Farbe eine größere Rolle, während beim klassischen Arrangement in erster Linie die Form bedeutsam ist. So werden in modernen Kompositionen weiße Narzissen oft als eine Masse weißer Elemente verwendet; beim klassischen Seika dagegen werden die Stiele der Narzissen sorgfältig gebogen, um die elegante Form dieses Wintersymbols zu betonen. Darin besteht ein wesentlicher Unterschied zwischen dem klassischen und dem modernen Ikebana (siehe Abbildung 7 und 133).

1.1.4 Zusammenstellung von Pflanzen

Ikebana verwendet meist nur wenige Pflanzenarten in einem Gesteck, viel weniger jedenfalls als »europäische« Blumenarrangements. Es ist zwar nicht ausdrücklich verboten, Ikebana mit vielen verschiedenen Pflanzen zu gestalten, aber hier spricht das dem japanischen Kunstempfinden selbstverständliche Gebot der Einfachheit für die Zusammenstellung von höchstens drei Pflanzenarten für ein übliches Zimmergesteck. (Für Rikka und andere große Ikebana-Arrangements werden oft mehr als drei verschiedene Arten verwendet.) Außerdem ist farbliche Harmonie leichter zu erreichen, wenn nur wenige Pflanzenarten vereint werden.

Die Grundelemente einer Form sind Masse, Linie und Fläche. Die Japaner haben sie in den Pflanzen der Natur gesucht und Blüten als Masse, Stiele als Linien und Blätter als Flächen erkannt. Um eine Form mit Pflanzen symbolisch zu gestalten, braucht man alle diese drei Elemente. Je nachdem, wie viele Arten in einem Gesteck verwendet werden, um die drei Grundelemente darzubieten, unterscheidet man:

- Einzelgesteck: Gesteck mit nur einer Pflanzenart
- Zweierleigesteck: Gesteck mit zwei Pflanzenarten
- Dreierleigesteck: Gesteck mit drei Pflanzenarten
- Gemischtes Gesteck: Gesteck mit mehr als drei Pflanzenarten

In diesem Zusammenhang ist es wichtig, darauf hinzuweisen, dass das Wort »Pflanzenart« nicht unbedingt der botanischen »Gattung« oder »Art« entspricht, sondern mehr intuitiv verwendet wird, um die Verschiedenheit oder die Ähnlichkeit der verwendeten Pflanzen in einem Gesteck zum Ausdruck zu bringen. So werden manchmal zwei verschiedene Arten aus der gleichen Gattung als zwei »Pflanzenarten« in einem Gesteck betrachtet, während zum Beispiel ein Gesteck mit fünf verschiedenen Arten der Chrysanthemen-Gattung als »Einzelgesteck« betrachtet wird.

Einzelgesteck

Pflanzen, die alle drei Formelemente vollendet in sich vereinigen – hübsche Blüten, schöne Blätter und attraktive Stiele – können in einem Arrangement als »Solisten« auftreten und im Einzelgesteck angeordnet werden. Dazu gehören:

- Calla
- Chrysantheme (siehe Abbildung 150)
- Iris (siehe Abbildung 27 und 112)
- Kamelie (siehe Abbildung 10)
- Kirschzweig
- Lotosblume (siehe Abbildung 17)
- Narzisse (siehe Abbildung 7 und Farbtafel 7)
- Päonie
- Rohdea (siehe Abbildung 14)

In mehreren Ikebana-Schulen gibt es überlieferte Steckweisen für diese Pflanzen und Vorschriften, wie die einzelnen Blüten und Stiele behandelt werden sollen.

Andere Pflanzen werden wegen ihrer besonderen Eigenschaften oft im Einzelgesteck angeordnet, obwohl sie keine Blüten oder Beeren (Massenelemente) besitzen:

- Tokiwamono (immergrüne Pflanzen): Schusterpalme (siehe Abbildung 8), Kiefer, Zypresse (siehe Abbildung 105) und andere Immergrüne.
- Momijimono (herbstbunte Pflanzen): Ahorn, Eberesche (siehe Farbtafel 17, 25) sowie andere Pflanzen mit schöner Herbstfärbung.

Von einem Einzelgesteck spricht man übrigens selbst dann, wenn eine zweite Pflanzenart in ganz untergeordneter Stellung verwendet wird, zum Beispiel als Fußschmuck beim Rikka (siehe Abbildung 17).

Zweierleigesteck

Die drei Formelemente der Pflanzen (Blüten, Stiele und Blätter) werden häufig durch eine Kombination dargestellt. So kann die eine Pflanze ein fehlendes Element der anderen ergänzen. Ein typisches Zweierleigesteck im klassischen Seika-Stil besteht aus einem Zweig ohne Blüten und einer blühenden Pflanze (siehe Farbtafel 11).

Tulpen haben einzigartige Blüten, hübsche lange Stiele und große Blätter; aber in der Schale stehen sie schlecht, weil ihre Blüten zu schwer sind. Deshalb ist es vorteilhaft, Tulpen kurz zu schneiden und das Linienelement zum Beispiel mit hochgewachsenen Weidenzweigen (»Weidenkätzchen«) zu realisieren (Abbildung 9).

Nelken haben hübsche Blüten auf einem eleganten, schlanken Stiel, aber ihre Blätter sind winzig klein. Hier kann man das Blätter-Element mit großen Farnen darstellen.

Ein Vorzug des Zweierleigestecks ist, dass das Duo der Arten viel reizvoller ist als das Einzelgesteck. Besonders die Zusammenstellung von Zweigen (Kimono) und Blumen (Kusamono) ist sehr beliebt, weil Zweige und Blumen vielfach unterschiedliche ästhetische Qualitäten haben (siehe Abschnitt 3.1.1); diese naturgegebenen Kontrastelemente verleihen einem

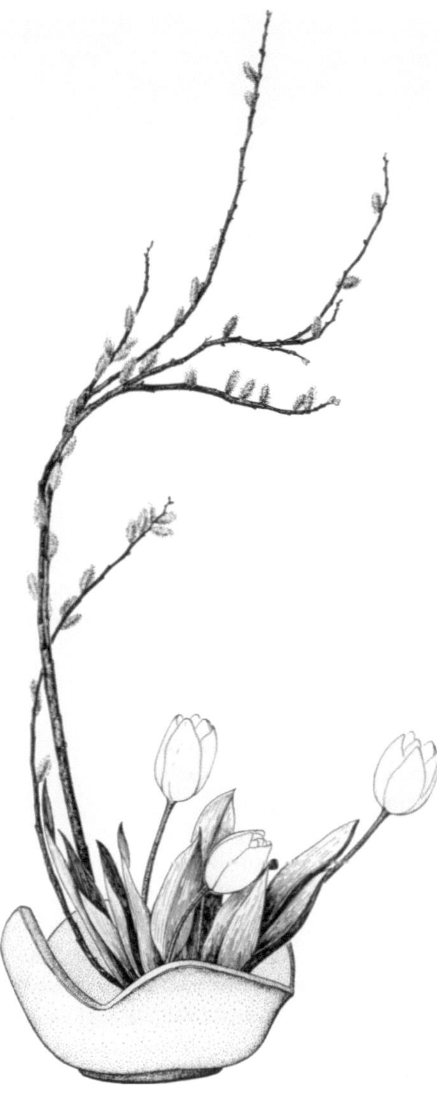

Abbildung 9. Zweierleigesteck mit Zweigen und Blumen. Ein Moribana aufrechter Form aus hochgewachsenen, schlanken Weidenkätzchen, eleganten Tulpenblüten und -blättern in einer tulpenförmigen Schale. Arrangement von Teshigahara Sofu, Sogetsu-Schule.

solchen Gesteck eine überraschend schöne Wirkung, die ein Einzelgesteck nicht hervorbringen kann:

Zweige (Kimono)	Blumen (Kusamono)
hoch	niedrig
groß	klein
dick	dünn
stark	schwach
knorrig	zart
hart	weich
schlicht	bunt
männlich	weiblich

Im Sinne der alten Schatten-Licht-Theorie (siehe Abschnitt 2.2.1) ist der Zweig das In-Element (Schattenelement) und die Blume das Yo-Element (Lichtelement); von der Zusammenstellung des In- und des Yo-Elementes (hier des Zweiges und der Blume) erwartet man stets die Vollendung einer schönen Form.

Unabhängig von der philosophischen Begründung ist das Zweierleigesteck aus Zweigen und Blumen die am weitesten verbreitete Steckweise in fast allen Ikebana-Schulen; eine alte Regel für ein natürliches, hübsches Ikebana-Arrangement lautet: »Blumen vorn, Zweige hinten«.

Dreierleigesteck

Das bekannteste klassische Seika-Beispiel eines Dreierleigestecks ist das Arrangement aus Kiefern, Bambus und Pflaumenzweigen. Diese Pflanzen sind ein Symbol für Glück, deshalb werden sie zum Neujahrsfest oft gemeinsam verwendet. Ein weiteres Dreierleigesteck im Seika-Stil zeigt Farbtafel 19. Häufig werden dreierlei Pflanzen im Seika-Gesteck allerdings in zwei oder drei Gruppen geteilt (siehe Farbtafel 5), wobei jede Gruppe für sich wieder eine vollständige Seika-Form darstellt.

Bei modernen Arrangements, wie Moribana und Nageire, werden dreierlei Pflanzen häufiger miteinander angeordnet als beim Seika. Ein modernes Moribana-Gesteck (wie in Farbtafel 20) drückt eine lebendige Frühlingsstimmung gerade durch das Zusammenwirken verschiedener Pflanzenarten aus, wie sie durch ein Einzel- oder Zweierleigesteck nur schwer zu erzielen wäre.

Das Dreierleigesteck bringt oft mehrere Blütenarten zusammen. Dabei muss deutlich werden, welche Blüte die Hauptrolle und welche die Nebenrolle spielt; sonst besteht die Gefahr, dass das Gesteck zu bunt oder zu unruhig wirkt.

Wenn zwei Schnittblumenarten gesteckt werden, soll deshalb eine davon wesentlich stärker und kräftiger als die andere sein. Rote Dahlien und gelbe Sonnenblumen werden nie miteinander kombiniert; rote Dahlien und weiße Margeriten passen aber gut zueinander. Dies gilt auch bei der Zusammenstellung von blühenden Zweigen mit Schnittblumen. Forsythienzweige mit ihren kleinen gelben Blüten und weiße Freesien sind keine gute Kombination; sie bieten in Farbe und Form zu wenig Kontrast. Farblich passen zum Beispiel blühende gelbe Forsythien und blaue Anemonen gut zusammen, aber auch Forsythien mit ihren kleinen gelben Blüten und Osterglocken mit ebenfalls gelben, aber großen Blüten sind eine ansprechende Zusammenstellung, weil ihre Formen miteinander kontrastieren.

Gemischtes Gesteck

Werden für ein Arrangement mehr als drei Pflanzenarten verwendet, so spricht man gewöhnlich von einem »gemischten Gesteck«. Das bekannteste Beispiel – in einigen Ikebana-Schulen das einzige – für das gemischte Gesteck ist das Arrangement aus Herbstpflanzen. Hier werden oft fünf oder sieben verschiedene Arten von Herbstpflanzen gemischt gesteckt, wie Chinaschilf (Miscanthus sinensis), chinesische Glockenblume, Enzian, Goldbaldrian usw. Sie sind in Farbe und Struktur sehr zart, und sie »beißen« sich nicht; die Kombination von mehreren Arten solcher Blumen stellt sogar die Stimmung der Herbstwiese am besten dar. Deshalb werden Herbstblumen traditionell sehr häufig im gemischten Gesteck verwendet (siehe Farbtafel 15).

In einigen Ikebana-Schulen gibt es farbenfrohe Moribana-Gestecke mit fünf Pflanzenarten (siehe Farbtafel 3 und 31), aber sonst ist es eher die Ausnahme und in der Regel verpönt, mehr als drei Pflanzenarten in einem Ikebana-Gesteck zu verwenden; vor allem Anfängern des Ikebana wird es nicht empfohlen. Wenn allerdings die Zweige oder Blumen eines Arrangements nicht genügend Blätter haben oder wenn diese leicht welken, kann man ein paar Blätter von einer weiteren Pflanzenart, die sonst nicht im Gesteck vorhanden ist, dem Arrangement hinzufügen. Dies ist die Anwendung der Kariha-Technik (geliehene Blätter), die ursprünglich im Rikka-Stil geübt wurde. Die geliehenen Blätter werden nicht als zusätzliche Pflanzenart gezählt.

1.2 Die Komposition

Ikebana hat sich als eine der Formen der japanischen bildenden Kunst entwickelt; deshalb spiegeln sich Formempfinden und Kompositionsprinzipien anderer japanischer Künste in Ikebana-Arrangements wider.

Japaner lieben in allen Künsten besonders das Schlichte und das Leichte, zum Beispiel in der Baukunst, in der Gartenkunst, in der Malerei und in der Kalligrafie. Einfachheit bedeutet hier Vereinfachung und Beschränkung auf das Wesentliche.

Beim Ikebana ist im Interesse der Einfachheit die Anzahl der in einem Arrangement verwendeten Pflanzen klein. Um sich an der Schönheit der Rosen zu erfreuen, braucht man nicht gleich zehn – es genügt eine einzige, wenn sie die wesentliche Schönheit der Rose – aller Rosen – in sich vereinigt. Eine einfache Form ist nicht selten die schönste Form der Kunst.

Das Einfachheitsprinzip gilt auch für den einzelnen Zweig oder die einzelne Blume: Hat ein Zweig zu dichte Blätter, so werden einige entfernt; wenn ein Blumenstiel viele gleichartige Blüten trägt, werden einige abgeschnitten. Man muss unbedingt den Mut haben, überflüssige Blätter, Nebentriebe und selbst Blüten abzuschneiden. Vielen Blumenfreunden fällt dies schwer; vielleicht erleichtert es ihren Entschluß, dass die abgenommenen Blüten nicht zwangsläufig weggeworfen werden müssen – sie lassen sich oft noch gut, in der Schale schwimmend (siehe Abbildung 15), neben der Vase liegend (siehe Farbtafel 39) oder als Miniatur-Ikebana verwenden.

Ein Blumenkünstler hat einmal gesagt: »Ikebana ist die Kunst, alles Überflüssige zu entfernen.« Wie bei allen Kunstarten kommt es auch beim Ikebana darauf an, das Überflüssige vom Wesentlichen zu unterscheiden.

Die Abbildung 10 zeigt ein überliefertes Kameliengesteck, das im Sinne des Einfachheitsprinzips gestaltet wurde. Die Kamelie hat eine Blüte, drei ganze Blätter und ein halbes. Eine Komposition mit vier Blättern wird eigentlich nicht geschätzt, weil in der japanischen Kunst eine gerade Zahl ungern verwendet wird und weil die Zahl Vier wegen ihrer Verbindung mit dem Tod (im Japanischen haben beide Wörter den gleichen Klang) besonders unbeliebt ist. Deshalb hat der Künstler vom vierten Blatt die Hälfte abgerissen, um ein von Insekten angebissenes Blatt anzudeuten und so den melancholischen Ausdruck der Kamelienblüte noch zu betonen.

Dieser Kamelienzweig hat alles, was er braucht, um seine Schönheit und Persönlichkeit zu zeigen, und kein bißchen mehr. Die Ausdruckskraft jeder Blüte, jedes Blattes und der ganzen Zweigbildung strahlt durch die Einfachheit der Komposition. Hier hat sich ein schlichter Kamelienzweig in eine kunstvolle Gestalt verwandelt. Das ist die wirkliche Vereinfachung der Ikebana-Kunst. (Siehe auch die Prunkwinden-Geschichte von Rikyu im Abschnitt 5.3.)

In der bildenden Kunst Japans kommen zum Einfachheitsprinzip noch weitere Grundprinzipien hinzu: die Betonung des Linienelements und des leeren Raumes im Gegensatz zur ausgefüllten Fläche, die Bevorzugung der Asymmetrie und die Forderung nach innerer Harmonie zwischen dem Kunstwerk und der Umgebung, in der es zur Wirkung kommen soll.

Die Bedeutung dieser Grundprinzipien für die Blumenkunst wird in den folgenden Abschnitten dargelegt.

1.2.1 Linienkomposition

Von den drei Formelementen Masse, Linie und Fläche (siehe Abschnitt 1.1.4) bevorzugen »europäische« Blumenarrangements meistens das Massenelement, nämlich die Blüten; Ikebana dagegen betont mehr das Linienelement: die elegant geschwungene Linie bei Zweigen, bei Blumenstielen und bei schlanken Blättern. Die Linie ist übrigens das Grundelement auch der anderen Formen japanischer bildender Kunst; Tuschmalerei und Kalligrafie sind gute Beispiele dafür.

Der Hauptstiel

Die Grundformen werden in fast allen Ikebana-Lehrbüchern durch ihre unterschiedlichen »Linien« bezeichnet. Die längste Linie ist der »Hauptstiel« eines Ikebana-Arrangements und spielt in der Regel die ausschlaggebende Rolle; sie entscheidet gewöhnlich darüber, ob die Aufbauform aufrecht oder geneigt sein soll (siehe Abschnitt 1.1.1), oder ob das Arrangement rechtsseitig oder linksseitig gesteckt wird (siehe Abschnitt 1.2.3). Dieser Hauptstiel wurde schon von den alten Tatebana- und Rikka-Meistern »Shin«

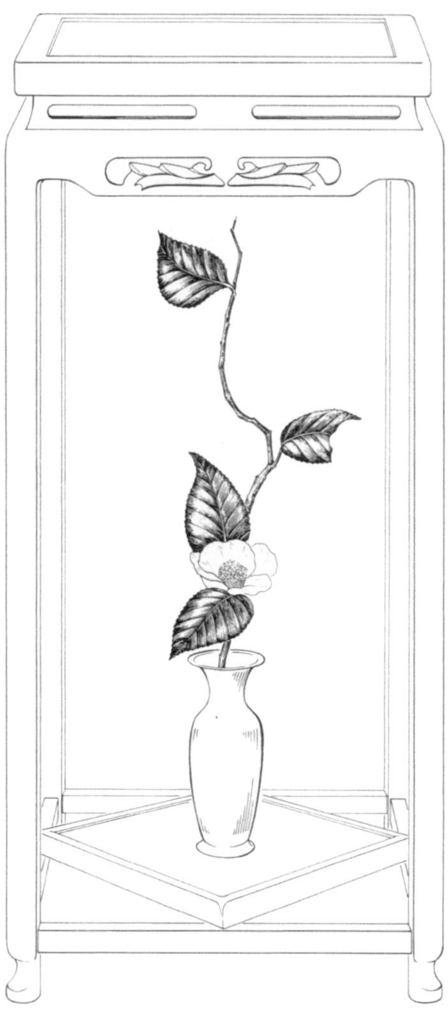

Abbildung 10. Kamelie mit dreieinhalb Blättern. Traditionelles Seika-Gesteck mit einem einzigen Kamelienstiel in einem Gestell (Shoku), auf dessen oberen Teil in der Regel ein Räuchergefäß kommt.

(Wahrheit oder Herz) genannt, und so heißt er heute noch in mehreren Ikebana-Schulen beim Seika, Moribana und Nageire. Der Shin wird mit einem Zweig, einer Blume oder einem schlanken Blatt realisiert.

Längenverhältnis

Um ein harmonisches Verhältnis zwischen den Pflanzen und dem Gefäß zu gewinnen, richtet sich die Länge des Hauptstiels meistens nach der Größe des Gefäßes: nach der Höhe, nach dem Durchmesser oder nach der Summe aus Höhe und Durchmesser (siehe Abbildung 79 und 90).

Die Länge des zweitlängsten Stiels der Komposition richtet sich dann nach der Länge des Hauptstiels; auch die Länge aller weiteren Aufbaustiele richtet sich mittelbar oder unmittelbar nach der des Hauptstiels, sodass die ganze Linienkomposition in einem harmonischen Verhältnis zum Gefäß steht.

Form der Linie

Biegsame Zweige werden mit der Hand noch stärker gebogen, um ihre geschwungenen Linien klarer zur Geltung zu bringen (siehe Farbtafel 27). Steife Stiele können in Gruppen stehen, um die gerade Linie zu betonen; gelegentlich werden dann einige davon mit Absicht gebrochen oder abgeschnitten (siehe Abbildung 15). Besonders interessante Linien bietet der Lauch (Allium porrum); Ikebana-Freunde mögen gern solche gekrümmten Linien (siehe Farbtafel 10). Es ist ein Reiz des Ikebana, verschiedene Linienelemente in der Natur zu entdecken und sie in einer Ikebana-Komposition stärker herauszustellen. Manche Ikebana-Arrangements sehen auf den ersten Blick aus, als verstießen sie gegen die Gesetze der Natürlichkeit der Pflanze, aber bei genauem Hinsehen bemerkt man, dass die Eigenart dieser Pflanzen in einer Linienkomposition nur noch stärker zur Geltung gebracht wurde.

Optische Tiefe

Die wenigen Aufbaulinien des Ikebana sind außer für die Höhe und die Breite des Arrangements auch für die Tiefe maßgebend. Wird dies nicht beachtet, sieht das Arrangement leicht sehr flach aus.

Wenn man ein Seika-Arrangement von vorn betrachtet, scheinen die Aufbaustiele ein Dreieck zu bilden; aber es ist in Wirklichkeit kein flaches Dreieck, sondern eine dreidimensionale Form. Denn die Stiele sind nicht nur nach rechts und nach links, sondern auch nach vorn und nach hinten gerichtet (siehe Abbildung 113).

Auch der Rikka-Stil hat Aufbaustiele, deren Aufgabe es ist, dem Gesteck optische Tiefe zu verleihen. Der Mikoshi-Stiel, der »Fernsicht« symbolisiert, gibt dem Arrangement die Tiefe durch seine Neigung nach hinten; dabei wird er durch den Nagashi-Stiel (den fließenden Stiel) mit seiner Neigung nach vorn unterstützt (siehe Abbildung 118).

Wenn ein Arrangement aus zwei räumlich voneinander getrennten Gruppen von Pflanzen in einem gemeinsamen Gefäß besteht, spricht man von einem zweiteiligen Arrangement. Dabei wird eine der beiden Gruppen von Pflanzen höher, die andere niedriger gestaltet, und in der Regel wird eine Gruppe etwas nach vorn, die andere etwas nach hinten gerückt; auch dadurch entsteht optische Tiefe im Arrangement (siehe Farbtafel 23).

Der Mizugiwa-Fußpunkt

Ein wichtiger Teil der Linienkomposition ist der gemeinsame Ursprung aller Linien, der »Mizugiwa« genannte Fußpunkt des Arrangements. Zum Mizugiwa gehören die Wasseroberfläche in der Vase und die untersten sichtbaren Teile der Stiele. Vor allem im klassischen Ikebana stellt das Mizugiwa einen wichtigen Blickpunkt jedes Arrangements dar, und der Art, wie die Pflanzenstiele durch die Wasserfläche aufsteigen, wird große ästhetische Bedeutung zugemessen.

Bei Rikka- und Seika-Gestecken steigen die Pflanzen etwa 5 cm bis 15 cm hoch (abhängig von der Größe des Gestecks und der Jahreszeit) zusammen als ein schlankes Bündel aus der Wasserfläche auf, und erst dann beginnen die einzelnen Stiele, sich in die verschiedenen Richtungen zu verzweigen. Alle Blätter unterhalb der Verzweigung werden entfernt, sodass nur ein schlanker Stamm übrigbleibt (siehe Abbildung 107), der – zusammen mit der Wasseroberfläche – das Mizugiwa bildet.

Die Pflanzenteile unter der Wasseroberfläche entsprechen der Wurzel einer Pflanze. Das Mizugiwa sollte deshalb den Eindruck erwecken, als ob alle Pflanzen einer gemeinsamen Wurzel entwüchsen. Die gesamte Gestaltung hängt entscheidend davon ab, wie eng, fest und ordentlich die Pflanzen am Fußpunkt, dem Mizugiwa, zusammenstehen. Das Mizugiwa soll dadurch eine lebendige Schönheit darstellen.

Beim Rikka-Stil ist der von den einzelnen Pflanzen gebildete Stamm rund und steigt senkrecht aus der Wasserfläche auf (siehe Abbildung 117). Im Seika-Stil bilden die Pflanzen am Mizugiwa ein schmaleres Bündel als beim Rikka und stehen meistens etwas geneigt (siehe Abbildung 105).

Bei Arrangements der modernen Stilrichtungen treten die Pflanzen im Allgemeinen nicht als schlankes Bündel aus dem Wasser heraus, aber das Mizugiwa bildet auch hier einen wichtigen Blickpunkt.

Bei Moribana- und Nageire-Arrangements wird das Mizugiwa so natürlich wie möglich gestaltet. Da beim Moribana oft ein Kenzan oder ein anderes unnatürlich aussehendes Steckhilfsmittel aus Metall verwendet wird, versteckt man es gern unter Pflanzen (siehe Abbildung 76). Auch getrocknete Wurzeln, Moos oder Steine lassen sich gut am Mizugiwa verwenden (siehe Farbtafel 6 und 23).

Ob es sich um ein klassisches oder ein modernes Arrangement handelt, immer sollen die Pflanzen so wirken, als ob sie dem Gefäß lebendig entwachsen. Das wird selbst beim Nageire beachtet, obwohl wegen der Schlankheit der Vase die Wasseroberfläche kaum sichtbar ist. Niemals darf es so aussehen, als wären die Pflanzen in die Vase hineingestopft.

1.2.2 Asymmetrie und der leere Raum

»Europäische« Blumenarrangements sind meistens symmetrisch gestaltet: Die Blumen werden auf zwei Seiten oder rundherum gleich lang, in gleicher Anzahl und mit gleichartigen Blüten angeordnet. Ein Ikebana-Gesteck ist dagegen unsymmetrisch und schiefwinklig (siehe Farbtafel 1).

Symmetrie ist ein Grundsatz, der für viele europäische Kunstwerke gilt, während in japanischen Kunstwerken meistens die Asymmetrie bevorzugt wird. Man vergleiche nur einen französischen Schlosspark des 17. Jahrhunderts mit einem japanischen Tempelgarten! Die japanischen Kunstwerke sind eng mit der belebten Natur verbunden, in der nichts symmetrisch ist; Berge, Flüsse, Teiche, Felsen sind niemals gleichmäßig. Pflanzen sind auch niemals symmetrisch gewachsen; keine zwei Blüten, Blätter oder Äste sind einander völlig gleich, Stiele sind niemals gerade. Deshalb wird ein Ikebana-Arrangement auch asymmetrisch angeordnet und wirkt dadurch natürlicher.

Die Aufbaustiele eines Ikebana-Arrangements sind immer unterschiedlich lang, damit die Umrissform der Komposition asymmetrisch gebildet wird, und keine zwei Blüten, Stiele oder Blätter werden in der gleichen Höhe angebracht (Abbildung 11). Die Pflanzen werden oft am Rande einer Vase oder in der Ecke einer Schale gesteckt, und bei allen zweiteiligen Arrangements gestaltet man die eine Gruppe deutlich größer als die andere (siehe Farbtafel 34).

Eine symmetrische Form ist unbeweglich; sie ist damit endgültig und bleibt stehen. Eine asymmetrische Form dagegen scheint eine Bewegung anzudeuten. Diese Bewegung macht das Gesteck dynamisch und rhythmisch, es wirkt lebendiger und ausdrucksvoller.

Dass die Japaner eine ungerade Anzahl von Bestandteilen eines Kunstwerks bevorzugen, hat wohl auch etwas mit ihrer Vorliebe für die asymmetrische Komposition zu tun; man kann aus einer ungeraden Anzahl von Teilen leichter eine asymmetrische Form bilden als aus einer geraden Anzahl. Beim Ikebana-Arrangement wird gern eine ungerade Anzahl von Stielen, Blättern oder Blüten verwendet, beim klassischen Stil ist die Anzahl der verwendeten Pflanzenstiele immer ungerade. Das Seika-Arrangement in Abbildung 103 besteht aus fünf Stielen, das Iris-Einzelgesteck in Abbildung 112 aus neun. Die Zahl Zwei ist die einzige gerade Zahl, die in einer klassischen Komposition erscheinen darf.

Auch bei der Anzahl der Stecköffnungen an Bambusvasen (siehe Abbildung 98) oder bei der Anzahl der Gefäße für ein kombiniertes Arrangement (zum Beispiel Abbildung 36, mit mehreren Gefäßen) wird von jeher eine ungerade Zahl bevorzugt. Eine Bambusvase mit vier Öffnungen oder ein kombiniertes Arrangement aus sechs Vasen mißfällt. Wiederum stellt die Zwei die Ausnahme dar: Bambusvasen mit zwei Stecköffnungen und kombinierte Arrangements aus zwei Gefäßen (siehe Farbtafel 30 und 36) sind weit verbreitet.

Farbtafel 2. Sogetsu-Nageire in freiem Stil. Die weißen Pflaumen- und die roten Quittenblüten ergeben einen hübschen Kontrast; die absichtlich gekreuzten Zweige und die umgekehrt in die Vase gesteckten Äste betonen das Kraftvolle, Vitale dieser Pflanzen – ein interessantes Arrangement aus Massen- und Linienelementen. Die Keramikvase ist Echizen-Ware, getöpfert von Teshigahara Hiroshi, dem 3. Leiter der Sogetsu-Schule. Arrangement von Teshigahara Sofu, Begründer der Sogetsu-Schule.

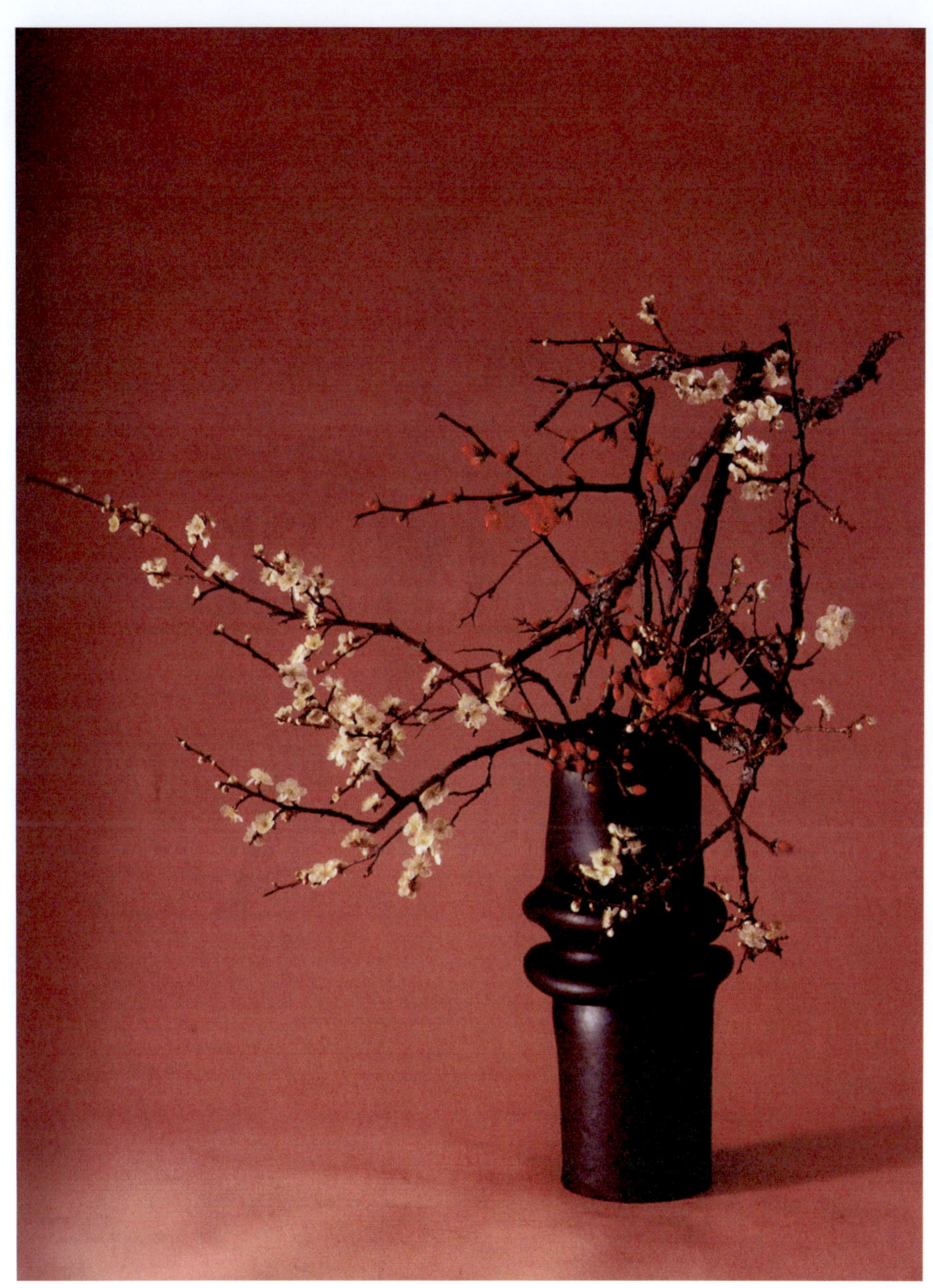

Eine asymmetrische Komposition muss im Gleichgewicht sein. Gleichgewicht ist hier im optischen, im ästhetischen Sinne zu verstehen; wenn ein Arrangement aussieht, als wolle es jeden Moment umkippen, dann ist es eine Fehlkomposition, auch wenn es sich physikalisch gesehen in stabilem Gleichgewichtszustand befindet und fest und sicher steht. Das Gesteck soll durch die asymmetrische Komposition beweglich und dynamisch wirken, dabei aber keinen unsicheren und wackeligen Eindruck machen.

Der leere Raum ist ein zur asymmetrischen Komposition gehöriges, wichtiges Element, denn das Gleichgewicht eines asymmetrischen Ikebana-Gestecks kann auch durch den leeren Raum gehalten werden; oft besteht ein Gleichgewicht zwischen einem hoch gesteckten Pflanzenteil auf der einen Seite und

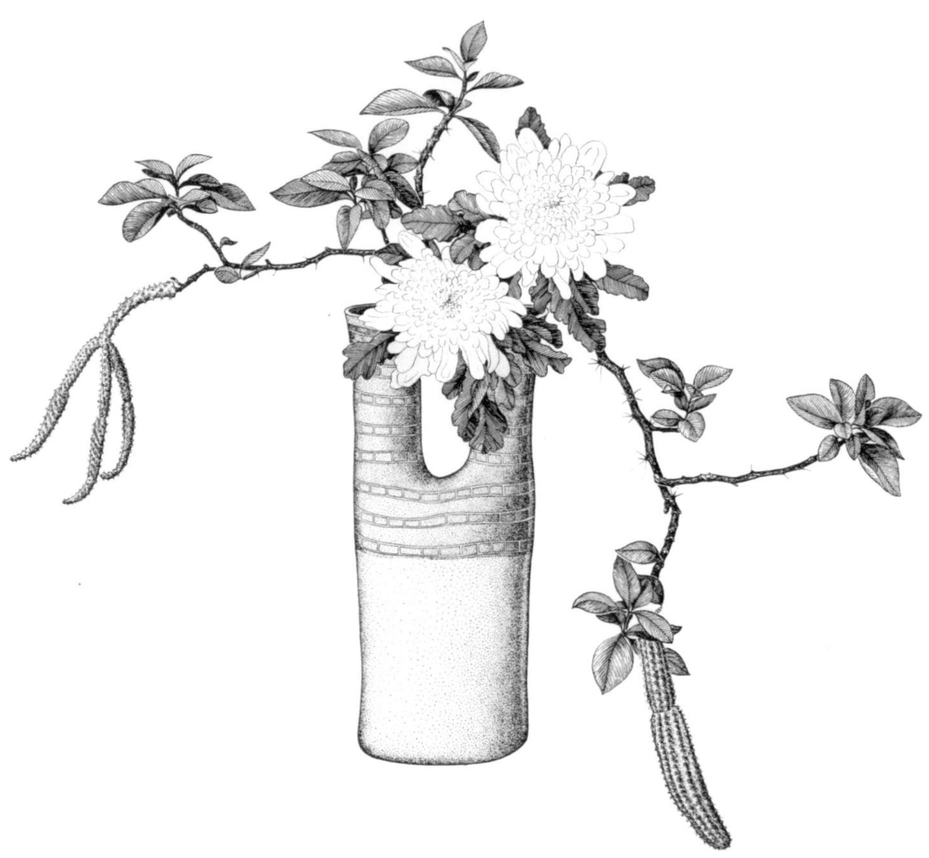

Abbildung 11. Asymmetrische Komposition. Ein Nageire-Arrangement mit Kakteen und Chrysanthemen in einer doppelmündigen Vase, zugleich ein Plädoyer für Asymmetrie, der es Charakter und Dynamik verdankt. Arrangement von Teshigahara Sofu, Sogetsu-Schule.

dem leer bleibenden Teil der Schale auf der anderen Seite (siehe Farbtafel 9 und 20). Ein weiteres Beispiel zeigt die Abbildung 12, ein Morimono mit dem in mehreren Schulen beliebten Motiv »Berg Fuji«, Japans Symbol. Ein einziger Zweig des besonders schmiegsamen Chinesischen Wacholders (Juniperus chinensis) wurde so gebogen, dass er den Umriss des berühmten Berges nachzeichnet. Anstelle der Masse des Berges ist leerer Raum vorhanden, und dieser leere Raum bildet symbolisch das Gegengewicht zu den tatsächlich vorhandenen Massenelementen im Vordergrund.

In »europäischen« Arrangements wurden (und werden gelegentlich noch) Blumen in solcher Fülle verwendet, dass es scheint, als werde ihre Anzahl nur durch die Größe der Vasenöffnung begrenzt. Beim Ikebana ist die Größe der Öffnung einer Vase oder einer Schale unabhängig von der Zahl der Pflanzen, weil auch der leere Raum ein wesentlicher Bestandteil der Komposition ist (siehe Farbtafel 15) – eine Auffassung, die auch von den deutschen Floristik-Schulen vertreten und gelehrt wird.

Die Wichtigkeit des leeren Raums tritt in fast allen japanischen Kunstformen zutage. So wird in der Tuschmalerei niemals das ganze Blatt bemalt; viele Stellen bleiben leer und sind dennoch wesentliche Bestandteile des Bildes.

Die Bedeutung, die dem leeren Raum zugemessen wird, hat auch einen philosophischen Hintergrund: Nach der alten chinesischen Lehre von den alles durchdringenden Urkräften Yin und Yang, japanisch In und Yo, ist der Gehalt, das Ausgefüllte das Yo (Lichtelement) und das Leere, das Unausgefüllte, ist das In (Schattenelement). Die Harmonie zwischen beiden Elementen ist die Vollendung einer schönen Form (siehe Abschnitt 2.2.1).

Eine andere, weitverbreitete philosophische Begründung der Bedeutung des leeren Raums, speziell für die japanische Kunst, entstammt dem Zen-Buddhismus. Nach seiner Lehre, die immer einen großen Einfluss auf die Kunst Japans gehabt hat, führt der leere Raum zu der philosophischen Frage: »Was ist der Inhalt des Leeren, wie kann man leer von sich selbst sein?« (Herrigel 1964). Der Begriff des Leeren spielt im Zen-Buddhismus überhaupt eine große Rolle. So fordert die Zen-Lehre unter anderem »Muga« (Verneinung des Ichs). »Muga« heißt »leer sein von sich«, und seine ethische Bedeutung ist »frei sein von Egoismus, Gier und Leidenschaft«. Dieses Ziel des Zen-Buddhismus soll durch intensive Selbstschulung erreicht werden. (Weitere Hinweise auf die Zen-Lehre im Abschnitt 2.3.3.)

Im ästhetischen Sinn deutet der leere Raum eine freie Bewegung an; ein Raum, der ganz mit Material ausgefüllt ist, ermöglicht keine Bewegung. Gestaltung ist Spannung, der leere Raum dagegen ist Entspannung.

Einige Beispiele sollen die vielfältigen Formen, in denen der leere Raum in Ikebana-Kompositionen auftritt, andeuten:

- In einer großen Schale werden die Pflanzen in der Regel nur in der Mitte oder in einer Ecke angeordnet, der Rest bleibt leer; nur das Wasser ist sichtbar. In vielen Ikebana-Schulen wird nur ein Viertel der Öffnung der Moribana-Schale oder der schlanken Nageire-Vase mit Pflanzen besetzt, und drei Viertel werden leer gelassen (siehe Abb. 76).
- Zwischen den gesteckten Pflanzen wird oft freier Raum gelassen, Häufungen werden vermieden. Es gibt ein klassisches Arrangement von Wasserpflanzen, das »Gyodo-ike« (Fischpfad-Gesteck) genannt wird: Pflanzen werden in mehreren Gruppen in einer großen Schale angeordnet, dazwischen bleibt ein großer freier Raum, der Pfad für die Fische (siehe Abbildung 27).
- Wenn eine Vase mehrere Mündungen hat oder ein Arrangement mit mehreren Vasen gestaltet wird, so werden selten alle Öffnungen mit Pflanzen besetzt; auch hier wird viel leerer Raum gelassen.

1.2.3 Harmonie mit der Umgebung

Die Gesamtwirkung eines Arrangements hängt nicht zuletzt auch davon ab, wie es mit der Umgebung harmoniert.

Aus der Suche nach der Harmonie des Ikebana mit der Umgebung, speziell mit der Architektur, haben sich im Laufe der Geschichte verschiedene Ikebana-Stile entwickelt: der Rikka-Stil für die luxuriöse Wohnhalle der Feudalherren, der Chabana-Stil für den Teeraum und der Seika-Stil für das Tokonoma, die Ehrennische im bürgerlichen Wohnzimmer. Für das westliche Wohnzimmer wurde der Moribana-Stil und für die modernen Beton- und Glasbauten der Zeneibana-Stil entwickelt. Heute existieren alle diese Stilrichtungen nebeneinander und werden in der jeweils passenden Umgebung verwendet.

Nicht nur die Stilrichtungen, sondern auch die Aufbauformen werden der gegebenen Umgebung entsprechend gewählt. Für die Wand wird eine hängende, für die schmale Diele eine aufrechte Form bevorzugt. Ikebana-Arrangements wurden von Anfang an in aller Regel vor einer Wand aufgestellt; deshalb haben die meisten Ikebana-Formen eine ausgeprägte Vorderseite und wollen nur von vorn betrachtet werden. Für die Mitte des Tisches wurde neuerdings jedoch eine Form entwickelt, in der sich die Blumen von allen Seiten betrachten lassen (allseitiges Arrangement).

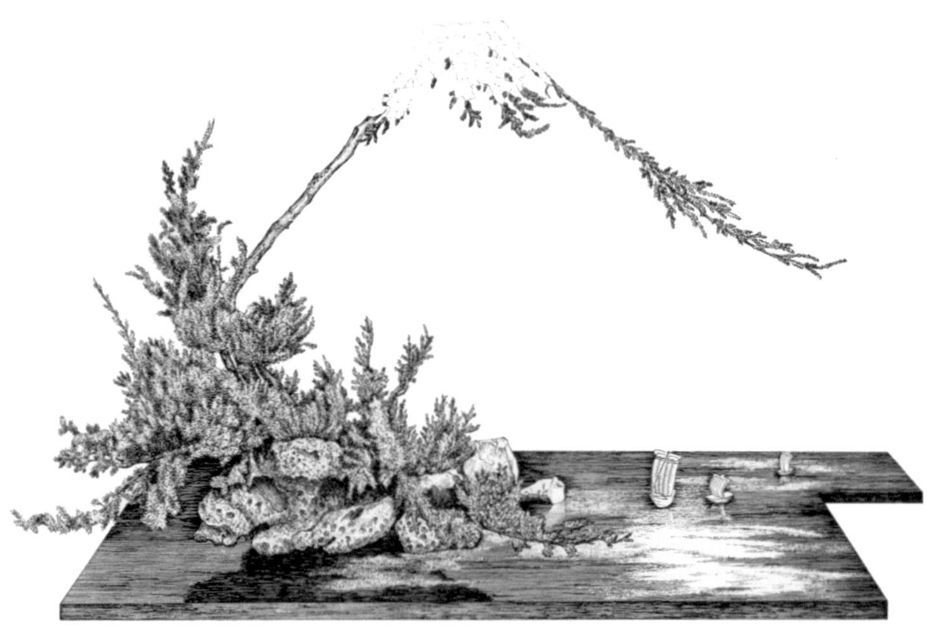

Abbildung 12. Morimono mit dem Motiv »Berg Fuji«. Der leere Raum ist ein wichtiges Kompositionselement. Das bezeugt der berühmte Berg, dessen Umriss von Chinesischem Wacholder (Juniperus chinensis) nachgebildet wurde. Die Bergspitze wurde mit weißer Farbe besprüht. Weißer und silberner Sand auf dem Lackuntersatz deuten die Wellen des Meeres an; darauf schwimmen drei Segelboote aus Porzellan (siehe auch Abschnitt 2.1.4). Arrangement von Naruse Kobai, Chiko-Schule.

Zur harmonischen Gestaltung des Ikebana-Arrangements gehört auch die richtige Auswahl von Gefäßen und Untersätzen (Kadai). Hohe, schlichte Bambusvasen vertragen sich gut mit brettartigen Untersätzen (siehe Farbtafel 30), während relativ niedrige, schwere Metallgefäße besser zu etwas erhöhten, vornehmen Untersätzen mit Füßen passen (siehe Farbtafel 19). Ein noch höheres Gestell (Shoku) wird gelegentlich auch verwendet, um dem Arrangement eine harmonische Umgebung oder einen Rahmen zu geben (siehe Abbildung 10 und 38).

Die Harmonie bezieht sich nicht nur auf die Form, sondern auch auf den Inhalt: Für ein Arrangement, das sich beispielsweise an »Shibumi«, einer herben Geschmacksrichtung (siehe Abschnitt 2.2.3), orientiert und sich ganz ungekünstelt gibt, wird ein rustikaler Untersatz aus Naturholz verwendet (siehe Farbtafel 33).

Von besonderer Bedeutung für das harmonische Zusammenwirken des Ikebana-Gestecks mit der Umgebung sind die beiden Begriffe »rechtsseitiges und linksseitiges Arrangement«. Beim rechtsseitigen Arrangement ist der längste Stiel, vom Betrachter her gesehen, nach rechts gebogen (wie der abnehmende Mond), beim linksseitigen Arrangement nach links (wie der zunehmende Mond).

Wenn zwei zusammengehörige Arrangements nebeneinander aufgestellt werden, steht im Allgemeinen das rechtsseitige Arrangement auf der linken Seite, das linksseitige auf der rechten, sodass sie »miteinander sprechen«.

Aber selbst wenn nur ein Arrangement aufgestellt wird, was meistens der Fall ist, wird das rechtsseitige auf der linken Seite eines Platzes, eines Schranks oder eines Bildes aufgestellt, während das linksseitige Arrangement auf die rechte Seite gehört.

Bei Arrangements für das Tokonoma (die Ehrennische im japanischen Wohnzimmer) hängt die Entscheidung für die rechtsseitige oder linksseitige Form oft von der Beleuchtung ab: Ist das Tokonoma-Fenster, vom Betrachter her gesehen, auf der rechten Seite eingebaut, wird ein rechtsseitiges Arrangement angeordnet, wenn die Lichtquelle sich auf der linken Seite befindet, ein linksseitiges (Abbildung 13).

Die Einzelheiten dieser Regelung für das Tokonoma sind in manchen Schulen etwas verschieden; wichtig ist jedoch, dass das Ikebana-Arrangement durch seine Form das hinter ihm hängende Rollbild zwar einbezieht, aber nicht stört. Außerdem wird ein Arrangement meistens so angeordnet, dass der Hauptstiel zum Fenster (zur Lichtquelle) hinschaut; dadurch wirkt das Gesteck lebendiger (Abbildung 14).

Das Licht gehört zu den wichtigen Elementen der Umgebung. Daher muss auch seine unter Umständen negative Wirkung berücksichtigt werden. So hat man früher keine Teeblumen für die abendliche Teezeremonie gesteckt, weil die schönen, zierlichen Blumen im Kerzenlicht bizarre, unheimliche Schatten an die Wand werfen.

Die Kombination eines Ikebana-Arrangements mit einem Rollbild ist die am weitesten verbreitete Dekoration für das Tokonoma. Die Verbindung der beiden Kunstwerke wird nicht nur förmlich, sondern häufig auch durch das gemeinsame Motiv geschaffen, zum Beispiel ein Rohdea-Arrangement nach den Winterregeln zum Rollbild mit Frühjahrsmotiv (siehe Abbildung 14) oder ein Bunjinbana (Arrangement im chinesischen Stil) zum Rollbild mit der Kalligrafie einer chinesischen Dichtung.

Ein interessantes Beispiel hierfür ist das bei Teemeistern beliebte »Arrangement«, das nur aus einer leeren Vase vor einem Bild mit einem Pflanzenmotiv besteht.

Die Farbtafel 3 zeigt ein Ikebana-Arrangement und ein Rollbild, die beide zur gleichen Malerei-Stilrichtung, »Rinpa«, gehören. Der Rinpa-Stil ist eine rein japanische, abstrakte und dekorative Kunstrichtung (siehe auch Abschnitt 2.1).

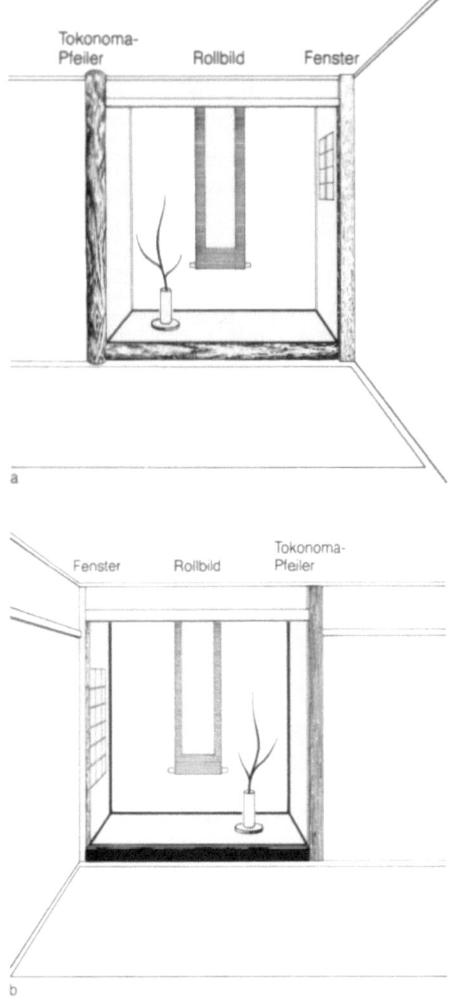

Abbildung 13. Ikebana und Tokonoma. In der Mitte des Tokonoma hängt gewöhnlich ein Rollbild; davor und zur fensterlosen Wand gerückt, steht das je nach Lage des Fensters rechts- oder linksseitig zu gestaltende und deshalb stets dem Rollbild und dem Licht zugewandte Ikebana-Arrangement: Fenster rechts, Arrangement rechtsseitig (**a**), Fenster links, Arrangement linksseitig (**b**).

Ein Gegenstand außerhalb des Arrangements kann auch erforderlich sein, um optisch das Gleichgewicht eines asymmetrischen Ikebana-Gestecks zu halten. Die asymmetrische Komposition des Rikka-Stils hatte zur Voraussetzung, dass ein Räuchergefäß und ein Kerzenständer als Gegengewicht daneben gestellt wurden (siehe Abbildung 142).

Auf die Wichtigkeit der Harmonie der verschiedenen Farben innerhalb eines Ikebana-Arrangements wurde bereits im Abschnitt 1.1.3 hingewiesen; daneben ist auch die farbliche Abstimmung zwischen dem Hintergrund und dem Gesteck sehr wichtig. Weiße Blumen vor einer weißen Wand büßen ihre Wirkung genau so ein wie grüne Zweige vor einem grünen Vorhang oder Ikebana-Gestecke vor deutlich gemusterten Blumentapeten. Eine neutrale oder eine Kontrastfarbe lässt Ikebana-Arrangements am besten zur Geltung kommen.

Heute gibt es vielerlei Möglichkeiten, Vasen, Untersätze und anderes Zubehör in den verschiedensten Tönen herzustellen und Wände und Vorhänge zu wählen, sodass man die farbliche Abstimmung des Ikebana mit der Umgebung noch besser ins Spiel bringen kann als in früheren Zeiten.

Auch der freie Raum rundum ist ein zum Arrangement gehöriges Element. Ein idealer Platz für ein Ikebana-Arrangement ist das Tokonoma, dessen Höhe, Breite und Tiefe ihm einen großzügig bemessenen freien Raum lassen. Deshalb kommen alle Ikebana-Arrangements im Tokonoma vorzüglich zur Geltung. Die meisten Plätze auf Schränken oder Regalen, die man heute in Wohnräumen hat, sind leider zu eng für Arrangements, die besonders viel freien Raum um sich herum benötigen. Man kann die Situation jedoch verbessern, wenn man das Arrangement in einer Ecke aufstellt, sodass der leere Raum optisch größer erscheint.

Ein Ikebana-Arrangement muss immer so komponiert werden, dass es mit der Umgebung in Einklang steht. Dabei müssen der Stil der Architektur, die

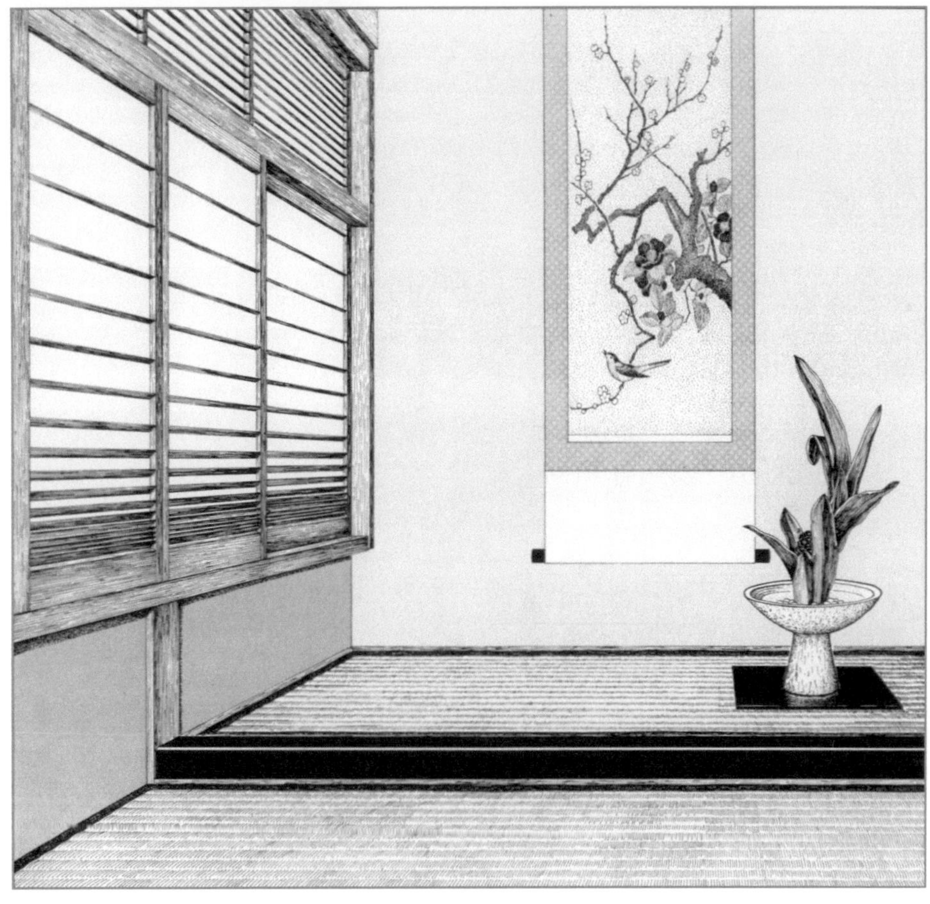

Abbildung 14. Rohdea-Gesteck im Tokonoma. Das Seika-Arrangement aus Rohdea (Rohdea japonica) steht auf der rechten Seite des Tokonoma; der Hauptstiel, das höchste Blatt, schaut zur Lichtquelle, dem Fenster. Es handelt sich um ein typisches Frühjahrsgesteck: Blätter schützen die Früchte vor der Kälte, eines ist wie ein Schirm über ihnen angeordnet. Auch die Blumen-Vogel-Malerei des Rollbildes enthält ein beliebtes Frühjahrsmotiv: Pflaumenbaum, Kamelie und Grasmücke. In dem gemeinsamen Motiv bringen beide, die dekorative Malerei und das schlichte Einzelarrangement, die Erwartung des kommenden Frühlings zum Ausdruck.

Einrichtung, die Schmuckgegenstände in unmittelbarer Nähe sowie der leere Raum und auch das Licht und die Farbe der Umgebung berücksichtigt werden. Nur dann können die Blumen ihre Schönheit voll entfalten.

Das große Rikka-Arrangement der Farbtafel 14 und die moderne Ikebana-Skulptur der Farbtafel 13 sind gute Beispiele für Ikebana-Arrangements, die sich in die gegebene Umgebung harmonisch einfügen.

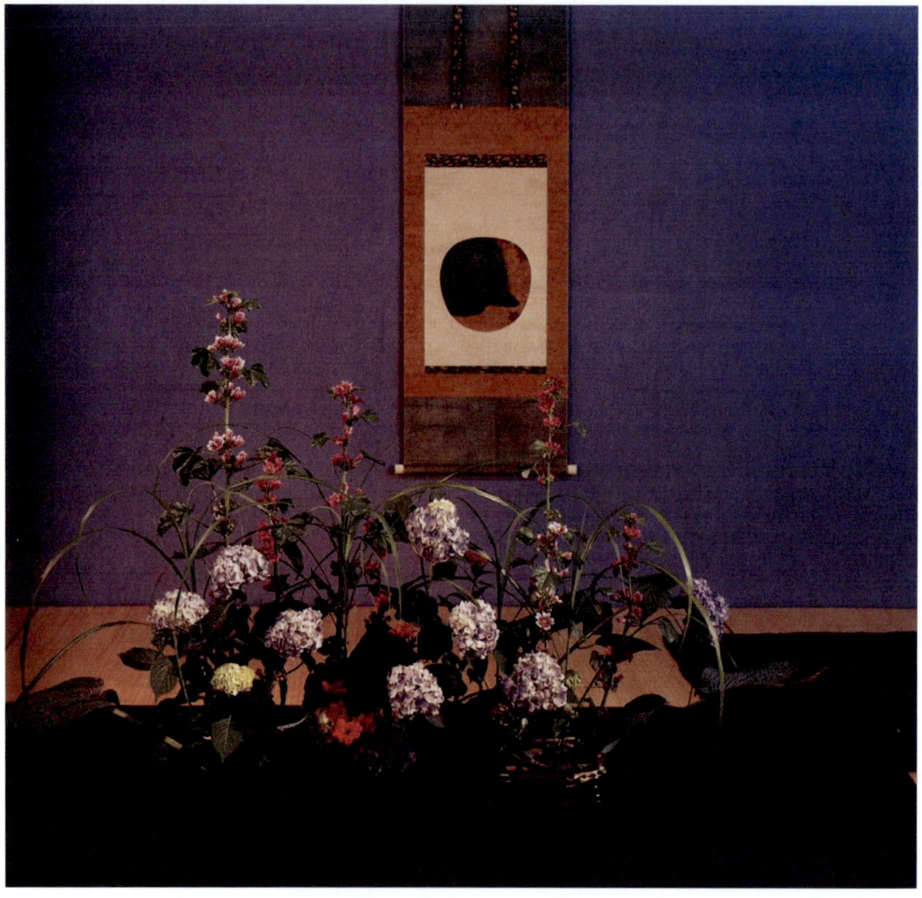

Farbtafel 3. Moribana der Rinpa-Richtung. Mit Hortensien, Malven, Ganpi-Nelken (Lychnis coronata), Miscanthus- und Funkienblättern repräsentiert das Arrangement die Landschaft vom Spätsommer bis zum Herbstanfang. (Weitere Erläuterungen siehe Abschnitt 2.1.) Arrangement von Ohara Houn, 3. Leiter der Ohara-Schule.

Ikebana

und sein geistiger Hintergrund

Jede Kunst spricht nicht nur das Auge oder das Ohr an, sondern auch das Gemüt und den Geist. So wendet sich ein Ikebana-Arrangement nicht nur an das Auge des Betrachters, es vermittelt auch eine geistige Aussage, die allerdings nur der Kundige wahrnimmt, dem die Sprache, derer sich das Kunstwerk bedient, vertraut ist.

Ein wichtiger Ausdrucksinhalt der Ikebana-Kunst ist das Thema eines Arrangements. Es kann ebenso gut der Vergänglichkeit des Lebens gewidmet sein wie der Freude über die Stimmung der Jahreszeit. Hier stellt der Künstler oft Bezüge zur Literatur, zur Philosophie oder zur Religion her. Aber auch viele der überlieferten Gestaltungsregeln des Ikebana haben eine enge Verbindung zur ostasiatischen Philosophie oder Religion. Zum Teil sind sie bewusst entwickelt worden, um eine Vorstellung oder eine Idee aus diesem Bereich künstlerisch auszudrücken, zum Teil wurden sie von Künstlern, die nur ihrer Intuition folgten, entdeckt und erst nachträglich mit einer Philosophie oder Religion in Verbindung gebracht.

Es ist interessant, dass nicht nur verschiedene Sekten einer Religion, sondern auch völlig getrennte Religionen und philosophische Systeme sich immer wieder gegenseitig bei ihrer Fortentwicklung befruchtet haben; der Shintoismus, der Buddhismus, der Konfuzianismus, der Taoismus und die Wahrsagekunde haben sich alle im Laufe der Zeit gegenseitig beeinflusst und sich gleichzeitig auf das geistige Feld der japanischen Kunst, einschließlich der Blumenkunst, als prägende Kraft ausgewirkt.

Die Blumenkunst wurde daneben natürlich auch von Vorstellungen beeinflusst, die anderen Gebieten der japanischen Kunst entstammen. Dabei spielen Begriffe und Schönheitsideale eine Rolle, die typisch japanisch sind und kein Gegenstück im westlichen Kulturkreis haben. Auch sie sind letztlich Ausfluss japanischer Philosophie, der Suche nach dem Wesentlichen, dem Schönen und dem Idealen.

Es gibt aber auch noch eine ganz andere Verbindung zwischen Ikebana und Philosophie. Für viele Japaner, die selbst die Blumenkunst ausüben, ist Ikebana mehr als eine künstlerische Betätigung; es ist eine Form der Selbsterziehung, ein Weg zur Ausformung der Persönlichkeit und, fast könnte man sagen, eine Religion. Eine solche Haltung ist dem westlichen Kulturkreis fremd, in Japan ist sie aber durchaus nicht ungewöhnlich und auch nicht auf die Blumenkunst beschränkt; es gibt vielmehr noch eine Reihe anderer, ebenso weit verbreiteter Künste und kultivierter Sportarten, die eine ähnliche Funktion erfüllen.

2.1 Symbolik der Motive

Zu einem Kunstwerk wird ein Ikebana-Arrangement erst dann, wenn der Gestalter eine Stimmung, eine Empfindung oder einen Gedanken künstlerisch zum Ausdruck bringt und so das Gemüt oder das Gefühl des Betrachters anspricht.

Jede Kunst hat ihre eigene »Sprache«. Sie vermittelt über den rein ästhetischen Genuss hinaus dem Betrachter bestimmte Aussagen, die ihn anregen und sein Denken und seine Gedanken beeinflussen. In der Musik spricht man vom »Motiv«. Auch Ikebana-Arrangements haben oft ihre Motive. Um das Motiv zu verstehen, muss man die Bedeutung und den symbolischen Gehalt der Ikebana-Sprache beherrschen. Der Betrachter, der diese »Sprache« versteht, sieht das Arrangement anders als jemand, der es nur naiv anschaut. Ebenso gewinnt der Gestalter, der diese »Sprache« beherrscht, daraus Anregungen für sein schöpferisches Tun.

Ein gutes Beispiel hierfür ist das Arrangement der Farbtafel 3. Für den naiven Betrachter ist es nur ein dekoratives Blumenarrangement, das allerdings einen interessanten Kontrast zwischen dem schlichten Rollbild und dem üppigen, vollen Arrangement darstellt.

Wer sich ein wenig mit Ikebana beschäftigt hat, weiß darüber hinaus, dass Ikebana-Arrangements oft die Stimmung einer bestimmten Jahreszeit wachrufen wollen, und er erkennt an den verwendeten Pflanzen, dass es sich um ein Spätsommermotiv handelt. Wer die stilistischen Eigenarten der wichtigsten Ikebana-Schulen studiert hat, erkennt außerdem sofort die charakteristische Haufenform des Moribana-Stils der Ohara-Schule; in der Tat stammt das Arrangement von Ohara Houn, dem dritten Leiter dieser Schule.

Die eigentliche Absicht des Künstlers aber durchschaut nur, wer sich in der japanischen Malerei auskennt. Er sieht nämlich an der Auswahl der gesteckten Pflanzen und an der Art, wie sie geformt wurden, vor allem aber an den aufrechten Malven und den charakteristischen Rundbögen der Miscanthus-Blätter, dass hier berühmte, immer wiederkehrende Motive des großen Malers Ogata Korin (1658–1716) wieder aufleben. Nun wird auch das eigentliche Wesen der inneren Harmonie zwischen dem Arrangement und dem Rollbild klar, denn das Rollbild stammt von Korin selbst, und das verbindende Element ist der sogenannte Rinpa, der von Korin begründete Malereistil, welcher in der Ohara-Schule der Blumenkunst gepflegt wird.

Die am weitesten verbreiteten Motive von Ikebana-Arrangements werden in den folgenden Abschnitten dargestellt.

2.1.1 Landschaft

Der große japanische Maler Sesshu hat gesagt: »Die Natur ist meine Lehrerin.« Es ist immer das Streben jeder japanischen Kunstgattung gewesen, in der Natur ihr Vorbild zu sehen.

Japans schöne Naturlandschaft, die in den vier Jahreszeiten ihre verschiedenen Ansichten zeigt, hat viele Künste befruchtet: Gartenkunst, Tuschmalerei, Bonsai, die auf einem Tablett aufgebaute symbolhafte Landschaft (Suhama, Bonkei und Bonseki) und auch Ikebana. Alle diese japanischen Künste haben miteinander gemein, dass sie die Naturlandschaft nicht wie eine Fotografie darstellen, sondern sie abstrahieren.

Die Tuschmalerei des Malers Sesshu ist Kunst der höchsten Abstraktion, in der er lediglich durch verschiedene Abstufungen der schwarzen Tusche mit genialem Pinselstrich die Landschaft zum vollen Ausdruck bringt.

Auch der japanische Garten will keine Miniaturlandschaft sein, sondern ist ein symbolhaft künstlerisches Abbild der Naturlandschaft. Der berühmte Steingarten des Daisenin im Tempel Daitokuji in Kyoto ist ein höchstes Ergebnis der abstrakten japanischen Gartenkunst, in welchem der Wasserfall, der Fluss, die Brücke und das Schiff nur durch Felsstücke und feine Kieselsteine angedeutet werden.

Im Ikebana symbolisiert der Rikka-Stil die Naturlandschaft durch seine sieben oder neun Pflanzenstiele: Äste, Blumenstiele oder Blätter von verschiede-

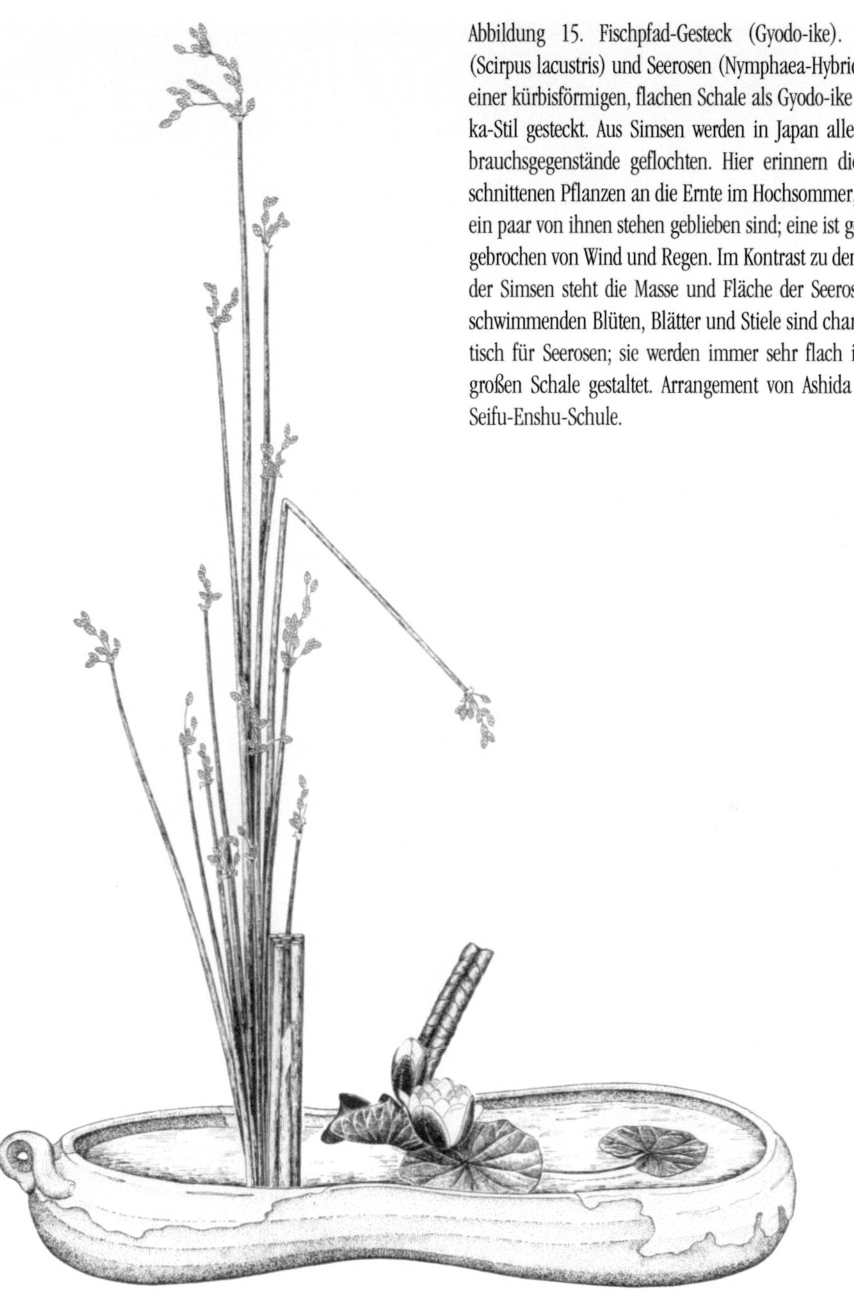

Abbildung 15. Fischpfad-Gesteck (Gyodo-ike). Simsen (Scirpus lacustris) und Seerosen (Nymphaea-Hybriden), in einer kürbisförmigen, flachen Schale als Gyodo-ike im Seika-Stil gesteckt. Aus Simsen werden in Japan allerlei Gebrauchsgegenstände geflochten. Hier erinnern die abgeschnittenen Pflanzen an die Ernte im Hochsommer, bei der ein paar von ihnen stehen geblieben sind; eine ist geknickt, gebrochen von Wind und Regen. Im Kontrast zu den Linien der Simsen steht die Masse und Fläche der Seerosen. Die schwimmenden Blüten, Blätter und Stiele sind charakteristisch für Seerosen; sie werden immer sehr flach in einer großen Schale gestaltet. Arrangement von Ashida Ichiba, Seifu-Enshu-Schule.

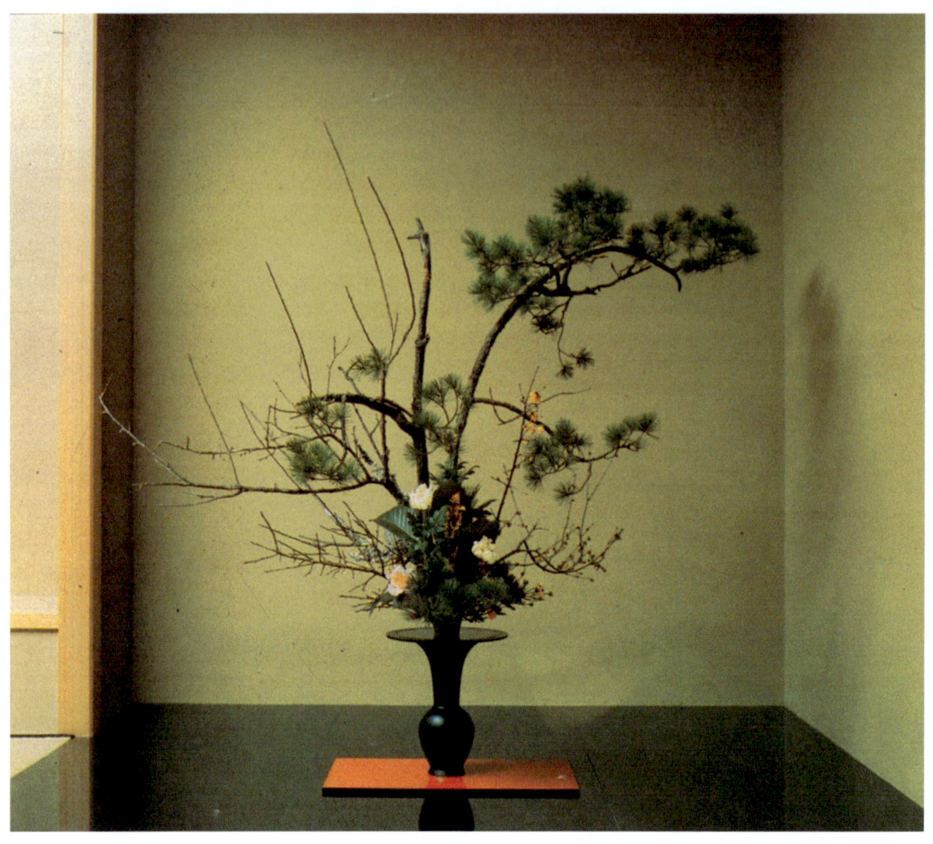

Farbtafel 4. Ikenobo-Rikka mit gebogenem Shin. Ein klassisches Rikka-Arrangement mit stark gebogenem Shin (Nokishin-Form) in einer formellen Shin-Umgebung – die Nische ist eine schlichte, moderne Tokonoma-Variante. Für das Arrangement, das jeweils etwa 1 m hoch, breit und tief ist, wurden die für das klassische Rikka typischen Aufbaupflanzen – Kiefer, Pflaumenzweige, Winterblüte (Meratia praecox), Chrysanthemen, Kamelien, Mispelblätter und Zypresse – nach den strengen Regeln des Rikka-Stils in einer traditionellen Ikenobo-Vase gesteckt. Dabei kontrastieren und harmonieren die Pflanzen miteinander: moosbedeckte, alte Pflaumenzweige und junge Triebe, alte Kiefernäste und junge, grüne Nadeln, große und kleine Chrysanthemen, straffe, dünne Pflaumentriebe und gekrümmte, dicke Kiefernäste. Arrangement von Ikenobo Senei, 45. Leiter der Ikenobo-Schule.

ner Höhe, Länge und Form bedeuten Berge, Wasserfälle, Flüsse, Täler, Hügel und Dörfer. Das Rikka hat an sich keine Ähnlichkeit mit wirklicher Landschaft, doch ein üppiger Zweig lässt an eine Bergkette in der Ferne und ein großes, senkrecht stehendes Blatt an einen Wasserfall denken, während ein ausladender Zweig das Fließen des Flusses ahnen lässt. Die Pflanzen sind symbolisch gestaltet und deuten insgesamt eine große Naturlandschaft an (siehe Abbildung 117).

Auch klassische Arrangements wie Gyodo-ike (Gesteck mit Wasserpflanzen) oder Suiriku-ike (Gesteck mit Wasser- und Landpflanzen) wollen auf eine Landschaft hinweisen.

Gyodo-ike (Abbildung 15) vereint mehrere Gruppen von Wasserpflanzen (Mizumono) in einer großen Schale; es deutet einen Teich an, worin Fische zwischen den Pflanzengruppen schwimmen könnten – daher der Name »Gyodo-ike« (Fischpfadgesteck).

Suiriku-ike ist dagegen ein Arrangement, in dem Wasserpflanzen (Mizumono) und Landpflanzen (Okamono) gemeinsam in einer großen Schale, aber getrennt voneinander, angeordnet werden. Beim klassischen Ikebana werden sonst Wasser- und Landpflanzen nicht zusammen im selben Arrangement verwendet, weil ihre natürliche Umwelt verschieden ist, aber Suiriku-ike ist eine Ausnahme und erlaubt diese Kombination, weil man damit »die Landschaft am Wasser« andeuten kann. Um das Land vom Wasser noch deutlicher zu trennen, werden verschiedene Ausdrucksmittel benutzt. In manchen Schulen wird ein großer Stein vor die Landpflanzen gelegt, um das Land zu symbolisieren, andere verwenden dazu zweierlei Arten Kieselsteine, weiße (Yo-Element) für das Land, schwarze (In-Element) für das Wasser (Abbildung 16). In dem abgebildeten Arrangement liegen zwischen Wasser und Land zwei Jakago als Sinnbild des Ufers. (Jakago sind längliche, mit Steinen gefüllte Körbe, die früher am Ufer als Schutz vor Überschwemmungen eingebracht wurden.)

Die symbolische Darstellung der Naturlandschaft wird auch in einem Einzelgesteck von Kirschblüten wiedergegeben. Ein solches Seika-Gesteck ähnelt keiner wirklichen Naturlandschaft, aber es wird genau nach der beobachteten Naturlandschaft gesteckt. Hier befinden sich Zweige mit Knospen oben, andere mit offenen Blüten in der Mitte und Zweige mit vielen Blättern unten; so deutet das Arrangement eine Landschaft im Gebirge an, wo die Kirschen im Tal früher blühen als die auf einem hohen Berg. Rund um die voll geöffnete Blütenmasse werden viele Blätter angebracht; sie sind der Schirm, der die zarten Kirschblüten vor dem rauen Wind schützt. So lassen sich die Gedanken des Menschen, die ihm die Natur eingibt, im Ikebana sinnbildlich ausdrücken.

Selbst ein sogenanntes Landschaftsgesteck ist keine Miniaturlandschaft; es ist ein Arrangement, das durch symbolisch bedeutsame und künstlerisch gestaltete Pflanzen an eine Landschaft erinnern will.

Die Ohara-Schule hat viele schöne Landschaftsgestecke im Moribana-Stil entwickelt. Die dort häufig gesteckte Form, mit abgefallenen Ahornblättern (siehe Abbildung 153) oder mit abgefallenen Kamelienblüten, symbolisiert nicht nur eine Landschaft, sie erweckt dazu auch eine melancholische, romantische Stimmung. Wenn Ahornblätter in der Schale schwimmen, ohne dass Ahornzweige gesteckt werden, deutet das Gesteck an, dass ein Ahornzweig zwar in der Nähe ist, sich aber außerhalb des hier dargestellten Landschaftsausschnitts befindet; durch einen solchen Kunstgriff wird die angedeutete räumliche und zeitliche Dimension des Gestecks wesentlich erweitert.

Auch die Saga-Schule hat eine Reihe von Landschaftsgestecken entwickelt: Teich, Wald, Wiese, Berg, Sumpf, Fluss und Strand werden symbolisch und künstlerisch in Moribana-Schalen gestaltet (siehe Farbtafel 6). Bei solcher Landschaftsdarstellung werden immer auch Dreidimensionalität und Perspektive sinnbildlich angedeutet; die »ferne Sicht« und die »nähere Sicht« werden deutlich zum Ausdruck ge-

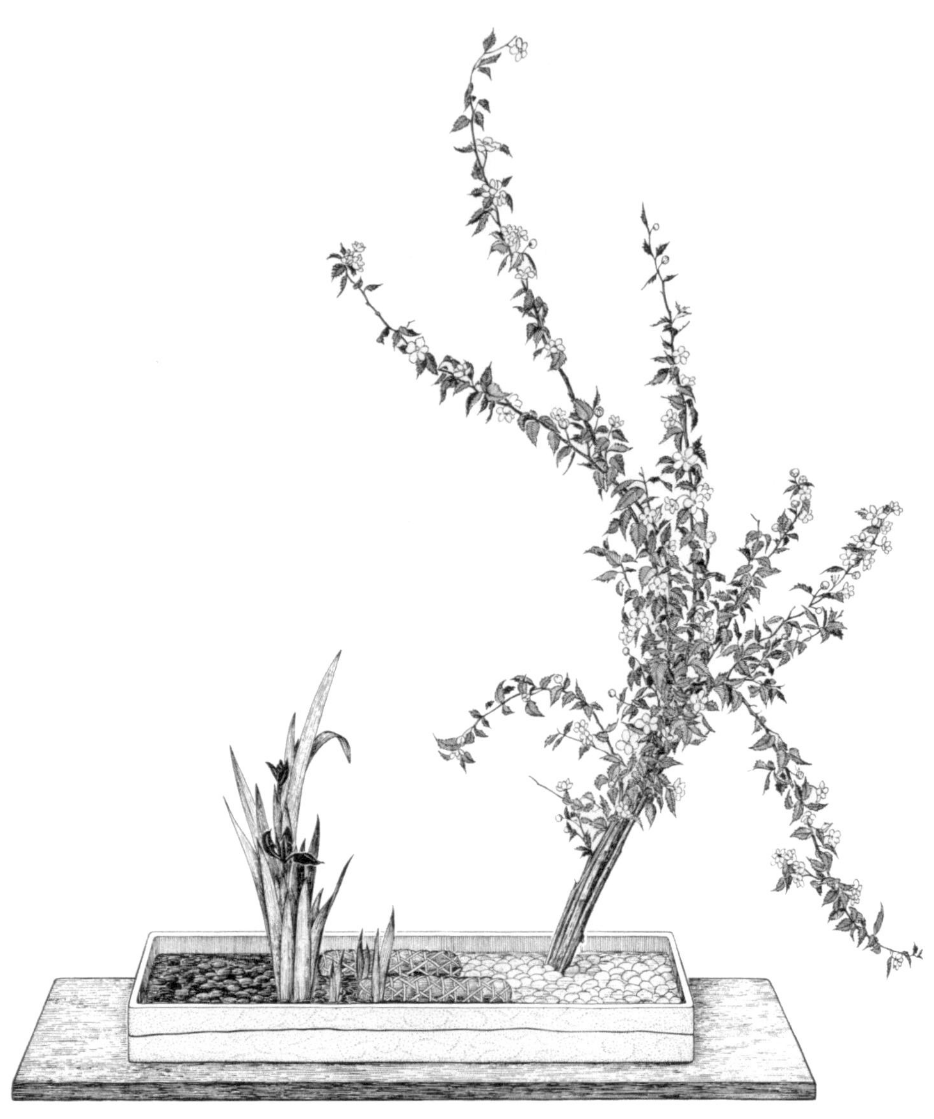

Abbildung 16. Landschaft am Wasser (Suiriku-ike) im Frühling. Land- und Wasserpflanzen (hier Kerrien und Iris) zusammen in einem Seika- (= Kakubana-) Arrangement, bei deutlicher Trennung von Land und Wasser. Zwei »Jakago« symbolisieren das Ufer. Arrangement von Hihara Koho, Misho-Schule.

bracht (siehe Abbildung 63). Ikebana stellt die Wirklichkeit nicht dar, sondern deutet sie allenfalls durch Symbole an. Auch Dreidimensionalität und Perspektive werden beim Ikebana nur mit wenig Material und einfachen Techniken symbolisch angedeutet.

Große Landschaftsgestecke sind beliebt als Exponate. Farbtafel 24 ist ein Beispiel der Ohara-Schule, das einen Landschaftsausschnitt aus der Urzeit darstellt.

2.1.2 Jahreszeit

Jede Jahreszeit bringt die ihr eigentümlichen Pflanzen hervor. Auch in Deutschland empfindet man die Stimmung des Frühlings, des fröhlichen Osterfestes, wenn man die Osterglocken in Vasen steckt. In Japan werden sie im Frühjahr mit vielen Knospen und wenig Blüten gesteckt, um die Erwartung des Frühlings auszudrücken, selbst wenn man schon viele Blüten bekommen kann. So kommt diese früh blühende Pflanze nach dem kalten Winter besonders gut zur Geltung. Erst Wochen später wird sie mit mehreren Blüten sowie mit Frühlingsgräsern oder -zweigen zusammen angeordnet.

Die Vorstellung, dass Kunstwerke und Gebrauchsgegenstände an die Stimmung der Jahreszeit anzupassen sind, scheint besonders japanisch zu sein; sie ist dort jedenfalls weit verbreitet. Man wechselt mehrmals im Jahr das Rollbild im Tokonoma und manchmal sogar die Schiebetüren in der Wohnung, je nach ihren Materialien oder den Motiven ihrer Bemalung. Im Winter trinkt man Tee aus der Winterschale, die durch Farbe und Material wärmer als die Sommerschale wirkt. Zum Tee wird Winterkuchen oder Sommerkuchen gereicht. Auch die Kimono-Muster der Frauen wechseln mit der Jahreszeit. Das Schmetterlingsmuster ist allein für den Frühlingskimono gedacht, während der mit verschiedenen Blättern gemusterte Kimono nur kurz im Herbst, zur Zeit der abfallenden Blätter, getragen wird.

Eine besonders enge Beziehung zur Jahreszeit hat ein klassisches Ikebana aus Japanischer Iris (Iris laevigata), die in Japan fast das ganze Jahr über blüht. Zu jeder Jahreszeit wird sie jedoch nach anderen Regeln gesteckt:

- In den ersten Monaten des Jahres bis in den Frühling hinein werden die Blüten und die Knospen niedriger als die Blätter angeordnet. Viele Blätter werden gerade oder wenig gebogen gesteckt. Kleine Blätter werden nur im Frühling verwendet, weil sie die junge Iris symbolisieren (siehe Abbildung 16, 27 und 112).
- Im Sommer werden die voll geöffneten Blüten höher als die Blätter angeordnet; es werden weniger Blätter als im Frühling verwendet, und die meisten Blätter werden gerade und aufrecht angeordnet (siehe Abbildung 67).
- Im Herbst werden die kleinen Blüten oder Knospen sehr hoch – viel höher als die Blätter – angeordnet, und einige Blätter werden deutlich gebogen oder hängend gesteckt; oft werden auch Früchte hinzugefügt.
- Von Spätherbst bis Winter werden die voll geöffneten Blüten sehr niedrig, zwischen den Blättern, angeordnet, während gleichzeitig halb vertrocknet aussehende Blüten höher angebracht werden. Oft werden einige getrocknete oder von Insekten angenagte Blätter mit verwendet (siehe Farbtafel 30).

Ikebana ist immer von verfügbaren Pflanzen abhängig; deshalb könnte man glauben, dass sich im Winter kein schönes Ikebana gestalten lässt. Ganz im Gegenteil! Im Winter sieht man kahle Zweige, vertrocknete Blätter und verwitterte Äste und entdeckt eine eigenartige Schönheit, die uns grüne Zweige und farbenprächtige Blumen nicht bieten können.

Welche wichtige Rolle die Jahreszeit beim Ikebana spielt, zeigen die Ikebana-Begriffe »Ikihana« (leben-

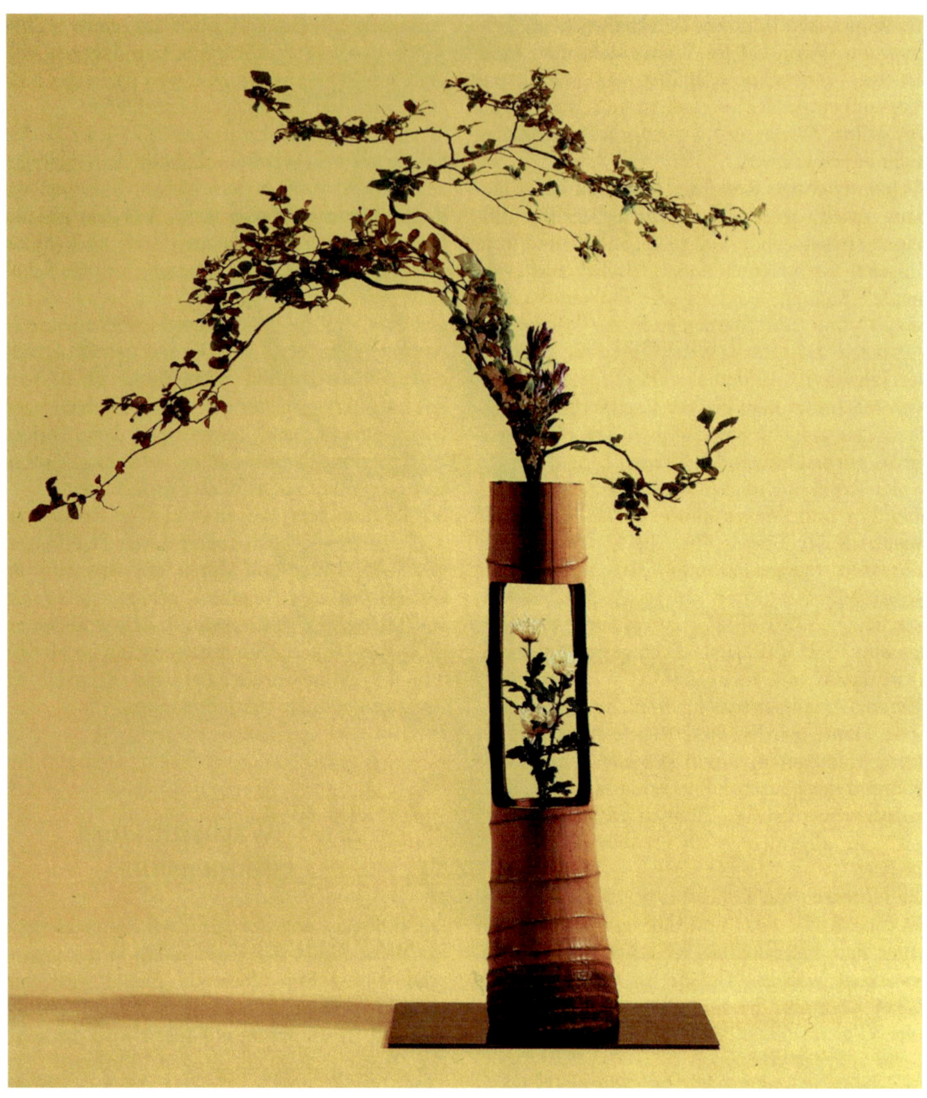

Farbtafel 5. Dreierleigesteck in Bambus-Doppelvase. Ein Seika-Gesteck mit drei verschiedenen Pflanzen für den Herbstanfang, in einer Bambus-Doppelvase mit Wurzelteil. Schön gebogene und hübsch verfärbte Heidelbeerzweige (Vaccinium oldhami) steigen mit ausholender Bewegung aus der oberen Stecköffnung; der Enzian als Fußschmuck hält sie gewissermaßen fest. Zum Kontrast sind in der unteren Stecköffnung die weißen Chrysanthemen in ruhiger, zurückhaltender Form gestaltet. Arrangement von Yoshimura Kasen, 3. Leiter der Ryusei-Schule.

de Blumen) und »Shinihana« (tote Blumen); sie bedeuten nicht »frische« und »welkende« Blumen, sondern »die Blumen der Jahreszeit« und »die Blumen nach der Jahreszeit«. Für Ikebana-Gestecke werden gern die »Blumen der Jahreszeit« (Ikihana) verwendet. Besonders wertvoll findet man die vor Beginn der eigentlichen Zeit aufgeblühten Blumen. Die etwas später als normal blühenden Blüten (Zanka) werden in der Regel nur ungern im Ikebana verwendet, aber hin und wieder nimmt man sie doch als Ausdruck der Trauer über die vorübergehende Jahreszeit (siehe Farbtafel 30). Blumen, die einige Monate später als gewöhnlich blühen, werden »Kuruizaki« (verrückte Blumen) genannt und sind im Allgemeinen unbeliebt. »Kuruizaki« und auch »Zanka« waren früher in Ikebana-Arrangements für festliche Anlässe verpönt. Heute werden diese Regeln nicht ganz so streng eingehalten, zumal fast alle Blumen jetzt während des ganzen Jahres erhältlich sind. Aber trotzdem werden die »Blumen nach der Jahreszeit« im Allgemeinen als »zweite Wahl« betrachtet.

Die Jahreszeit spielt auch bei der Wahl des Gefäßes eine Rolle. Glas und dünnes Porzellan von heller Farbe werden für Sommer-Arrangements bevorzugt, während Gefäße aus Metall oder aus dicker Keramik, die eine warm wirkende Farbe oder Glasur haben, eher für Winter-Arrangements in Frage kommen.

Eine große, flache Schale, die viel Wasser sehen lässt, wird für ein Sommer-Arrangement bevorzugt. Gerade an einem heißen japanischen Sommertag wird man beim Anblick eines solchen Arrangements unwillkürlich an einen kühlen Teich denken. Eine tiefe Schale dagegen wird gern im Winter verwendet, weil darin das Kälte suggerierende Wasser nicht sichtbar ist.

Wenn ein Winter-Arrangement in einer flachen Schale gesteckt werden soll, kann man die Pflanzen so weit nach vorn schieben, dass man von dort nur wenig Wasser sieht. Aus dem gleichen Grund werden sie möglichst weit nach hinten gerückt, wenn man im Sommer eine tiefe Schale verwendet. In einigen Schulen wird darauf geachtet, dass die Wasseroberfläche für Sommer-Arrangements etwa drei Viertel der Oberfläche einer Schale ausfüllt, während sie für Winter-Arrangements auf nur ein Viertel begrenzt wird. Ganz entsprechend achtet man beim Rikka-Arrangement darauf, dass der Mizugiwa-Fuß im Sommer höher als im Winter gestaltet wird.

So legt man beim Ikebana viel Wert darauf, dass der jahreszeitliche Charakter durch die Pflanzen, ihre Gestaltung und durch die Auswahl der Gefäße gut zum Ausdruck gebracht wird. Die Farbtafeln 20 (Frühlingswind), 21 (Arrangement im Glasgefäß), 22 (Sonnenuntergang im Herbst) und 23 (Schneelandschaft) sind Beispiele für Arrangements der vier Jahreszeiten.

2.1.3 Wachstum und Zeitdimension

Die Einbeziehung der zeitlichen Entwicklung in ein Werk findet sich nicht selten in der japanischen Kunst. Eine Querrolle (Emaki) betrachtet man, indem man sie nach der richtigen Zeitfolge ausrollt; in weitläufigen Bildern wird die zeitliche Veränderung einbezogen. Kunstvoll verzierte Goldlackkästen zeigen häufig auf der Außen- und der Innenseite des Deckels eine Fortsetzungsgeschichte in Bildern, deren Verständnis den zeitlichen Ablauf des Öffnens voraussetzt.

In die Ikebana-Kunst, deren Material lebende Pflanzen sind, lässt sich die zeitliche Entwicklung besonders gut einbeziehen. Zu einem Ikebana-Gesteck werden nicht nur voll geöffnete Blüten, sondern auch Knospen verwendet, um das kurze Leben des Arrangements durch seine Entwicklung länger zu genießen. Es ist wirklich eine Freude zu sehen, wie die Knospe in einem Arrangement am nächsten Tag zur Blüte kommt und das Arrangement dadurch jeden Tag etwas anders aussieht.

Dass die Zeitdimension unmittelbar durch die sichtbare Veränderung des Materials ausgedrückt

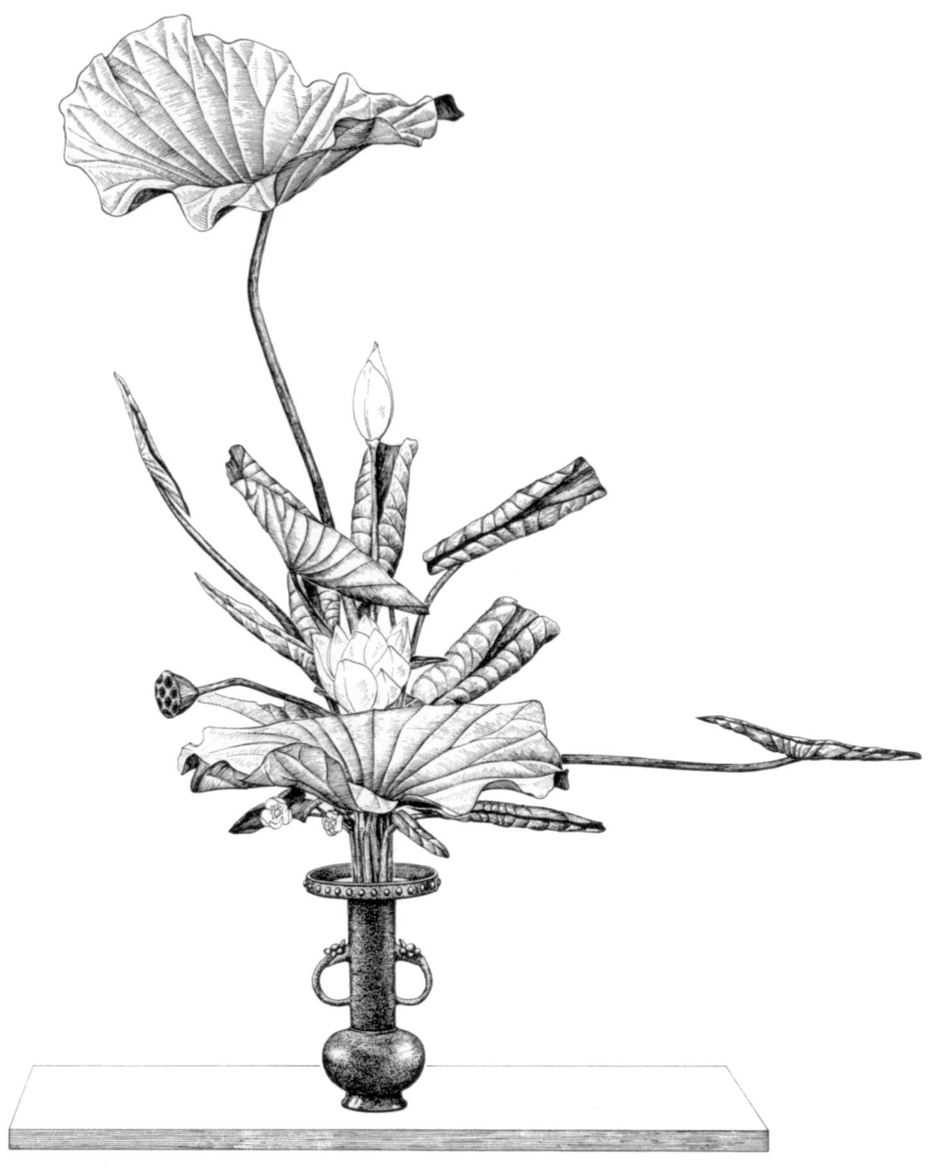

Abbildung 17. Lotos-Arrangement im Rikka-Stil. Gegenwart, Zukunft und Vergangenheit finden ihren symbolischen Ausdruck in den Lebensstadien der Lotosblume (Nelumbo nucifera). Die gelbe Sumpfblume (Nuphar japonicum) als Fußschmuck soll dem Einzelgesteck etwas Akzent verleihen. Arrangement von Fujiwara Yuchiku, Ikenobo-Schule.

werden kann, ist eine Eigenart der Blumenkunst. Aber von noch größerer Bedeutung ist die symbolische Darstellung der Zeitdimension: Die Blüten symbolisieren die Gegenwart, die Knospen die Zukunft.

Das Lotosarrangement ist ein klassisches Beispiel dafür. Die voll geöffneten Blüten und die großen, offenen Blätter versinnbildlichen die Gegenwart, die zartrosa Knospen und die noch gerollten Blätter die Zukunft, während die abgefallenen Blütenblätter, die braunen Früchte als Samenträger oder halb getrocknete Blätter an die Vergangenheit erinnern. Damit symbolisiert die Lotoskomposition die drei Seinsweisen der Zeit (Abbildung 17).

Das Knospen, Blühen und Fruchten, das Keimen, Sprießen und Verwelken sind natürliche Vorgänge im Leben der Pflanzen wie das Werden, Reifen und Vergehen des Menschen. Deshalb versucht man, diese Änderungen als Zeitdimension in eine Ikebana-Komposition künstlerisch einzubeziehen.

Auch ein Arrangement mit mehreren Kiefern zeigt verschiedene Generationen. Junge Kiefern haben leuchtend grüne Nadeln; später werden diese gelblich und bräunlich, und schließlich färben sie sich fast rötlich. Die Äste der jungen Kiefern sind noch gerade und haben Glanz. Die älteren Kiefern, die gegen die harte Natur gekämpft haben, sind krummgebogen und glanzlos. Manche sind mit Moos bedeckt oder verwittert und zum Teil weiß geworden. Dieser lange Lebensweg der Kiefer durch die Zeit wurde schon im 17. Jahrhundert von Blumenkünstlern als Motiv verwendet (siehe Abbildung 145).

Vegetatives Wachstum und der Gang der Zeit werden auch anhand eines Pflaumenzweiges dargestellt (Abbildung 18). Ältere Pflaumenzweige werden oft mit ihren jungen, dünnen Trieben gesteckt, die ausgesprochen schnell und senkrecht wachsen. Das Treiben des Pflaumenzweiges hat auch das Motiv »Schlafender Drache« geboren. Nach einer überlieferten Geschichte war einmal ein alter Pflaumenzweig in einer Tempelanlage in Edo abgefallen und lag teilweise in

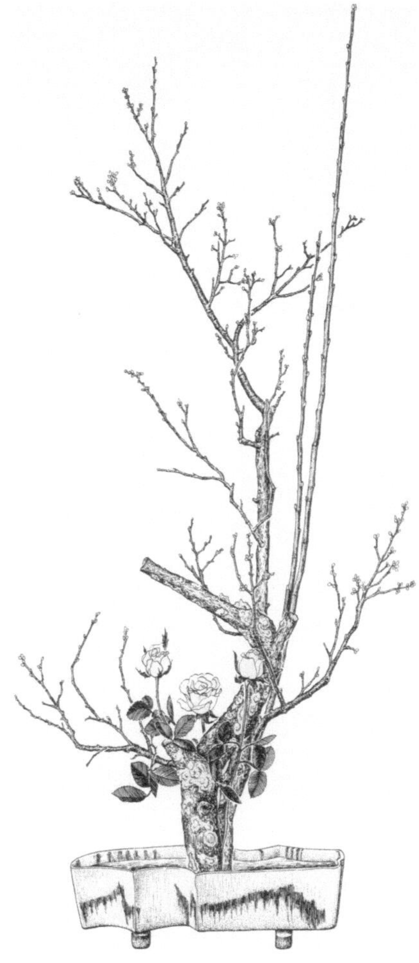

Abbildung 18. Bemooste Pflaumenzweige mit jungen Trieben. Ein Zweierleigesteck im Seika-Stil aus Pflaumenzweigen und roten Rosen mit Blättern. Der mit Moos bedeckte alte Pflaumenast, der bald zur Blüte kommende Pflaumenzweig und die schnell und senkrecht gewachsenen jungen Triebe stellen die verschiedenen Phasen des Wachstums dieser Pflanze dar. Dabei wird zur Ausformung des Fußpunktes häufig ein kurzer, dicker Ast ganz vorn gesteckt. Arrangement von Kusunoki Isseki, Saga-Schule.

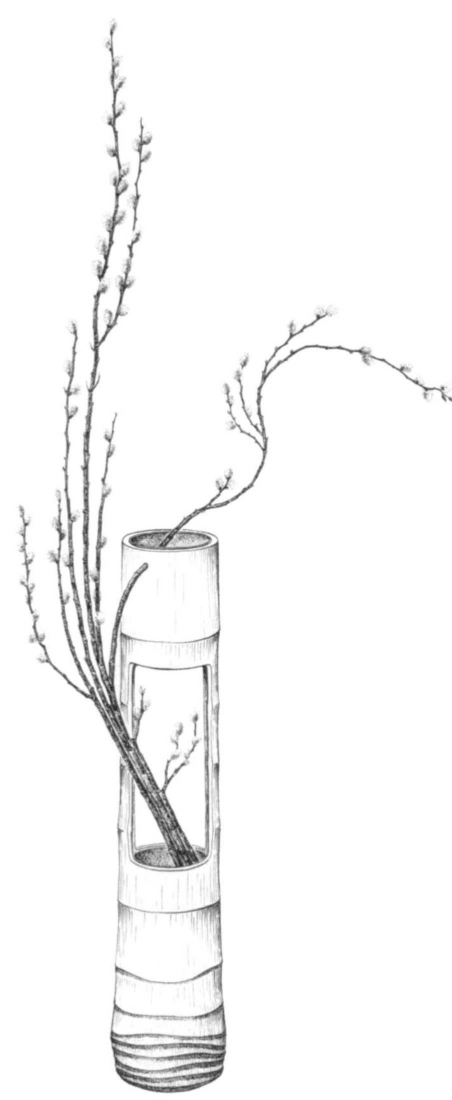

Abbildung 19. Durchstechender Zweig (Tsutsunuki). Die Weidenkätzchen in der Bambus-Doppelvase im Seika-Stil stellen die treibende Kraft der Pflanzen mit einem durch die Vasenwand stechenden Zweig dar. Arrangement von Kobayashi Shishu, Saga-Schule.

der Erde. Aus diesem moosbedeckten, wie ein Drache daliegenden alten Ast kamen eines Tages junge Triebe und wuchsen prachtvoll weiter. Deshalb nannte man den Pflaumenzweig »Schlafender Drache«. Diese Geschichte wurde in mehreren Kunstwerken als Motiv übernommen. In Ikebana-Gestecken findet das Thema mit liegenden, moosbedeckten Pflaumenzweigen und stehenden Trieben den ihm gemäßen Ausdruck.

Weitere Beispiele für solche Arrangements, in denen die verschiedenen Phasen des Wachstums der Pflanzen symbolisch dargestellt werden, sind Arrangements aus Bambus und Bambussprossen sowie Ahorngestecke mit Blättern, die in verschiedenen Tönen verfärbt und von denen einige abgefallen sind (siehe Farbtafel 17). Das kurze Leben des Arrangements kann durch die Zusammenstellung von alten und jungen Pflanzen wirkungsvoll in Gedanken verlängert werden.

Klassische Techniken wie »Mizukuguri« (der ins Wasser tauchende Zweig) und »Tsutsunuki« (der durch die Vasenwand stechende Zweig) bringen die Kraft des Wachstums von Pflanzen besonders deutlich und symbolhaft zum Ausdruck.

Die Mizukuguri-Technik stellt den Trieb eines Zweiges dar, der einmal ins Wasser taucht, aber aus eigener Kraft wieder aus dem Wasser herauskommt (siehe Farbtafel 16). Dabei ist es nicht immer notwendig, einen genau dafür geeignet gebildeten Zweig wie in der Farbtafel zu nehmen; man kann auch zwei Zweige so stecken, dass es aussieht, als ob es nur einer wäre. Man kann die Verbindungsstelle der beiden Zweige beispielsweise unter einem Stein verbergen.

Natürlich gibt es bei dem »durch die Vasenwand stechenden Zweig« (Abbildung 19) einen Kunstgriff. Der stechende Zweig besteht nämlich aus zwei Teilen; der obere wird in der oberen Stecköffnung gesteckt, der untere drückt mit dem abgeschnittenen Ende gegen die Vasenwand. Diese Technik ist zugleich ein hübsches Beispiel für den Begriff »Kyo-Jitsu« (Schein und Sein), der im Abschnitt 1.1 erläutert wurde. Für Tsutsunuki-Gestecke können auch zwei getrennte Vasen statt einer Doppelvase verwendet werden.

2.1.4 Themen und Motive

Überall und zu allen Zeiten gibt eine Blumensymbolik oder »Blumensprache« jeder Blume irgendeine Bedeutung, und bestimmte Sitten sind mit ihr verbunden. Dazu einige wenige Beispiele:

- In Deutschland schenkt ein Mann seiner Frau rote Rosen zur Geburt ihres Kindes.
- Veilchen bedeuten Bescheidenheit und Treue.
- Tannenzweige zur Adventszeit sind Ausdruck religiöser Erwartung.

Auch in Japan gibt es vielerlei Blumensymbolik und »Tabus« religiöser oder volkstümlicher Art:

- Lotosblumen sind das Sinnbild der Reinheit und die Blumen des religiösen Kultes.
- Kiefern symbolisieren wegen ihrer immergrünen Natur Unsterblichkeit und damit Glück.
- Ein Blumengesteck mit roten Blumen darf nicht anlässlich eines Umzugs gestellt oder geschenkt werden, weil »Rot« Feuer und damit einen Brand andeutet.
- Kerrie (Kerria japonica), die nach dem Blühen keine Früchte trägt, darf nicht zur Vermählung gesteckt werden, weil sie andeutet, dass das Ehepaar keinen Nachwuchs bekommen werde.

Ein überliefertes Ikebana-Arrangement aus drei Glück bringenden Pflanzen, nämlich Kiefern (wegen der immergrünen Natur), Bambus (wegen der elastischen Stärke) und Pflaumen (wegen des mutigen Blühens im kalten Vorfrühling) ist für das Neujahrsfest bestimmt (siehe Abbildung 148). Daneben gibt es noch einige weitere Ikebana-Arrangements, die wegen der Symbolik der verwendeten Pflanzen ihre festen Bedeutungen haben. Dass ein Ikebana-Arrangement seine Bedeutung unmittelbar aus der Symbolik der verwendeten Pflanze ableitet, ist aber eher die Ausnahme; normalerweise hat nur die Komposition als Ganzes eine Bedeutung und nicht das Material. In dieser Hinsicht unterscheidet Ikebana sich nicht von anderen Formen der bildenden Kunst.

Ikebana ist eine abstrakte Kunst; daher kann ein naiver Betrachter nicht ohne Weiteres erkennen, welche Idee der Künstler mit seinem Werk zum Ausdruck bringen wollte. Die Japaner geben deshalb ihren Ikebana-Arrangements oft Namen oder Titel, die auf die beabsichtigte Symbolik hinweisen. Zugleich machen sie damit deutlich, dass sie ein Ikebana-Arrangement als ein Kunstwerk und nicht als reine Zimmerdekoration betrachten.

Klassische Musterbeispiele für Arrangements, denen eine – zudem noch leicht erkennbare – Bedeutung innewohnt, sind Mond-, Boot- und Schöpfeimergestecke.

Es gibt zwei mondförmige Gefäße: das Vollmond- und das Halbmondgefäß. Beide sind aus Metall und meistens zum Aufhängen gedacht, aber sie können auch aufgestellt werden. Mit ihnen kann man die wechselnden Mondphasen darstellen, den Vollmond natürlich nur mit dem Vollmondgefäß, den zu- und den abnehmenden Mond hingegen mit dem Halbmond- wie mit dem Vollmondgefäß (Abbildung 20). Der zunehmende Mond wird in der Regel etwas voller und kräftiger gestaltet als der abnehmende, im Übrigen verhält sich die Darstellung dieser beiden Phasen sozusagen spiegelbildlich zueinander. Im Halbmondgefäß greifen die Pflanzen über die Spitzen der Mondsicheln hinaus, im Vollmondgefäß verdecken sie den Mond ein wenig, und zwar jeweils auf seiner zu- beziehungsweise abnehmenden Seite. Das ist der entscheidende Unterschied zur Darstellung des Vollmondes; denn dabei bleiben die Pflanzen innerhalb des Mond»rahmens« und werden rechts- oder links-

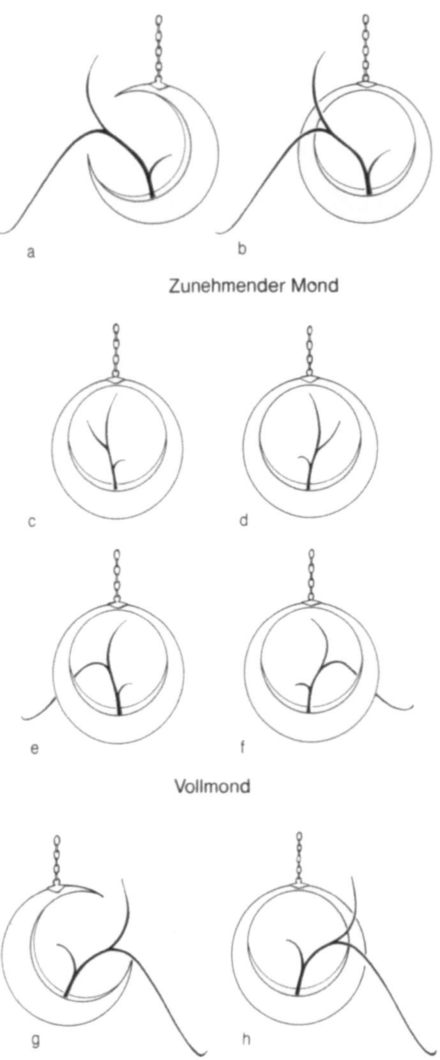

seitig arrangiert. Und wenn sie doch über den Rahmen hinausragen sollen, dann müssen sie dahinter bleiben – der Vollmond darf nicht verdeckt werden. Sie können ebenfalls als rechts- oder als linksseitiges Arrangement gestaltet werden. Die Abbildung 21 zeigt den zunehmenden Mond, Farbtafel 32 den abnehmenden Mond.

Auch das Boot ist ein immer wiederkehrendes Motiv für Ikebana-Arrangements; das hängt sicher damit zusammen, dass Japan ein Inselland ist. Dem Rumpf des Bootes entspricht das Gefäß, das gewöhnlich aus Bambus geschnitzt ist, gelegentlich aber auch aus Keramik oder Metall besteht; Segel, Ruder und Ankertau werden aus Pflanzen gebildet, die Segelblume, Ruderblume und Seilblume genannt werden. Dazu kommen auch noch Blumen als Bootsladung (siehe Farbtafel 11).

Das bootförmige Gefäß kann aufgehängt sein (hängendes Bootgesteck), oder es kann auf dem Untersatz stehen (stehendes Bootgesteck). Ein hängendes Boot bedeutet in der Regel, dass es auf dem Wasser fährt, ein stehendes, dass es im Hafen ruht (Abb. 22).

Das fahrende Boot ist entweder ein Oki-orai (Boot auf hoher See, also in der Ferne) oder ein Nagisa-orai (Boot in Ufernähe, also unweit des Betrachters). Bei Oki-orai wird das Bootgefäß etwas höher aufgehängt, und die Pflanzen werden in kleiner Form gesteckt (Abbildung 22a) – das Boot ist ja weit entfernt. Die Neigung der Segelblume hängt von der Windstärke ab. Das Nagisa-orai wird dagegen niedriger aufgehängt und größer gestaltet, weil es näher ist; die Ruderblume hängt tief nach unten und ist stark geneigt, weil in Ufernähe der Wind schwach ist und gerudert werden muss (Abbildung 22b).

Abbildung 20. Mondgesteck. Zunehmender Mond: **a** im Halbmond-, **b** im Vollmondgefäß, linke Hälfte teilweise verdeckt. Vollmond (**c**–**f**): wird nur mit dem Vollmondgefäß, wahlweise als rechts- oder linksseitiges Arrangement gestaltet. Die Pflanzen bleiben innerhalb des Mondrahmens (**c**, **d**); wenn sie darüber hinausragen sollen, bleiben sie hinter dem Rahmen, sodass die Form des Vollmondes unverstellt hervortritt (**e**, **f**). Abnehmender Mond: **g** im Halbmond-, **h** im Vollmondgefäß, rechte Hälfte teilweise verdeckt.

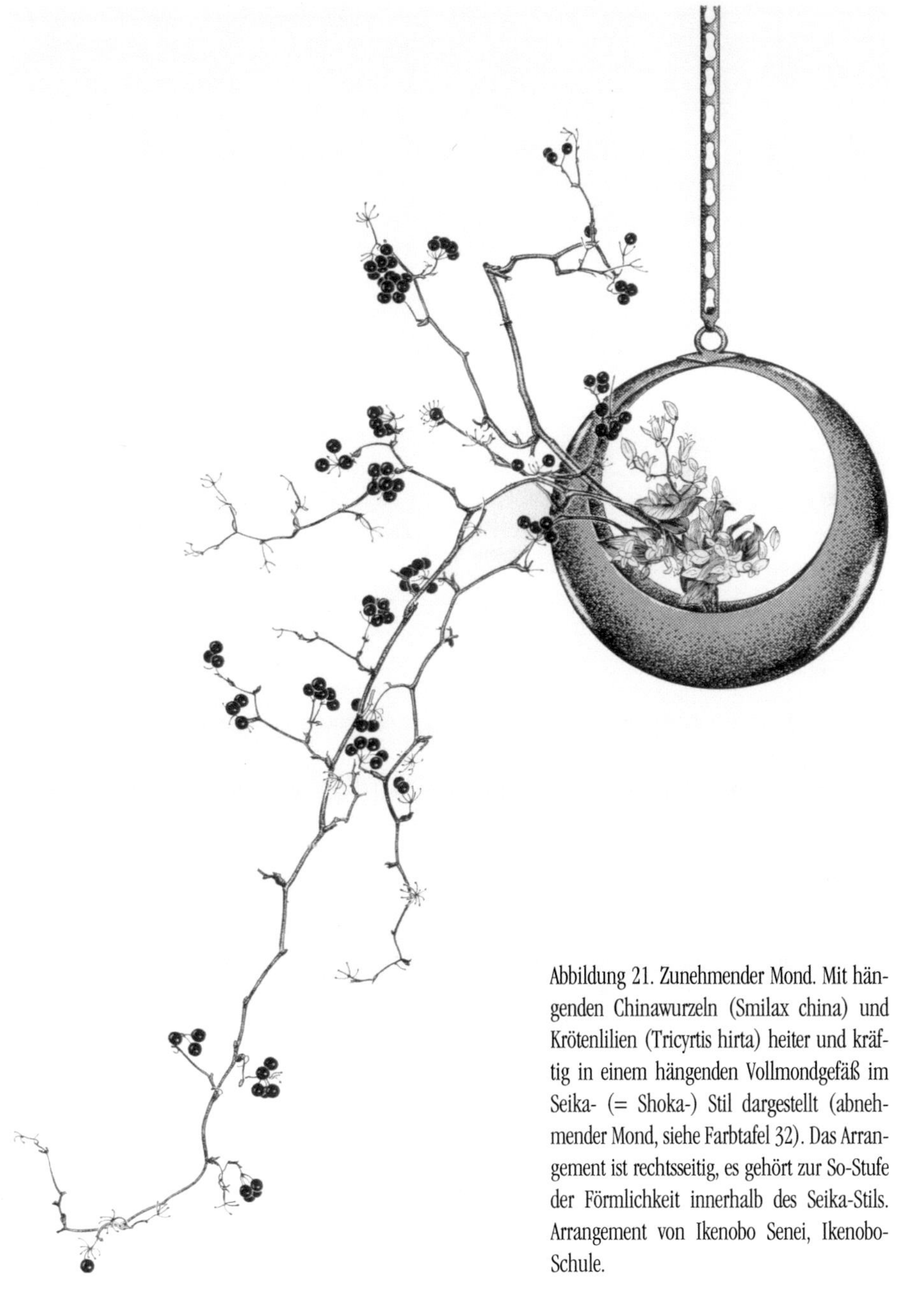

Abbildung 21. Zunehmender Mond. Mit hängenden Chinawurzeln (Smilax china) und Krötenlilien (Tricyrtis hirta) heiter und kräftig in einem hängenden Vollmondgefäß im Seika- (= Shoka-) Stil dargestellt (abnehmender Mond, siehe Farbtafel 32). Das Arrangement ist rechtsseitig, es gehört zur So-Stufe der Förmlichkeit innerhalb des Seika-Stils. Arrangement von Ikenobo Senei, Ikenobo-Schule.

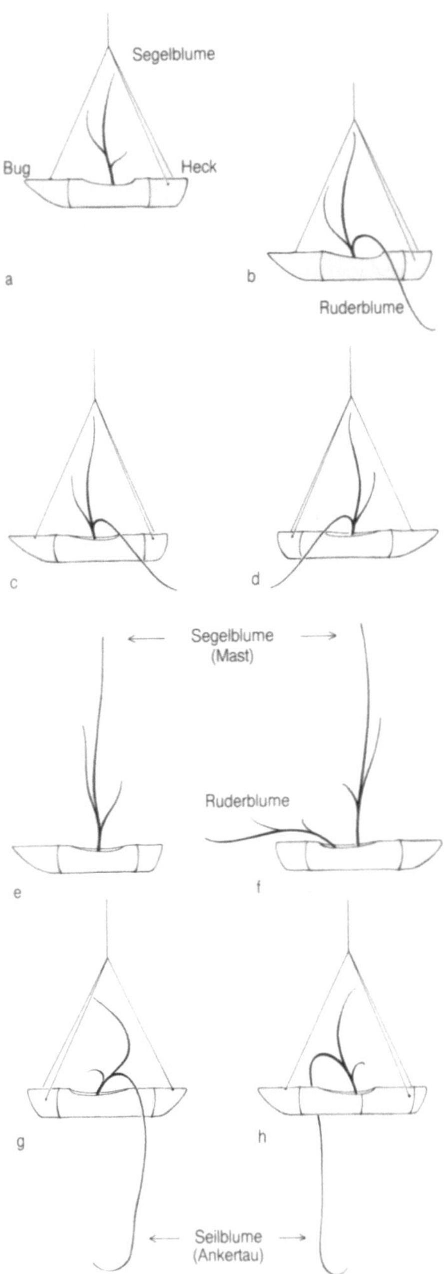

Normalerweise deutet das spitze Ende des Gefäßes den Bug, das stumpfe das Heck an. Gelegentlich sieht man ein Bootgefäß, dessen Enden gleichartig geformt sind. Man lässt in diesem Fall den Bug und das Heck durch die Aufhängung erkennen. Ein Boot wird in der Regel mit drei Ketten oder Schnüren aufgehängt, der Bug mit einer, das Heck mit zwei. Ein Bootgefäß wird meistens horizontal aufgehängt; es kommt auch vor, dass der Bug etwas höher als das Heck aufgehängt wird, aber nicht umgekehrt.

Es gibt ein rechtsseitiges und ein linksseitiges Arrangement, je nach der Position des Bugs, das heißt der Fahrtrichtung. Der nach links weisende Bug verlangt das rechtsseitige Arrangement, der nach rechts weisende das linksseitige. (Rechtsseitiges und linksseitiges Arrangement wurden im Abschnitt 1.2.3 erklärt.)

In der Regel ist der Bug des ausfahrenden Bootes (Defune), vom Betrachter her gesehen, nach links gerichtet, und die Pflanzen, die das vom Wind geblähte Segel symbolisieren, werden nach rechts gebogen; die Stellung der Blumenform entspricht damit dem rechtsseitigen Arrangement (Abbildung 22c). Der Bug des heimkehrenden Bootes (Irifune) wird dagegen nach rechts gerichtet, sodass die Stellung der Blumenform dem linksseitigen Arrangement entspricht (Abbildung 22d). Manchmal wird die Fahrtrichtung des Bootes auch durch das Fenster (Licht) oder durch den Platz des zu ehrenden Gastes bestimmt. Zum Beispiel wird ein Boot so aufgehängt, dass es zur Lichtquelle fährt (siehe Farbtafel 11). Das ausfahrende und das heimkehrende Boot werden von manchen Schulen auch dadurch unterschieden, dass die Ladung des heimkehrenden Bootes mit mehr und grö-

Abbildung 22. Bootgesteck. **a–d** Fahrendes Boot, **a** fern auf hoher See (Oki-orai), **b** in Ufernähe (Nagisa-orai), **c** ausfahrendes Boot (Defune), **d** heimkehrendes Boot (Irifune). **e–h** Boot im Hafen (Tomaribune), mit stehendem Gefäß (**e**, **f**) und mit hängendem Gefäß (**g**, **h**).

ßeren Blumen gestaltet wird als die des ausfahrenden Bootes. In diesem Sinne wurden für die Ladung des ausfahrenden Bootes in Farbtafel 11 Moosrosen mit ihren kleinen Blüten gewählt.

Das »Boot im Hafen« (Tomaribune) wird im Allgemeinen als stehendes Boot in aufrechter Form gestaltet. Anstelle des beim fahrenden Boot angedeuteten windgeblähten Segels symbolisiert die Segelblume nun den aufrechtstehenden Mast (Abbildung 22e). Die Ruderblume wird gelegentlich auch waagerecht gesteckt (Abbildung 22f). Man kann das ankernde Boot auch hängend gestalten (Abbildung 22g und 22h). Dann hängt die das Ankertau symbolisierende Seilblume vor oder hinter dem Rumpf vom Boot herab (hängende Aufbauform, siehe Abschnitt 1.1.1 und Abbildung 4). Für das »Boot im Hafen« gibt es, ebenfalls je nach Stellung des Buges, ein rechtsseitiges und ein linksseitiges Arrangement.

Es ist wichtig, beim Bootgesteck das Wasser möglichst wenig oder gar nicht sichtbar werden zu lassen, denn Wasser im Boot bedeutet Unglück.

Gelegentlich werden auch Kompositionen mit mehreren »Booten« ausgeführt. Ein traditionelles Gesteck mit drei Booten stellt eine Ansicht am Meer dar und bringt die Perspektive der Szene besonders deutlich zum Ausdruck: Ein Boot draußen auf hoher See wird, weil es weit entfernt ist, oben (gewissermaßen »am oberen Bildrand«) platziert und durch ein relativ kleines Bootgefäß und kleine Pflanzen wiedergegeben, ein entlang der Küste fahrendes Boot wird in mittlerer Höhe und Größe dargestellt, während ein im Hafen liegendes Boot ganz vorn, im großen Gefäß und mit relativ großen Blüten und Blättern in großem Maßstab gesteckt wird. Dabei wird auch darauf geachtet, dass unter den Booten immer ein »ausfahrendes« und ein »heimkehrendes« ist. Die Abbildung 23 gibt mit dem ausfahrenden Boot in der Ferne, dem heimkehrenden in mäßigem Abstand und dem im Hafen ruhenden Boot im Vordergrund die Perspektive einer solchen Szene deutlich wieder.

Eine interessante Kombination des Mond- und des Bootmotivs in einem Landschaftsgesteck zeigt Abbildung 24: Ein hängender Halbmond mit Flamingoblumen und kleinen Chrysanthemen und zwei stehende Boote mit Spindelbaum (Euonymus japonicus) und Rosen stellen eine nächtliche Landschaft am Meer dar. Ein paar Steine und Muscheln deuten an, dass die Boote am Strand liegen.

Neben dem Mond- und dem Bootgesteck ist auch das Schöpfeimergesteck (Abbildung 25 und Farbtafel 27) wegen seiner klassischen Symbolik weit verbreitet. Die hölzernen Schöpfeimer werden, je nach dem Motiv, aufgestellt oder aufgehängt. Manchmal wird nur ein einziger Eimer verwendet (siehe Abbil-

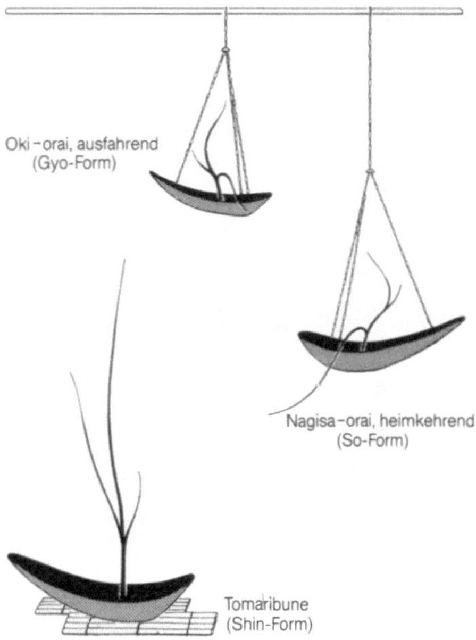

Abbildung 23. Ansicht am Meer mit drei Booten. Das im Hafen ruhende Boot vorn, das heimkehrende im Mittelgrund und das ausfahrende in der Ferne, so stellt sich die Situation mit räumlicher Tiefe dar. Nach der Regel der Ko-Schule Shotokai.

Abbildung 24. Mond und Boote im Seika-Stil. Halbmond, Boote, Pflanzen, Steine und Muscheln – Sinnbild einer nächtlichen Landschaft. Arrangement von Kusunoki Isseki, Saga-Schule.

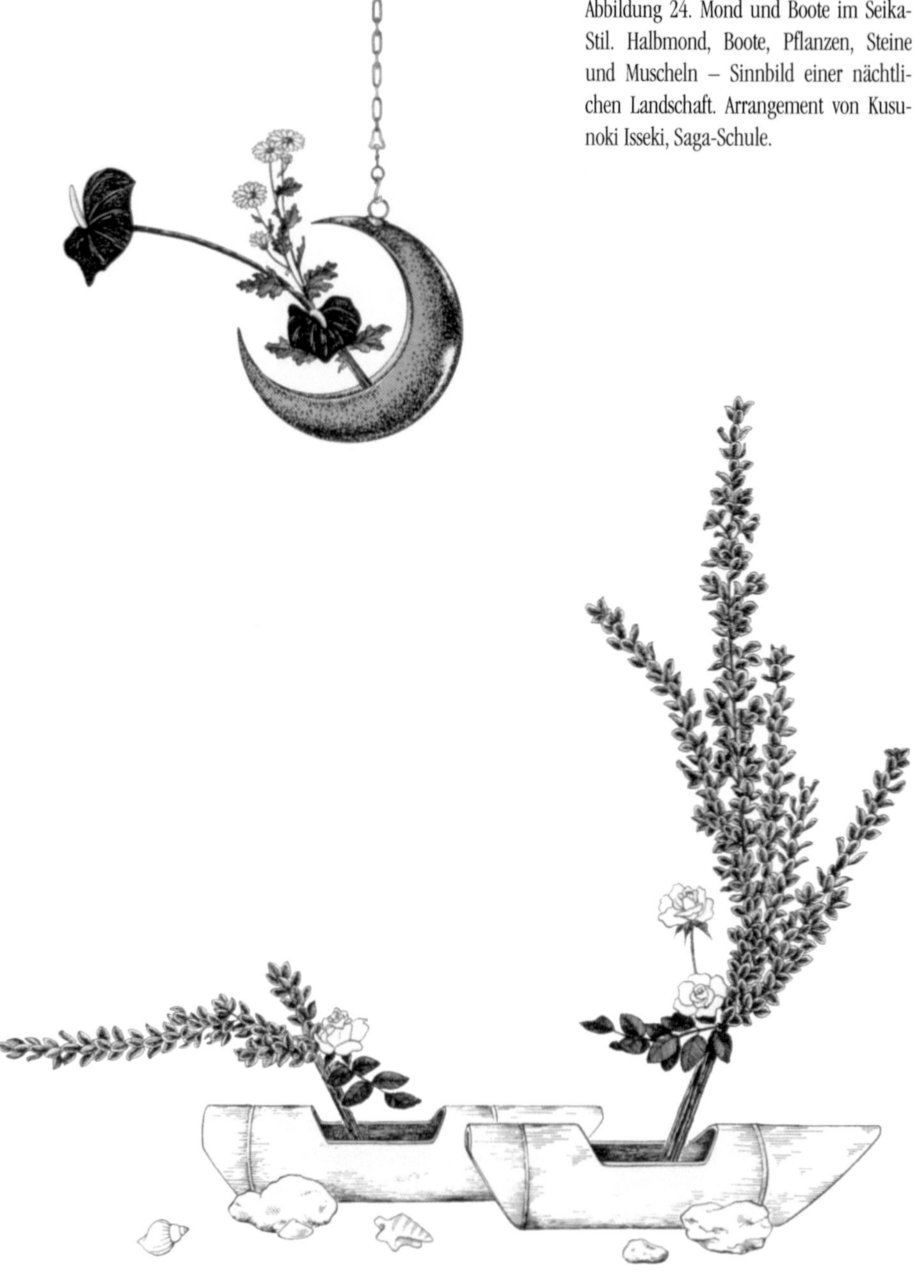

dung 26), aber stärker verbreitet ist die Gestaltung mit zwei Eimern, die zum Beispiel an einem Seil hängen oder auf einer »Brunnenecke« stehen können. Bei der Anordnung von zwei Schöpfeimern auf einem »Brunnen« sollen nach der Ko-Schule aus Gründen der Symbolik im oberen Eimer Zweige (Kimono), im mittleren Eimer Blumen (Kusamono) und im unteren »Brunnen« Wasserpflanzen (Mizumono) gesteckt werden. Damit symbolisiert das Gesteck gleichzeitig eine Landschaft mit Berg (oben), Wiese (Mitte) und See (unten). Werden zwei Eimer verwendet, so muss nach der Lehre der Saga-Schule der eine dem Betrachter eine Ecke, der andere die Front zuwenden.

Die Themen beim Ikebana sind natürlich nicht auf Mond, Boote und Schöpfeimer begrenzt. Diese überlieferten Seika-Gestecke sind aber wertvolle Musterbeispiele, die sich wegen ihrer vordergründigen Symbolik gerade als Vorbild beim Studium des Ikebana eignen.

Fortgeschrittene Ikebana-Künstler haben sich von alters her bei der Gestaltung ihrer Kompositionen von bekannten Motiven aus der Literatur leiten lassen. Ein bekanntes Haiku (17silbiges Gedicht) schildert, wie Frau Chiyo eines Morgens vom Ziehbrunnen Wasser holen will. Doch eine Winde hat sich um das Seil des Schöpfeimers gerankt, und sie will ihr nicht weh tun; deshalb wendet sie sich an den Nachbarn um Wasser:

Asagao ni
Tsurube torarete
Moraimizu

- Kaga no Chiyo

»Um mein Brunnenseil
rankte eine Winde sich –
gib mir Wasser, Freund.«

- Frau Chiyo aus Kaga (1703–1775)
  (Übersetzer nicht bekannt)

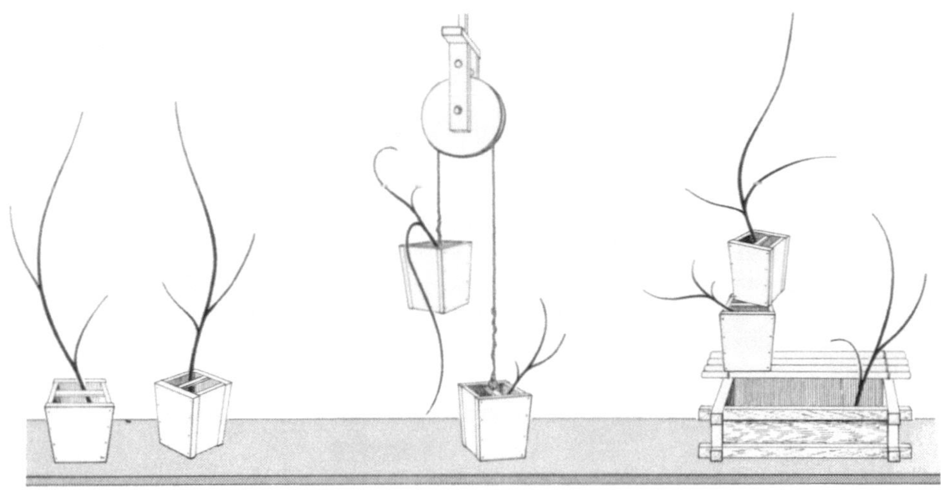

Abbildung 25. Schöpfeimergesteck. Zwei Schöpfeimer nebeneinander, ein hängender und ein stehender Schöpfeimer, verbunden durch das Brunnenseil, und schließlich auf einem Holzbecken (der nachgeahmten Brunnenfassung) ein Sunoko-Untersatz, darauf zwei Schöpfeimer übereinander.

Dieses Gedicht diente immer wieder als Anregung für Arrangements (Abbildung 26). Jeder gebildete Japaner wird beim Anblick eines solchen Gestecks sofort daran erinnert, vielleicht auch an zahlreiche andere Kunstwerke, die dieses Gedicht als Motiv haben: Tuschmalereien, Kalligrafien, Keramiken, Lackarbeiten oder andere Werke der bildenden Kunst. Es genügt deshalb nicht, dass das Arrangement einen schönen Anblick bietet; entscheidend ist vielmehr, dass es die Stimmung des Gedichts wiedergibt und die Welt der ihm eigenen Assoziationen um ein neues Element bereichert.

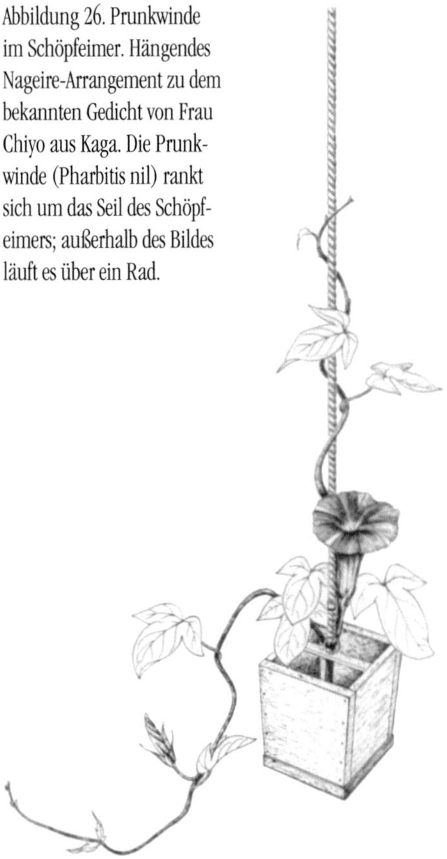

Abbildung 26. Prunkwinde im Schöpfeimer. Hängendes Nageire-Arrangement zu dem bekannten Gedicht von Frau Chiyo aus Kaga. Die Prunkwinde (Pharbitis nil) rankt sich um das Seil des Schöpfeimers; außerhalb des Bildes läuft es über ein Rad.

Ein anderes Motiv aus der Literatur, mit dem sich japanische Künstler aller Richtungen immer wieder auseinandergesetzt haben, ist das Thema »Yatsuhashi« (acht Stege). Es stammt aus dem Ise-Roman (11. Jahrhundert), der die Abenteuer eines Prinzen und Dichters, Arihara no Narihira, erzählt. Auf der Reise nach Osten kommt er zu einem Teich, in welchem neben den im Zickzack gebauten Stegen (Yatsuhashi) wunderschön die Iris blühen. In Abbildung 27 lebt das alte Motiv im Ikebana wieder auf. Seine Frische verdankt das gezeigte Gesteck dem Einfall, die Iris nach den Frühlingsregeln (offene Blüten niedriger als die Blätter) zu gestalten, und dem Sinngehalt der Blättchen, der weiteres Wachsen und Gedeihen andeutet. Der Zickzack-Steg wird durch den Untersatz angedeutet.

Auch das Arrangement der Abbildung 12 erinnert jeden Japaner sofort an das bekannte Gedicht von Yamabe no Akahito:

Tagonoura ni
Uchiidete mireba
Shirotae no
Fuji no takane ni
Yuki wa furitsutsu

»An der Bucht von Tagonoura
bin ich gewandert
und sah den Berg Fuji
mit seinem schneebedeckten Gipfel.«

Die selbst gewählte Bindung an ein klassisches Motiv ist für den Künstler reizvoll, weil sein Werk sich damit in eine Welt anderer Kunstwerke einordnet und durch eine Fülle von Assoziationen mit ihnen verknüpft wird.

Andererseits – und das wird gerade in neuerer Zeit stärker empfunden – engt jede Bindung an ein klassisches Motiv den Spielraum der schöpferischen Fantasie ein. Farbtafel 8, »Märchenwelt der Südsee«, Farbtafel 36, »Heimat«, und Abbildung 156, »Vogel«, zeigen Beispiele für die schöpferischen Möglichkeiten des Künstlers, der sich bei der Gestaltung seiner Komposition von frei gewählten Motiven leiten lässt. Unter dem Einfluss der abstrakten und der surrealistischen Kunst werden heute oft abstrakte, traumhafte und visionäre Themen gewählt: »Rauch und Flammen« (Farbtafel 26), »Schichten« (Farbtafel 35) und »Wolkenmärchen« (Farbtafel 37). In der fantasievollen Gestaltung solcher Motive liegt der Reiz der modernen Richtungen des Ikebana (Jiyubana und Zeneibana).

2.2 Philosophische Ästhetik

Die Blumenkunst wurde, wie schon gesagt, ebenso wie die anderen Künste Japans von verschiedenen Schulen ostasiatischer Philosophie mittelbar oder unmittelbar stark beeinflusst; der zeitliche Ablauf vollzog sich allerdings manchmal so, dass zunächst ästhetische Gestaltungsregeln intuitiv gefunden wur-

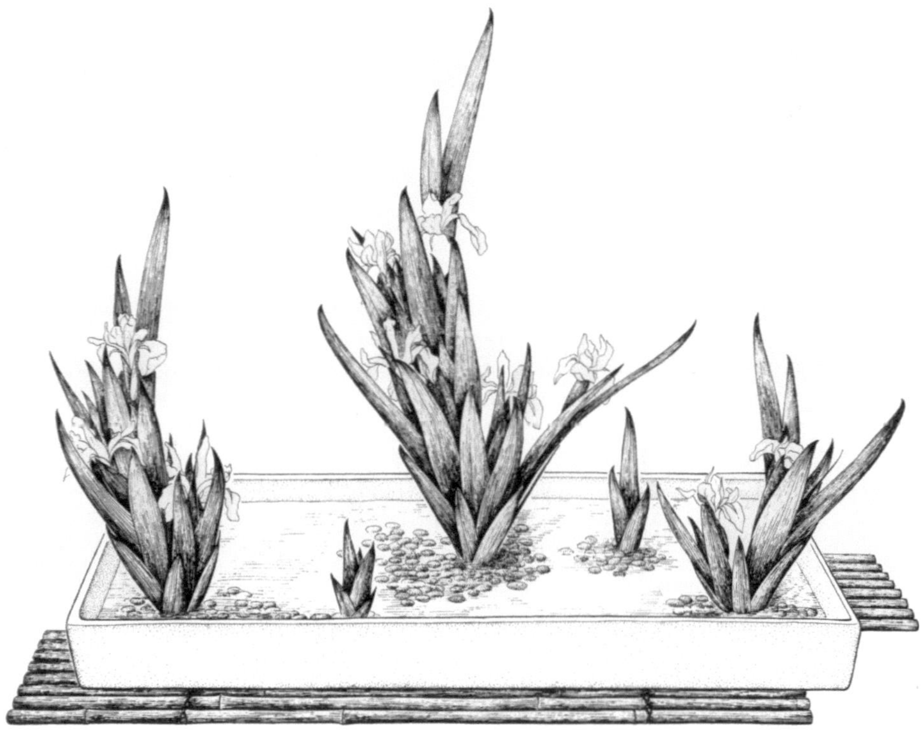

Abbildung 27. Irisgesteck zum Thema »Acht Stege« (Yatsuhashi). Die Iris sind nach den Frühlingsregeln und ihre drei Gruppen in Shin-, Gyo- und So-Form angeordnet; der Untersatz ruft den Zickzack-Steg in Erinnerung. Technisch gehört das Gesteck zum »Gyodo-ike« (Fischpfad-Gesteck) des Seika-Stils. Arrangement von Ikeda Riei, Ko-Schule Shotokai.

den, und erst dann, gleichsam als Bestätigung, eine Analogie zwischen diesen Regeln und der Philosophie hergestellt wurde.

Ein Beispiel ist der Seika-Stil, dessen wesentliches Merkmal das Drei-Linien-Prinzip ist. Er wurde in der Edo-Periode (1603–1868) entwickelt, als der Konfuzianismus von der Regierung sehr gefördert wurde, da sie in ihm eine moralphilosophische Rechtfertigung ihres autoritären Regimes sah. Anlass zur Entwicklung des Seika-Stils war der Wunsch, eine Form der Blumenkunst zu finden, die wesentlich einfacher war als das komplizierte Rikka; das Ergebnis war eine Komposition mit drei Aufbaulinien (statt damals sieben beim Rikka).

In Anlehnung an die damals ohnehin sehr lebendigen Ideen des Konfuzius stellten manche Ikebana-Meister die drei Aufbaulinien als Himmel, Mensch und Erde dar und förderten die schnelle Verbreitung des neuen Stils durch die These, er sei die Verwirklichung des Konfuzianismus in der Blumenkunst oder mindestens von ihm wesentlich geprägt.

Wichtiger sind jedoch andere, nicht so vordergründig und opportunistisch konstruierte Beziehungen zwischen ostasiatischer Philosophie und Ikebana-Kunst. Viele Blumenkünstler, vor allem die Begründer verschiedener Ikebana-Schulen, haben sich immer wieder Gedanken darüber gemacht, was das Wesen der Schönheit, was der Inhalt der Harmonie und welche Form die ideale ist, und haben ihre Antwort in der ostasiatischen Philosophie gesucht. Da es dieselben Ikebana-Meister waren, von denen im Laufe der Jahrhunderte die Gestaltungstheorien des Ikebana entwickelt wurden, liegen die wahren Zusammenhänge zwischen diesen Theorien und der Philosophie darin, dass die Bildungswelt und das ästhetische Empfinden der maßgeblichen Blumenmeister stets von dieser Philosophie geprägt waren.

Zur Gestaltung eines »richtigen« Ikebana-Arrangements und zur begründeten Würdigung von Ikebana-Kunstwerken ist daher eine gewisse Kenntnis der verschiedenen Lehren ostasiatischer Philosophie nicht nur hilfreich, sondern geradezu notwendig.

2.2.1 Gestaltungstheorien

In diesem Abschnitt sollen die wichtigsten Gestaltungstheorien des Ikebana zusammen mit einigen Grundgedanken der verschiedenen Richtungen ostasiatischer Philosophie kurz skizziert werden, soweit sie zu einer Erleichterung des Verstehens und der Würdigung von Ikebana-Kunstwerken beitragen können. Es handelt sich um die folgenden Themenkreise:

- Kontrastelemente
- Drei-Linien-Prinzip
- Fünf-Linien-Komposition
- Sechs-Komponenten-Komposition
- Kreiskomposition
- Dreieckkomposition

Kontrastelemente

Ein Ikebana-Arrangement besteht oft aus einer Vielzahl von Kontrastelementen. Dieses Gestaltungsprinzip beruht auf der Schatten-Licht-Theorie (In-Yo-Theorie), die ursprünglich der altchinesischen Wahrsagekunde entstammt.

Ihr Kernsatz besagt, dass die Polarität dieser Welt und aller Dinge dieser Welt aus Kontrastelementen besteht: Tag und Nacht, Himmel und Erde, Wärme und Kälte, Mann und Frau, gut und böse, oben und unten, rechts und links und viele andere. Diese Kontrastelemente werden durch »In« (Schattenelement, chinesisch »Yin«) und »Yo« (Lichtelement, chinesisch »Yang«) repräsentiert; sie bilden eine polare Einheit.

In der Blumenkunst spiegelt sich diese Theorie in den Gestaltungsregeln vieler Stilarten wider. Die Begriffe »In« und »Yo« werden dabei in vielfältiger Weise verwendet; sie können sich auf eine einzelne Pflanze oder ihre Bestandteile, aber auch auf das ganze Arrangement beziehen und sogar seine Umgebung mit einschließen.

In-Begriffe	Yo-Begriffe
Zweige (Kimono)	Blumen (Kusamono)
klein (kleine Blüte)	groß (große Blüte)
kurz (kurzer Stiel)	lang (langer Stiel)
Knospe	Blüte
Schattenseite der Pflanze	Lichtseite der Pflanze
Unterseite des Blattes	Oberseite des Blattes
hinten	vorn
Seite des Gastgebers	Seite des Gastes
unten	oben
links (linksseitiges Gesteck)	rechts (rechtsseitiges Gesteck)
West und Nord	Ost und Süd
Wasser	Land
Herbst und Winter	Frühling und Sommer
Leere (das Unausgefüllte)	Gehalt (das Ausgefüllte)
gerade Zahl	ungerade Zahl

Das Rikka-Arrangement ist eine harmonische Gestaltung einer Vielzahl von Kontrastelementen (siehe Farbtafel 4). Wird ein Zweig (In) oben (Yo) angeordnet, so wird eine Blume (Yo) unten (In) gesteckt. Einem großen, dicken Stiel (Yo) auf der rechten Seite (Yo) steht ein kleiner, dünner Stiel (In) auf der linken Seite (In) gegenüber. Weiter kontrastieren gebogene Linien mit geraden, ältere Zweige mit jungen Trieben und große Blüten mit kleinen. Die verschiedenen Aufbaustiele kontrastieren und harmonieren gleichzeitig in solchen Rikka-Arrangements (siehe auch Abbildung 117).

Auch beim Seika-Stil spielt die Schatten-Licht-Theorie eine wichtige Rolle; er kennt zwei Kontrastformen: ein rechtsseitiges und ein linksseitiges Arrangement (siehe Abbildung 13). Das rechtsseitige Arrangement wird auch Yo-Blume (Licht-Blume) genannt, das linksseitige Arrangement In-Blume (Schatten-Blume).

Wenn die Entscheidung für das rechtsseitige oder das linksseitige Arrangement nicht von der unmittelbaren Umgebung abhängt, in der es aufgestellt werden soll (siehe Abschnitt 1.2.3), wird sie nach der Form des Hauptstiels getroffen: Ein Zweig, der nach rechts gebogen ist, wenn seine Lichtseite (Vorderseite) nach vorn zeigt, eignet sich für ein rechtsseitiges Arrangement (siehe Abbildung 107). Hier besteht eine direkte Verbindung zwischen der »Licht«-Seite der Schatten-Licht-Theorie und der wirklichen Lichtseite (Sonnenseite) der Pflanzen (siehe auch Abschnitt 1.1.2).

Bei Gestaltungsregeln für Moribana und Nageire werden meistens die Wörter »In« und »Yo« nicht ausdrücklich verwendet, aber die Idee der Kontrastelemente wird auch hier verwirklicht. Rechtsseitiges und linksseitiges Arrangement sind auch beim Moribana und beim Nageire wichtige Begriffe (siehe Abschnitt 4.1 und 4.2).

Die Vollendung einer schönen Form setzt oft voraus, dass die In- und die Yo-Komponente gleichzeitig vorhanden sind, um sich gegenseitig zu ergänzen und miteinander zu kontrastieren. Dies soll bei Ikebana-Arrangements beachtet werden.

- Die Lichtseite (Yo) und die Schattenseite (In) der Pflanzen ergänzen sich in einem Arrangement (siehe Abbildung 8, Seika-Stil).
- Die Grundzusammenstellung eines Ikebana-Arrangements besteht oft aus Blumen (Yo) und Zweigen (In) (siehe Farbtafel 33, Nageire-Stil).
- Ein Arrangement hat einen mit Pflanzen ausgefüllten Teil (Yo) und einen von Pflanzen und anderem Material frei gelassenen Teil (In) (siehe Abbildung 76, Moribana-Stil).
- Beim zweiteiligen Arrangement wird ein Teil groß (Yo) gesteckt, der andere Teil klein (In) (siehe Farbtafel 34, Rikka-Stil).

»Kontrast« und »Harmonie« im ursprünglichen Sinne der Schatten-Licht-Theorie sind die grundlegenden Begriffe der Ikebana-Kunst.

Drei-Linien-Prinzip

Das Drei-Linien-Prinzip ist die älteste Gestaltungsregel des Ikebana, da sie schon beim Tatebana angewandt wurde, und auch die am weitesten verbreitete. Tatebana ist der älteste Ikebana-Stil und der Vorgänger des Rikka-Stils; er entstand um die Mitte des 16. Jahrhunderts. In dem Tatebana-Lehrbuch »Rikka Zukan« (1554) wurden die drei Aufbaustiele als »Shin« (Mittelpunkt, Wahrheit), »Soe« (Begleiter) und »Shitagusa« (untere Gräser) bezeichnet. Eine Beziehung dieser Linien zu irgendeiner Philosophie gab es damals nicht.

Erst im 18. Jahrhundert, als der Seika-Stil – ebenfalls mit drei Aufbaustielen – in Mode kam, wurde eine Beziehung zum Konfuzianismus hergestellt: Das Drei-Linien-Prinzip sollte in der Drei-Wesen-Theorie wurzeln. Diese Theorie geht auf die alte chinesische Wahrsagekunde zurück und wurde erstmals in dem Buch »Yi-King« (etwa 500 vor Christus) beschrieben, das später zu einem der fünf wichtigsten Lehrbücher des Konfuzianismus wurde. Dadurch wurde die Drei-Wesen-Theorie allgemein für eine konfuzianistische Weltanschauung gehalten.

Diese Theorie erklärt die Entstehung der Welt durch drei wichtige »Wesen«: Himmel, Erde und Mensch. Am Anfang war die Welt chaotisch. Dann schwebte alles Leichte nach oben und bildete den Himmel, und alles Schwere sank nach unten und bildete die Erde. Durch das Zusammenwirken des Himmels (zum Beispiel Sonnenschein und Regen) mit der Erde (Ernährungskraft) wurde die ganze Schöpfung zwischen Himmel und Erde geboren; der Mensch, das dritte »Wesen«, ist hier Stellvertreter aller Schöpfung.

Die Drei-Wesen-Theorie, die in die Lehre des Konfuzianismus aufgenommen wurde, betont vor allem die Ordnung und die Harmonie des Universums durch die feste Stellung und Funktion der drei »Wesen«. Der Himmel befindet sich oben an höchster Stelle und leitet alle Wesen; die Erde, die sich ganz unten befindet, soll den anderen Wesen gehorchen, und der Mensch, der sich in der Mitte befindet, soll Himmel und Erde verbinden und zur Harmonie führen. Die Drei-Wesen-Theorie als Ethik des Konfuzianismus fordert darüber hinaus, dass der Mensch sich dem Naturgesetz des Himmels und der Erde anpassen und danach leben soll.

Will man diese Drei-Wesen-Theorie mit der Blumenkunst in Verbindung bringen, so liegt es nahe, die drei Aufbaustiele, zum Beispiel des Seika-Arrangements, mit den drei »Wesen« zu identifizieren (Abbildung 28a). Der höchste, längste und damit wichtigste Stiel des Arrangements symbolisiert den Himmel, der niedrigste die Erde und der mittlere Stiel den Menschen. Damit symbolisiert der Seika-Stil das harmonische Universum, und damit bedeutet diese aus drei Linien gebildete Komposition eine absolut harmonische Form. Das ist die philosophische Begründung des Drei-Linien-Prinzips des Seika-Stils.

Die Namen der drei Aufbaulinien des Seika-Stils sind in den einzelnen Ikebana-Schulen nicht ganz einheitlich; eine Übersicht gibt Tabelle 1.

Tabelle 1. Himmel, Mensch und Erde, symbolisiert im Seika-Stil verschiedener Ikebana-Schulen

Ikebana-Schule	Himmel	Mensch	Erde
Sekishu	Shin	Uke	Tome
Enshu (Seifu)	Shin	Gyo	Tome
Enshu (Hongen), Setsushu	Shin	Gyo	So
Ikenobo	Soe	Shin	Tai
Ko (Shotokai)	Shin	Nagashi	Uke
Kodo	Shin	Nagashi	Tome
Misho, Saga und Soami	Tai	Yo oder Yu	Tome
Ryusei	Shin	Soe	Tai

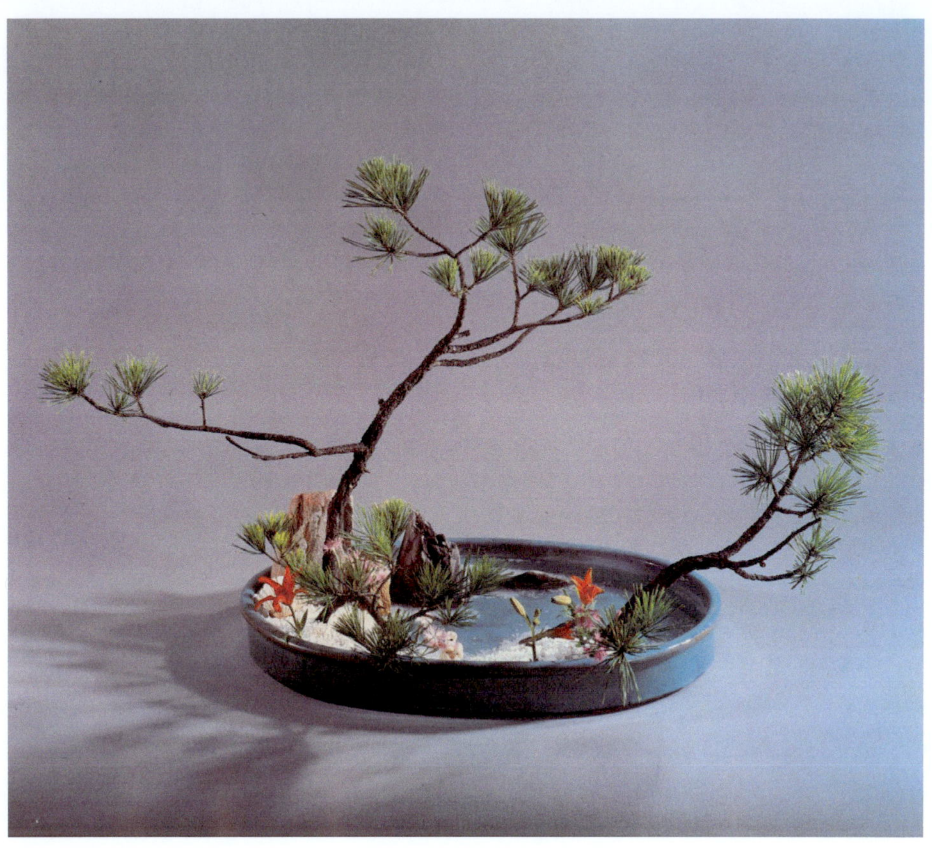

Farbtafel 6. Strand. Ein Landschaftsgesteck im Moribana-Stil der Saga-Schule. Die vom rauen Wind gebogenen Kiefernzweige, große Felsen, weißer Sand und ein paar kleine Muscheln stellen einen Strand dar. Kleine Lilien und zarte Prachtnelken (Dianthus superbus), die eigentlich nicht am Strand wachsen, passen sich spontan und harmonisch in die Landschaft ein. Arrangement von Ninomiya Yoshiho, Saga-Schule.

Bemerkungen zur Tabelle 1

- In den Schulen der Ikenobo-Gruppe wird der längste Stiel als »Mensch« und der zweite Aufbaustiel als »Himmel« interpretiert; auch hier heißt der längste Stiel Shin.
- In vielen Ikebana-Schulen gehören zu einem Seika-Arrangement noch zwei weitere Aufbaustiele.
- Die Tabelle spiegelt Verwandtschaften zwischen einzelnen Ikebana-Schulen wider: Die Saga-Schule hat den Seika-Stil der Misho-Schule übernommen; die Ryusei-Schule ging aus der Ikenobo-Schule hervor.

Auch dem Moribana- und dem Nageire-Stil liegt in vielen Ikebana-Schulen das Drei-Linien-Prinzip zugrunde, obwohl die Beziehung zum Seika-Stil oder zur Drei-Wesen-Theorie kaum angesprochen wird (Abbildung 28b und 28c).

Die Namen für die drei im Moribana- und Nageire-Stil verwendeten Aufbaustiele in verschiedenen Ikebana-Schulen zeigt Tabelle 2.

Tabelle 2. Drei Aufbaulinien des Moribana- und Nageire-Stils in verschiedenen Ikebana-Schulen

Ikebana-Schule	Längster Stiel	Mittellanger Stiel	Kürzester Stiel
Adachi (Kagei)	Shukaku	Taikaku	Fukaku
Ikenobo und Ryusei	Shin	Soe	Tai
Misho (Nakayama)	Tai	Yo	Fuku
Ohara	Shushi (Shu)	Fukushi (Soe)	Kyakushi (Kyaku)
Shuho	Shin	Soe	Tome
Sogetsu	Shin	Soe	Hikae

Ferner gibt es Drei-Linien-Kompositionen, die sich nicht auf die konfuzianistische Drei-Wesen-Theorie beziehen, sondern auf die Weltanschauung des Buddhismus: Die drei Aufbaulinien des Seika der Omuro-Schule sowie die drei Aufbaulinien des Moribana der Saga-Schule symbolisieren die von der (buddhistischen) Shingon-Sekte vertretene »Sandai-Theorie«. Diese beiden Ikebana-Schulen werden in buddhistischen Tempeln gepflegt: die Omuro-Schule im Tempel Ninnaji und die Saga-Schule im Tempel Daikakuji. Die buddhistische Weltanschauung wird in verschiedenen Sekten unterschiedlich erklärt; die Shingon-Sekte, zu der die Tempel Ninnaji und Daikakuji gehören, stellt einige ihrer Kernpunkte folgendermaßen dar:

Alle Dinge und Phänomene dieser Welt haben drei Aspekte: Tai (kosmische Elemente), So (Erscheinungen) und Yu oder Yo (Funktionen). Nach der Sandai-Theorie gibt es sechs kosmische Elemente, vier Erscheinungen und drei Funktionen:

- Die sechs Elemente (Tai) sind Erde, Wasser, Feuer, Wind, Himmel und Intellekt.
- Die vier Erscheinungen (So) sind äußerliche Erscheinung, symbolische Erscheinung, wesenhafte Erscheinung und Erscheinung der Tat.
- Die drei Funktionen (Yu) sind Handeln, Sprechen und Denken.

Diese Philosophie wird im Seika-Stil der Omuro-Schule und im Moribana-Stil der Saga-Schule durch die Aufbaustiele (Tai, So und Yu) symbolisiert (Abbildung 28d und 28e).

Wenn auch Namen, Bedeutungen und philosophische Symbolik sowie Maße und Neigungswinkel der drei Aufbaustiele in verschiedenen Stil- und Schulrichtungen unterschiedlich sind, so bleibt doch das Drei-Linien-Prinzip das am weitesten verbreitete Gestaltungsprinzip der Ikebana-Kunst.

Fünf-Linien-Komposition

Während die gedanklich wichtigsten Linien des Seika-*Stils* durch die drei Aufbaustile verkörpert werden, verwenden die meisten Seika-*Arrangements* mindestens fünf Stiele.

Die Blumenmeister der Edo-Periode haben auch für die fünf Stiele eine Rechtfertigung aus einer ehrwürdigen Philosophie hergeleitet; es sollen nämlich die fünf Linien die Fünf-Elemente-Theorie (Gogyo-Theorie) darstellen (Abbildung 29).

Diese stammt wie die Drei-Wesen-Theorie aus dem alten China. Sie leitet die Entstehung der Welt aus dem Zusammenwirken von fünf Elementen ab, aus denen alle Dinge dieser Welt bestehen: Erde, Metall, Feuer, Wasser und Pflanze. Es gibt zwei weitere Theorien, welche die Beziehungen zwischen diesen fünf Elementen erklären: Die eine besagt, die Pflanze siegt über die Erde, die Erde über das Wasser, das Wasser über das Feuer, das Feuer über das Metall und das Metall wieder über die Pflanze; die andere lehrt, die Pflanze erzeugt das Feuer, das Feuer die Erde, die Erde das Metall, das Metall das Wasser und das Wasser wieder die Pflanze. Die Veränderungen in der Natur, aber auch der Aufstieg und Niedergang der Dynastien und Reiche werden durch wechselseitige Beziehungen der fünf Elemente erklärt.

Im Laufe der Geschichte wurde die Fünf-Elemente-Theorie mit der Schatten-Licht-Theorie verbunden. Nach diesem kombinierten System, der »In-Yo-Gogyo-Theorie«, bestehen alle fünf Elemente aus der Zweiheit von In- und Yo-Elementen.

Diese Lehre hat dann auch der Konfuzianismus übernommen, und damit wurden seiner Staatsethik

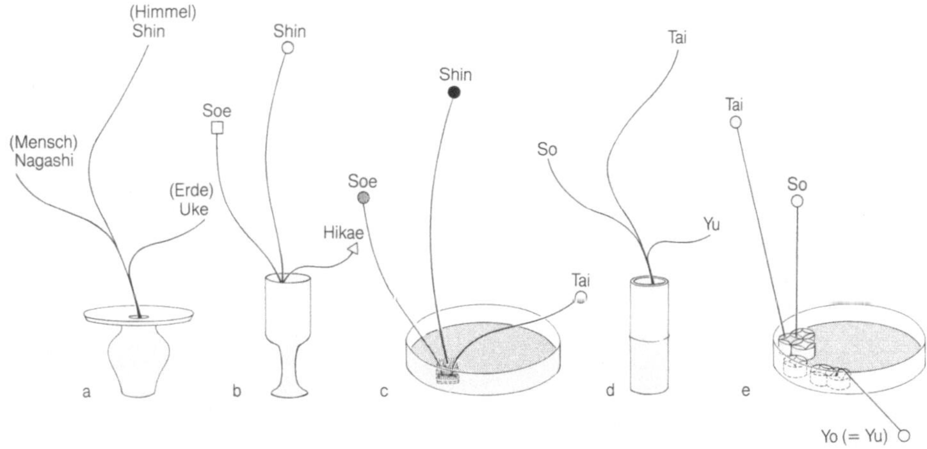

Abbildung 28. Drei-Linien-Prinzip. Das Drei-Linien-Prinzip wird von verschiedenen Stil- und Schulrichtungen unterschiedlich ausgelegt – Namen und Symbolik, Maße und Neigungswinkel der drei Aufbaustiele sind nicht einheitlich. **a** Seika-Stil der Ko-Schule Shotokai. Namen der Aufbaustiele allgemeine Ikebana-Tradition, Symbolik begründet durch Drei-Wesen-Theorie. **b** Nageire-Stil der Sogetsu-Schule. Namen der Aufbaustiele ebenfalls allgemeine Ikebana-Tradition, keine philosophisch gestützte Symbolik. **c** Moribana-Stil der Ryusei-Schule. Vom Ryusei-Seika wurden zwar Namen, nicht aber Symbolik der Drei-Wesen-Theorie übernommen. **d** Seika-Stil der Omuro-Schule. Namen und Symbolik der Aufbaustiele aus der buddhistischen Philosophie (Shingon-Sekte). **e** Moribana-Stil der Saga-Schule. Namen und Symbolik ebenfalls aus der buddhistischen Philosophie (Shingon-Sekte).

die fünf Elemente als fünf Kardinaltugenden der Menschen zugrunde gelegt: Liebe, Ehrlichkeit, Höflichkeit, Weisheit und Vertrauen. Diese Tugenden zu gewinnen, wurde dann ein Ziel des Ikebana-Studiums, und die fünf Stiele des Seika-Arrangements wurden oft in diesem Sinne verstanden. Deshalb genoss das Ikebana-Studium auch als wichtiger Bestandteil der Persönlichkeitsbildung die bewusste Förderung seitens der Regierungen der Edo-Periode und später auch der Meiji-Regierung.

Sechs-Komponenten-Komposition

Die Komposition aus sechs Komponenten wird seltener verwendet als der Aufbau aus zwei, drei oder fünf Aufbauteilen. Der Rikka-Stil der Saga-Schule (»Shogonka« genannt) zum Beispiel besteht aus sechs Komponenten, welche die buddhistische Sechs-Elemente-Philosophie der Shingon-Sekte symbolisieren. (Vergleiche auch mit dem Drei-Linien-Prinzip dieser Schule.) Nach Auffassung dieser Sekte gibt es sechs Elemente im Universum: Erde, Wasser, Feuer, Wind, Himmel und Intellekt. Diese *sechs* Elemente werden beim Shogonka dargestellt, indem die *sieben* Aufbaustiele nach dem symbolischen Charakter des einzelnen Elements angeordnet werden (Abbildung 30):

- Die Himmel-Komponente ist der höchste Stiel; er symbolisiert durch seine himmelstrebende, gerade Form die Beständigkeit des Himmels.
- Die Wind-Komponente zeigt wehende Form.
- Die Feuer-Komponente steht in steigender Form.
- Die Wasser-Komponente zeigt fließende Form.
- Die Erde-Komponente symbolisiert ganz unten durch ihre nach oben gebogene Haltung die Empfängnisbereitschaft der Erde.
- Die Intellekt-Komponente, die aus zwei Aufbaustielen besteht, befindet sich in der Mitte, deren Aufgabe die Vereinigung aller anderen Element-Stiele ist.

Der Shogonka-Stil wird besonders in Gestecken für buddhistische Feierlichkeiten verwendet (siehe Abbildung 129).

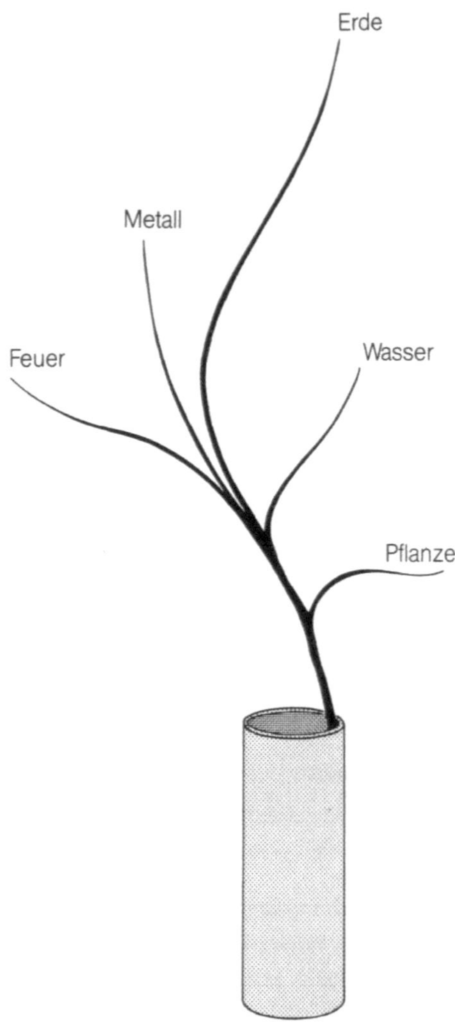

Abbildung 29. Fünf-Linien-Komposition. Die fünf Aufbaustiele des Misho-Kakubana (= Seika) symbolisieren die Grundbegriffe der Fünf-Elemente-Theorie.

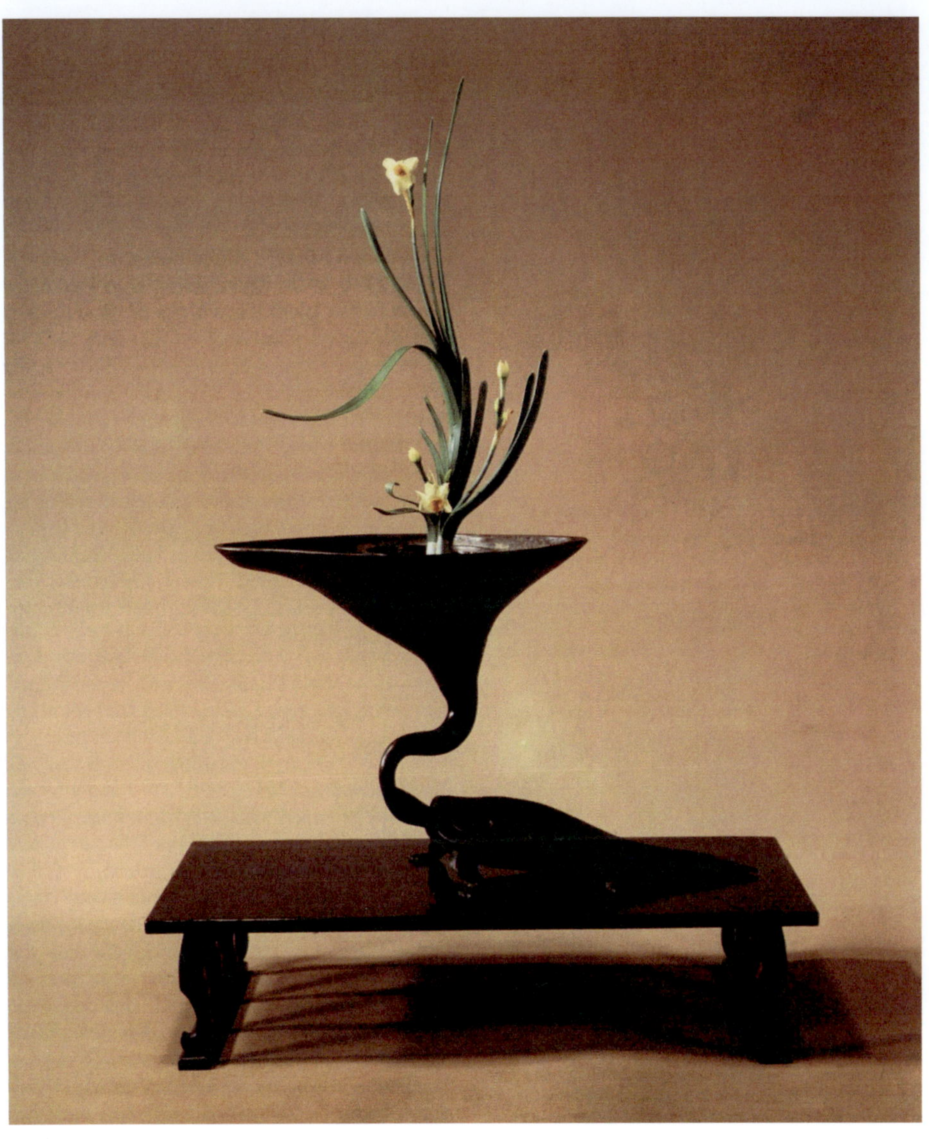

Farbtafel 7. Narzissengesteck im Seika- (= Shoka-) Stil. Die Narzissenblätter und -blütenstiele wurden sorgfältig gebogen und nach den Regeln der Blätterkomposition der Enshu-Schule gesteckt, deren Charakteristikum, die geschwungene Linienführung der Komposition, von der für die Enshu-Schule entwickelten Usubata-Vase mit dem Schildkrötenständer nachdrücklich betont wird. Arrangement von Ashida Ichiba, Leiter der Seifu-Enshu-Schule.

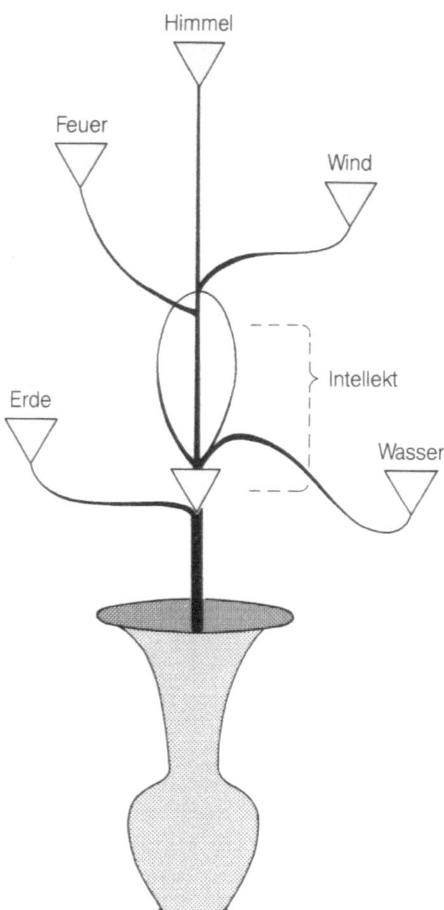

Abbildung 30. Sechs-Komponenten-Komposition. Beim Shogonka (= Rikka) der Saga-Schule wird die buddhistische Sechs-Elemente-Philosophie sinnbildlich dargestellt. Die sieben Aufbaustiele werden nach dem Symbolgehalt der sechs Elemente angeordnet; die Komponente »Intellekt« wird dabei von zwei Aufbaustielen in der Mitte realisiert.

Kreiskomposition

Tatebana-Arrangements und Rikka-Arrangements haben, von vorn gesehen, einen kreisförmigen Umriss (Abbildung 31). Diese Kreiskomposition stellt den »kosmischen Kreis« dar und bedeutet auch den Kreis (Enso) als Symbol der Erleuchtung im Rahmen des Zen-Buddhismus (siehe Abschnitt 2.3.3).

Die Ikenobo-Meister, denen die Entwicklung des Tatebana- und des Rikka-Stils viel zu verdanken hat, sahen im kosmischen Kreis des Buddhismus eine ideale harmonische Form, denn sie alle waren buddhistische Priester. Hier bedeutet der Kreis jedoch nicht eine exakte geometrische Figur; er ist das etwa kreisförmige Grundgerüst der Rikka- sowie der Tatebana-Komposition, wobei aber die Einzelstiele der Pflanzen nicht in eine Kreisform gezwungen werden, sondern die ihnen eigene Form behalten. Die Kreiskomposition wurde beim Ikebana zwar lange als absolute Idealform beibehalten, aber schließlich vom Seika-Stil mit seiner Dreieckkomposition in den Hintergrund gedrängt.

Dreieckkomposition

Mishosai Ippo (1761–1824), der Begründer der Misho-Schule, stellte das rechtwinklige Dreieck als eine Grundform des Ikebana auf und entwickelte ihren philosophischen Unterbau.

Nach seiner Theorie wird der Himmel durch einen Kreis, die Erde durch ein Quadrat symbolisiert. Dabei wird das irdische Quadrat in den himmlischen Kreis so eingesetzt, dass die vier Himmelsrichtungen, Nord, Süd, Ost und West, den Ecken des Quadrats entsprechen (Abbildung 32a); die »nördliche« Ecke ist, wie auf einer Landkarte, oben, die »südliche« unten. Durch eine Diagonale von Nord nach Süd entstehen zwei rechtwinklige Dreiecke. Das linke Dreieck ist die In-Seite, weil »West« die In-Richtung ist, das rechte ist entsprechend die Yo-Seite. Die zwei spiegelbildlichen In- und Yo-Dreiecke heißen in der Misho-Schule »Uroko«. Alle Aufbaustiele werden innerhalb eines der beiden Dreiecke angeordnet; so entsteht ein In- oder ein Yo-Arrangement (Abbildung 32b).

Das In-Arrangement der Misho-Schule entspricht dem rechtsseitigen Arrangement der meisten anderen Schulen, das dort jedoch als Yo-Arrangement betrachtet wird. Hier besteht ein Gegensatz zwischen den Ikebana-Schulen der Misho-Gruppe und den übrigen Schulen (siehe auch Abschnitt 1.2.3).

Nachdem Mishosai Ippo die Dreieckkomposition als Gestaltungsprinzip des Seika-Stils eingeführt und philosophisch begründet hatte, wurde sie als eine Grundform des Seika-Stils auch von anderen Ikebana-Schulen angewandt (siehe Farbtafel 15). Wie bei der Kreiskomposition ist auch hier der Begriff »Dreieck« nicht im geometrisch strengen Sinn zu verstehen; das »Grundgerüst« der Seika-Komposition ist zwar »dreieckig«, aber die Pflanzen behalten ihre natürliche Form und ragen oft über den dreieckigen Umriss heraus. Das Ikebana-Dreieck steht übrigens immer auf einer seiner Ecken und nicht, wie bei »Blumenpyramiden« in England und Amerika, auf einer Seitenlinie.

Das Dreieck – allerdings in asymmetrischer Form – wird auch bei der Komposition von Moribana und Nageire angewandt, ebenso beim modernen freien Stil, der den kreisförmigen Umriss gewöhnlich vermeidet; das asymmetrische Dreieck ist heute die am weitesten verbreitete Umrissform von Ikebana-Arrangements. Mishosai Ippo hat die Dreieckform zwar geschickt auf eine theoretische Grundlage gestellt, aber sein rechtwinklig gleichschenkliges Dreieck, dessen eine Seite genau senkrecht steht, wirkt auf die meisten Betrachter doch nicht besonders einnehmend – es ist zu geometrisch und zu künstlich. Normalerweise haben die Ikebana-Dreiecke drei verschieden lange Seiten, von denen keine ganz senkrecht oder ganz waagerecht steht. Auch in der Misho-Schule hält man die theoretisch begründeten Vorschriften in der Praxis

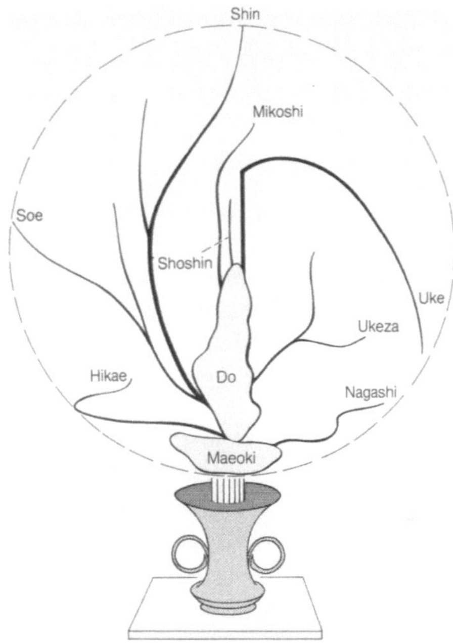

Abbildung 31. Kreiskomposition. Schematische Darstellung der Takauke-Form (mit erhöhtem Uke), einer Variation des Rikka-Arrangements der Ikenobo-Schule. Der kreisförmige Umriss deutet den kosmischen Kreis und gleichzeitig den buddhistischen Enso-Kreis an.

Abb. 32. Dreieckkomposition. Aus dem irdischen Quadrat im himmlischen Kreis werden zwei Dreiecke gebildet (**a**). Die drei Aufbaustiele des Misho-Kakubana (= Seika) werden innerhalb eines der beiden Dreiecke angeordnet. Die Abb. zeigt beide Möglichkeiten und somit zwei spiegelbildliche Arrangements: das In- und das Yo-Arrangement (**b**).

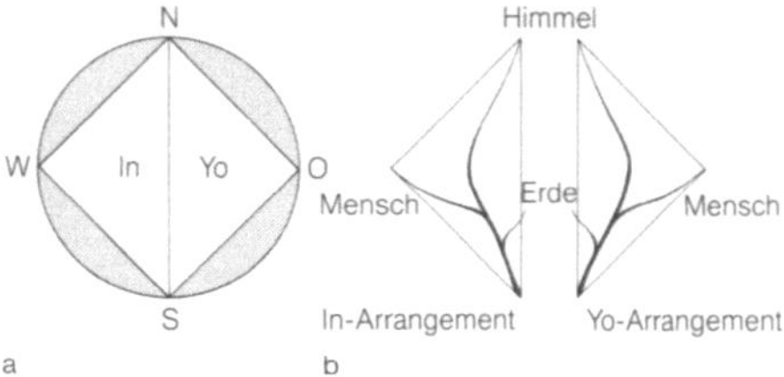

nicht ganz streng ein und gestaltet dadurch ansprechendere Arrangements (siehe Abbildung 114).

2.2.2 Förmlichkeit

In vielen Gebieten der japanischen Kunst unterscheidet man drei Stufen oder Grade der Förmlichkeit: Shin, Gyo und So. Da diese Einstufung in der westlichen Kultur keine direkte Entsprechung besitzt, soll anhand einiger Beispiele ihr Wesen verdeutlicht werden:

- Shin bedeutet eine sehr ruhige und formelle Form; es entspricht etwa dem stehenden Menschen. Shin wirkt oft ernst, gewichtig und streng.
- Gyo bedeutet eine bewegliche und gelockerte Form; es entspricht etwa dem gehenden Menschen. Gyo ist im Ganzen natürlich und ausgewogen.
- So bedeutet eine dynamische und sehr lockere Form; es entspricht etwa dem laufenden Menschen. Mit So verbindet man Begriffe wie Leichtigkeit, Schlichtheit, Entspannung und Heiterkeit.

In der Kunst der Kalligrafie unterscheidet man »Shinsho«, »Gyosho« und »Sosho«:

- Shinsho (= Kaisho) ist eine ganz gleichmäßige, korrekte, leicht lesbare Schrift, etwa einer Druckschrift entsprechend.
- Gyosho ist eine fließende, verschliffene, aber noch lesbare Schrift, etwa einer Schreibschrift entsprechend.
- Sosho ist eine schwer oder gar nicht lesbare, nur grafisch wirkende Schrift, etwa einer Unterschrift entsprechend.

Auch die Teezeremonie kennt die drei Normen Shin, Gyo und So.

- Die Teezeremonie der Shin-Norm ist die formelle Teezeremonie, die beispielsweise vom Ashikaga-Shogun Yoshimasa (1435–1490) in seiner eleganten Luxusvilla mit kostbaren chinesischen Teegeräten gepflegt wurde.
- Die Teezeremonie der So-Norm ist die allerschlichteste; ihre Entwicklung wurde von dem großen Teemeister Sen no Rikyu (1521–1591) vollendet. Diese Teezeremonie wurde in einer ländlichen Hütte mit unauffälligen, aber geschmackvollen Teegeräten ausgeführt.
- Die Teezeremonie der Gyo-Norm liegt zwischen der Shin- und der So-Teezeremonie; sie wurde beispielsweise vom Lehrer des Yoshimasa, Murata Juko (1422–1502), und vom Lehrer des Rikyu, Takeno Joo (1502–1555), entwickelt. Die Gyo-Norm ist sozusagen der mittlere Weg.

Wenn man dieses Schema auf einige der berühmtesten Gärten Japans in Kyoto anwendet, so ist der Garten des Katsura-Palastes ein Shin-Garten, der des Sanboin des Tempels Daigoji ein Gyo-Garten und der Steingarten des Tempels Ryoanji ein So-Garten.

In der Welt der Musik und des Theaters unterscheidet man diese drei Grade der Förmlichkeit ebenfalls, allerdings nennt man sie hier »Jo«, »Ha« und »Kyu«. Musikalisch entspricht Jo etwa dem Largo, Ha dem Andante und Kyu dem Allegro.

Auf dem Gebiet der Ikebana-Kunst unterscheidet man Shin, Gyo und So in der Stilrichtung, bei der Gestaltung, beim Steckhilfsmittel, beim Gefäß, beim Untersatz (Kadai) und bezüglich der Umgebung, in welcher das Arrangement zur Wirkung kommen soll (siehe Farbtafel 4 und 12).

Im Verhältnis der verschiedenen Stilrichtungen zueinander gilt der Rikka-Stil als »Shin«, der Seika-Stil als »Gyo« und der Moribana- und der Nageire-Stil als »So«.

Innerhalb des Rikka-Stils werden wiederum Shin, Gyo und So unterschieden. Von den meisten Schulen wird das Rikka mit geradem Hauptstiel als »Shin«, das mit gebogenem Hauptstiel als »Gyo« eingeord-

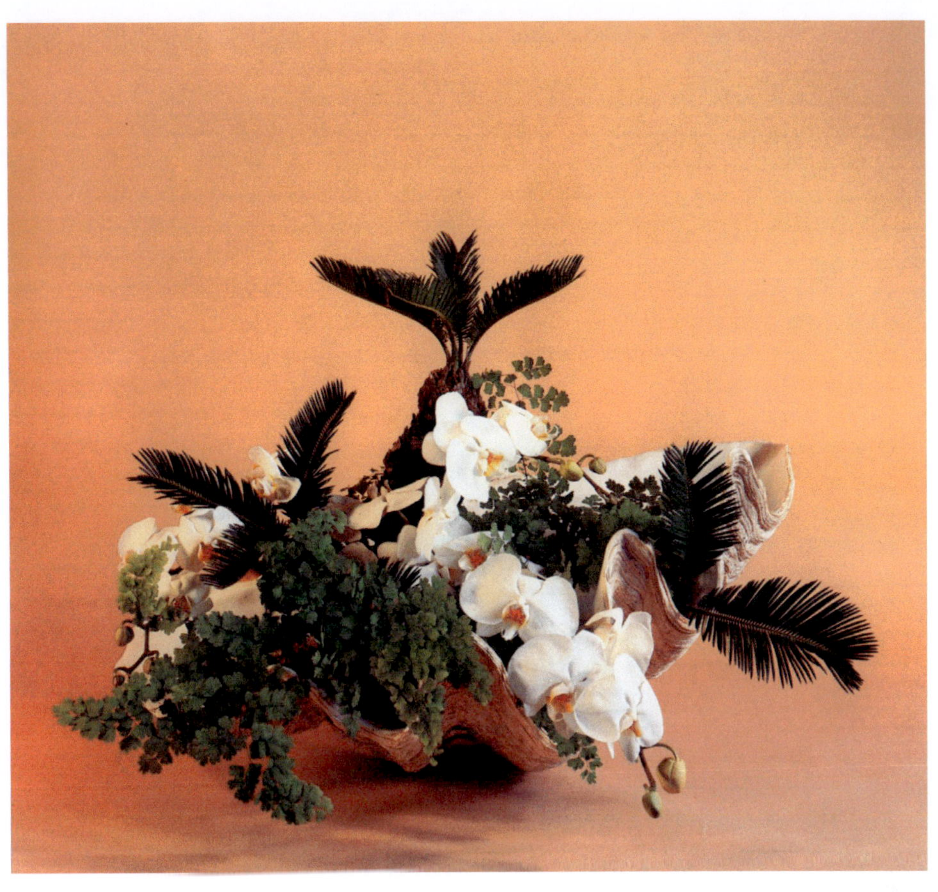

Farbtafel 8. Märchenwelt der Südsee. Orchidee (Phalaenopsis), Adiantum und Palmenfarn (Cycas revoluta) wurden in einer großen Muschel in freiem Stil gesteckt. Die exotische Materialkombination erinnert an eine Trauminsel der Südsee. Arrangement von Sasaoka Kunpo, Leiter der Misho-Schule Sasaoka.

net. Das Rikka im Sandbecken wird gewöhnlich als »So« betrachtet.

Beim Seika-Stil sind die Kriterien für Shin, Gyo und So und die Mittel, mit denen diese verschiedenen Grade der Förmlichkeit ausgedrückt werden, in den verschiedenen Schulen nicht ganz einheitlich. Immerhin gibt es einige allgemein geltende Vorstellungen:

- Die Shin-Form ist ein schmales, aufrecht gestecktes, oft etwas streng wirkendes Arrangement, dessen Breite ungefähr innerhalb der Breite der Vase bleibt (siehe Abbildung 7).
- Die Gyo-Form ist gelockerter und breiter; die Pflanzen bilden eine Form, als wehe ein leichter Wind, und sie haben etwas mehr Blätter und Blüten als bei der Shin-Form (siehe Abbildung 151).
- Die So-Form ist ein dynamisches Arrangement, das die Persönlichkeit der Pflanzen am besten zur Geltung bringt. Sie werden manchmal stark gebogen und ragen oft weit über den Rand des Gefäßes hinaus; sie werden zahlreicher verwendet als bei den anderen Formen, und sie haben meistens mehr Blätter und Blüten (siehe Abbildung 21).

In manchen Schulen werden die drei Formen durch die Neigung der Aufbaustiele unterschieden.

In anderen Schulen werden die drei Formen danach unterschieden, welcher der drei Aufbaustiele die wichtigste Rolle spielt: »Shin« ist ein Arrangement, dessen Himmel-Stiel betont ist, beim »Gyo« kommt der Mensch-Stiel besonders stark zur Geltung, beim »So«-Arrangement spielt der Erde-Stiel die Hauptrolle.

Ein unmittelbarer Zusammenhang zwischen dem Motiv und dem Grad der Förmlichkeit besteht bei Bootgestecken (siehe Abbildung 22 im Abschnitt 2.1.4):

- Die Shin-Form bedeutet ein ruhiges Boot; entweder liegt es im Hafen, oder es gleitet friedlich auf hoher See dahin.
- Die Gyo-Form bedeutet ein Boot in Bewegung; ein fahrendes Boot mit windgeblähtem Segel wird in der Regel in Gyo-Form gestaltet.
- Die So-Form bedeutet entweder ein fahrendes Boot, das gerudert wird, oder ein im Hafen liegendes beziehungsweise an der Reede ankerndes Boot.

Auch bei der Auswahl der Steckvorrichtungen spielt der Grad der Förmlichkeit des Arrangements eine Rolle. In der Ikenobo-Schule werden die Steckhilfsmittel für Seika- (= Shoka-) Arrangements nach der Förmlichkeit unterschieden. Zum Beispiel ist für ein sehr formelles Neujahrsgesteck mit Kiefer, Pflaumenzweig und Bambus die Gitterkreuzbefestigung (siehe Abbildung 51i) als Shin-Steckhilfsmittel vorgeschrieben, während die Astgabelbefestigung (siehe Abbildung 51c) im Allgemeinen für Gyo- und So-Arrangements verwendet wird. In der Ko-Schule (Shotokai) wird grundsätzlich ein astgabelförmiges Holzstück als Steckhilfsmittel für Seika-Arrangements verwendet; die Stufe der Förmlichkeit hängt hier von der Breite der Gabelung ab (siehe Abbildung 54).

Beim Seika-Stil der Saga-Schule wird die Astgabel je nach dem Grad der Förmlichkeit unterschiedlich befestigt (Abbildung 33). Für die Shin-Form, in der die Aufbaustiele ziemlich gerade gesteckt werden, wird das ungespaltene Ende nach vorn gerichtet, für die Gyo-Form, in der die Aufbaustiele etwas geneigt gesteckt werden, schräg nach vorn und für die So-Form mit ihren stark gebogenen Aufbaustielen nach der Seite (siehe auch Abbildung 55 im Abschnitt 3.2.2). Beim rechtsseitigen Arrangement zeigt das ungespaltene Ende der Astgabel nach links, beim linksseitigen nach rechts.

Die Begriffe Shin, Gyo und So werden vor allem im Zusammenhang mit klassischen Arrangements verwendet, aber in der Ikaruga- und der Ryusei-Schule und einigen anderen werden sie auch auf Moribana und Nageire angewendet:

- Shin ist eine aufrechte Form.
- Gyo ist eine geneigte Form.
- So ist eine waagerechte oder hängende Form.

Große Bedeutung hat der Grad der Förmlichkeit bei den klassischen Gefäßen. Sie werden je nach ihrer Form und dem Material in Shin, Gyo und So eingeordnet.

Metallgefäße werden in der Regel als Shin-Gefäße eingestuft, Holzgefäße, Bambusvasen und Körbe dagegen als So-Gefäße; Beispiele zeigen jeweils die Farbtafeln 17, 15, 30 und 29. Keramikgefäße gelten im Allgemeinen als Gyo-Gefäße, aber manchmal werden sie auch unter Shin oder So eingeordnet. Zum Beispiel ist eine Seladon-Vase ein typisches Shin-Gefäß, eine Vase aus blauweißem Porzellan dagegen ein Gyo-Gefäß. Iga-Waren oder Shigaraki-Waren, deren Oberfläche und Glasur ungleichmäßig und grob wirken, werden als So-Gefäße betrachtet (siehe auch Abschnitt 2.2.3).

Es ist in diesem Zusammenhang wichtig zu verstehen, dass es sich bei diesen Beispielen nur um *Hinweise* auf eine Zuordnung zu Shin, Gyo oder So handelt und nicht um Maßstäbe für eine erschöpfende Klassifikation; sie sollen dem Künstler in erster Linie helfen, eine gewisse Einheitlichkeit in einer Ikebana-Komposition zu gewinnen. Deshalb werden solche Grenzfälle eintreten wie: zylindrische Vase (Shin) aus Bambus (So) oder Usubata-Vase (Gyo) aus Kupfer (Shin). Solche Sonderfälle werden von verschiedenen Schulen unterschiedlich behandelt.

Auch bei Kadai (Untersätzen und Gestellen) gibt es Shin-, Gyo- und So-Formen: Ein lackiertes Gestell (siehe Farbtafel 19) ist ein typisches Shin-Kadai, ein Naturholzbrett (siehe Farbtafel 33) ein Gyo-Kadai und ein Bambus-Untersatz (siehe Abbildung 27) ein So-Kadai. Verschiedene Untersätze und Gestelle zeigt die Abbildung 39 (im Abschnitt 3.1.2).

Bei Chabana (Teeblumen) richtet sich die Art des Untersatzes nach der verwendeten Vase (Abbildung 34). Körbe (zum Beispiel in Farbtafel 29), die unter »So no So« eingeordnet werden können, erhalten keine Untersätze. Untersätze mit Füßen oder hohe Gestelle werden in der Regel beim Chabana nicht benutzt.

Die Bedeutung der Begriffe Shin, Gyo und So für die Umgebung des Arrangements lässt sich am besten

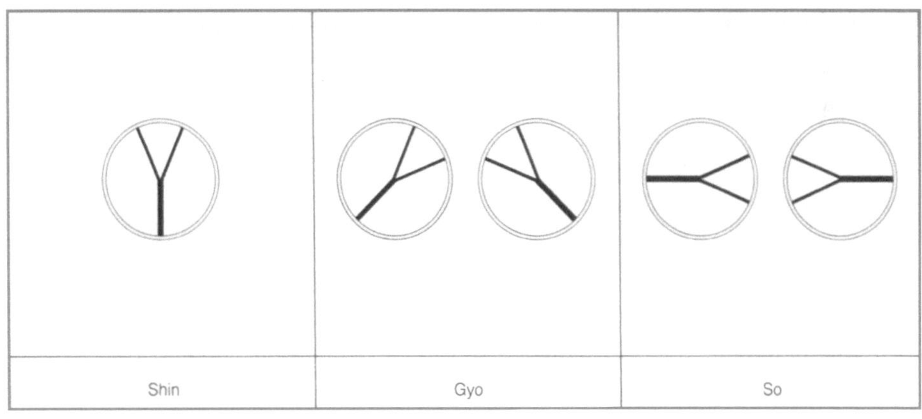

Abbildung 33. Orientierung der Astgabel bei verschiedenen Stufen der Förmlichkeit (nach der Regel der Saga-Schule). Das ungespaltene Ende der Astgabel zeigt beim rechtsseitigen Arrangement nach links, beim linksseitigen nach rechts.

am Tokonoma, der Ehrennische im japanischen Wohnzimmer, erläutern:

- Ein Shin-Tokonoma ist groß, sein Boden ist mit Binsenmatten (Tatami) ausgeschlagen, die begrenzenden Pfeiler sind schwarz lackiert. Es befindet sich typischerweise in einem Luxuswohnzimmer.
- Ein So-Tokonoma ist kleiner, Boden und Pfeiler sind aus Naturholz, das Fenster ist auch relativ klein. Es befindet sich typischerweise im Teeraum. Das Tokonoma in Abbildung 13a kann als So-Tokonoma eingeordnet werden.
- Ein Gyo-Tokonoma liegt mit seinem Aufwand etwa zwischen dem Shin- und dem So-Tokonoma. Das Tokonoma im Sukiya-Bau, dem die heutigen Privathäuser meistens nachempfunden sind, entspricht etwa dem Gyo-Tokonoma. Das Tokonoma in Abbildung 13b kann als Gyo-Tokonoma gelten.

Für ein Tokonoma der Shin-Form ist ein Shin-Arrangement in einer Shin-Vase mit einem Shin-Steckhilfsmittel in Shin-Form am besten geeignet, während ein im So-Stil und -Gefäß arrangiertes So-Arrangement in einer So-Umgebung am besten zur Geltung kommt.

Die durch Shin, Gyo und So gegebene Einteilung wird gelegentlich verfeinert; dann werden Unterbegriffe nach folgendem Schema gebildet:

Hauptbegriff	Unterbegriffe
Shin	Shin no Shin
	Shin no Gyo
	Shin no So
Gyo	Gyo no Shin
	Gyo no Gyo
	Gyo no So
So	So no Shin
	So no Gyo
	So no So

»Gyo no Shin« zum Beispiel bedeutet wörtlich »das Shin des Gyo«; gemeint ist ein Grad der Förmlichkeit, der zwar innerhalb der Gyo-Stufe liegt, aber etwas zur Shin-Stufe hin tendiert. Er entspricht beispielsweise einem Shin-Arrangement in einer Gyo-Vase.

Die Abbildung 35 zeigt schematische Darstellungen für diese neun Formen anhand von klassischen Seika- (= Shoka-) Gestecken nach den Richtlinien der Ikenobo-Schule (siehe auch Abbildungen 115 und 130 in Abschnitt 4).

Die Regeln der Förmlichkeit werden heute nicht mehr ganz streng eingehalten, aber trotzdem muss man in dieser Hinsicht auf eine gewisse Einheitlichkeit in einer Komposition achten. Man stellt weder ein Rikka-Arrangement mit dem geraden Shin (Shin no Shin) in einem Korb (So no So), noch gestaltet man ein hängendes Arrangement mit Wiesengräsern

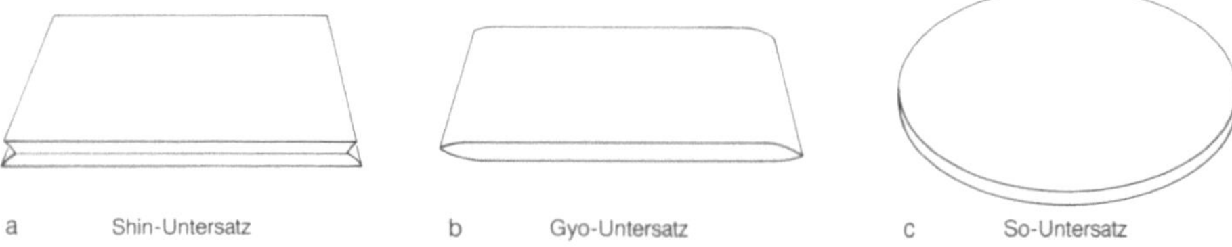

Abbildung 34. Untersätze für Chabana (Hasegawa 1970). **a** für eine Shin-Vase (zum Beispiel Bronze), **b** für eine Gyo-Vase (zum Beispiel glasierte Keramik) und **c** für eine So-Vase (zum Beispiel Bambus).

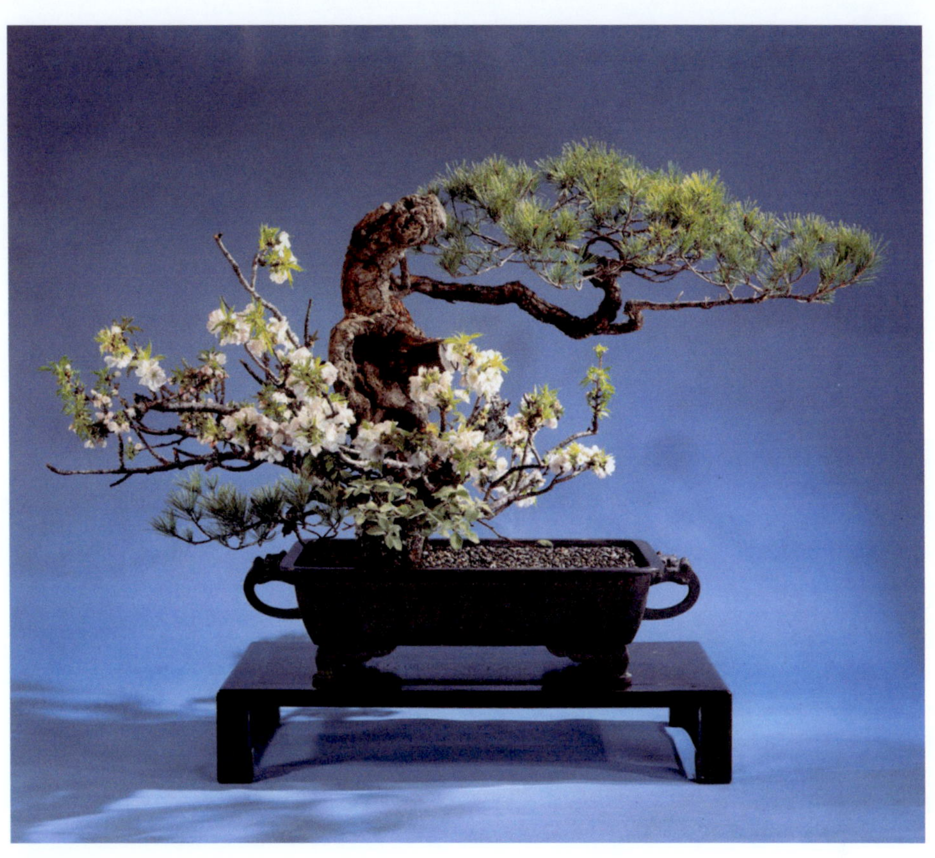

Farbtafel 9. Einteiliges Sunanomono. Kirschzweige und Kiefer wurden in einem mit Sand gefüllten Kupfergefäß in klassischer Sunanomono-Form im Rikka-Stil sehr elegant gesteckt. Dieses Arrangement erinnert an Bonsai. Arrangement von Kuwahara Senkei, Leiter der Kuwahara-Senkei-Schule.

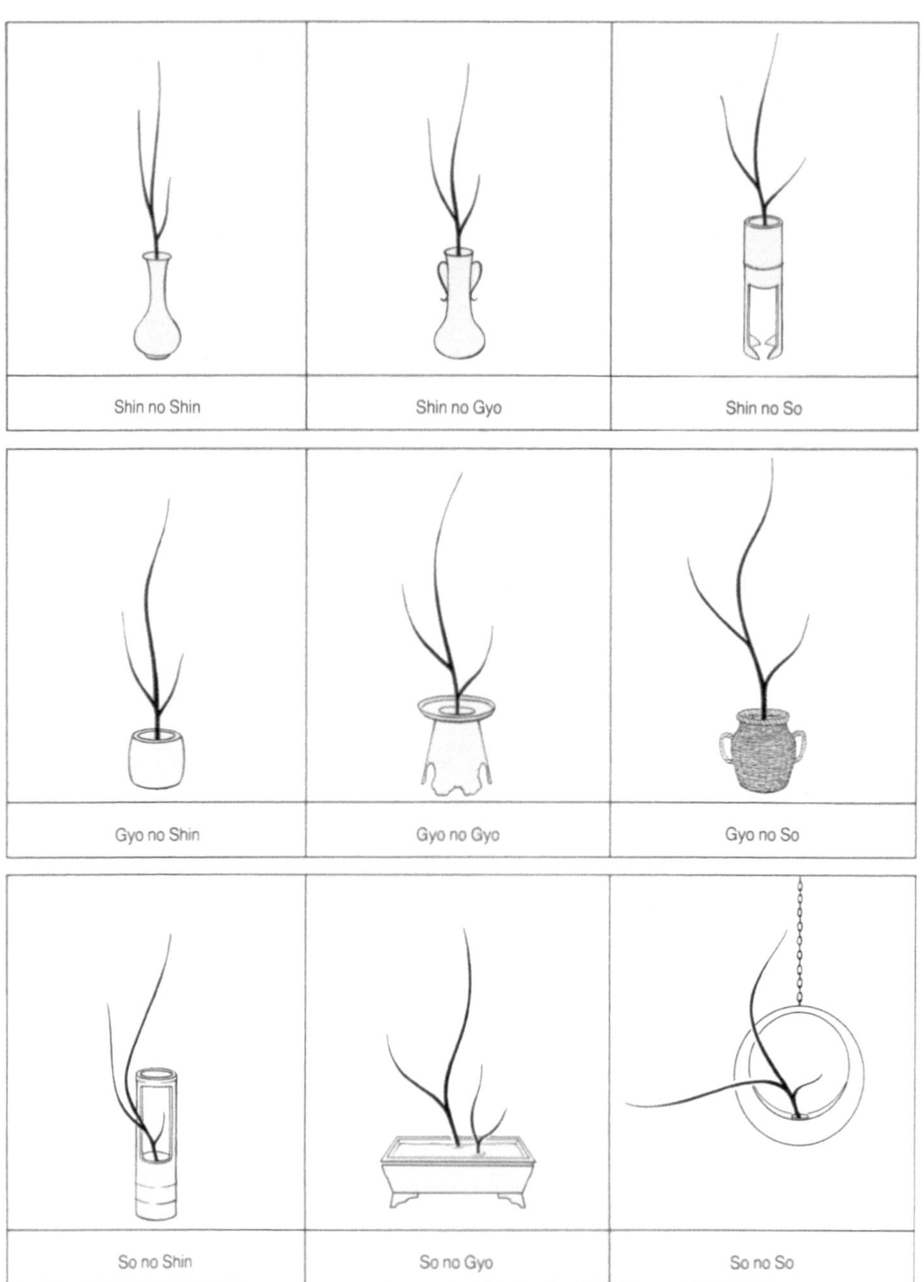
Shin no Shin
Shin no Gyo
Shin no So
Gyo no Shin
Gyo no Gyo
Gyo no So
So no Shin
So no Gyo
So no So

(So no So) in einer Rikka-Vase aus Bronze (Shin no Shin). Man empfindet einen solchen Stilbruch als störend.

Harmonie auch der Förmlichkeit ist wichtig, aber andererseits besteht der Reiz eines Ikebana-Arrangements oft gerade in der geschickten Verwendung von Kontrastelementen. Das gilt auch hinsichtlich der Förmlichkeit. Es gibt klassische Arrangements mit mehreren Vasen oder Stecköffnungen, bei denen verschiedene Grade der Förmlichkeit miteinander kontrastieren (siehe Abbildungen 23, 27 und Farbtafel 38). Für den Künstler ist es eine reizvolle Aufgabe, hier das richtige Gleichgewicht zwischen Harmonie und Kontrast zu finden; grundsätzlich sollen jedoch alle Teile eines Arrangements dem gleichen Grad der Förmlichkeit angehören.

2.2.3 Ästhetische Begriffe

Wesentliche Schönheits- und Gestaltungsideale japanischer Kunst und Literatur werden mit bestimmten Begriffen bezeichnet, von denen in der Ikebana-Kunst vor allem die folgenden Bedeutung haben:

- Wabi
- Sabi
- Shibumi
- Furyu
- Aware

Diese Begriffe beziehen sich in erster Linie auf diejenigen Kunstarten, die als eigentlich japanisch gelten. Sie genau zu definieren, ist sehr schwer, zumal sie keine Entsprechung in der westlichen Kultur haben. Sie liegen jedoch letzten Endes allen Gestaltungsregeln des Ikebana zugrunde, denn das Formempfinden der Blumenmeister, die im Laufe der Jahrhunderte die Entwicklung des Ikebana beeinflusst haben, war durch diese Begriffe geprägt. Sie haben deshalb Bedeutung für jeden, der Ikebana-Arrangements selbst gestaltet oder mehr als nur oberflächlich auf sich wirken lässt.

Die Begriffe sind eng miteinander verbunden; gemeinsam bilden sie einen Gegensatz zu Wörtern wie prunkvoll, prächtig, bunt, äußerlich, oberflächlich, laut, vollkommen, symmetrisch und kompliziert. Wenn man sie mit dem Grad der Förmlichkeit Shin, Gyo und So verbindet, kommt die Form »So« dieser Geschmacksrichtung am nächsten. Viele japanische Künste sehen das ästhetische Ziel in der »So-Form« (siehe Abschnitt 2.2.2).

Japaner erfahren den wahren Inhalt der ästhetischen Begriffe durch eingehende Beschäftigung mit den Künsten, Ikebana eingeschlossen, und der Literatur. Es heißt, dass die Begriffe ihren deutlichsten Ausdruck in der Tuschmalerei von Sesshu, der Literatur von Saigyo, dem Haiku von Basho, der Teezeremonie von Rikyu und im Steingarten des Tempels Ryoanji gefunden haben (Mittwer 1974).

Ein Gefühl für die Bedeutung dieser Begriffe will die nachstehende Erläuterung vermitteln:

- *Wabi* ist der ästhetische Begriff der kultivierten Schlichtheit, die vor allem die innere Ruhe erweckt. Schlichtheit bedeutet keinesfalls Armseligkeit, sondern die Besinnung auf das Wesentliche.

Abbildung 35. Stufen der Förmlichkeit, demonstriert am Seika- (= Shoka-) Stil der Ikenobo-Schule. Die drei Stiele repräsentieren die drei Aufbaustiele: Shin, Soe und Tai. Die Stufe der Förmlichkeit hängt vom Arrangement und vom Gefäß ab. Im Bild sind Arrangements gleicher Förmlichkeit untereinander angeordnet, Gefäße gleicher Förmlichkeit nebeneinander. Linke Spalte: Shin-Arrangements. Mittlere Spalte: Gyo-Arrangements. Rechte Spalte: So-Arrangements. Obere Reihe: Shin-Gefäße. Mittlere Reihe: Gyo-Gefäße. Untere Reihe: So-Gefäße. Einen besonders deutlichen Shin-, Gyo- beziehungsweise So-Eindruck vermitteln die Formen Shin no Shin, Gyo no Gyo und So no So (vergleiche auch Abbildung 115 und 130).

Das ästhetische Ziel der Teezeremonie ist das »Wabi«; es wurde in der So-Teezeremonie vom Teemeister Rikyu verwirklicht (siehe Abschnitt 2.2.2). Auch die bekannte Prunkwinden-Geschichte von Rikyu (siehe Abschnitt 5.3) verdeutlicht den Begriff »Wabi« (siehe Farbtafel 28 und 29).

- *Sabi* kennzeichnet die wehmütig-besinnliche Stimmung, die beim Anblick von Patina, moosbedeckten Felsen oder alten Ästen aufkommt. Sabi bezieht sich nicht auf schmutzigen Rost, sondern auf das Fluidum, das den matten Glanz des Vergangenen ausstrahlt. Die Stimmung eines guten Haiku wird oft als »Sabi« bezeichnet (siehe Farbtafel 27 und 30). »Wabi« und »Sabi« wurden seit dem 15. Jahrhundert als wichtige Begriffe für das Schönheitsideal der japanischen Kunst und Literatur allgemein anerkannt.
- *Shibumi* ist der herbe Geschmack, den man bei den säuerlichen, aromatischen Kaki-Früchten empfindet; in Europa kommt ihm der herbe Geschmack trockenen Weins sehr nahe. »Shibumi« wird oft im Zusammenhang mit der Farbe oder Struktur von Kunstwerken verwendet, die sich durch solche Herbheit auszeichnen. Zu »Shibumi« gehören Begriffe wie »unauffällig« und »unaufdringlich«. Matte, rustikale, rauhe Keramik mit ungleichmäßiger, körniger, aber natürlicher Glasur (zum Beispiel bei Shigaraki-Waren oder Iga-Waren) zeigt »Shibumi« (siehe Farbtafel 31 und 33).
- *Furyu* ist die feine Anmut des Unvollkommenen und des Asymmetrischen; sie wohnt dem Halbmond inne, dem teilweise mit Wolken bedeckten Himmel, dem elegant gebogenen Zweig. Wie man beim japanischen Tanz den Faltenfächer nur halb öffnet oder beim Ikebana statt der prachtvollen Blüten die anmutige Knospe verwendet, das entspricht dem Begriff »Furyu« (siehe Farbtafel 29 und 32).
- *Aware* meint die wehmütige, fast romantische Schönheit des Vergehenden, etwa welkender Blumen, getrockneter Zweige und herbstlicher Blätter oder des abnehmenden Mondes. Ikebana zeigt die lebendige Schönheit, aber auch die Schönheit des schwindenden Lebens. Der Spätherbst ist die Jahreszeit, in der man »Aware« intensiver empfindet als sonst (siehe Farbtafel 30 und 32).

Die beschriebenen ästhetischen Begriffe haben nicht für alle Ikebana-Arrangements gleich große Bedeutung.

Beim Chabana- und beim Bunjinbana-Stil, in denen keine festen Gestaltungsregeln vorgeschrieben sind, werden diese Geschmacksrichtungen als Gestaltungsprinzip betrachtet; »Wabi« ist das wichtigste Prinzip beim Chabana (Tee-Blumen), weil »Wabi« das ästhetische Ziel der Teezeremonie ist. »Shibumi« wird dagegen oft beim Bunjinbana (trotz des chinesischen Einflusses) verwirklicht. »Furyu« wird zuweilen mit den gebogenen Stielen des Seika-Arrangements ausgedrückt, während »Wabi«, »Sabi« und »Aware« häufig bei Nageire-Gestecken zum Ausdruck kommen. Vor allem »Aware« ist die Grundidee des Arrangements aus Zanka (der letzten Blume der Jahreszeit) und aus natürlich getrockneten Pflanzen.

2.3 Der »Blumen-Weg«

Sieht man von neueren Auffassungen ab, die jetzt im Westen mehr und mehr Anhänger gewinnen, so kann man sagen, dass es den Blumenbindern und Floristen dort bisher fast ausschließlich auf das Ergebnis ihres Tuns ankommt und nicht so sehr auf den Vorgang. Viele Japaner, die sich dem Ikebana widmen, sind dagegen nicht nur an dem fertigen Gesteck interessiert, sondern mehr noch an der Tätigkeit des Blumensteckens selbst.

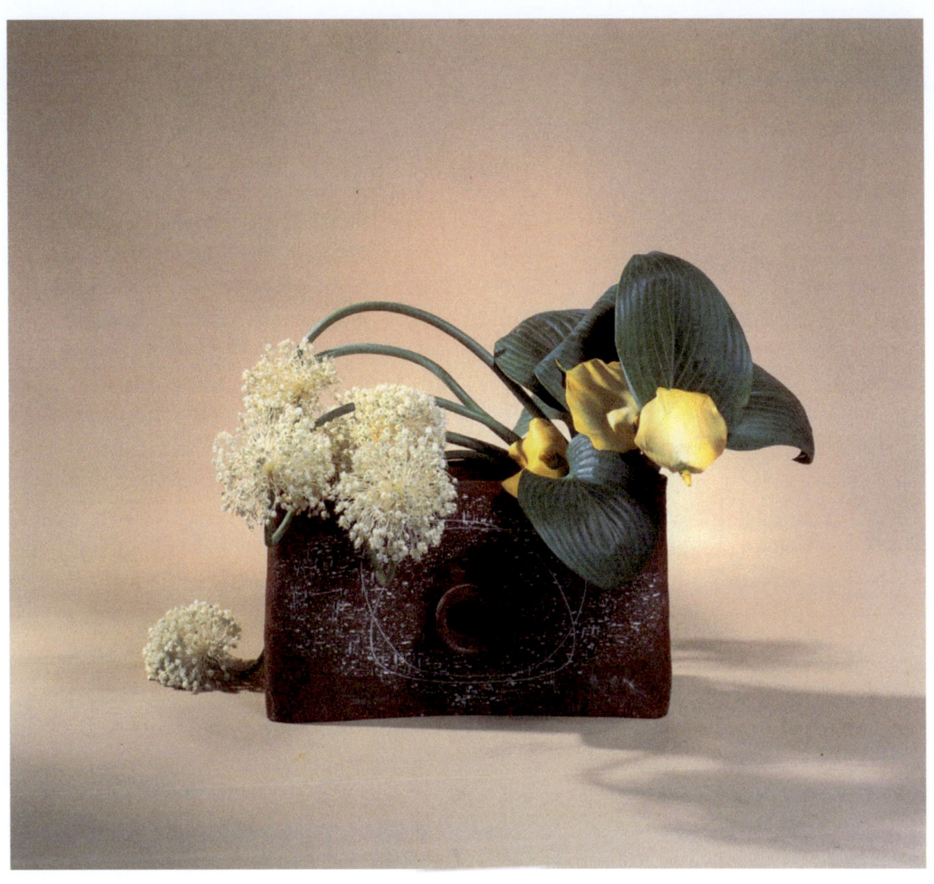

Farbtafel 10. Freier Stil mit Linien, Flächen und Massen. Erst nach genauem Ansehen erkennt man, daß das Arrangement aus Lauch, Callablüten und Funkienblättern besteht. Eine reizende, freie Komposition mit Linien-, Flächen- und Massenelementen (siehe Abschnitt 4.5). Besonders interessant sind die geschwungenen Linien der Lauchstiele (Allium porrum), die nach außen (gegen die Natur) gebogenen Callablüten und das speziell entworfene moderne Gefäß. Arrangement von Miyata Hoenkyo, Shogetsudo-Ko-Schule.

Es ist eine Eigenart des Ikebana, im Vergleich mit anderen Kunstformen, dass diese Blumenkunst vorwiegend von Leuten gepflegt wird, die sich selbst nicht als Künstler bezeichnen. Die meisten, die Ikebana lernen wollen, haben nicht den Wunsch, Künstler zu werden, sondern vielmehr das Bestreben, sich einer Form der Selbsterziehung zu unterwerfen.

Ikebana wird oft als »Kado« (Blumen-Weg) bezeichnet, und zwar dann, wenn die Tätigkeit des Blumensteckens vorwiegend der Persönlichkeitsbildung dienen soll. Der Blumen-Weg ist nicht die einzige Form solcher Selbsterziehung; viele Künste und kultivierte Sportarten – in Japan »Wege« genannt – haben die Persönlichkeitsbildung zum Ziel. Beispiele für solche »Wege« sind:

Kado	Blumen-Weg	Ikebana
Kado	Lieder-Weg	Dichtung
Sado	Tee-Weg	Teezeremonie
Shodo	Weg des Schreibens	Kalligrafie
Kendo	Schwert-Weg	Fechten
Judo	Weichheits-Weg	Judo
Kyudo	Bogen-Weg	Bogenschießen

Drei Punkte sind beim Blumen-Weg wichtig: Schulung des Sehens, Formung des Verhaltens, Bildung der Seele.

Sie werden in den folgenden Abschnitten näher erläutert.

2.3.1 Schulung des Sehens

Das ästhetische Ziel des Blumen-Wegs ist, das mit Wabi, Sabi und den weiteren ästhetischen Begriffen ausgedrückte Schönheitsideal zu erkennen und zu erreichen.

Außer dem Blumen-Weg führen auch Dichtung, Teezeremonie und Kalligrafie zu solchen ästhetischen Qualitäten. Es liegt im Wesen von Wabi und Sabi (siehe Abschnitt 2.2.3), dass sie nie auffallend sichtbar sind; sie bleiben bescheiden verdeckt, fast verborgen. Deshalb erfordert es eine langjährige Schulung der Augen, sie in Kunstwerken zu entdecken, und vor allem, sie in eigener Schöpfung zu verwirklichen.

In dieser Hinsicht ist das gleichzeitige Studium des Ikebana und der Teezeremonie sehr wertvoll. Bei der Teezeremonie ist neben dem Zubereiten, dem Servieren und dem Trinken des Tees das Betrachten von Kunstgegenständen von großer Bedeutung. Im Teeraum werden alle Gebrauchsdinge (Teeschale, -dose, -kanne und -löffel) und alle Schmuckgegenstände vom Gastgeber mit besonderer Aufmerksamkeit für jeweils diese Gelegenheit ausgewählt. Bei der Teezeremonie ist man sich der Tatsache bewusst, dass die Begegnung des Gastgebers mit seinen Gästen in diesem Raum, zu diesem Zeitpunkt und um diesen Tee zu genießen, ein einmaliges Ereignis ist, das genau so niemals wiederkehren wird. Auch das Blumenarrangement ist einmalig; es wird kein zweites, genau gleiches geben. Deshalb wird es als angemessener Ausdruck der Gastfreundschaft anlässlich einer einmaligen Teezeremonie gesteckt. Dieses Wollen des schweigenden Gastgebers muss entsprechend gewürdigt werden. Dies gilt auch für die Kunstgegenstände, die für diese Gelegenheit ausgewählt und im Teeraum aufgestellt wurden. Nach bestimmten Regeln bringen die Gäste ihrerseits durch die Betrachtung der Kunstgegenstände ihre Wertschätzung zum Ausdruck.

Die Teezeremonie hat auch das Ikebana beeinflusst, und es gibt in vielen Schulen sehr genaue Vorschriften darüber, wie ein Betrachter eines Ikebana-Arrangements vorgehen und auf welche Einzelheiten er der Reihe nach seine Aufmerksamkeit lenken soll. Für das Ikebana-Arrangement in einem Tokonoma ist der folgende Betrachtungsvorgang allgemein üblich:

- Der Betrachter nimmt vor dem Tokonoma, eine Tatami-Breite (fast ein Meter) entfernt, Platz.

(Das Ikebana-Arrangement im Tokonoma ist so gesteckt, dass es den schönsten Anblick bietet, wenn der Betrachter, auf dem Boden sitzend, diesen Abstand hält.)

- Zunächst betrachtet er das Rollbild im Hintergrund, um sich auf das Thema des Tages einzustimmen.
- Dann lässt er das Ikebana-Arrangement als Ganzes in Verbindung mit dem Rollbild auf sich wirken. Beides steht in einem sinnvollen Zusammenhang.
- Nunmehr richtet er seine Aufmerksamkeit auf die einzelnen Teile des Arrangements, wobei er eine ganz bestimmte Reihenfolge einhält:
  - beim Seika-Arrangement: Himmel-Stiel, Mensch-Stiel, Erde-Stiel,
  - beim Rikka: Shoshin, Shin, Mikoshi, Soe, Uke, Nagashi, Maeoki, Do, Hikae (nach den Richtlinien der Ikenobo-Gruppe; Erklärung der Namen siehe Abschnitt 4.4, Tabelle 7),
  - bei Moribana und Nageire: längster Stiel, mittlerer Stiel, kürzester Stiel.
- Zum Schluss (in manchen Schulen auch zuerst) wird der »Mizugiwa« genannte Fußpunkt des Arrangements besonders aufmerksam betrachtet. (Auf seine Wichtigkeit wurde im Abschnitt 1.2.1 hingewiesen).

Obwohl diese Betrachtungsanweisungen in verschiedenen Ikebana-Schulen unterschiedlich sind, spielt doch in jedem Fall die Schulung des Sehens in allen Ikebana-Lehrbüchern und im Unterricht eine wichtige Rolle.

Im japanischen Wohnzimmer mit Tokonoma gibt es gewöhnlich eine bestimmte Seite für den Gast und eine für den Gastgeber. Die Seite des Gastes heißt auch Yo-Seite (Lichtseite), die des Gastgebers In-Seite (Schattenseite). Oft wird ein besonders hübscher und eleganter Zweig – »Shogan no Eda« (Zweig zum Loben) – in die Blickrichtung des Gastes gerichtet, der, sofern er aufmerksam ist, dieses feine Zeichen besonderer Gastlichkeit erkennt und es als künstlerische Ehrung des Ikebana gestaltenden Gastgebers würdigt.

Die Teezeremonie ist ideal geeignet, um die Augen im Schauen zu schulen, bietet sie doch Gelegenheit, sich mit edler Kunst zu befassen, und zwar mit solchen Kunstformen, welche die Qualität des Wabi und Sabi besitzen; zahlreiche Ikebana-Lehrer erteilen deshalb auch Teezeremonie-Unterricht. Auch in vielen Ikebana-Ausstellungen gibt es eigens eine Ecke, wo die Teezeremonie nach den Richtlinien einer bestimmten Schule zelebriert wird. Ikebana hat immer eine enge Beziehung zur Teezeremonie gehabt, deren hohe Ästhetik Ikebana ständig beeinflusst hat. Für die Schulung des Sehens im Sinne der japanischen Kunst ist das Studium der Teezeremonie geradezu unentbehrlich.

Auch Ikebana-Ausstellungen und Ikebana-Bücher mit Bildern sind wertvoll für diesen Zweck. Es ist weder möglich noch notwendig, alle Ikebana-Schulrichtungen kennenzulernen, aber für die Erziehung zum wahren Sehen ist es doch nützlich, möglichst viele Ikebana-Arrangements von hervorragenden Meistern verschiedener Richtungen zu studieren. Allerdings gibt es einige Ikebana-Schulen in Japan, die aus einem gewissen Konkurrenzdenken heraus nicht ganz damit einverstanden sind, wenn ihre Anhänger sich für Ausstellungen fremder Schulen interessieren. Glücklicherweise wird diese Haltung allmählich abgebaut, und immer häufiger werden Ausstellungen von verschiedenen Schulrichtungen gemeinsam veranstaltet.

2.3.2 Formung des Verhaltens

Zum Ikebana-Studium gehört auch die Erziehung zum richtigen Verhalten gegenüber den Pflanzen und den Mitmenschen.

Vom Schüler des Kado (des Blumen-Wegs) wird verlangt, dass er nicht nur ein schönes Arrangement

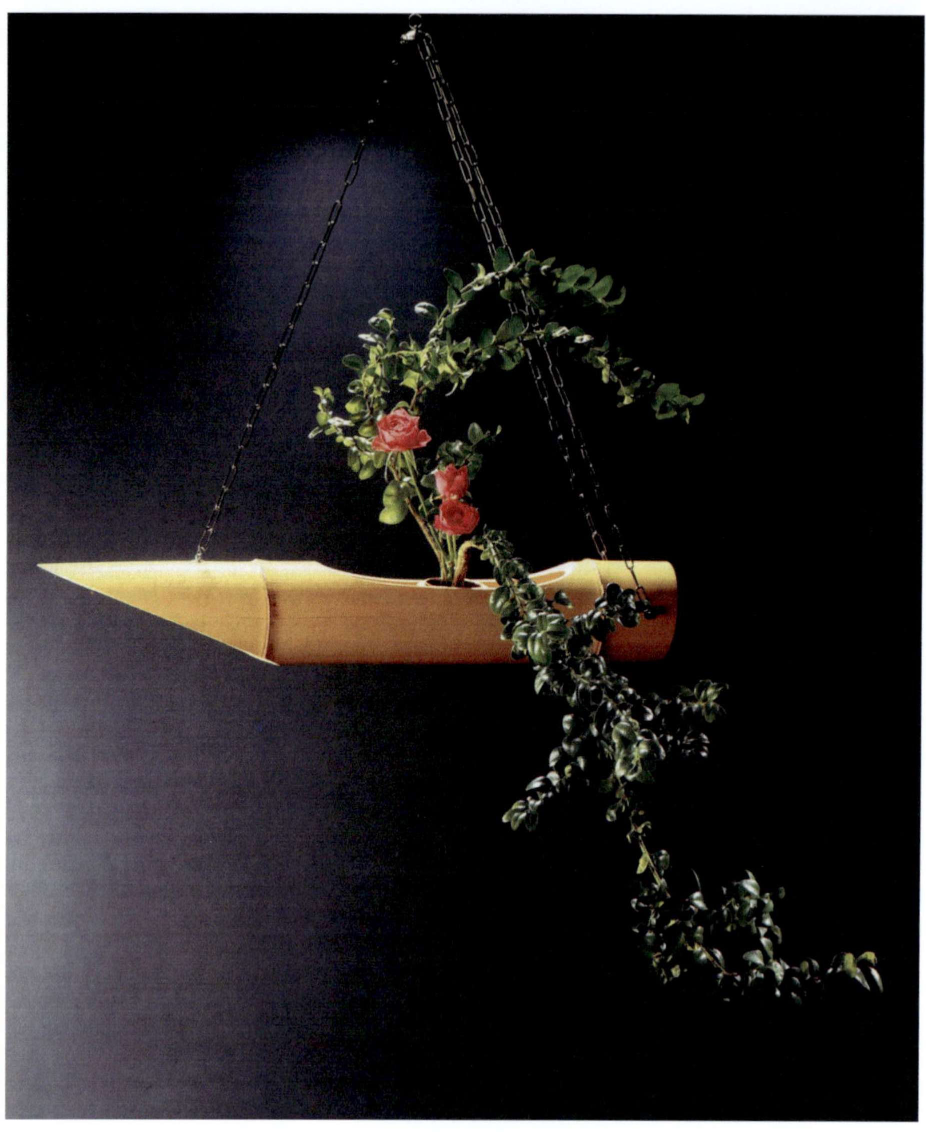

Farbtafel 11. Ausfahrendes Boot. Ein Bootgesteck im Seika-Stil in hängender Form, mit Buchsbaumzweigen und Moosrosen. Der Bug des Bambus-Bootgefäßes ist nach links, zur Lichtquelle, gerichtet; die Segel- und die Ruderblume aus Buchsbaumzweigen sind im rechtsseitigen Arrangement gestaltet, weil der Wind von links nach rechts bläst. Das Ruder ist länger und kräftiger als das Segel gesteckt, weil das Boot in Ufernähe fährt. Arrangement von Ayako Graefe.

zu gestalten versteht, sondern dabei auch auf die Ästhetik seiner Bewegung und auf gutes Benehmen achtet.

In Ikebana-Lehrbüchern und im Unterricht werden deshalb oft Hinweise auf Verhaltensregeln und gute Manieren im Zusammenhang mit dem Blumenstecken gegeben. Nur einige solche Hinweise können hier als Beispiele wiedergegeben werden:

- Für Ikebana darf man alle pflanzlichen Materialien verwenden, aber man muss dafür den richtigen Platz und die richtige Gelegenheit wählen. Blumen mit viel Blütenstaub (Lilien!) sollte man nicht in einen engen Raum stellen, weil der Blütenstaub leicht auf einen Vorübergehenden fallen könnte. Blumen mit unangenehmem Geruch wie Lauch oder Zweige mit Dornen wie Japanische Zierquitte sollte man nur sehr behutsam verwenden.
- Die Arbeit soll lautlos ausgeführt werden. Die Schere und andere Werkzeuge aus Metall sollen immer auf ein weiches Tuch gelegt werden, sodass sie lautlos aufgehoben und hingelegt werden können.
- Wenn man einem anderen eine Schere oder ein Messer reicht, darf die Spitze niemals auf ihn gerichtet sein.
- Die Schale wird, solange die Arbeit am Gesteck andauert, nur zu etwa einem Drittel mit Wasser gefüllt, um das Verspritzen von Wasser zu vermeiden. Erst wenn das Arrangement vollständig gesteckt ist, darf die Vase bis zu etwa zwei Dritteln mit Wasser gefüllt werden.
- Der Arbeitstisch muss sauber gehalten werden. Die Abfälle werden für sich in einem Kasten oder auf einer Unterlage gesammelt und zum Schluss klein geschnitten und in den Abfalleimer geworfen.
- Die Pflanzen werden rücksichtsvoll und mit Respekt behandelt. Sie werden bei der Bearbeitung einzeln mit den Fingern gehalten, nie in der Faust. Beim Stecken muss man vorher überlegen, wo und wie der Stiel angebracht werden soll; er wird dann mit einer einzigen zielsicheren Bewegung gesteckt. Wenn oft verbessert wird, besonders auf dem Kenzan, leidet der Stiel der Pflanze.

Aufgrund der mit dem Blumen-Weg verbundenen Erziehung zu gutem Verhalten gilt Ikebana neben der Teezeremonie in Japan als wichtiger Bestandteil feiner Bildung bei Frauen. In allen Ikebana-Schulen spielt diese Erziehung eine wichtige Rolle, aber natürlich mit graduellen Unterschieden.

Die Sensho-Ikenobo-Schule hat die traditionelle Etikette-Lehre der Ogasawara-Schule in ihre Lehrpläne aufgenommen, sodass die Absolventen dieser Schule gleichzeitig strenge Formen der Etikette beherrschen.

Die Misho-Schule Nakayama-Bunpokai, die Kagei-Adachi-Schule und andere haben ihr Lehrprogramm um einen Spezialkurs über den Vorgang des Blumensteckens erweitert, dessen Ziel die Beachtung der Ästhetik bei der *Ausführung* des Blumensteckens ist. Im Allgemeinen lernen die Schüler durch den Ikebana-Unterricht nebenbei von Lehrern und Mitschülern solches Verhalten.

2.3.3 Bildung der Seele

Außer der Schulung des Sehens und des Verhaltens ist beim Kado (dem Blumen-Weg) eine innerliche Schulung von großer Bedeutung. Die letzte Vertiefung des Kado, wie aller Künste, besteht in der Bildung der Seele und des Gemüts. Ikebana beginnt mit einer genauen Naturbeobachtung. Die Japaner haben ein sehr tiefes, inniges Verhältnis zur Natur, besonders zur Welt der Pflanzen. In einem kleinen Garten hinter dem Teehaus gibt es häufig ein »Blumengrab« für die verbrauchten Teeblumen, keinen profanen Mülleimer. Dies zeigt, wie herzlich das Verhältnis der

Japaner zu ihren Blumen ist. Bei den Pflanzen entdecken sie den Kreislauf des Werdens, Reifens und Vergehens, genau wie im menschlichen Leben. Deshalb versucht man, durch den Umgang mit Pflanzen das Naturgesetz und den Menschen selbst zu verstehen.

Wenn man sich einem Zweig, also einem Stück Natur, zuwendet, dann arbeitet man damit, bis man darin eine schöne Form findet. Dabei entfernt man die überflüssigen Blätter und Triebe, vielleicht auch einen Teil der bunten Blüten. So fordert auch die Zen-Philosophie Befreiung des Menschen von überflüssigen Gedanken und Regungen und eine Reinigung der Seele durch Konzentration auf das Wesentliche.

Der Zen-Buddhismus will durch persönliche Disziplin und intensive Meditation die Erleuchtung (Satori) erlangen. Zum »Satori« gehören unter anderem die Befreiung von der vergänglichen Welt, die Erkenntnis der Wahrheit und die Verneinung des Ichs (Muga).

»Befreiung von der vergänglichen Welt« heißt, sich von den weltlichen, oberflächlichen Sorgen zu lösen und die vollkommene Sicherheit, Furchtlosigkeit und Gelassenheit zu verwirklichen.

Zur Erkenntnis der Wahrheit gehört die Erkenntnis des Naturgesetzes, die wahre Bejahung des Zustandes, in dem man sich befindet, und die Kenntnis des eigenen Wesens. Die ethische Bedeutung ist die geistige Bescheidenheit. Man muss selbst sehen können, wie man ist, und nicht, wie man sein möchte; man muss sowohl das Positive wie auch das Negative erkennen.

Muga (Verneinung des Ichs) ist »das Leersein von sich« und bedeutet völlige Überwindung des Ego, Befreiung von Gier und Leidenschaft (siehe auch Abschnitt 1.2.2, Asymmetrie und der leere Raum).

Satori (Erleuchtung) soll nicht nur durch die Zen-Lehre, sondern auch durch den Blumen-Weg und alle anderen »Wege« erreichbar sein. Der Schüler des Blumen-Weges versucht deshalb, das Wesen der Natur, hier der einzelnen Pflanze, zu verstehen und gleichzeitig sein Ego zu überwinden. Das Ziel ist, solche Arrangements gestalten zu können, welche gerade auch der einfachsten Blume zur eigentlichen Gestalt verhelfen. Von dem Ehrgeiz, besondere Blumen zu verwenden oder auffällige Arrangements zu gestalten, soll man frei sein.

Der Blumenmeister, der erleuchtet ist, lässt seine Hand einfach so arbeiten, wie sie sich von selbst bewegt, genau wie etwa ein Meisterkalligraf seinen Pinsel laufen lässt, ohne schreiben zu wollen. Nach dem Naturgesetz der Pflanzen und aus dem vollkommenen Zustand des Muga heraus entsteht ein vollendetes Gesteck ganz von selbst.

Nicht nur die Zen-Sekte, sondern auch die sonstigen Sekten des Buddhismus betrachten den Blumen-Weg als eine Form der Bildung der Seele.

Manche Ikebana-Schulen werden deshalb direkt in bestimmten Tempeln gepflegt, zum Beispiel:

- Ikaruga-Schule im Tempel Chuguji in Nara,
- Ikenobo-Schule im Tempel Chohoji in Kyoto,
- Koike-Schule im Tempel Hokkeji in Nara,
- Koyashin-Schule im Tempel Kongobuji in Wakayama,
- Omuro-Schule im Tempel Ninnaji in Kyoto,
- Saga-Schule im Tempel Daikakuji in Kyoto.

Ikebana gilt in diesen Tempeln als Wegbereiter zu Buddha durch geistige und moralische Disziplin. Man legt großen Wert auf die ethischen Qualitäten, die man durch das Blumenstecken gewinnt.

Farbtafel 12. Nageire mit Obst und Gemüse. Pfirsichzweige mit reifen Früchten und Zehrwurzel-Blätter (Gemüse) wurden zwanglos und frei im Nageire-Stil in einer modernen Vase (Kiyomizu-Ware) gesteckt und vor einer Schiebetür aufgestellt. Die aus dem täglichen Leben vertraute Materialkombination vermittelt einen sehr freundlichen Eindruck. Ein Beispiel für So-Material in einer So-Umgebung. Arrangement von Yokoi Toshie, Leiterin der Schule Suihokai.

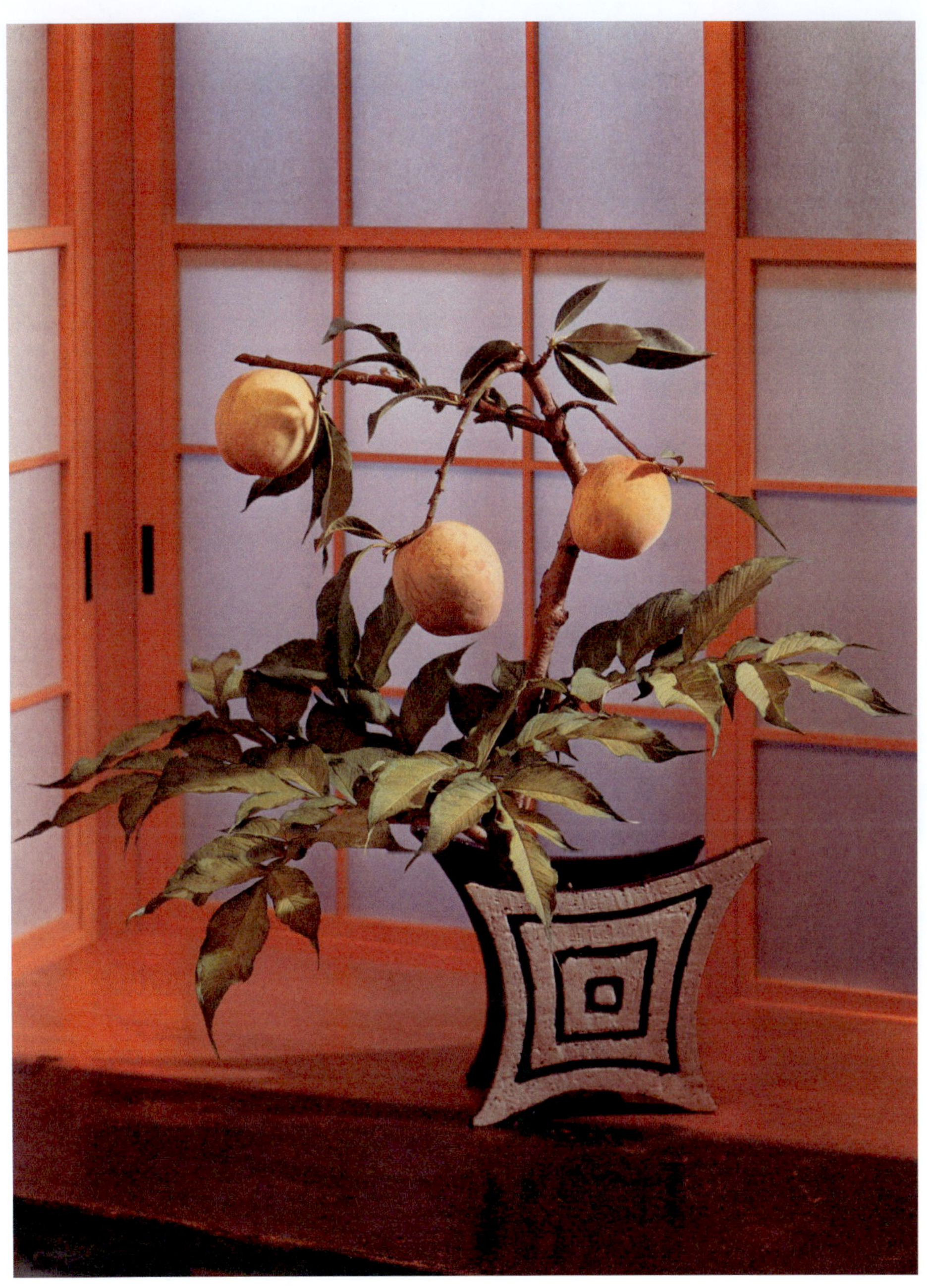

Wenn man von Qualitäten und Tugenden spricht, hat die konfuzianistische Ethik beim Ikebana, besonders in der Vergangenheit, eine große Rolle gespielt. Der Konfuzianismus stellt fünf Kardinaltugenden des Menschen auf: Liebe, Ehrlichkeit, Höflichkeit, Weisheit und Vertrauen. Diese fünf Tugenden wurden hin und wieder als das ethische Ziel auch des Ikebana-Studiums gesetzt. Die autoritären Regierungen in der Edo- und der Meiji-Periode waren dem Konfuzianismus allein schon seiner Staatsethik wegen besonders zugetan und schätzten deshalb den erzieherischen Wert des Blumen-Wegs sehr hoch ein. In solchen Zeiten wurde Ikebana als ein vortrefflicher Bildungsweg ideell und materiell stark gefördert.

Wegen der früheren engen Beziehung des Ikebana zur konfuzianistischen Ethik und zum Feudalismus wird der Begriff »Kado« (Blumen-Weg) heute von manchen als »altmodisch« angesehen.

Aber in letzter Zeit wird doch der echte Wert des Blumen-Wegs wie auch des Tee-Wegs wieder neu anerkannt. Viele Menschen, im Osten wie im Westen, suchen gerade heute Wege zu einer solchen Bildung der Seele.

Jeder, der einigermaßen geschickte Hände hat, kann die handwerkliche und technische Seite des Blumensteckens in bestimmter Zeit meistern, und jeder, der fleißig ist, kann auch Gestaltungsformen und -theorien auswendig lernen. Das ist jedoch nicht das eigentliche Ziel des Ikebana-Studiums. Sein Endziel ist vielmehr, dass man mit rücksichtsvollem Herzen und eleganten Bewegungen ein geschmackvolles Gesteck arrangieren kann, das hohe ästhetische Qualitäten (zum Beispiel Wabi und Sabi) besitzt und darüber hinaus die Erleuchtung (Satori) des Gestalters widerspiegelt. Ein Ikebana-Arrangement ist in diesem Sinne ein Ergebnis der Selbsterziehung.

Der Weg zur Erleuchtung ist lang und nicht immer leicht. Es kommt in Japan sehr häufig vor, dass man bei einem guten Meister zwanzig oder dreißig Jahre lang Ikebana lernt. Die Japaner finden das Kunststudium in jeder Altersstufe sehr erstrebenswert, und manchmal erreicht die Hingabe, mit der es betrieben wird, geradezu religiösen Rang.

Die Technik des Ikebana

3.1 Material

Zur praktischen Gestaltung von Blumenarrangements bedarf es neben der Kenntnis der Ästhetik und der geistigen Grundlagen der Blumenkunst auch des handwerklichen Könnens. Dazu gehört die Kenntnis der Eigenschaften des Materials – zumal der Pflanzen und Vasen – und die Fähigkeit, die Pflanzen so zu bearbeiten, dass sie ihre Rolle im Arrangement ausfüllen.

Im Laufe der Jahrhunderte haben die Ikebana-Meister viele wertvolle Regeln, Techniken und Handgriffe entwickelt, um den Pflanzen zu der angestrebten kunstvollen Gestalt zu verhelfen. Diese Regeln sind so entscheidend für das Gelingen des Arrangements, dass sie teilweise noch bis in die Neuzeit hinein nur als Geheimlehre innerhalb einzelner Schulen weitergegeben wurden.

Eine Folge dieser Geheimhaltung war, dass oft unabhängig voneinander gleichwertige, aber verschiedene Techniken entstanden. Jede Schule greift deshalb nur auf eine Auswahl aus der Gesamtheit der entwickelten Methoden zurück, und kein Ikebana-Künstler braucht alle Techniken zu beherrschen und alle Hilfsmittel zu benutzen, die in diesem Kapitel dargestellt werden. Dennoch ist es nützlich, einen Überblick auch über solche Techniken und Hilfsmittel zu haben, die man selbst nicht anwendet, zum Beispiel, um beim Betrachten eines Ikebana-Arrangements erkennen zu können, wo der Künstler in der Freiheit der Gestaltung durch technische Schwierigkeiten eingeengt war.

Um ein Ikebana-Arrangement zu gestalten, braucht man vor allem Pflanzen und Gefäße. Wichtiger als Art und Güte des einzelnen Gefäßes und der einzelnen Pflanze ist, dass die Pflanzen zueinander und zum Gefäß passen. Zu einem Gefäß gehört oft ein Untersatz, so wie zu einem Gemälde der Rahmen gehört; er kann dazu beitragen, dass das Arrangement sich harmonisch in seine Umgebung einfügt.

Welche der drei Komponenten – Pflanze, Gefäß, Umgebung – bei der Planung eines Arrangements am Anfang steht, ist nicht entscheidend. Man kann von einem vorgegebenen Standort ausgehen und dazu passend ein Arrangement gestalten; man kann auch zu vorhandenen Blumen die passende Vase auswählen – oder umgekehrt – und für das Gesteck eine geeignete Umgebung herrichten, etwa durch ein Bild an der Wand, durch sonstige Kunstgegenstände in der Nähe oder einfach durch die richtige Einbeziehung des leeren Raums.

Einen Überblick über das, was im Ikebana alles gebraucht wird und verwendet werden kann, geben die folgenden Abschnitte; sie befassen sich eingehend mit Pflanzenmaterial, Gefäßen und Untersätzen, die in maßgeblichen Ikebana-Schulen verwendet werden. Die für Ikebana-Arbeiten benötigten Steckhilfsmittel, Chemikalien und Werkzeuge werden im Zusammenhang mit den einschlägigen Arbeitsmethoden besprochen. Einige nur in bestimmten Stilarten gebrauchte Gefäßarten und Hilfsmittel werden im Kapitel 4 unter den betreffenden Stilarten vorgestellt.

3.1.1 Pflanzen

Wichtigster Bestandteil eines typischen Ikebana-Arrangements sind die Pflanzen, »Kazai« genannt, ein Begriff übrigens, der – in übertragenem Sinne – auch diejenigen Materialien bezeichnet, die in modernen Arrangements gelegentlich anstelle von Pflanzen verwendet werden.

Traditionelles Gruppenschema für Kazai

Die Pflanzen für Ikebana-Arrangements werden seit etwa 300 Jahren in Gruppen eingeordnet, wie »Kusamono« (Blumen), »Mizumono« (Wasserpflanzen), »Hamono« (Blätterpflanzen) und andere.

Kusamono sind Gräser und Schnittblumen, im Gegensatz zu Kimono (Zweigen). Mizumono sind Pflanzen (Kusamono und Kimono), die im Wasser oder in der Nähe des Wassers wachsen. Manche Pflanzen sind besonders wegen ihrer schönen Blätter als Kazai beliebt; sie werden »Hamono« (Blätterpflanzen) genannt, zum Beispiel ist die Narzisse ein Hamono.

Diese Einteilung hat keinen botanischen Hintergrund; sie dient nur der künstlerischen Gestaltung des Ikebana und spiegelt die dafür wesentlichen Eigenschaften der Pflanzen wider. Sie ist außerdem nicht eindeutig; die gleiche Pflanze kann in dem einen Arrangement zu dieser, aber in einer anderen Komposition zu jener Gruppe gehören. Die Lotosblume beispielsweise ist zugleich ein Kusamono und Mizumono, während die Palme ein Kimono und Hamono ist.

Ähnlich ist es bei der Iris: Das Arrangement in Abbildung 112 (im Abschnitt 4.3) zeigt Iris als Hamono (Blätterpflanze); sie sind genau nach den Regeln der Blätterkomposition gesteckt. Das Arrangement in Abbildung 67 zeigt dagegen Iris als Mizumono (Wasserpflanze). Hier stehen sie zusammen mit Weiden (auch Mizumono), um eine Landschaft am Teich darzustellen. Ein drittes Arrangement (vergleiche Abbildung 1) zeigt Iris als Kusamono (Blume). Hier stehen sie zusammen mit Kiefern (Kimono), um einen deutlichen Kontrast zu den kräftigen Kiefernästen zu betonen.

Gruppenbegriffe, die heute als Ikebana-Fachausdrücke verwendet werden (ihre Endung »mono« heißt »Ding«), sind:

Kimono (Edamono)	Zweige
Kusamono	Blumen
Mizumono	Wasserpflanzen
Okamono	Landpflanzen
Yamamono	Bergblumen
Nomono	Wiesenblumen
Satomono	Schnittblumen
Tokiwamono	immergrüne Pflanzen
Momijimono	herbstbunte Pflanzen
Hamono	Blätterpflanzen
Tsurumono (Taremono)	Rankenpflanzen
Mimono	Beerenpflanzen
Sujimono	Linienpflanzen
Namamono	lebende Pflanzen
Karemono	getrocknete Pflanzen
Tsuyomono	Zwischengruppe

Diese Begriffe werden im Folgenden näher erläutert.

- *Kimono* und *Kusamono* (Zweige und Blumen): Die grundlegende Zusammenstellung bei einer Ikebana-Komposition ist Kimono und Kusamono

Farbtafel 13. Ikebana-Skulptur. Eine große Ikebana-Skulptur ziert den Eingang der Residenz des dänischen Botschafters in Tokyo. Die rustikale Zeneibana-Komposition mit getrockneten Eiben und Lärchen in einem vom Künstler selbstgetöpferten »Objet-Gefäß« harmoniert gut mit der Umgebung. Arrangement von Teshigahara Hiroshi, 3. Leiter der Sogetsu-Schule.

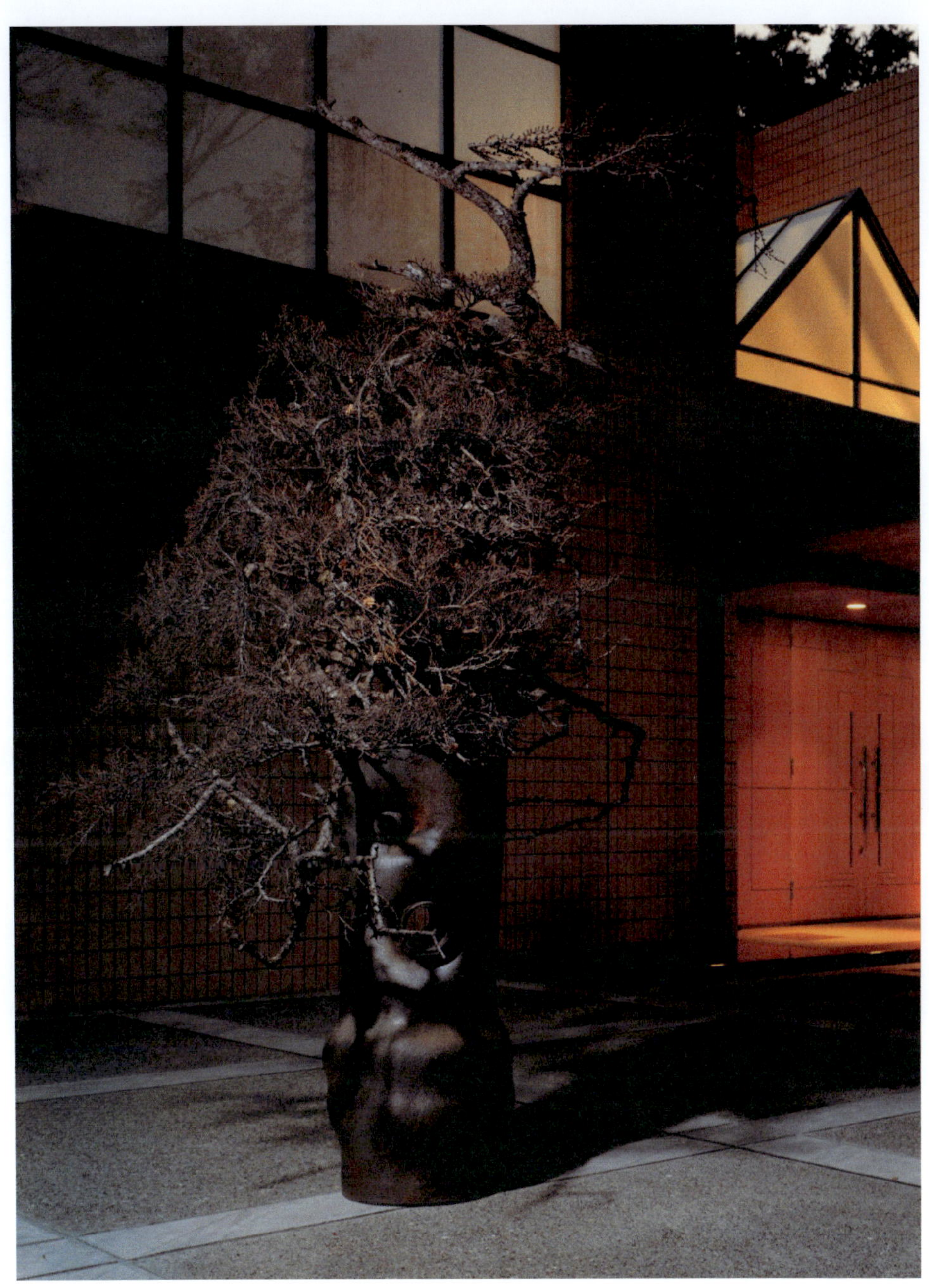

(siehe Abschnitt 1.1.4). Beispiele für Kimono sind Kiefer, Weide und Birke; Beispiele für Kusamono sind Chrysantheme, Lilie und Nelke. Die beiden Gruppen kontrastieren miteinander: Zweige sind groß, hart und schlicht, Blumen dagegen klein, weich und dekorativ. Diese unterschiedlichen Eigenschaften werden im Ikebana bewusst zum Ausdruck gebracht. Kimono und Kusamono werden technisch unterschiedlich behandelt (siehe Abschnitt 3.2). Kimono werden auch Edamono (Äste) genannt.

- *Mizumono* und *Okamono* (Wasser- und Landpflanzen): Im Wasser oder in seiner Nähe wachsende Pflanzen heißen Mizumono; Beispiele für Mizumono sind Lotosblume, Froschlöffel und Simse. Wasserpflanzen werden von der Mehrzahl der auf dem Lande wachsenden Pflanzen (Okamono) grundsätzlich getrennt behandelt. Im klassischen Arrangement werden Wasserpflanzen in der Regel nicht zusammen mit Landpflanzen gesteckt; geschieht dies ausnahmsweise doch einmal, dann deutlich gegeneinander abgesetzt: Zum Beispiel wird ein Stein vor die Landpflanzen gestellt, um das Land zu symbolisieren. Wasserpflanzen werden häufig in einer großen, flachen Schale mit deutlich sichtbarem Wasser gesteckt, um den Zusammenhang mit dem Wasser hervorzuheben. Sie sind typische Pflanzen für Sommer-Arrangements.
- *Yamamono, Nomono* und *Satomono* (Berg-, Wiesen- und Schnittblumen): Blumen, die auf dem Berg wachsen (Yamamono), werden unterschieden von solchen, die auf der Wiese vorkommen (Nomono); sie werden in klassischen Arrangements nicht zusammen in einem Gefäß angeordnet. Auch Schnittblumen, die aus dem Garten stammen (Satomono), werden nicht mit wilden Berg- und Wiesenblumen gemischt, selbst wenn es die gleiche Art ist, denn sie sehen anders aus. So sind wilde Glockenblumen auf der Wiese dünner, zierlicher und heller in der Farbe als kultivierte Glockenblumen.
  Für Teeblumen (Chabana) werden Wiesenblumen (Nomono) wegen ihrer bescheidenen, unauffälligen Art besonders gern verwendet.
- *Tokiwamono* und *Momijimono* (Immergrüne und Herbstbunte): Pflanzen mit immergrünen Blättern oder Nadeln, wie Kiefer, Zeder, Kamelie, werden Tokiwamono (immergrüne Pflanzen) genannt. Sie sind Sinnbild der Unsterblichkeit und daher als Glück bringende Pflanzen bei traditionellen festlichen Anlässen unerlässlich (siehe Abbildung 145). Pflanzen mit ausgeprägter Herbstfärbung, wie Ahorn, Eberesche und Buche, heißen Momijimono (Pflanzen, die sich färben); sie werden wegen ihrer farbenfreudigen Blätter oft ohne Blumen arrangiert (siehe Farbtafel 17 und 25).
  Manchmal werden immergrüne Pflanzen wie Kiefer mit besonders kurzlebigen Pflanzen wie Kirschblüten zusammen gesteckt, um den Kontrast zwischen dem langen und dem kurzen Leben zu symbolisieren.
- *Hamono, Tsurumono, Mimono* und *Sujimono* (Blätter-, Ranken-, Beeren- und Lilienpflanzen): Besonders hübsche Blätter sind das Merkmal der Hamono (Blätterpflanzen); für sie wurde eine besondere Steckweise entwickelt und überliefert. Beispiele für Hamono sind Narzisse, Schusterpalme (Aspidistra elatior) und Iris (siehe Abbildung 7, 8 und 112).
  Interessante Ranken, wie bei Akebie, Winde und Korkenzieherhasel, weisen die Pflanzen als Tsurumono oder Taremono aus; sie werden oft in hängender Form gesteckt, um ihre Eigenart zu betonen (siehe Abbildung 4 und 26).
  Kleine Beeren tragende Pflanzen sind Mimono (Beerenpflanzen), zum Beispiel Nandina (Nandina domestica), Chloranthus (Chloranthus glaber) und Liguster. Mimono mit farbenfreudigen Beeren werden gelegentlich ohne Blumen gesteckt.

Baumwürger (Celastrus orbiculatus) wird wegen seiner verschlungenen Ranken als Tsurumono und wegen seiner roten Beeren als Mimono in Ikebana-Arrangements sehr gern verwendet (siehe Farbtafel 30 und 36). Ebenso beliebt ist Rohdea (Rohdea japonica) als Hamono und Mimono (siehe Abbildung 14).
Manche Pflanzen haben linienartige, feine Stiele, zum Beispiel Ginster, Trauerweide und Besenreisig (Kochia scoparia). Sie werden Sujimono (Linienpflanzen) genannt. Die einzelnen Stiele werden im Arrangement sorgfältig ausgerichtet (siehe Farbtafel 26 und Abbildung 149).

- *Namamono* und *Karemono* (lebende und getrocknete Pflanzen): Frische Ikebana-Pflanzen werden Namamono, getrocknete Pflanzen Karemono genannt. Chinaschilf, Lotosfrüchte, Rohrkolben und bemooste Pflaumenzweige sind ein beliebtes Ikebana-Trockenmaterial. Karemono werden in der Regel mit Namamono zusammen gesteckt (siehe Farbtafel 18 und Abbildung 135); nur beim modernen freien Ikebana treten Karemono manchmal ohne Namamono auf.
- *Tsuyomono* (Zwischengruppe): Im Ordnungsschema der Ikebana-Pflanzen gibt es noch eine weitere Gruppe, die Tsuyomono (Zwischengruppe) heißt. Tsuyomono sind die Pflanzen, die zwischen den Kontrastgruppen liegen; es gibt drei verschiedene Arten:
  - Tsuyomono, die zwischen Zweigen und Blumen stehen, zum Beispiel Bambus, Glyzine und Forsythie. Sie besitzen die Qualitäten sowohl von Blumen als auch von Zweigen.
  - Tsuyomono, die im Wasser und auch auf dem Lande wachsen, zum Beispiel Rohrkolben, Iris und Calla (Zantedeschia aethiopica). Sie können als Wasserpflanzen und auch als Landpflanzen eingeordnet werden.
  - Tsuyomono, die das ganze Jahr hindurch erhältlich sind, zum Beispiel Schusterpalme (Aspidistra elatior), Rose und Nelke. Die meisten Pflanzen werden als zu einer bestimmten Jahreszeit gehörend betrachtet; deshalb werden Sommerblumen mit Sommerzweigen gesteckt und Herbstgräser nur im Herbst. Nur die Tsuyomono werden unabhängig von der Jahreszeit verwendet.

Die traditionellen Gruppenbegriffe für Kazai (Ikebana-Pflanzen) sind besonders für die Gestaltung der klassischen Arrangements (Rikka und Seika) wichtig. Sie betreffen alle Blumen und Zweige, die im klassischen Ikebana gesteckt werden.

Modernes Gruppenschema für Kazai

In neuerer Zeit hat sich die Bedeutung des Begriffs »Kazai« erweitert; dieser umfasst jetzt auch Obst und Gemüse, soweit es für Ikebana-Arrangements verwendet wird, gebleichte und gefärbte Pflanzen, nichtpflanzliches Material, wie gefärbte Federn, und sogar anorganisches Material, wie geschweißtes Eisen. Die Materialien, die heute als Kazai dienen können, lassen sich in drei Gruppen einteilen:

- *Pflanzliches lebendes Material:* Schnittblumen, Gräser, Zweige, Blätter, Obst, Gemüse usw.
- *Pflanzliches totes Material:* Getrocknete, gebleichte, gefärbte Pflanzen, Wurzeln, Reben, Treibholz, altes Holz usw.
- *Nichtpflanzliches Material:* Korallen, Muscheln, Federn, Hörner, Seile, Papier, Kunststoff, Glas, Metall, Gips, Beton, Stein usw.

Klassische Arrangements (Rikka und Seika) bestehen hauptsächlich aus lebenden Pflanzen; totes Pflanzenmaterial wird nur als Zusatz hinzugefügt. Moderne klassische Arrangements (Gendai-Rikka oder Gendai-Seika) verwenden gelegentlich auch nichtpflanzliches Material.

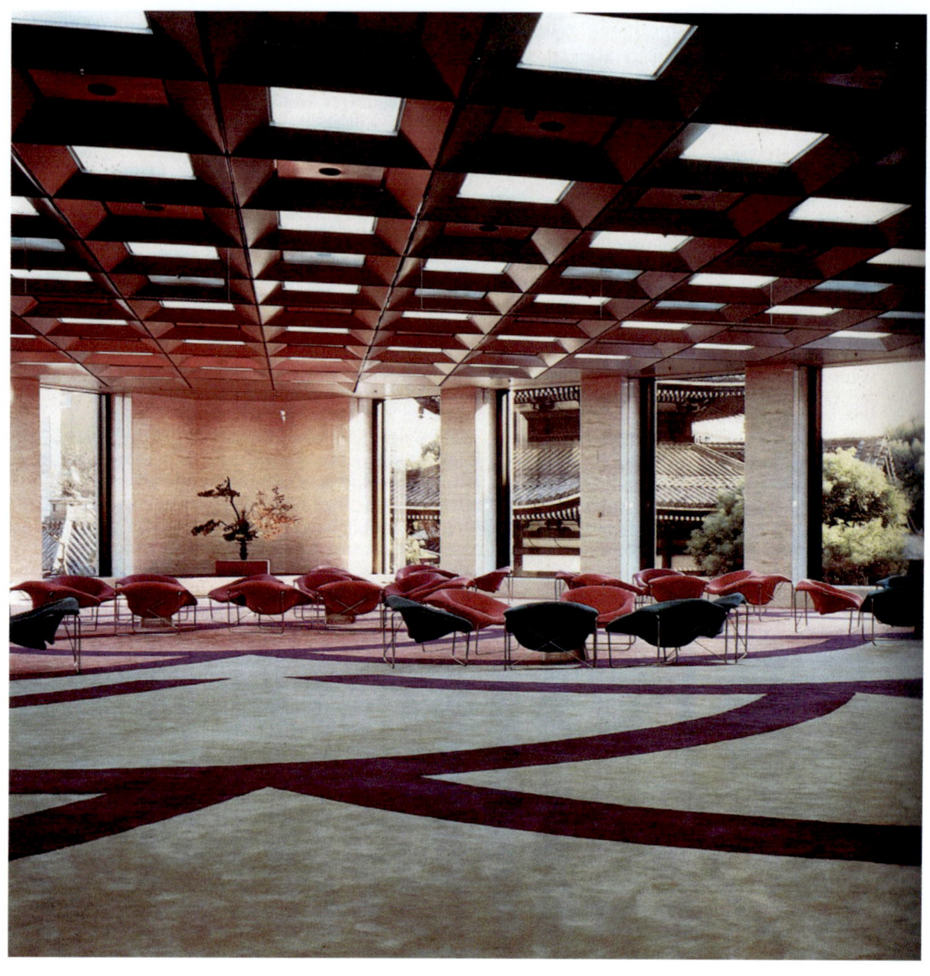

Farbtafel 14. Klassisches Arrangement im modernen Foyer. Ein 2 m hohes Rikka-Arrangement mit Kiefern, Stechpalmen, Narzissen, Kamelien, Zypressen, Buchsbaum und Astern fügt sich harmonisch in die moderne Architektur des Ikenobo-Zentrums in Kyoto ein. Durch das Fenster blickt man auf die alte Tempelanlage mit dem Ikenobo-Symbolturm, Rokkakudo. Ein typisches Beispiel für Harmonie und Kontrast in der japanischen Architektur. Arrangement von Ikenobo Senei, 45. Leiter der Ikenobo-Schule.

Moderne Arrangements (Moribana, Nageire und Jiyubana) enthalten in der Regel lebendes pflanzliches Material, oft kombiniert mit Materialien aus den beiden anderen Gruppen.

Nur sehr progressive Ikebana-Arrangements (Zeneibana oder »Ikebana-Objet«) können ohne lebendes Material auskommen und allein aus Trockenpflanzen und nichtpflanzlichem Material oder sogar ganz aus Materialien nur einer dieser Gruppen bestehen. Dies bedeutet allerdings nicht, dass ein progressives Arrangement lebendes Material immer ausschließt; es gibt auch abstrakte Ikebana-Werke, die nur aus Schnittblumen bestehen.

Neuerdings gibt es viele Ikebana-Arrangements aus Früchten und Zweigen von Obstbäumen und sogar reizende Gestecke mit allerlei Gemüsesorten. Diese Richtung nahm ihren Anfang gegen Ende der Edo-Periode, als Bunjinbana, ein stark von der chinesischen Malerei beeinflusster Ikebana-Stil, verbreitet war. Damals erschienen Obstzweige in Nageire-Art und verschiedene Obstsorten in flachen Tellern unter dem Namen »Morimono«. Die Farbtafeln 12 und 28 zeigen solche Arrangements mit Obst und Gemüse. Es gibt Ikebana-Schulen (zum Beispiel Chiko und Suihokai), die besonders diese Richtung des Ikebana pflegen.

Trockenpflanzen

Hoch in Mode sind die Trockenpflanzen. Getrocknete Blumen und Zweige werden heute in Japan wie in Europa sehr viel verwendet. Sie wurden aber als Karemono auch schon früher beim Seika und Rikka oft gesteckt, und zwar immer mit lebendem Material (Namamono) zusammen.

Beim Seika wurden sie als zu einer bestimmten Jahreszeit gehörendes Material betrachtet; zum Beispiel verwendet man getrocknete Irisblätter zusammen mit grünen Blättern als Sinnbild des vorübergehenden Herbstes (siehe Farbtafel 30). Auch beim klassischen Päoniengesteck wird ein alter Päonienast mitgesteckt, um anzudeuten, dass ein junger Ast aus dem alten wächst.

Heute verwendet man Trockenpflanzen unabhängig von ihrer jahreszeitlichen und symbolischen Bedeutung und gelegentlich im Übermaß. Besonders scheinen manche »Avantgardisten« zu glauben, wenn man nur einige Trockenzweige umgekehrt in eine bizarr geformte Vase steckt, dann sei es schon Zeneibana (Avantgarde-Blumen).

Einige Ikebana-Schulen nehmen als Kazai nur lebende Materialien (zum Beispiel die Adachi-Schule), aber fast alle dulden ohne Bedenken getrocknete Pflanzen, sofern sie zusammen mit frischen Pflanzen gesteckt werden. Ein sogenanntes Trockengesteck, das nur aus Trockenblumen besteht, gilt jedoch nicht als sehr japanisch, sondern eher als »europäisch«.

Zweige werden heute von mehr und mehr Schulen auch gebleicht und gefärbt akzeptiert, zum Beispiel gebleichte Mitsumata (Edgeworthia papyrifera) oder gefärbte Buche. Blumen hingegen sind gebleicht und gefärbt nur dann erlaubt, wenn es besondere Gründe dafür gibt, etwa wenn das Gesteck dadurch die Absicht des Künstlers besser ausdrückt, aber niemals als Ersatz für frische Blumen! Wegen des Ersatz-Eindrucks werden künstliche Blumen, einschließlich Seidenblumen, im Ikebana grundsätzlich vermieden.

Alle Ikebana-Schulen sind sich darüber einig, dass frisches Pflanzenmaterial das beste Material für Ikebana ist. Aber Trockenpflanzen besitzen auch etwas Schönes, das frische Pflanzen nicht bieten können; ein Reiz des Ikebana ist es, solche Schönheit in der Natur zu entdecken und in einem Arrangement nachzuvollziehen.

Manche Pflanzen trocknen schon in der Natur und können so verwendet werden, zum Beispiel Silberling, Lampionblume, Maiskolben und Rohrkolben. Man kann Pflanzen auch selbst trocknen. Geeignete Pflanzen für das Selbsttrocknen sind unter anderem: Schafgarbe, Sonnenblume, Statice (Limonium),

Schleierkraut, Weide, Ginster und Palme. Man biegt sie in die gewünschte Form, solange sie noch frisch sind, und lässt sie trocknen.

Trockenpflanzen werden im Handel meistens in gerader Form angeboten, sie lassen sich aber in jede gewünschte Form bringen, wenn man sie vor dem Biegen anfeuchtet. Nach dem Gebrauch müssen sie erst völlig trocknen; auf diese Weise sind sie immer wieder verwendbar.

3.1.2 Gefäße und Untersätze

In einem Ikebana-Arrangement fungiert das Gefäß nicht nur als Wasserbehälter, sondern ist ein wichtiger Teil der Komposition. Deshalb wird für jedes Arrangement sorgfältig das passende Gefäß ausgewählt, oder es wird für ein bestimmtes Gefäß das geeignete Material zum Stecken gesucht. Früher war es in Japan sogar üblich, die Vase in das Blumengeschäft mitzunehmen, sodass man die genau dazu passenden Pflanzen auswählen konnte.

Die ältesten Ikebana-Gefäße bestanden aus Metall, meistens aus Bronze, manchmal auch aus Kupfer- oder Eisenlegierungen. Gefäße für formelle Rik-ka- und manche traditionelle Seika-Arrangements werden noch jetzt aus Metall angefertigt (siehe Farbtafel 25).

Heute werden Ikebana-Gefäße aus Metall, Keramik, Glas oder Kunststoff hergestellt, aber auch lackierte oder unlackierte Holz-, Bambus-, Kürbis- oder Wurzelgefäße werden gern verwendet, weil sie aus natürlichem Material bestehen (siehe Farbtafel 11). Sie dürfen allerdings nicht selbst mit Wasser gefüllt werden; deshalb ist meistens ein kleiner Innenbehälter aus Metall eingebaut. In Flechtkörbe aus Bambus oder Rotang, die als Ikebana-Gefäße beliebt sind, wird ein Wasserbehälter aus Bambus oder neuerdings aus Kunststoff hineingestellt (siehe Farbtafel 29).

Am weitesten verbreitet sind Keramikgefäße. Je nach Brenntemperatur, Rohstoff und Herstellungsverfahren gibt es verschiedene Arten: Porzellan, Steingut (Tonware), Irdenware und sonstige. Keramikgefäße werden für klassische und für moderne Arrangements verwendet. Viele Ikebana-Künstler entwerfen und töpfern ihre Gefäße auch selbst (siehe Farbtafel 13).

Gefäße aus Glas oder Kunststoff eignen sich vor allem für moderne Nageire, Moribana oder Jiyubana. Bei durchsichtigen Glasgefäßen ist der darin befindliche Teil des Arrangements deutlich sichtbar. Mit solchen Gefäßen kann man ein attraktives Arrangement gestalten, aber man muss darauf achten, dass auch die Teile des Gestecks innerhalb der Vase, einschließlich der Steckhilfsmittel, ordentlich und natürlich aussehen, weil sie eventuell sogar infolge der gekrümmten Glaswandung vergrößert erscheinen (siehe Farbtafel 21).

Etwas ungewöhnlich, aber wirkungsvoll ist eine große Muschel, die manchmal als Ikebana-Gefäß verwendet wird (siehe Farbtafel 8).

Die Farbe des Gefäßes muss zu den gesteckten Pflanzen passen. Ein Gefäß, dessen Farbe bei natürlichen Pflanzen nicht zu finden ist, zum Beispiel Gold, Silber oder Schwarz, gibt dem Arrangement eine sehr formelle Wirkung. Bunte Muster oder Malereien scheiden für normale Ikebana-Arrangements aus; im Mittelpunkt soll das Arrangement stehen, nicht das Muster oder die Malerei. Eine bemalte Vase kann allenfalls für ein besonders einfaches Einzelgesteck verwendet werden: Ein paar hübsch und interessant gewachsene Zweige, eventuell ohne Blüten, können gut zu einer bunten Vase passen. Weitere Hinweise zur farblichen Abstimmung des Arrangements wurden im Abschnitt 1.1.3 gegeben.

Die Vielfalt der verwendeten Formen übertrifft bei Weitem die der europäischen Blumenvasen, denn die Form ist das wichtigste Merkmal eines Ikebana-Gefäßes. Von ihr hängt der Grad der Förmlichkeit (siehe Abschnitt 2.2.2) des Arrangements ab, und gewisse Gefäßformen sind eng mit bestimmten Stilen des Ike-

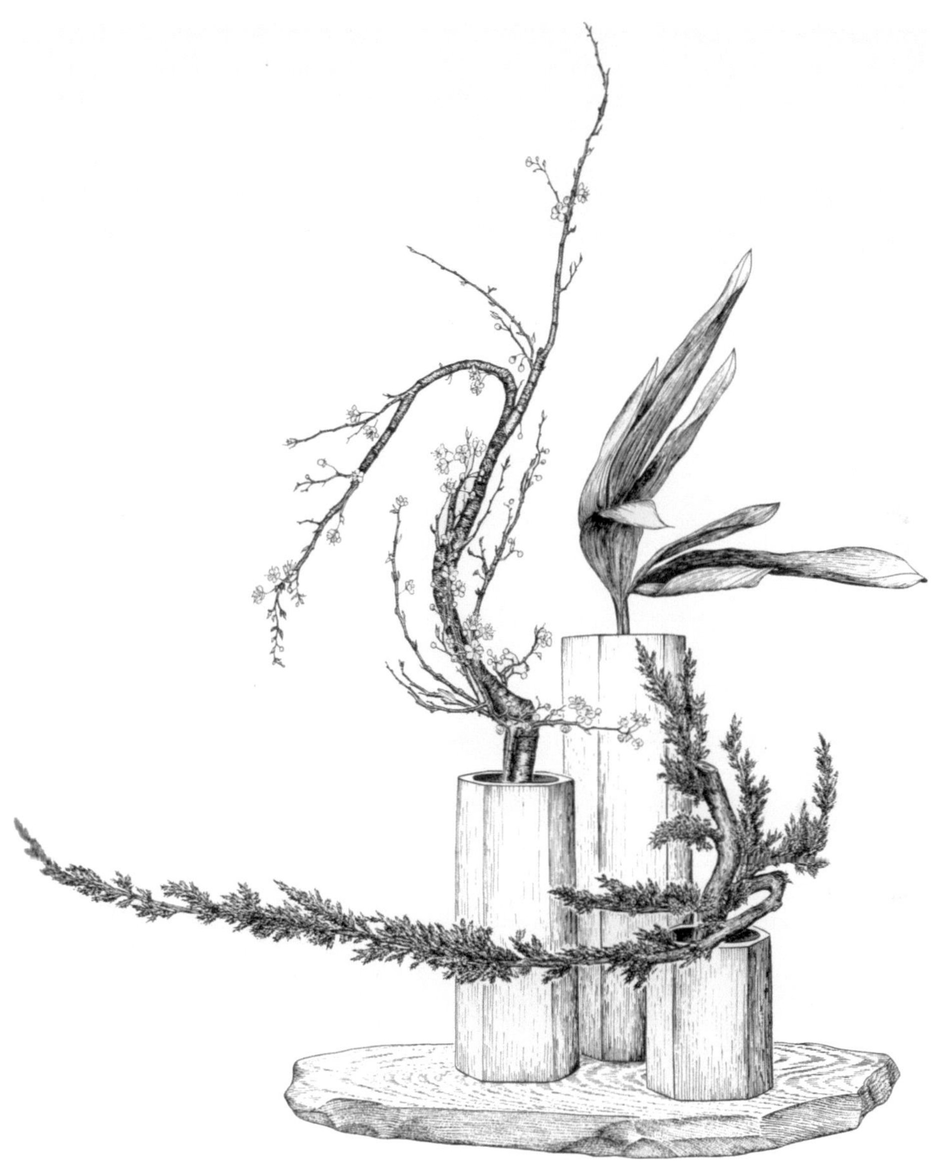

Abbildung 36. Yosezutsu-Arrangement mit drei Vasen. Pfirsichzweige, Aspidistra-Blätter und Chinesischer Wacholder, in passenden Zundo-Vasen im Seika-Stil gesteckt. Die eleganten, fließenden Linien von Zweigen und Blättern harmonieren mit den verschieden hohen Vasen. Arrangement von Ashida Ichiba, Seifu-Enshu-Schule.

bana verbunden (siehe Kapitel 4). So sind Rikka-Gefäße durch chinesisch-buddhistischen Einfluss gekennzeichnet, während für Seika-Arrangements lieber Gefäße rein japanischen Stils verwendet werden. Zum Nageire-Stil gehören hohe, schlanke Vasen, während Moribana-Arrangements in flachen Schalen gesteckt werden. Gestecke in freiem Stil verwenden Gefäße jeder Art, gerade auch bizarr geformte, die oft vom Ikebana-Künstler selbst entworfen und hergestellt werden.

Die Größe des Gefäßes hängt in erster Linie vom Standort des Arrangements ab. Zu einem typischen Wohnzimmer passen Gefäße, deren Größe etwa mit der europäischer Blumenvasen vergleichbar ist, während in großen, repräsentativen Räumen wie Foyers, Eingangshallen oder Tempeln gerade sehr große Arrangements mit entsprechend großen Gefäßen gut zur Wirkung kommen (siehe Farbtafel 13 und 14).

Weil Ikebana-Arrangements anfangs nur in Tempeln und in den Schlössern der Feudalherren aufgestellt wurden, waren die ältesten Ikebana-Gefäße sehr groß, oft über 1 m hoch. Die Entwicklung vom Rikka über das Seika zu den modernen Stilrichtungen ging dann mit einer Verkleinerung der Gefäße einher, weil

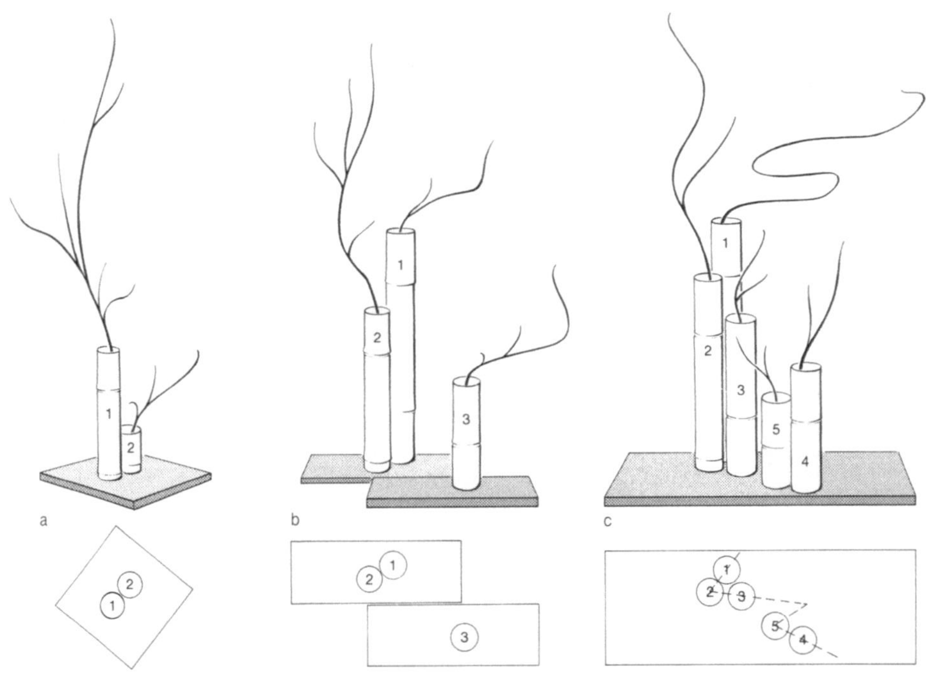

Abbildung 37. Gestaltungsmöglichkeiten von Yosezutsu-Arrangements (nach der Regel der Saga-Schule). Die Vasen sind in Vorderansicht und Draufsicht jeweils mit den gleichen Ziffern bezeichnet. **a** »In-Yo-Kombination«. Die hohe Vase repräsentiert In, die niedrige Yo. Eine weitverbreitete Lösung. **b** »Kombination zwei zu eins«. Die dritte Vase wird von den anderen getrennt aufgestellt. **c** »Blitz-Kombination«. Die Aufstellung im Zickzack erinnert an einen Blitz. Hier werden oft im Zickzack gebogene Zweige gesteckt.

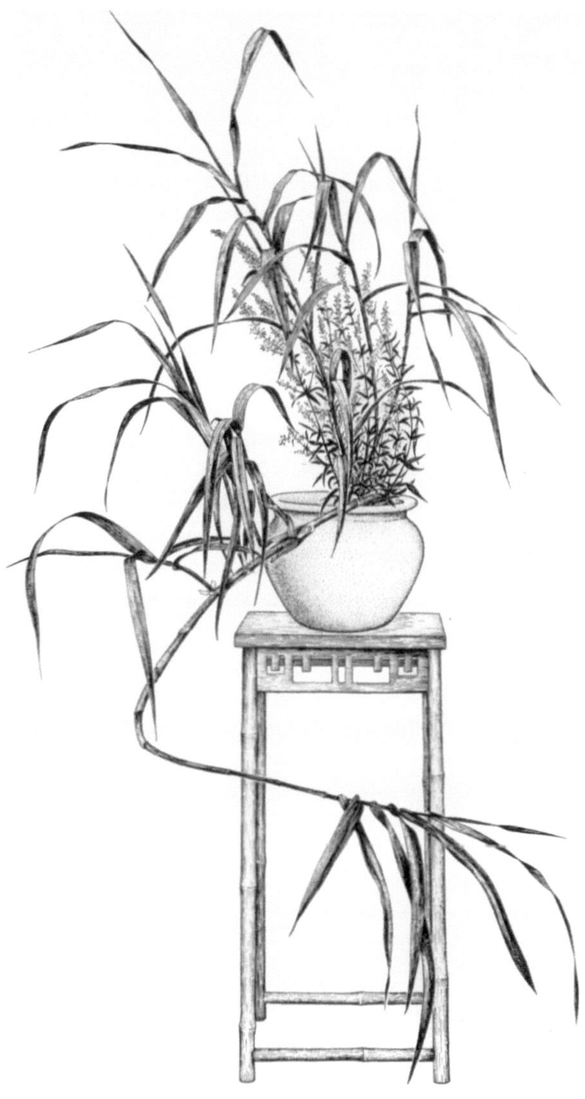

Abbildung 38. Arrangement mit einem hohen Gestell (Shoku). Das große Gefäß und das hängende Schilf bieten sich auf dem Shoku besonders eindrucksvoll dar. In dem Keramikkrug wurden Schilf (Phragmites communis) und Fetthenne (Sedum kanitschaticum) zwanglos im Nageire-Stil gesteckt. Arrangement von Adachi Choka II., Adachi-Schule.

zunehmend auch einfache Bürger ihre bescheideneren Wohnräume damit schmückten.

Die Gefäße müssen nicht unbedingt regelrechte oder gar kostbare Blumenvasen sein – Weinflaschen, Salatschüsseln, Suppenteller, Kasserolltöpfe, Teekannen, Brotkörbe, Blumentöpfe, Aschenbecher, Kerzenständer und sonstige Gebrauchsgegenstände eignen sich oft ebenso gut (siehe Farbtafel 36).

Übrigens haben viele der heute als typische Ikebana-Vasen betrachteten Gefäße ihren Ursprung in Gebrauchsgegenständen. Rikka-Gefäße wurden aus chinesischen Opfergefäßen entwickelt, Moribana-Schalen waren Bonsai-Gefäße (Gefäße für Zwergbäume) gewesen, und der »Konpoto« genannte Kelch wurde aus einem Obstteller (Compote) entwickelt. Holzeimer, Schöpfeimer, Kehrschaufel, Fischerkorb und Kyozutsu (Behälter für das buddhistische Sutra) werden heute nach der Originalform für Ikebana-Zwecke hergestellt (siehe Farbtafel 15, Holzeimer). Man kann oft eine Fülle von Assoziationen und Stimmungen genießen, wenn ein schönes Arrangement mit einem gewöhnlichen Gebrauchsgegenstand gelingt. Ein klassisches Arrangement im Badarai (Bottich zum Waschen von Pferden), mit einem Pferdegebiss als Steckhilfsmittel, ist eine historische Improvisation, die noch heute in mehreren Ikebana-Schulen gesteckt wird (siehe Abbildung 67).

Gern verwendet man beim Ikebana mehrere Gefäße zusammen in einer Komposition: Arrangements aus zwei Schalen (siehe Farbtafel 16) oder zwei Vasen. Auch Kombinationen von Moribana und Nageire oder von hängenden und stehenden Arrangements (siehe Farbtafel 22 und Abbildung 24) sind immer wieder beliebt. Solche Arrangements werden »kombinierte Arrangements« genannt.

Bei kombinierten Arrangements kann man gut das Alltagsgeschirr verwenden, weil man leicht zueinander passende Stücke findet. Mehrere Salatschüsseln oder Suppentassen können sehr gut zu einer Komposition zusammengestellt werden.

Arrangements aus zwei oder drei aufeinandergestellten Gefäßen, wie Schöpfeimer (siehe Farbtafel 27) und »Yosezutsu-Arrangements«, sind die bekanntesten klassischen kombinierten Arrangements. »Yosezutsu« (Abbildung 36) ist eine besondere Richtung des Ikebana, bei der stets mehrere Vasen kombiniert werden. Es gibt viele überlieferte künstlerische Regeln dafür.

Nach den Regeln der Saga-Schule etwa soll die Anzahl der Vasen ungerade sein, ebenso wie die Gesamtzahl der Knoten in den Bambusvasen, wobei die Zahl Zwei wie immer die Ausnahme ist. Der Durchmesser der Vasen ist etwa 8 bis 10 cm, ihre Höhe liegt zwischen etwa 7 und 85 cm. Es gibt über zwanzig überlieferte Kombinationsmöglichkeiten, die jeweils besondere Namen tragen. Dabei wird immer darauf geachtet, dass die Ränder der zusammengestellten Vasen und die Knoten nie in der gleichen Höhe stehen. Einige Beispiele aus dieser Schule werden in Abbildung 37 gezeigt.

Noch wichtiger als Art und Güte eines Gefäßes ist die Art, wie man es einsetzt. So spielt es oft eine große Rolle, welche Seite des Gefäßes nach vorn (zum Betrachter hin) gerichtet wird. Wenn eine Vase drei Füße hat, stellt man in der Regel einen nach vorn. Bei einer Vase mit zwei Henkeln werden diese seitlich ausgerichtet. Viereckige Schalen oder Vasen wirken oft überraschend leicht, wenn man sie über Eck stellt. Werden zwei Vasen zu einer Komposition vereinigt, so wird die eine etwas nach vorn, die andere entsprechend nach hinten gerückt; dadurch erlangt die Komposition räumliche Tiefenwirkung.

Hinweise auf die Berücksichtigung der Jahreszeit und des richtigen Grades der Förmlichkeit (Shin, Gyo und So) bei der Wahl des Gefäßes finden sich in den Abschnitten 2.1.2 und 2.2.2.

In vielen Fällen wirkt ein Gefäß, und damit das ganze Arrangement, noch schöner, wenn es einen passenden Untersatz erhält (siehe Farbtafel 19 und 33), besonders dann, wenn es sonst direkt auf dem

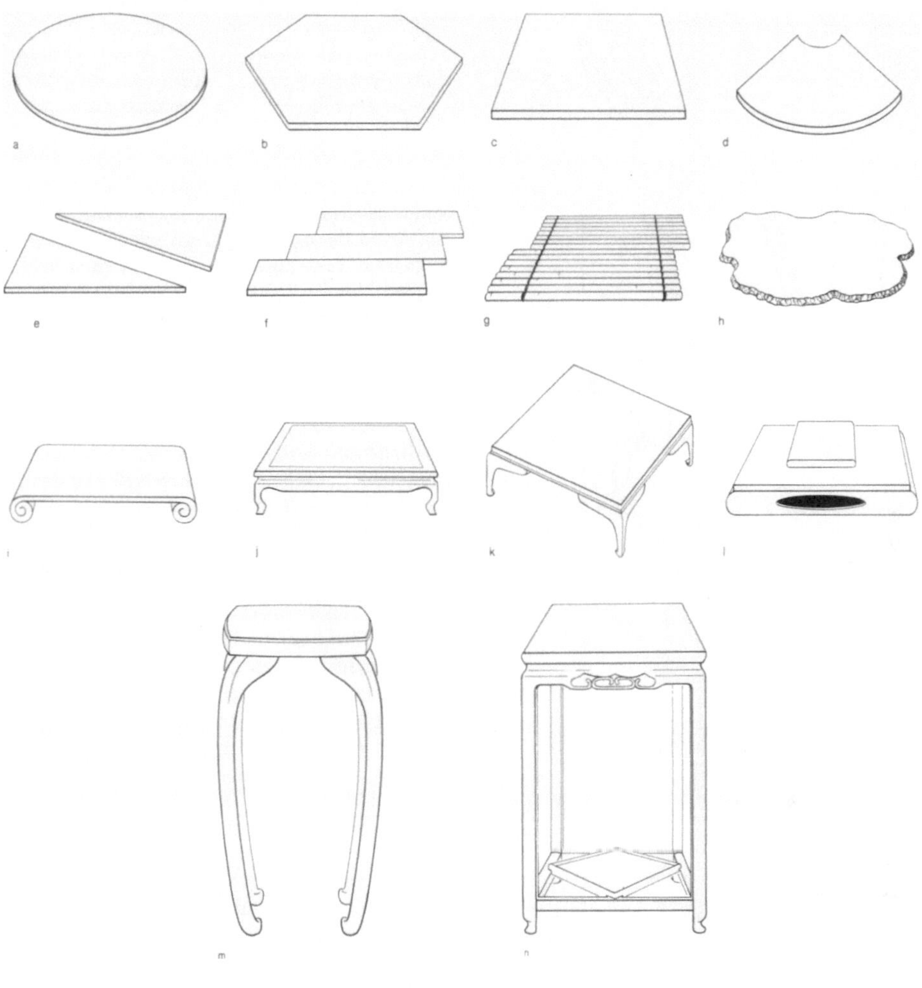

Abbildung 39. Verschiedene Untersätze (Kadai). Flache Bretter, rund, sechseckig, viereckig, fächerförmig (**a–d**), zum Kombinieren ein Paar Dreieckbretter oder drei schmale Bretter (**e**, **f**), aus Bambus (Sunoko-Rost) (**g**), aus Naturholz (**h**), mit Wickelfuß (**i**), mit ausgeschlagenen Beinen (**j**), quadratisch, mit Füßen (**k**), ein formeller Untersatz aus zwei übereinandergestellten Teilen (**l**) und Shoku = hohes Gestell, ein- und zweistöckig (**m**, **n**). Typisch für die So-Stufe ist der Untersatz aus Bambus (**g**), für die Gyo-Stufe der aus Naturholz (**h**) und für die Shin-Stufe der zweiteilig aufeinandergestellte (**l**).

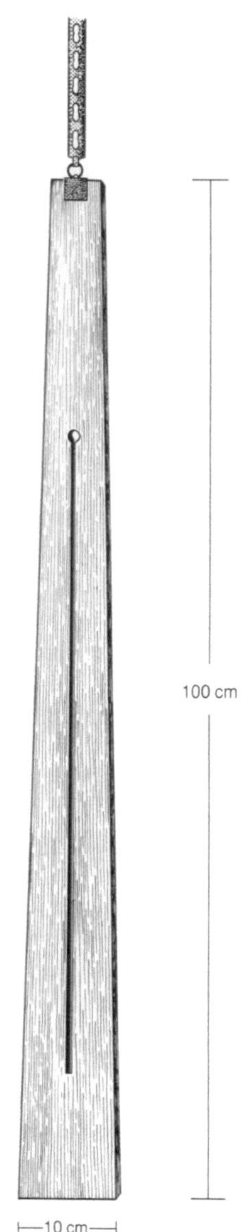

Abbildung 40. Suihatsu (Aufhängevorrichtung). Aus Zedernholz; die Rille in der Mitte ist für den verstellbaren Haken vorgesehen.

Boden (auch im Tokonoma) stehen müsste. Solche Untersätze nennt man »Kadai«. In manchen Ikebana-Schulen gibt es strenge Regeln für den Gebrauch des Kadai, beispielsweise welches Kadai zu welcher Vase gehört, oder dass ein bestimmtes Kadai nur von Meistern mit besonders hohen Ikebana-Titeln benutzt werden darf.

Klassische Arrangements mit klassischen Vasen präsentiert man häufiger auf dem Kadai als moderne Arrangements; unter einen Korb stellt man jedoch in der Regel kein Kadai. Klassische Kadai sind aus Holz und oft schwarz, braun oder rot lackiert. Kadai in der Form eines Bretts sind auch für moderne Arrangements geeignet, während Kadai auf Füßen eher den klassischen Arrangements vorbehalten sind (siehe Farbtafel 7 und 9). Für ein sehr formelles Gesteck werden manchmal zwei Kadai aufeinandergestellt. Ein hohes Gestell (Shoku) bringt ein Arrangement in hängender Form besonders gut zur Geltung (Abbildung 38). Die Abbildung 39 zeigt Beispiele von Kadai, wie sie ähnlich oft verwendet werden.

Brettartige Kadai für moderne Arrangements gibt es heute in vielfältigen Formen und Farben; um so wichtiger ist es, ein zur Vase und zur Umgebung passendes auszuwählen.

Eine wichtige Funktion des Untersatzes ist es, mehrere Vasen zu einer Komposition zu vereinigen. Die Arrangements der Farbtafel 22 und der Abbildung 36 sehen durch den Untersatz zusammengehörig und kompakt aus.

Für Kakebana (hängende Arrangements) wird anstelle des Kadai ein Suihatsu (= Suibachi) verwendet, eine hölzerne Aufhängevorrichtung (etwa 10 cm breit und 100 bis 150 cm hoch) mit einem verstellbaren Haken (Abbildung 40). Es dient in erster Linie der ästhetischen Abrundung des Arrangements. Wenn man keinen Nagel in die Wand oder in den Pfeiler schlagen kann, lässt man ein Suihatsu von der Decke hängen und hängt sein Kakebana daran. Suihatsu werden wie Kadai für klassische Arrangements bevorzugt, moderne Kakebana-Gestecke werden meist direkt an der Wand aufgehängt. Die richtige Verwendung des Suihatsu wird in Abbildung 104 (im Abschnitt 4.3) gezeigt.

3.2 Fertigkeiten

Zum Wesen des Ikebana gehört es, die Natürlichkeit der Pflanzen zu wahren, aber auch, ihre Wuchsrichtung, Neigung und Struktur durch entsprechende Bearbeitung noch zu betonen. Das erfordert die handwerkliche Beherrschung einiger Techniken. Früher suchte man in Feld und Wald die geeignete Form seines Materials; das nannte man »Ikebana mit den Füßen (nicht mit den Händen!) stecken«. Aber heute ist man davon abhängig, welche Pflanzen gerade im Blumengeschäft angeboten werden. Deshalb ist die Beherrschung der handwerklichen Bearbeitung der Pflanzen noch wichtiger geworden, um eine gewünschte künstlerische Form zu erzielen. In den folgenden Abschnitten werden vier wichtige Fertigkeiten ausführlich dargestellt, nämlich Schneiden, Formen, Biegen und Stecken.

Die Reihenfolge entspricht etwa dem Ablauf beim Gestalten eines Arrangements: Die Zweige und Blumen werden auf die richtige Länge zugeschnitten, unerwünschte Blätter und Nebentriebe werden entfernt. Dann werden die Stiele in die gewünschte Form gebogen, und schließlich werden sie »gesteckt«, also in das Gefäß gestellt und dort befestigt.

3.2.1 Schneiden, Formen und Biegen

Zum Schneiden verwendet man im Allgemeinen eine Ikebana-Schere, und zwar auch für Pflanzen wie Chrysanthemen und Pfingstrosen, von denen man früher glaubte, dass sie die Berührung mit Eisen nicht gut vertragen. Manche Ikebana-Schulen bevor-

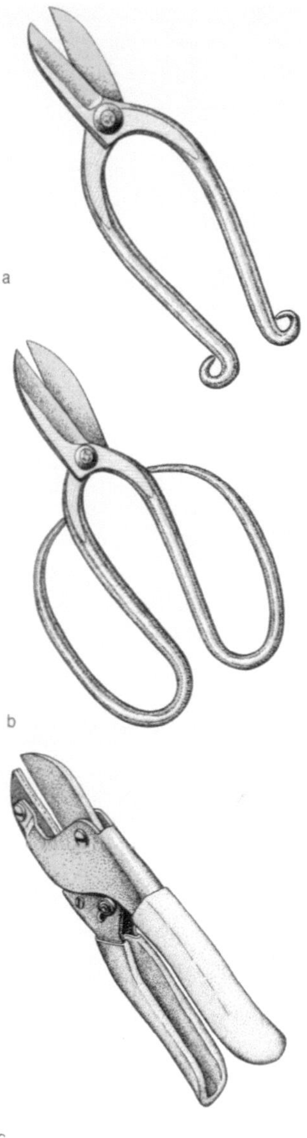

Abbildung 41. Scheren. Ikebana-Scheren, »Warabite«- (a) und »Koryu«-Form (b), Ambossschere (c).

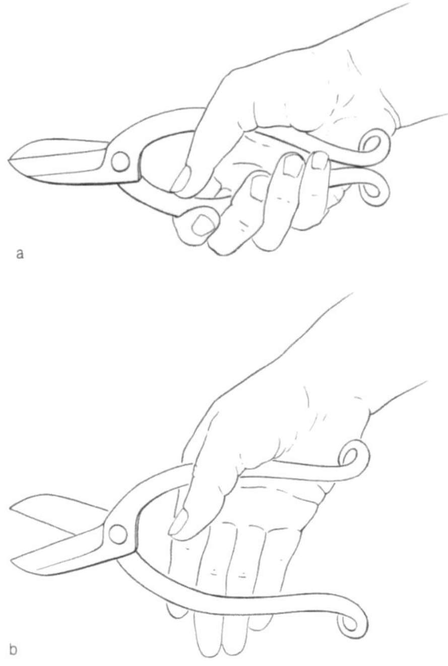

Abbildung 42. Handhabung einer Ikebana-Schere. **a** Man hält den einen Griff zwischen dem Daumen und dem oberen Teil des Zeigefingers fest und den anderen Griff mit den übrigen vier Fingern. **b** Die Schere öffnet sich durch ihr eigenes Gewicht, wenn man die vier Finger gerade ausstreckt.

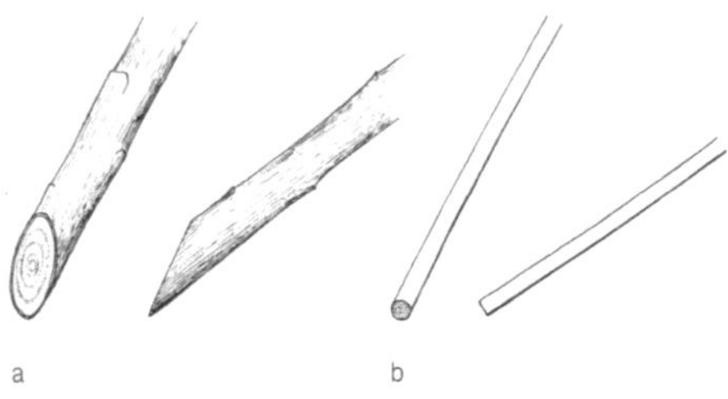

Abbildung 43. Abschneiden der Stielenden. Allgemeine Regel: Zweige (Kimono) werden schräg (**a**) und Blumen (Kusamono) gerade (**b**) abgeschnitten.

zugen die Warabite-Form der Schere, andere die Koryu-Form (Abbildungen 41a und 41b); beide sind zweischneidig. Aber man kann für Ikebana-Zwecke grundsätzlich auch eine der hierzulande üblichen Garten- und Rosenscheren verwenden. Die neu entwickelte sogenannte Ambossschere (Abbildung 41c) hat im Vergleich mit einer Ikebana-Schere den Vorteil, dass man dicke Zweige ohne großen Kraftaufwand durchschneiden und bei manchen Modellen sogar das Schnittgut festhalten kann. Sie ist auch verschließbar. Allerdings ist sie weniger geeignet für feinere Schneidearbeiten, vor allem bei Blumen. Abbildung 42 zeigt die richtige Handhabung einer für Europäer ungewöhnlichen Ikebana-Schere der Warabite-Form.

Ob ein Stiel gerade oder schräg abgeschnitten wird, richtet sich danach, ob es sich um einen Zweig oder eine Blume handelt.

Zweige (Kimono) werden meistens am Stielende schräg geschnitten (Abbildung 43a), und zwar aus folgenden Gründen:

- Die dabei entstehende größere Schnittfläche saugt mehr Wasser auf.
- Wenn ein Stiel dicker als ein Bleistift ist, hat man oft Schwierigkeiten, ihn mit der Schere gerade abzuschneiden; wesentlich einfacher ist der schräge Schnitt.
- Bei der Verwendung eines Kenzans (Blumenigel) macht es oft Mühe, einen dicken Stiel auf die Nägel zu stecken; leichter ist es, wenn er schräg abgeschnitten ist (siehe Abbildung 59a; siehe hierzu auch Abschnitt 3.2.2, Stecken mit Kenzan).
- Beim Seika oder Nageire und bei der Verwendung eines Shippo-Blumenhalters muss man den vorgesehenen Neigungswinkel des Stiels beachten und das Stielende in einem solchen Winkel schräg abschneiden, dass es sich an die Vasen- oder an die Shippo-Wand anschmiegt (siehe Abbildung 49, 55 und 62).

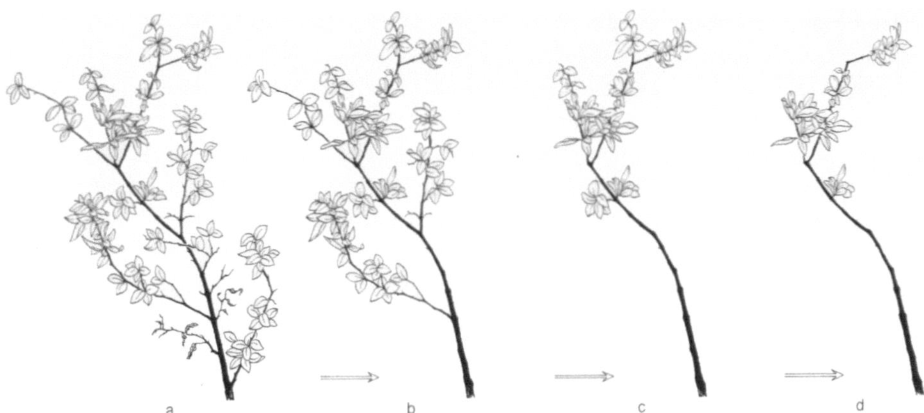

Abbildung 44. Das Formen von Zweigen. **a** Der unbearbeitete Zweig. **b** Überflüssiges ist beseitigt worden. Jetzt muss man entscheiden, welche Krümmungsrichtung betont werden soll. Hier sieht die im hübsch belaubten oberen Teil des Zweiges vorhandene Krümmung interessant aus, deshalb soll die nach rechts gerichtete Krümmung hervorgehoben und ein rechtsseitiger Zweig herausgebildet werden. **c** Die zur rechtsseitigen Krümmung nicht passenden Teile wurden beseitigt, dadurch wird die gewünschte Linie hervorgehoben. **d** Die symmetrisch oder parallel wachsenden Triebe und Blätter wurden beseitigt oder gekürzt. Ein Zweig, der sich für ein rechtsseitiges Arrangement eignet, ist fertig. (Dieser Zweig wird im Abschnitt 4.1 für den Shin im rechtsseitigen Moribana-Gesteck [siehe Abbildung 77] verwendet.)

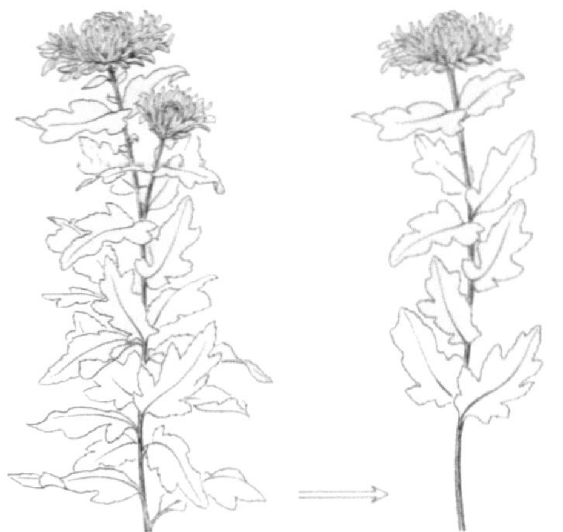

Abbildung 45. Das Formen von Blumen. Unerwünschte Blätter und sogar Blüten werden entfernt; zumal bei klassischen Stilen sind das die unteren Blätter.

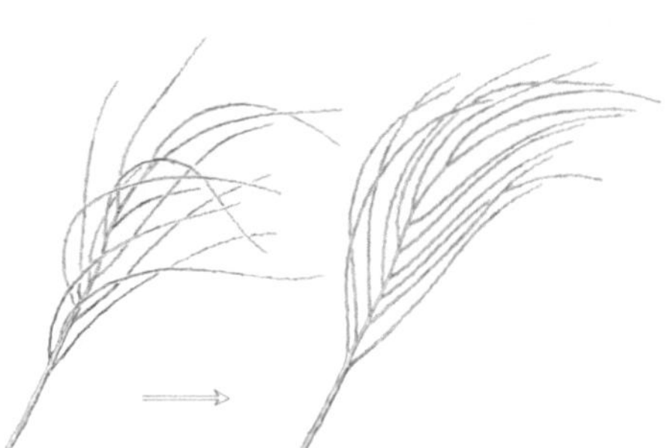

Abbildung 46. Das Formen von Linien-Pflanzen (Sujimono). Die feinen Seitentriebe werden sorgfältig mit der Hand gerichtet, sodass jeder einzelne zum Ausdruck kommt.

Blumen (Kusamono) werden im Allgemeinen am Stielende gerade geschnitten (Abbildung 43b). Schnittblumen und Gräser haben weiche, dünne Stiele; deshalb stehen sie auf dem Kenzan oder auf dem Boden der Vase schlecht, wenn sie schräg geschnitten werden. Nur dicke Stiele (Amaryllis), holzige Stiele (Distel) und solche Blumen, die besonders schwer Wasser aufnehmen (Mohn), werden manchmal schräg geschnitten oder kreuzweise gespalten (siehe Abschnitt 3.3).

Wenn die Pflanzen auf die richtige Länge zugeschnitten sind, muss alles Überflüssige entfernt werden, seien es Triebe, Blätter oder Blüten. Davon betroffen sind auf jeden Fall die unteren Triebe und Blätter, die später im Inneren des Gefäßes verschwinden würden.

Im Ikebana nennt man diese Vorbereitung von Pflanzen »Sabaku«, »Shigoku« oder »Karikomu«; diese Wörter bedeuten etwa »beschneiden, beseitigen, kämmen, frisieren, saubermachen« oder »in Ordnung bringen«. Das Ziel dabei ist, die natürlich gewachsenen Pflanzen für das Ikebana-Arrangement so zu bearbeiten, dass jede Blüte, jedes Blatt und jeder Trieb zur Geltung kommt. Hier wird für diesen Vorgang das Wort »Formen« verwendet. Auch im Hinblick auf die Begriffe »rechtsseitiges« und »linksseitiges Arrangement« (siehe Abschnitt 1.2.3) ist das Formen von großer Bedeutung. Natürliche Zweige sind selten so regelmäßig gewachsen, dass es vollkommen eindeutig ist, ob sie eher nach links oder nach rechts gebogen sind. In solchen Fällen muss der Künstler zunächst entscheiden, welche der beiden Krümmungsrichtungen er betonen will, und dann den Zweig so formen, dass seine Absicht deutlich wird. Zum Formen gehören im Allgemeinen die folgenden Einzelschritte:

- Unerwünschte und störende Nebentriebe oder sich kreuzende Äste werden abgeschnitten, dadurch kann man die gewünschte Hauptlinie des Zweiges und seine Biegungsrichtung deutlich hervorheben. Oft wird zu diesem Zweck an einer Verzweigung statt des Nebentriebs der Haupttrieb abgeschnitten, sodass eine Zickzacklinie entsteht (Abbildung 44). Sind zwei gleichlange Triebe symmetrisch gewachsen, so muss einer von ihnen gekürzt werden. Wichtig ist in jedem Fall, dass die Schnittstelle im Wesentlichen verdeckt bleibt, zum Beispiel durch ein Blatt. Außerdem wird die Schnittrichtung so gewählt, dass die Schnittfläche von vorn nicht auffällig sichtbar ist.
- Unerwünschte Blätter oder sogar Blüten werden entfernt, oft auch die Blätter unten am Stiel – dies zumal bei klassischen Stilen (Abbildung 45). Blüten, die direkt nach unten blicken, werden abgeschnitten. Wenn mehrere Blüten zu dicht oder »treppenartig« stehen, werden einige davon entfernt. Welke oder von Insekten angebissene, zu buschig gewachsene oder sich gegenseitig abdeckende Blätter sowie Blätter am unteren Ende werden bis auf einige wenige, die man aus ästhetischen Gründen behalten möchte, beseitigt. Besonders wichtig ist bei klassischen Arrangements (Seika und Rikka), dass am Mizugiwa-Fuß kein einziges Blatt verbleibt (siehe Abbildung 107). Das Beseitigen der Blätter hat übrigens auch praktische Vorteile: Durch Blätter wird viel Wasser verdunstet; deshalb bewirkt die Verringerung der Blattfläche geringere Verdunstung und dadurch längere Haltbarkeit der Pflanze. Bei manchen Blumen sollte man das oberste Blatt unterhalb des Blütenkopfes nicht abnehmen, denn dieses Blatt hat oft die Funktion einer Wasserpumpe (siehe Abschnitt 3.3).
- Gekreuzte oder durcheinander wachsende Stiele von Pflanzen, wie Besenreisig (Kochia scoparia) oder Ginster, werden mit der Hand sorgfältig gerichtet (Abbildung 46).

- Zum Formen gehört auch das Neugruppieren von Blättern. Narzissen, Iris und andere Hamono (Blätterpflanzen) werden für Seika-Gestecke oft neu gruppiert (siehe Abbildung 7 und 112).

Die Regeln des Formens sind beim klassischen Stil besonders starr; so ist in manchen Arrangements vorgeschrieben, wie viele Blüten und Blätter stehen bleiben sollen, zum Beispiel für das Kameliengesteck der Abbildung 10 (im Abschnitt 1.2).

Moderne Stilrichtungen erlauben mehr individuelle Freiheit; so werden gekreuzte Äste, die bei klassischen Arrangements verboten sind, absichtlich stehen gelassen, wenn die Pflanzen dadurch ihre Persönlichkeit besser ausdrücken (siehe Farbtafel 2, Pflaumenzweige und Quitte).

In Europa erfreut man sich vor allem an den Blüten schöner Pflanzen; die Japaner dagegen genießen die ganze Gestalt einer Blume oder eines Zweiges. Sie achten darauf, wie die Blüte und die Blätter in den Stiel übergehen, wie dieser gewachsen ist und wie die Zweige gebildet sind. Besonders hübsch und interessant findet man eine elegant geschwungene Linie bei Zweigen, Blumenstielen und Blättern (siehe »Furyu« im Abschnitt 2.2.3).

Um die gewünschte geschwungene Linie der Stiele und Blätter zu gewinnen, muss man sie so biegen, dass sie einen natürlichen, weichen und lockeren Eindruck abgeben. Alle Ikebana-Aufbauformen fordern eine bestimmte Richtung und Neigung der Stiele; auch diese erreicht man nur, wenn man die Biegetechnik beherrscht.

Es gibt viele verschiedene Biegetechniken. Die elf wichtigsten werden nachfolgend beschrieben und in Abbildung 47 dargestellt. Die jeweils richtige Methode muss ausgewählt und – möglichst an mehreren Stellen des Stiels – angewandt werden, damit die gebogene Linie natürlich wirkt.

Manche Zweige lassen sich ohne Weiteres biegen (zum Beispiel solche von Lärche, Weide und Birke), andere hingegen (zum Beispiel Azalee, Magnolie, Paulownie und Ahorn) und die meisten Schnittblumen brechen sehr leicht. Die Biegsamkeit der Zweige hängt auch von der Jahreszeit ab; die meisten jungen Triebe brechen leicht. An Stellen, wo Blätter oder Nebentriebe ansetzen, und in der Nähe eines Knotens bricht ein Stiel besonders leicht. Auch wenn die Pflanzen gerade sehr viel Wasser aufgesaugt haben, brechen sie sehr leicht. Die Techniken des Biegens muss man üben, bis man ein Gefühl dafür bekommt, wann der Stiel brechen würde.

Die Farbtafeln 7 und 27 zeigen Ikebana-Arrangements, in denen das Biegen sehr gut gelungen ist. Mit besonders elastischen Zweigen kann man sogar die Form des Berges Fuji nachbilden (siehe Abbildung 12).

Eine besondere Art des Biegens wird bei bestimmten Blättern (zum Beispiel von Tulpen oder Lotos) angewandt, die in der Natur eine Neigung haben, sich aufzurollen. Solche Blätter werden auch in Arrangements gern in gerollter Form gesteckt (siehe Abbildung 17).

Die wichtigsten Biegetechniken

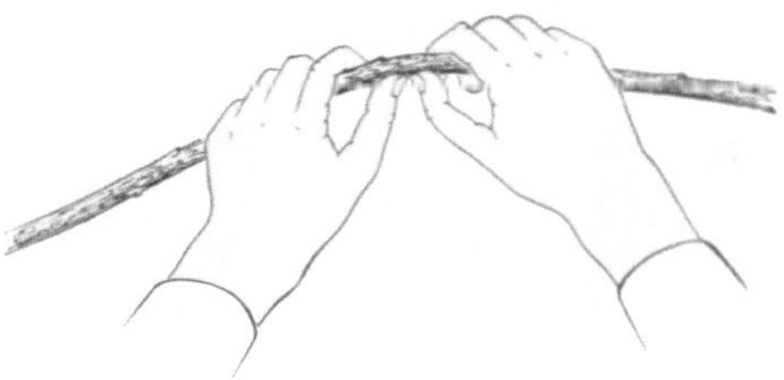

Abbildung 47 a

Drücken: Diese Technik ist zweckmäßig bei den meisten Zweigen und einfach auszuführen: Den Zweig mit beiden Händen sehr behutsam Zentimeter für Zentimeter drücken und biegen; die Hände dicht beisammen lassen, sonst könnte er brechen.

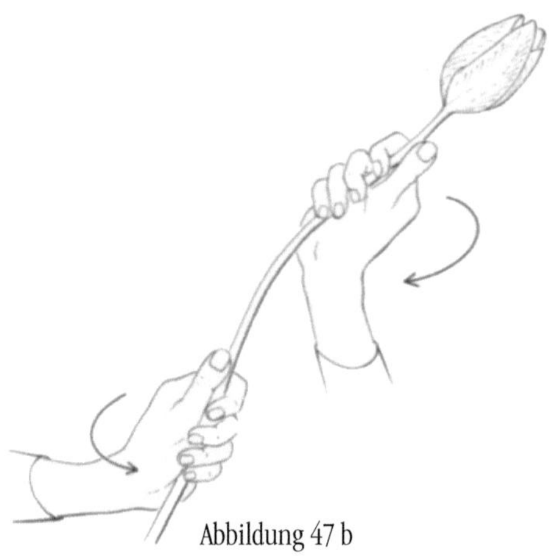

Abbildung 47 b

Verdrehen: Dieses Verfahren ist für die meisten Blumenstiele und einige blühende Zweige geeignet (zum Beispiel Kamelie, Azalee): Den Stiel sorgfältig verdrehen und etwas kneten, bis er die gewünschte Richtung einnimmt und beibehält.

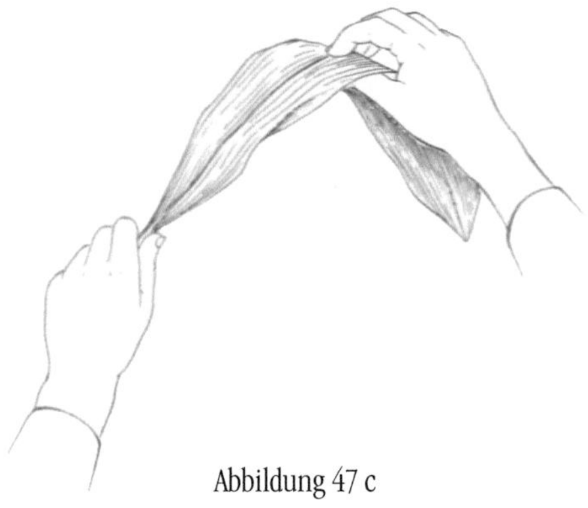

Abbildung 47 c

Durch die Finger ziehen: Dies empfiehlt sich für die meisten Blätter, vor allem von Iris, Narzissen und Aspidistra. Das Blatt zwischen Daumen und Zeigefinger von unten nach oben mehrmals glattziehen, bis es die gewünschte Biegung erreicht.

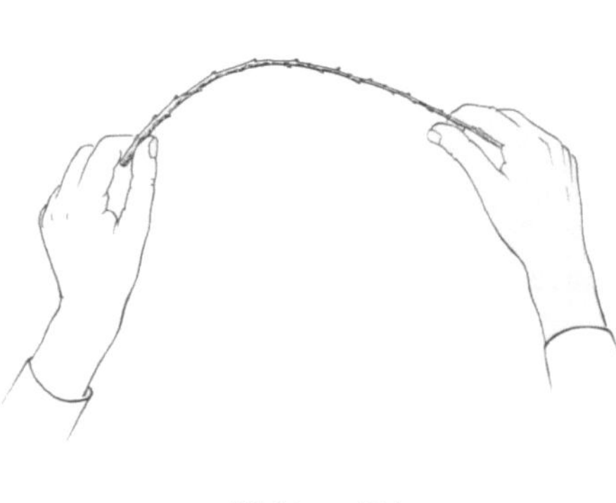

Abbildung 47 d

Biegen durch Schwingen: Lange, ziemlich biegsame Stiele oder Blätter (zum Beispiel Trauerweide, Spierstrauch, Liguster, Farn) werden an beiden Enden gefaßt und mehrmals in schwingender Weise leicht gebogen, bis sie die gewünschte Richtung beibehalten.

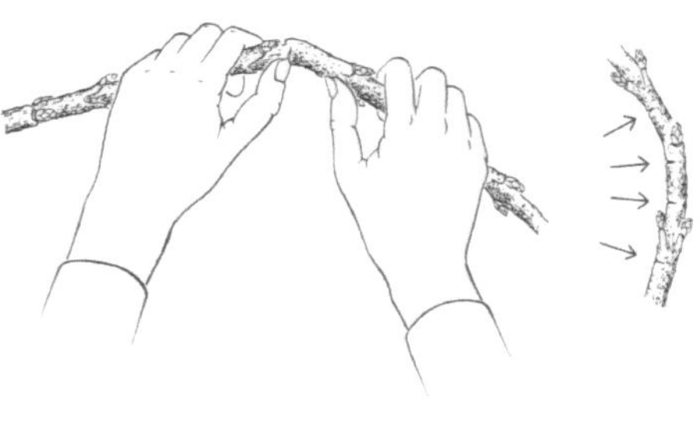

Abbildung 47 e

Zerdrücken: Diese Technik ist für weiche, ziemlich dicke oder hohle Stiele geeignet (zum Beispiel Chrysantheme, Forsythie): Den Stiel mit dem Finger oder dem Fingernagel vorsichtig an mehreren Stellen zerdrücken; er wird dadurch an den Druckstellen geschmeidig und lässt sich biegen.

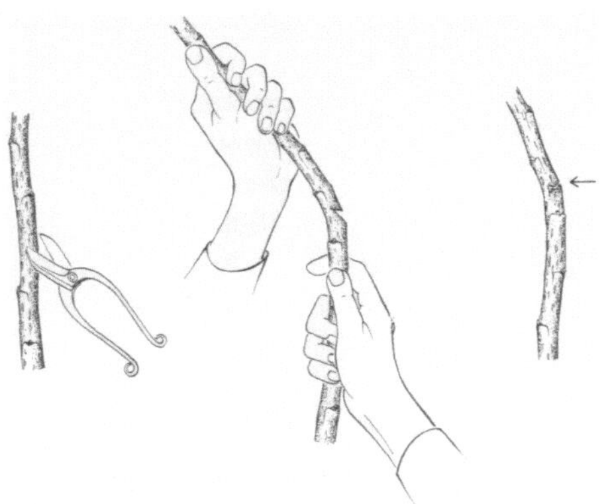

Abbildung 47 f

Anknicken: Dies ist das richtige Verfahren für einen kräftigen Zweig (zum Beispiel Kiefer, Quitte). Man kann ihn auch zuvor an der vorgesehenen Biegestelle mit der Schere oder dem Messer etwas einschneiden und dann sanft knicken. Diese Art wird auch »Biegen durch Einschneiden« genannt.

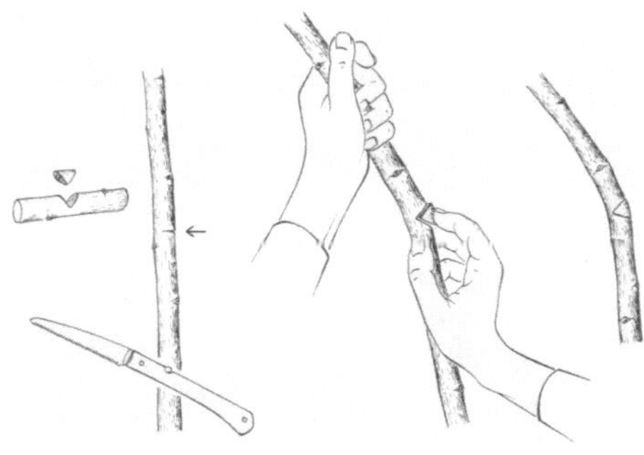

Abbildung 47 g

Verkeilen: Es gibt Zweige, die so elastisch sind, dass sie nach dem Biegen sogleich wieder in ihre ursprüngliche Form zurückkehren (zum Beispiel Mispel, Zypresse). In solchen Fällen schneidet man sie an der vorgesehenen Biegestelle ein und steckt einen kleinen Keil in die Schnittstelle. Dann bleibt der Zweig gebogen.

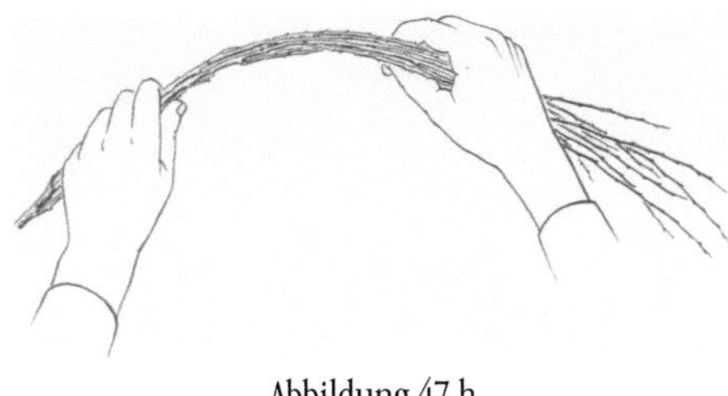

Abbildung 47 h

Biegen im Bündel: Dünne Stiele (zum Beispiel Weizen, Besenreisig, Segge), die einzeln wahrscheinlich brechen würden, faßt man zu mehreren als Bündel zusammen und biegt sie miteinander in die gewünschte Richtung.

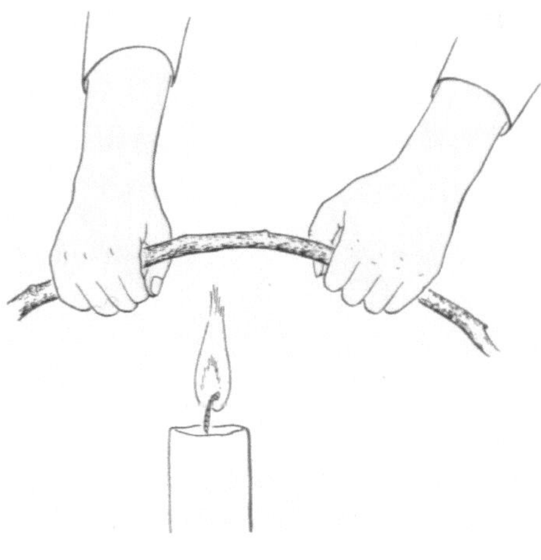

Abbildung 47 i

Ansengen: Dies wird oft bei Bambus, Nandina (Nandina domestica) und Ahornzweigen angewandt. Man hält den Stiel über eine Flamme, dadurch wird er an der angesengten Stelle geschmeidig und lässt sich biegen. Die Pflanzen müssen danach sofort in kaltem Wasser abgekühlt werden.

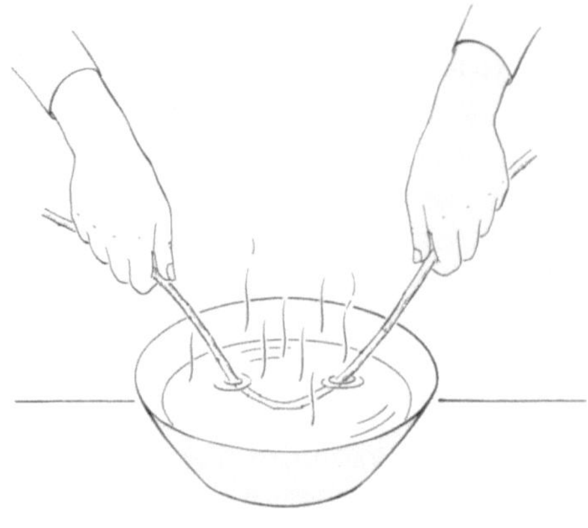

Abbildung 47 j

Abbrühen: Dies ist für brüchige, dünne, harte Stiele und viele Trockenpflanzen geeignet. Man taucht den ganzen Stiel oder nur die Stelle, an der er gebogen werden soll, kurz in kochendes oder kochend heißes Wasser; dadurch wird er geschmeidig. Gefärbte Trockenzweige taucht man besser nur in kaltes Wasser.

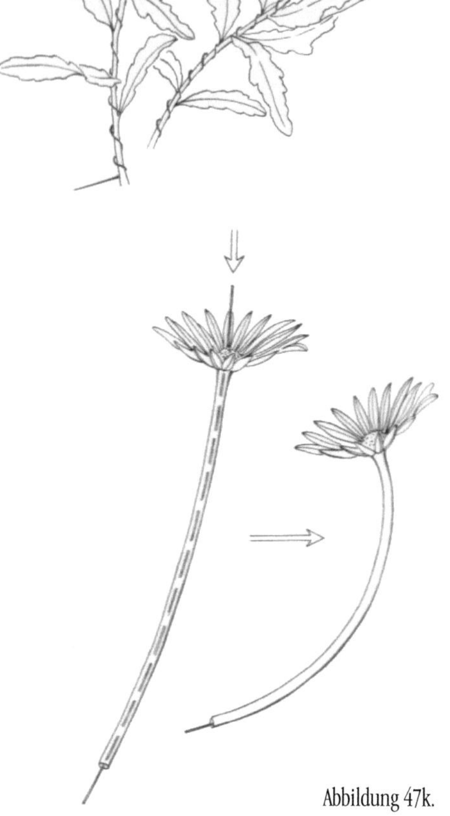

Abbildung 47k.

Drahten: Bei gewissen Blumen (zum Beispiel Chrysanthemen, Gerbera) und bei Stielen großer Blätter (zum Beispiel Schusterpalme, Mispel) muss dem Biegen mit Blumendraht nachgeholfen werden. Der Stiel wird unauffällig damit umwickelt oder unterlegt und mit grünem Floraband bedeckt. Oder der Draht wird in den hohlen Stängel eingeführt und mitsamt der Pflanze gebogen. Diese Technik wird oft für Rikka-Arrangements verwendet.

3.2.2 Stecken

Wenn die Pflanzen durch Schneiden, Formen und Biegen die gewünschte Form erhalten haben, können sie schließlich in einem Gefäß gesteckt werden.

Die Ikebana-Meister haben im Laufe der Jahrhunderte immer wieder neue Hilfsmittel und Methoden ersonnen, um die Pflanzen so im Gesteck zu befestigen, wie es ihren künstlerischen Absichten entsprach. Nicht jede dieser Steckmethoden eignet sich für jedes Arrangement; einige werden nur in bestimmten Stilrichtungen verwendet, andere nur für bestimmte Pflanzen oder Gefäße. Unabhängig von der angewandten Technik sind beim Stecken immer zwei Dinge wichtig: Das Arrangement muss in sich ausreichend stabil sein; alle sichtbaren Teile müssen or-

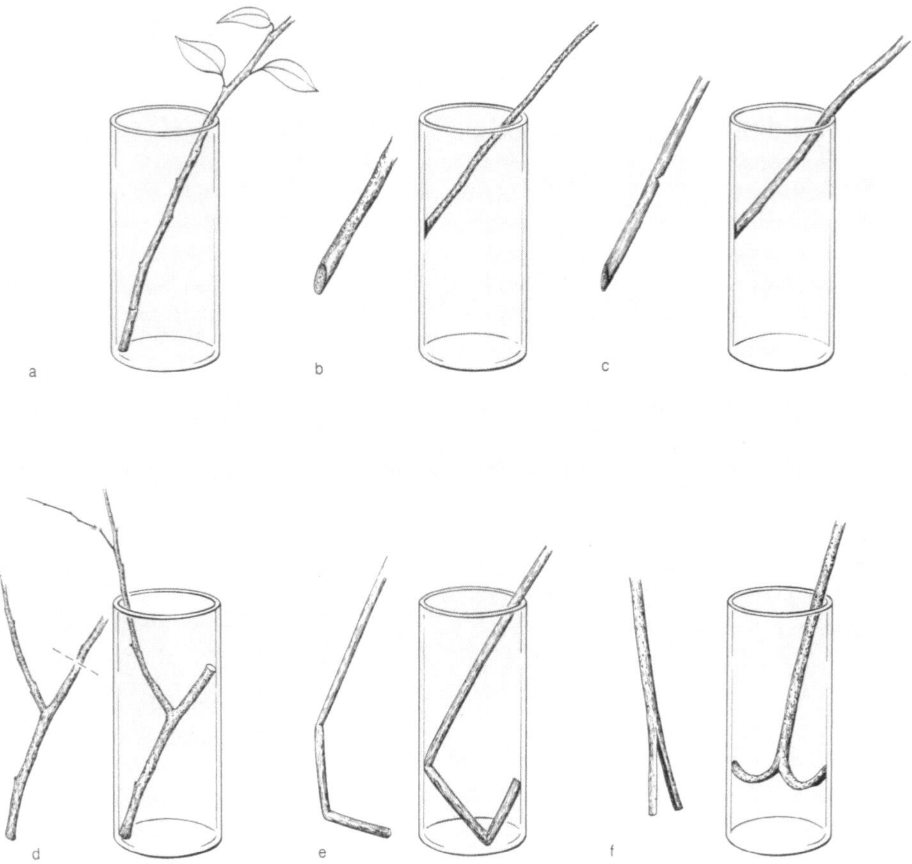

Abbildung 48. Stecken ohne Hilfsmittel. Anlehnen (**a**), Schrägschneiden (**b**), Einschneiden (**c**), Abschneiden (**d**), Knicken (**e**), Spalten (**f**).

dentlich und hübsch aussehen. Das ist besonders bei solchen durchsichtigen Glasvasen zu beachten, die ihren Inhalt – oft sogar wie durch eine Lupe vergrößert – sichtbar werden lassen.

Gelegentlich werden die Pflanzen ohne irgendein Hilfsmittel gesteckt. In der Regel aber werden Hilfsmittel verwendet, und sie bestimmen die anzuwendende Technik. Die Steckhilfsmittel lassen sich in folgende Gruppen einordnen:

- Holzstäbchen
- metallene Blumenhalter (Kenzan und Shippo)
- Stroh- und Bambusbündel
- sonstige Gegenstände

Im Folgenden werden die einzelnen Steckmethoden, geordnet nach den verwendeten Hilfsmitteln, vorgestellt.

Stecken ohne Hilfsmittel

Bei Chabana- und manchen Nageire-Arrangements werden Pflanzen oft ohne irgendein Hilfsmittel gesteckt. Das setzt voraus, dass das Arrangement in einer hohen Vase angeordnet wird – dann kann man einfach die Stiele an den Rand der Vasenöffnung anlehnen (Abbildung 48a). Die Richtung des Arrangements wird ganz und gar der natürlichen Wuchsrichtung der Pflanzen überlassen. Um mehr Stabilität für das Arrangement zu gewinnen und die Pflanzen in die gewünschte Richtung zu führen, kann man sie ein wenig bearbeiten; es gibt verschiedene Möglichkeiten (Abbildung 48), die Pflanzen ohne Hilfsmittel, nur durch geschickte Bearbeitung der Stiele so in die Vase zu stecken, dass das Arrangement die gewünschte Form annimmt und auch beibehält, nämlich

- Schrägschneiden; das Stielende schmiegt sich dann auf ganzer Fläche der Vasenwand an.
- Einschneiden des Stiels dort, wo er den Vasenrand berührt.
- Abschneiden eines passenden Seitentriebes und Stützen des Stiels mit dem stehengebliebenen Rest.
- Knicken des unteren Stiels und Einpassen in das Gefäß.
- Spalten am Stielende und Festklemmen.

In der Sogetsu-Schule ist es auch beliebt, z. B. Blumen und Zweige ohne Steckhilfsmittel in eine flache Schale zu stecken. Dies erfordert einige Geschicklichkeit und eine sorgfältige Auswahl geeigneter Pflanzen.

Stecken mit vertikalem Holzstäbchen

Ein Holzstäbchen, senkrecht in die Vase gesteckt, lässt sich gut als Stütze verwenden; es wird oft als Steckhilfsmittel beim Nageire benutzt. Die Abbildung 49 zeigt verschiedene Befestigungsmöglichkeiten:

- Klemmen: Der Pflanzenstiel wird in den etwa 5 cm tiefen Spalt eines Holzstäbchens oder in eine natürliche Astgabel geklemmt. Stabiler wird es, wenn man auch den Pflanzenstiel spaltet und die beiden Enden ineinander verklemmt.
- Durchbohren: Das Holzstäbchen wird durchbohrt, und der Pflanzenstiel wird hindurch gesteckt.
- Binden: Das Holzstäbchen und der Pflanzenstiel werden mit Bast, Stroh oder rostfreiem Draht zusammengebunden.
- Nageln: Der Pflanzenstiel wird an das Holzstäbchen genagelt.

Aus Gründen der Übersichtlichkeit zeigt die Abbildung nur, wie der erste Pflanzenstiel des Arrangements in der Vase befestigt werden kann. Die meisten weiteren Stiele einer Komposition können genauso wie der erste Stiel gesteckt werden, aber oft werden sie am ersten Pflanzenstiel oder am Holzstäbchen angelehnt oder festgeklemmt. Deshalb ist es wichtig, den ersten Pflanzenstiel besonders gut zu befestigen; man erhält dann eine in sich stabile Komposition, die fest mit der Vase verbunden ist.

Stecken mit horizontalen Holzstäbchen und Astgabeln

Horizontale Holzstäbchen werden für Nageire- und Seika-Arrangements genommen; man kann sie in ähnlicher Weise wie das vertikale Stäbchen als Stütze verwenden (Abbildung 50):

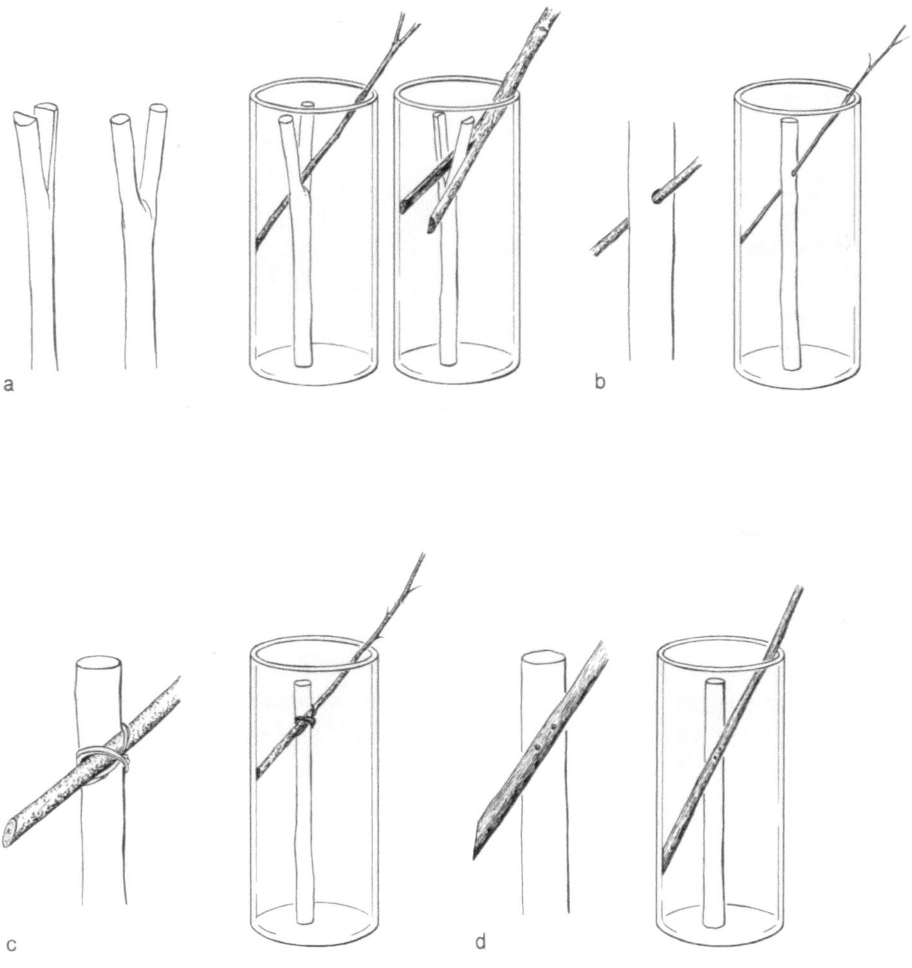

Abbildung 49. Stecken mit vertikalem Holzstäbchen. Klemmen (**a**), Durchbohren (**b**), Binden (**c**), Nageln (**d**).

- Klemmen: Entweder »reitet« der (gespaltene) Pflanzenstiel auf dem Holzstäbchen oder er wird in das (gespaltene) Holzstäbchen geklemmt.
- Durchbohren: Der Pflanzenstiel wird durchbohrt, und das Holzstäbchen wird hindurch gesteckt.
- Binden: Der Pflanzenstiel und das Holzstäbchen werden mit Bast, Stroh oder rostfreiem Draht zusammengebunden.
- Nageln: Der Pflanzenstiel wird an das Holzstäbchen oder -brettchen genagelt.

Bei kleineren Nageire-Arrangements kann man unter Umständen darauf verzichten, die horizontalen Holzstäbchen ganz fest in die Vase einzuklemmen (Abbildung 90b); im Allgemeinen und vor allem bei Seika-Arrangements müssen sie jedoch ziemlich stramm

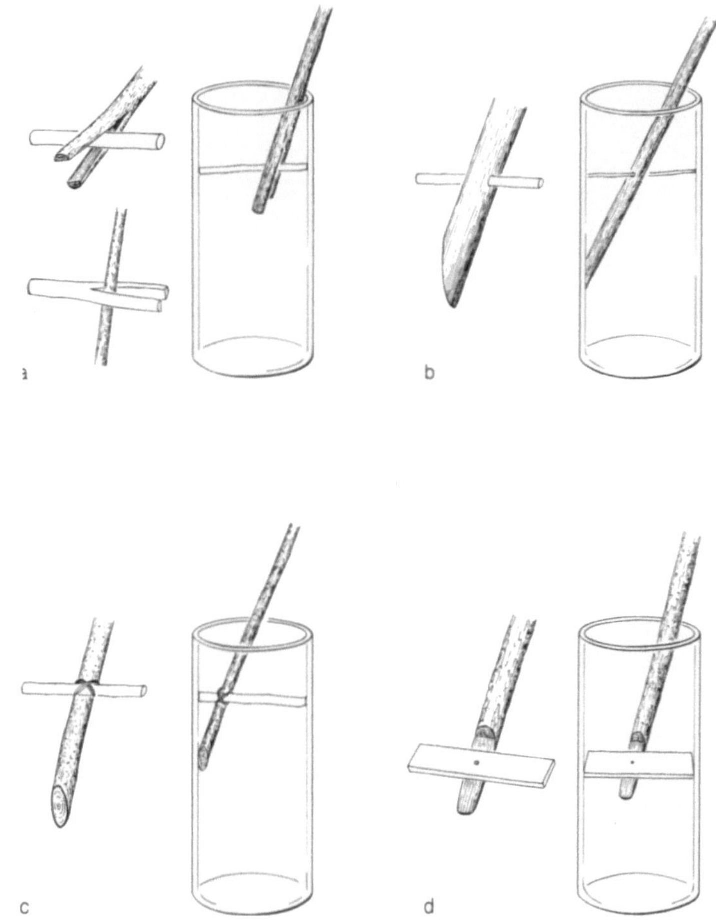

Abbildung 50. Stecken mit horizontalem Holzstäbchen. Klemmen (**a**), Durchbohren (**b**), Binden (**c**), Nageln (**d**).

sitzen, um mehr Stabilität zu bekommen. Für diesen Zweck werden dünne, etwas biegsame Holzstäbchen so zugeschnitten, dass sie sich quer in die Vase (etwa 1 bis 2 cm unter dem Vasenrand) fest einklemmen lassen, ohne diese zu beschädigen. Dies erfordert etwas Übung, denn die Holzstäbchen müssen einerseits so fest eingeklemmt werden, dass sie sich unter dem Druck der gesteckten Pflanzen nicht verschieben, andererseits besteht, vor allem bei Vasen aus Bambus oder Keramik, die Gefahr, dass ein allzu fest eingespanntes Stäbchen die Vase zerspringen lässt. Es empfiehlt sich deshalb, die Stäbchen vor dem Einsetzen anzufeuchten, damit sie etwas weicher werden; außerdem soll man die Stäbchen an den Enden nicht gerade, sondern schräg abschneiden, um sie dort etwas nachgiebiger zu machen. Allerdings sind horizontale Holzstäbchen für glatte Porzellan- und Glasvasen nicht sehr geeignet. Je nach der Befestigungsart braucht man ein bis vier Holzstäbchen für eine Vase (Abbildung 51). Die Entscheidung für diese oder jene Art hängt hauptsächlich von der Tradition der betreffenden Schule und von der Stilrichtung ab; so wird zum Beispiel die Halbmondbefestigung (Abbildung 51b) für den Seika-Stil der Shogetsudo-Ko-Schule verwendet und die Kreuzbefestigung (Abbildung 51d) für den Nageire-Stil der Sogetsu-Schule. Oft wird die Wahl aber auch nur nach den Gegebenheiten der Vase und des Materials getroffen.

Durch die Holzstäbchen wird die Vasenöffnung unterteilt. Beim Nageire kann man jede Teilöffnung zum Stecken benutzen, beim Seika-Stil dagegen ist das nur bei einer einzigen erlaubt. Beim Seika ist es sehr wichtig, dass die Pflanzenstiele am Mizugiwa-Fußpunkt eng zusammenstehen und wie ein schlankes Bündel aussehen; deshalb wird die zum Stecken verwendete Teilöffnung so klein und schmal wie möglich gehalten. Von den verschiedenen Befestigungen ist die Astgabelbefestigung (Abbildung 51c) für den Seika-Stil am weitesten verbreitet. Die Astgabel wird »Matagi« (zum Beispiel Ikenobo-Schule) oder

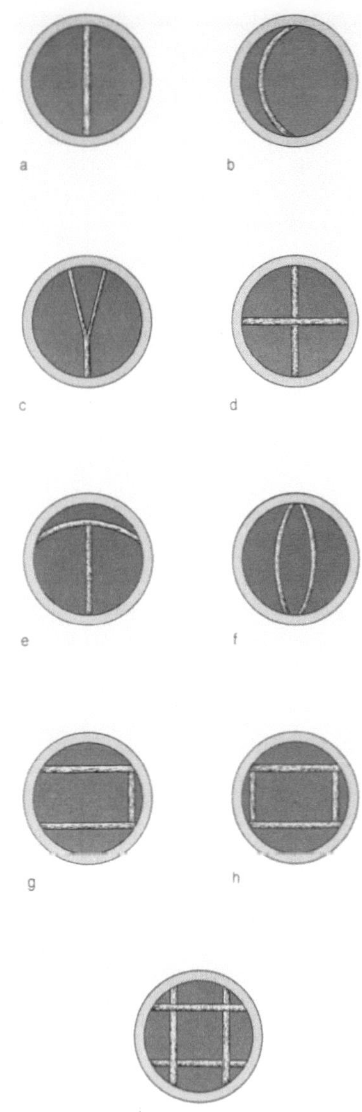

Abbildung 51. Verbreitete Arten der Befestigung von horizontalen Holzstäbchen. I-Form (**a**), Halbmond (**b**), Astgabel (**c**), Kreuz (**d**), T-Form (**e**), Bogen (**f**), U-Form (**g**), Viereck (**h**), Gitterkreuz (**i**).

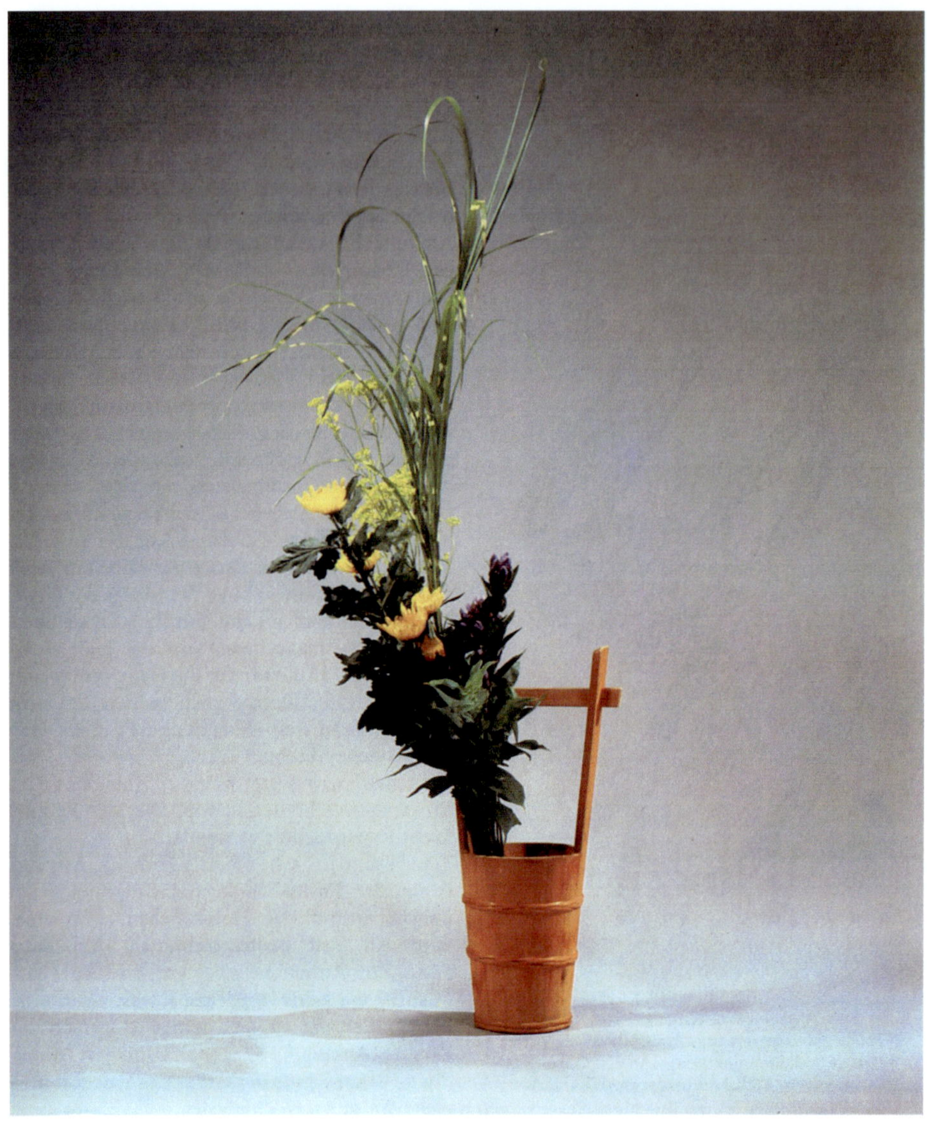

Farbtafel 15. Herbstpflanzen im Holzeimer. Die leichten, zarten Pflanzen der Herbstwiese – Chinaschilf (Miscanthus sinensis), Goldbaldrian, Aster, Enziane und Krötenlilien (Tricyrtis hirta) – wurden scheinbar spontan, aber doch in einer streng dreieckigen Seika-Form in einem Holzeimer gesteckt. Ein Beispiel für die So-Stufe der Förmlichkeit. Arrangement von Sakaguchi Keiryukaku, Shogetsudo-Ko-Schule.

»Kubari«, aber auch »Komi« (zum Beispiel Ko-Schule) oder »Hari« (zum Beispiel Senke-Schule) genannt. Abbildung 52 zeigt verschiedene Astgabelarten. Ihre Besonderheiten, Vor- und Nachteile und Verwendungszwecke sollen anschließend betrachtet und verglichen werden.

Am natürlichsten wirkt das Arrangement, wenn eine natürliche Astgabel (Abbildung 52a) benutzt wird, aber sie ist selten erhältlich; deshalb stellt man Astgabeln heute meistens selbst her (Abbildung 53). Roseneibisch (Hibiscus syriacus), Asebi (Pieris japonica), Weide, Rotang und Bambus sind wegen ihrer elastischen Eigenschaften hierfür besonders geeignet, aber auch die zum Stecken ohnehin vorhandenen Zweige sind im Allgemeinen gut zu gebrauchen.

Die gespaltene Astgabel hat im Vergleich mit der natürlichen oder mit anderen Astgabelarten den Vorteil, dass man die Breite der Gabelung nach der Form des Gestecks und der Menge der Pflanzen leicht einstellen kann. Für die schmale Shin-Form eines Arrangements wird der Spalt wenig geöffnet (ca. 15 Grad), für die Gyo-Form weiter (ca. 25 Grad), für die noch breitere So-Form etwa 45 Grad weit (Abbildung 54). (Shin, Gyo und So siehe Abschnitt 2.2.2.)

Die zusammengesetzte Astgabel (Abbildung 52c) ist weniger verbreitet, sie wird aber zum Beispiel in der Ryusei-Schule verwendet.

Eine besondere, sehr schmale Form der Astgabel ist in der Enshu-Schule und einigen anderen üblich: Anstatt das Holzstäbchen zu spalten, wird ein Teil herausgeschnitten (Abbildung 52d). Zur Aufnahme einer größeren Zahl von Pflanzen wird eine Doppelgabel verwendet.

Im Handel gibt es auch fertige Astgabeln aus Rotang (Abbildung 52e) oder Kunststoff (Abbildung 52f), die nach der Größe der Vasenöffnung zugeschnitten werden können.

Eine Astgabel wird so in die Vase eingesetzt, dass das ungespaltene Ende in die Richtung zeigt, nach der die Pflanzen sich neigen sollen (Abbildung 55);

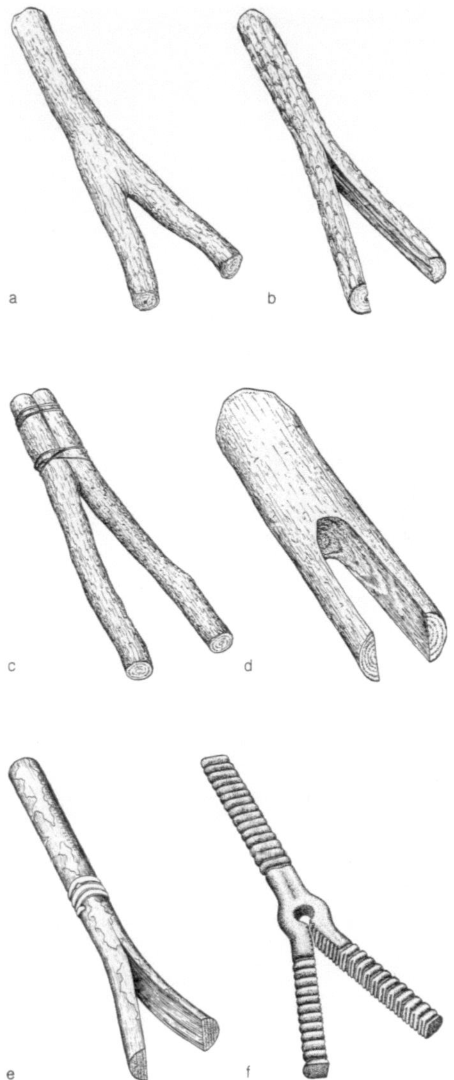

Abbildung 52. Verschiedene Astgabelarten. Naturastgabel (**a**), hier aus Roseneibisch (Hibiscus syriacus), selbst hergestellte gespaltene Gabel (**b**), zusammengesetzte Gabel (**c**), ausgeschnittene Gabel (**d**), aus Rotang (**e**), aus Kunststoff (**f**).

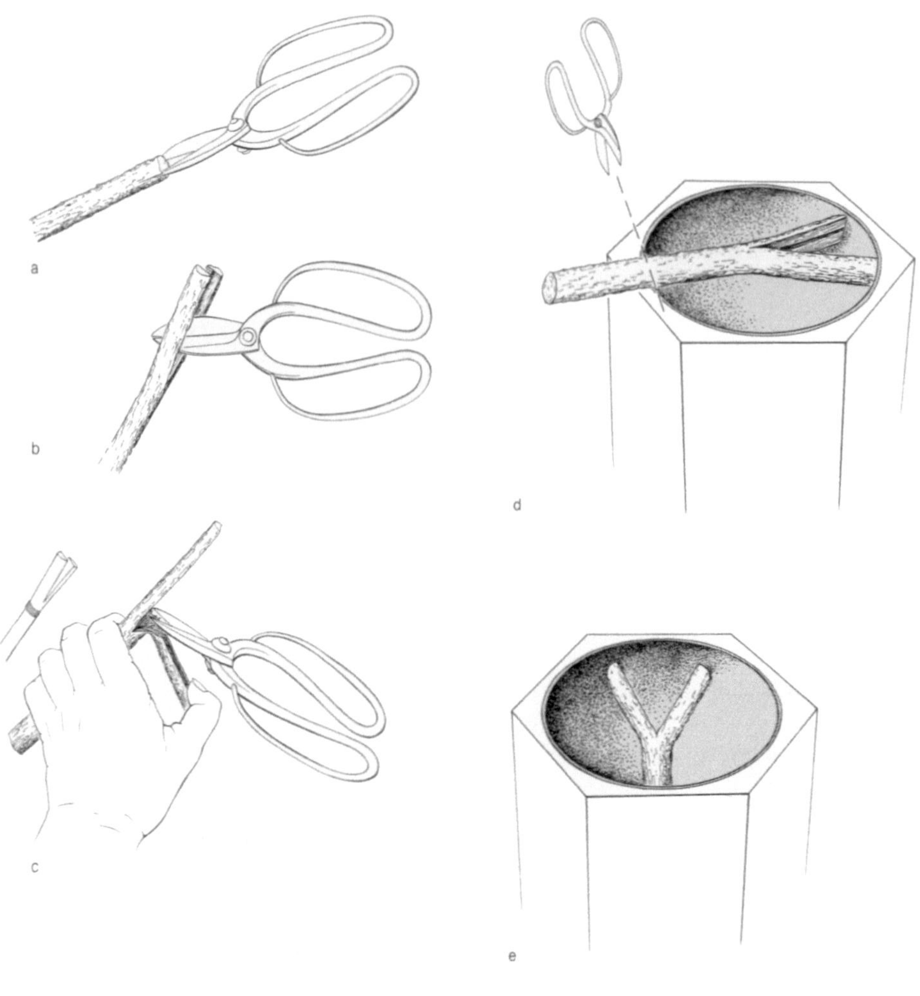

Abbildung 53. Herstellung einer gespaltenen Astgabel (Ko-Schule Shotokai). Das Holzstäbchen, ca. 1 cm dick, am Ende spalten (**a**), den Spalt mit der Schere erweitern (**b**), bis man die Stelle quer einschneiden und mit der Hand etwas knicken kann (**c**), sodass der Spalt sich nicht weiter vertieft. (Manche Schulen umwickeln diese Stelle mit Draht oder Bast.) Die Astgabel sehr sorgfältig millimeterweise auf den Durchmesser der Vasenöffnung zuschneiden, bis die Länge gerade passt (**d**), und in die Vase etwa 1–2 cm unter dem Rand fest einklemmen (**e**).

dabei steht dieses oft etwas höher als das gespaltene Ende (siehe auch Abbildung 33).

Vor dem Stecken werden alle Stielenden von Ikebana-Pflanzen ihren vorbestimmten Neigungswinkeln entsprechend schräg abgeschnitten, damit sie sich an die Vasenwand anschmiegen (Abbildung 55a) oder fest auf dem Boden (des eingebauten Metalleinsatzes) stehen (Abbildung 55b).

Damit das fertige Arrangement ordentlich aussieht, werden die Stiele beim Stecken in der Gabelung so nebeneinander angeordnet, wie sie nacheinander eingeführt werden.

Nachdem alle Aufbaustiele der Komposition gesteckt worden sind, wird der verbleibende Raum in der Gabelung mit kleinen Pflanzenstückchen ausgefüllt (Abbildung 55a), oder es wird ein Holzstäbchen (Abbildung 55b) hinter den Pflanzen quer in die Vase über die Astgabel geklemmt, sodass die gesteckten Pflanzenstiele stramm festgehalten werden. Das Arrangement ist dann in sich stabil und verändert seine Form nicht schon bei jeder leichten Berührung. Die Abbildung 105 (im Abschnitt 4.3) zeigt ein Seika-Arrangement mit einer Astgabel als Steckhilfsmittel.

Für Nageire in aufrechter Form oder in bizarr geformten Vasen werden mehrere Befestigungsarten kombiniert: Zum Beispiel werden ein vertikales und ein horizontales Holzstäbchen mit dem ersten Pflanzenstiel in der Mitte der Vase mit Bast, Stroh oder rostfreiem Draht zusammengebunden. Durch die Kombination kann man Pflanzen in allen möglichen Gefäßen, auch in glatten Glasvasen, anordnen.

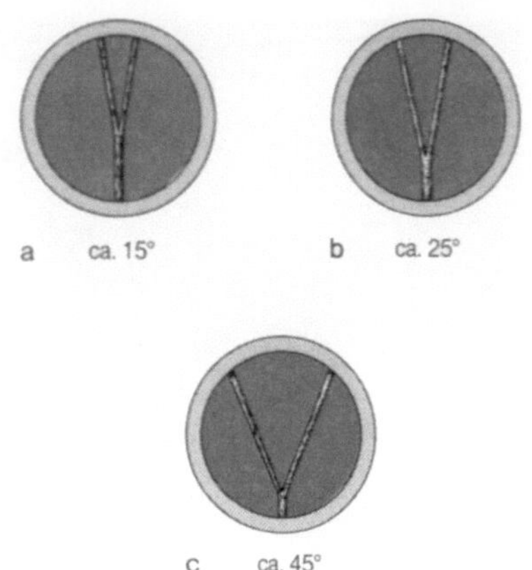

Abbildung 54. Astgabeln mit verschiedenen Öffnungswinkeln.

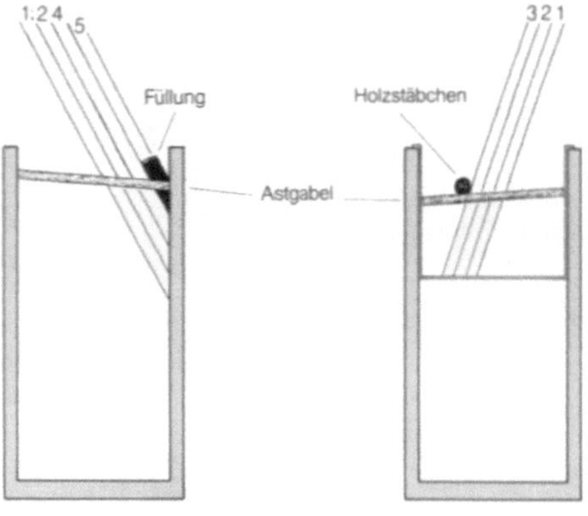

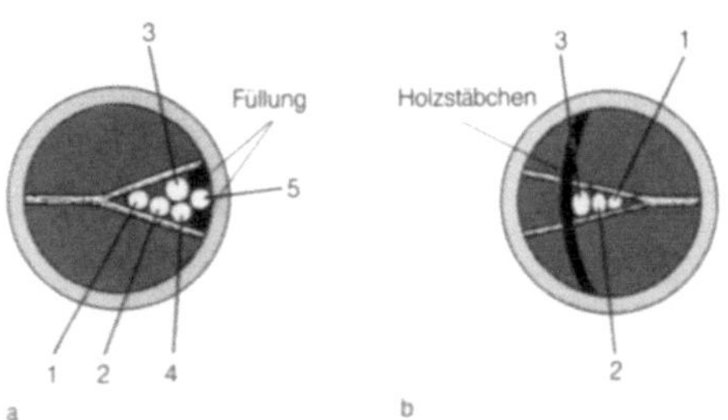

Abbildung 55. Seika-Technik mit einer Astgabel. Die Stiele (durch Ziffern markiert) werden so abgeschrägt, dass sie entweder (**a**) sich an die Vasenwand schmiegen oder (**b**) fest auf dem Boden des eingebauten Metalleinsatzes stehen. Im ersten Fall wird der restliche Raum in der Gabel mit Pflanzenteilchen aufgefüllt, im zweiten Fall hält ein quer eingespanntes Holzstäbchen die Stiele in der Gabel zusammen.

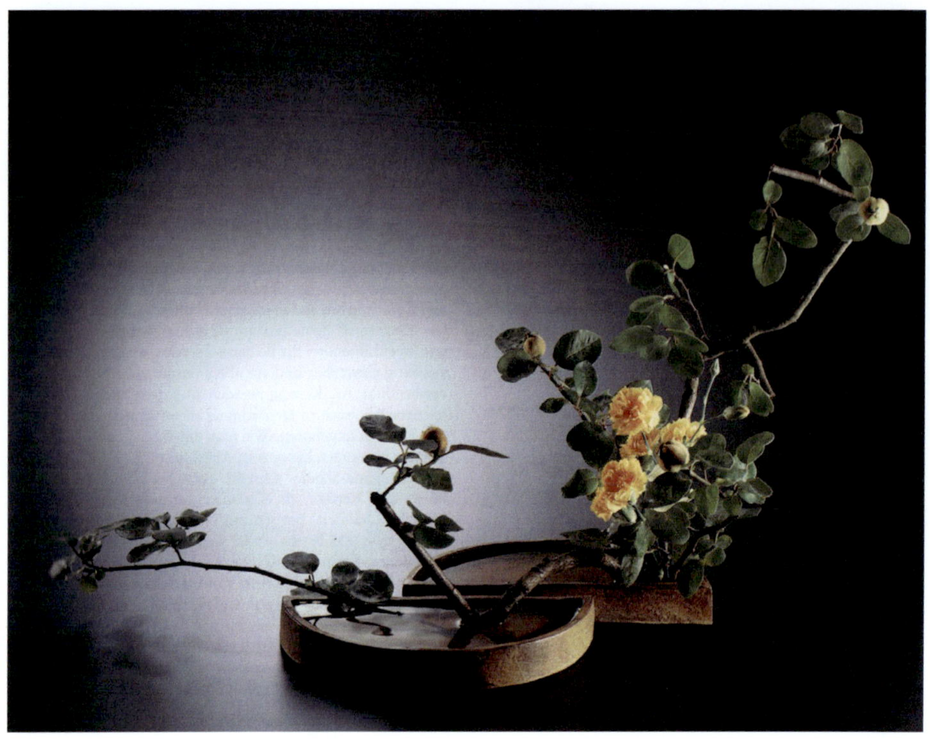

Farbtafel 16. Mizukuguri – Der ins Wasser tauchende Zweig. Ein Moribana-Arrangement mit Apfelquitten und Nelken in zwei halbkreisförmigen Schalen. Der Zweig taucht zunächst ins Wasser, kommt aber aus eigener Kraft wieder heraus und wächst weiter. Die Farbe der Nelken wurde so gewählt, daß sie gut zu den Früchten des Zweiges und zu den dunkelbraunen Keramikschalen passt. Arrangement von Ayako Graefe.

Stecken mit Kenzan

Ein Kenzan (Blumenigel) ist eine schwere Bleiplatte, aus der in großer Zahl spitze Messingnägel nach oben herausragen (Abbildung 56). Der Kenzan ist heute das am weitesten verbreitete Steckhilfsmittel für Ikebana-Zwecke, weil er vielseitig einsetzbar und vor allem immer wieder verwendbar ist. Kenzan werden in Japan und mittlerweile auch in Deutschland in verschiedenen Formen angeboten. Wie man einen Stiel am Kenzan befestigen kann, zeigt Abbildung 57.

Jede Ikebana-Schule schreibt eine bestimmte Form des Kenzans als Grundausstattung vor. Manche Schulen bevorzugen eckige, andere runde; aber am besten ist es, viele Kenzan verschiedener Form und Größe zu besitzen: Ein runder Kenzan passt zu einer runden Schale, ein eckiger zu einem eckigen Gefäß; ein kleiner Kenzan eignet sich für ein kleines Gesteck, ein großer für ein großes Arrangement mit dicken und schweren Zweigen.

Bei der Auswahl eines Kenzans muss man Folgendes beachten:

- Ein Kenzan muss groß genug sein, um dem Arrangement Standfestigkeit zu verleihen. Er soll lieber zu groß als zu klein gewählt werden.
- Ein Kenzan muss schwer sein; zum Beispiel sollte ein Kenzan, dessen Durchmesser 6,5 cm beträgt, ungefähr 300 g wiegen. Ein Kenzan aus Kunststoff oder aus leichtem Metall ist nicht zu empfehlen.
- Ein Kenzan muss viele Nägel haben, die dicht beieinanderstehen (etwa 2 bis 3 mm Abstand), damit dicke Zweige ebenso wie dünne Blumenstiele darauf gesteckt werden können. Die Nägel müssen sehr hart und korrosionsbeständig sein. Allerdings gibt es im Handel keine rostfreien Kenzan.
- Ein Kenzan muss flach sein und darf nicht zu lange Nägel haben, sonst ist es schwierig, ihn im Gefäß zu verstecken. Die Gesamthöhe des Kenzans sollte 1,5 bis 2,5 cm betragen.

Ein richtiger Kenzan kann jahrelang immer wieder verwendet werden. Selbst bei einem guten Kenzan werden sich aber einige Nägel im langjährigen Gebrauch verbiegen; ein kleines Spezialwerkzeug, der Igel-Aufrichter (Abbildung 58), bringt sie wieder in Ordnung. Er dient außerdem dazu, den Schmutz zwischen den Nägeln des Kenzans zu entfernen.

Normalerweise werden mehrere Stiele auf einem Kenzan befestigt. Dabei ist eine genaue Planung der Einsteckpunkte auf der Kenzanoberfläche erforderlich. In der Regel kommen Stiele, die nach links ge-

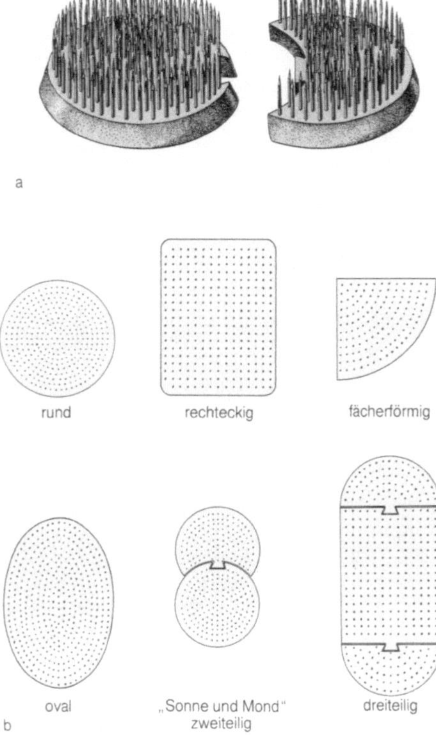

Abbildung 56. Kenzan (Blumenigel). Zweiteiliger Kenzan, »Sonne und Mond«; die Teile können zusammen oder einzeln verwendet werden (a); verschiedene Formen (b).

neigt werden sollen, links auf den Kenzan, und Stiele, die nach vorn geneigt werden sollen, vorn darauf, sodass Überkreuzungen vermieden werden. Dadurch sieht das fertige Arrangement nicht nur ordentlich aus, sondern es wird auch die begrenzte Oberfläche des Kenzans am besten ausgenutzt. Eine Ausnahme von diesen Regeln muss allerdings bei sehr schweren Stielen gemacht werden (siehe Abbildung 59).

Die Abbildung 76 (im Abschnitt 4.1) zeigt ein Moribana-Arrangement mit einem Kenzan als Steckhilfsmittel. Werden Kenzan für Seika- und Rikka-Arrangements verwendet, was in modernen Versionen nicht ungewöhnlich ist, dann muss man wegen der Anforderungen an das Aussehen des Mizugiwa und wegen der großen Anzahl der Stiele besonders auf die genauen Einsteckpunkte der Aufbaustiele achten (siehe Abbildung 112 und 119).

Damit der Kenzan nicht in der Schale hin und her gleitet, wird er mit einem Stückchen Papier (zum Beispiel Filterpapier) in gleicher Größe unterlegt. Fertige Unterlagen, meistens aus Gummi, werden vom Handel in verschiedenen Formen angeboten; seit einiger Zeit gibt es auch Kenzan mit Bodengleitschutz.

Nachdem alle Pflanzen in der gewünschten Form gesteckt sind, wird meistens der noch sichtbare Teil des Kenzans gut, aber »natürlich« verdeckt; dazu eignen sich außer Blättern und Blüten auch Kieselsteine oder Wurzeln. Keinesfalls darf der Kenzan mit Blättern zugedeckt oder eingewickelt werden, dann das würde nicht nur unnatürlich wirken, sondern dem Betrachter geradezu signalisieren, dass es an dieser Stelle offenbar etwas Verborgenes zu entdecken gibt. Zur Tarnung steckt man vielmehr einige kleine Triebe senkrecht oder schräg in der Form eines kleinen

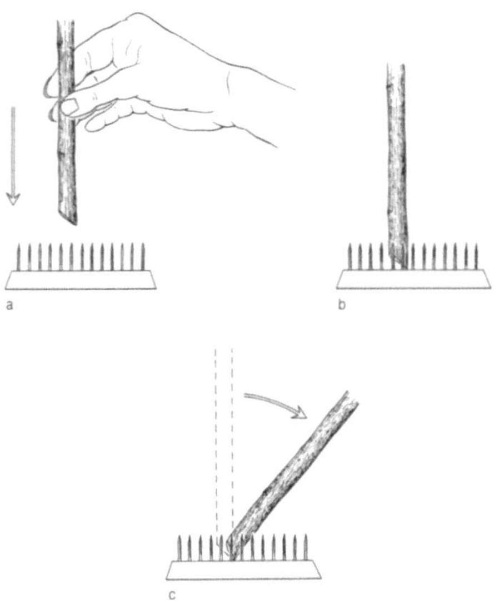

Abbildung 57. Befestigung eines Pflanzenstiels auf dem Kenzan. Den Stiel senkrecht auf den Kenzan stecken (**a**), niederdrücken, bis er den Boden erreicht hat (**b**), und in die gewünschte Richtung schwenken (**c**).

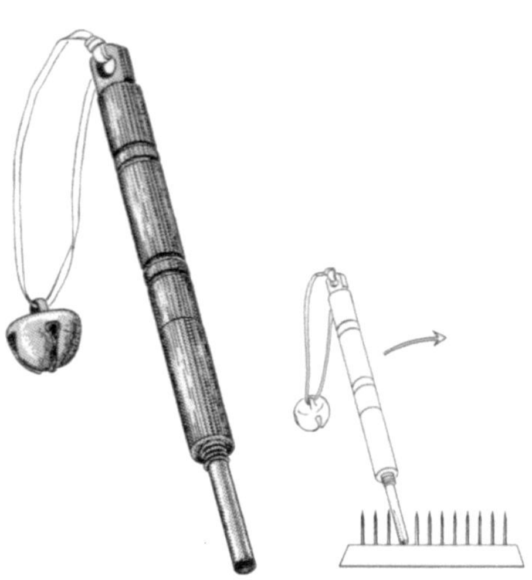

Abbildung 58. Der Igel-Aufrichter und seine Anwendung.

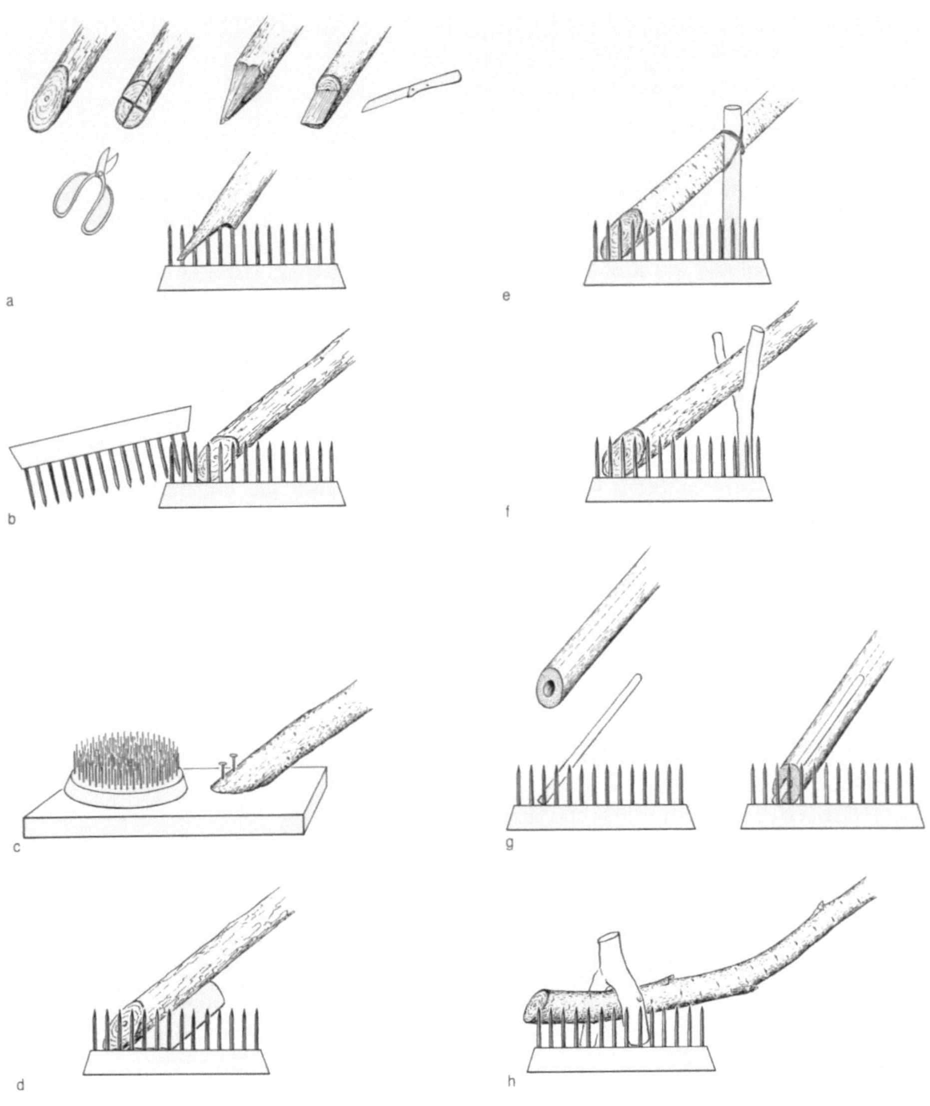

Abbildung 59. Befestigung einer großen Pflanze auf dem Kenzan. Festigkeit des Stielendes vermindern: schräg abschneiden, kreuzweise spalten, anspitzen oder ausschneiden (**a**), einen zweiten Kenzan als Gegengewicht auflegen (**b**) – hierfür ist der Mondteil der Sonne-Mond-Kombination gut geeignet (siehe Abbildung 56a) –, Stiel an ein Brett nageln, Kenzan als Gegengewicht (und für weitere Stiele) draufstellen (**c**), Holzstütze mitstecken (**d**), an Holzstütze festbinden (**e**), mit Astgabel stützen (**f**), von innen stützen (**g**), mit Astgabel festhalten (**h**).

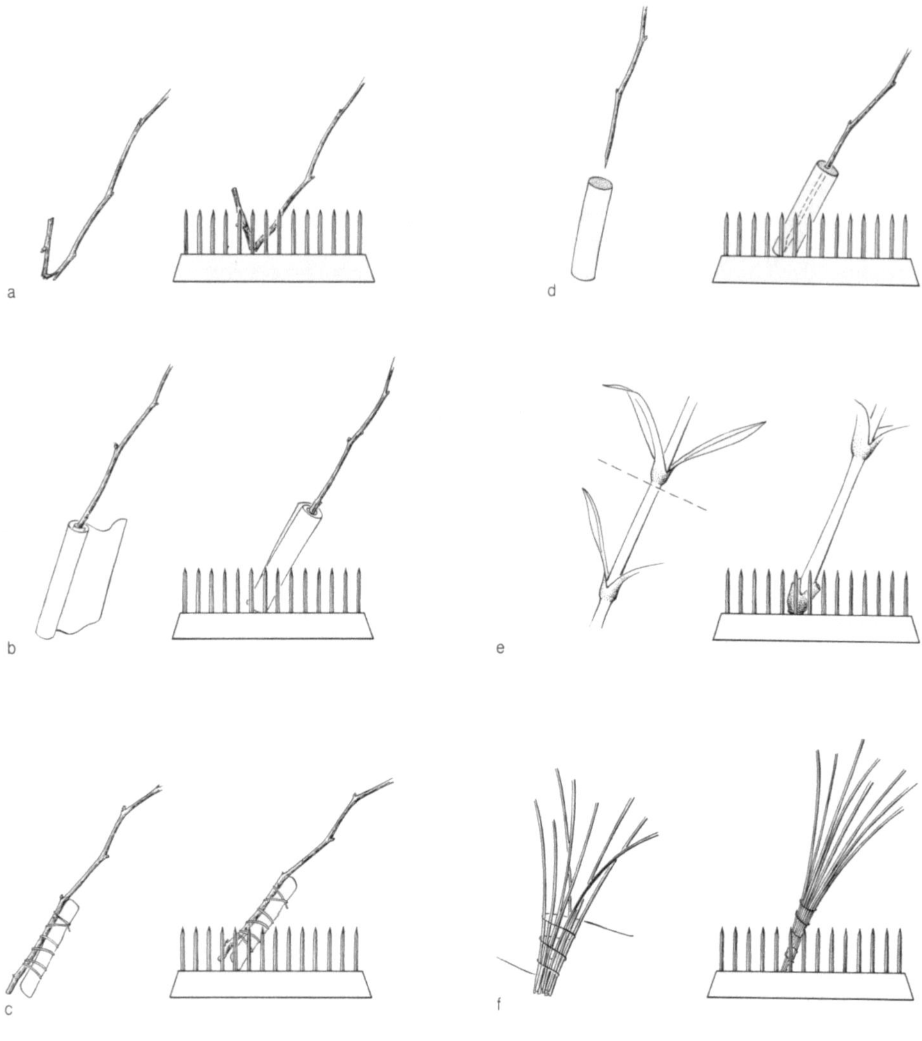

Abbildung 60. Befestigung eines dünnen Stiels auf dem Kenzan. Stielende knicken (**a**), mit Papier umwickeln (**b**), mit Holzstäbchen schienen (**c**), in weichen Stiel einstecken (**d**), an der Knotenstelle stecken (**e**), als Büschel stecken (**f**).

Busches auf den Kenzan und lenkt damit die Aufmerksamkeit des Betrachters vom Kenzan ab, sodass er nicht wahrgenommen wird, obwohl er bei genauem Hinsehen durchaus noch sichtbar ist (siehe Abbildung 83). Allerdings gibt es auch Ikebana-Schulen, die es ablehnen, den Kenzan zu verstecken.

Meistens ist das Befestigen der Stiele am Kenzan völlig unproblematisch – deshalb ist er als Steckhilfsmittel so beliebt. Es gibt aber auch Fälle, wo das Gelingen nicht ohne Weiteres sicher ist.

Typische Schwierigkeiten können sich bei besonders großen Pflanzen ergeben:

- Wie im Abschnitt 3.2.1 beim Schneiden erwähnt, werden alle Zweige am Ende schräg geschnitten. Manche Stiele sind so dick und hart, dass sie sich dennoch nicht in das Nagelbett des Kenzans drücken lassen. In diesem Fall wird das Stielende kreuzweise gespalten, wie ein Bleistift angespitzt oder ein Teil wird herausgeschnitten (Abbildung 59a); es verliert dann etwas von seiner Festigkeit und lässt sich leichter stecken.
- Die Pflanze ist so groß und schwer, dass sie mitsamt dem Kenzan umkippen würde. Wenn es nicht möglich ist, dies durch die Verwendung eines größeren Kenzan zu verhindern, nimmt man einen oder mehrere Kenzan als Gegengewicht (Abbildung 59b), oder man nagelt den großen Stiel auf ein Brett, auf das der Kenzan als Gegengewicht und zur Befestigung weiterer Stiele gelegt wird (Abbildung 59c).
- Die Pflanze neigt sich infolge ihres Gewichts nach unten, ohne dass der Kenzan sich mitbewegt; dann wird eine kleine Holzstütze mitgesteckt und eventuell die zu stützende Pflanze daran festgebunden; anstelle des Holzstäbchens lässt sich auch eine kleine Astgabel verwenden (Abbildung 59d, 59e, 59f).
- Ein anderes Problem ergibt sich, wenn der Stiel zwar dick, aber hohl und weich ist, wie bei Amaryllis. Hier wird ein dünner, fester Zweig auf den Kenzan gesteckt und der hohle Stiel darüber geschoben (Abbildung 59g).
- Ein Stiel, der fast parallel zum Kenzan gesteckt werden soll, lässt sich unter Umständen nicht tief genug in das Nagelbett drücken; er wird von einer darüber gesteckten Astgabel gehalten (Abb. 59h).

Auch bei besonders dünnen Stielen kann es Schwierigkeiten mit der Befestigung geben, vor allem dann, wenn die Nägel des Kenzans dafür nicht dicht genug beieinanderstehen. In diesem Fall wird eine der nachstehend empfohlenen Maßnahmen helfen:

- Der Stiel wird ca. 2 cm oberhalb des Endes geknickt und an der Knickstelle auf den Kenzan gesteckt (Abbildung 60a).
- Der dünne Stiel wird mit Papier umwickelt und auf den Kenzan gesteckt (Abbildung 60b).
- Der dünne Stiel wird mit einem oder mehreren kleinen Holzstückchen zusammengebunden und am Kenzan befestigt (Abbildung 60c).
- Der dünne Stiel wird in ein weiches, dickes Stück vom Stiel einer Schnittblume (zum Beispiel Tulpe) geschoben und zusammen mit diesem auf den Kenzan gesteckt (Abbildung 60d).
- Wenn der dünne Stiel einen Knoten hat (zum Beispiel Nelke), wird er unmittelbar darunter abgeschnitten und an dieser Stelle auf den Kenzan gesteckt (Abbildung 60e). In der Nähe der Knoten sind die Stiele nämlich etwas dicker und härter; allerdings saugen manche Blumen an dieser Stelle das Wasser nicht gut auf.
- Hat man mehrere dünne Stiele (zum Beispiel Rispengras oder Primel), werden sie zusammengebunden und als »Büschel« auf den Kenzan gesteckt (Abbildung 60f).

Bei diesen Maßnahmen muss man darauf achten, dass das Ende der Pflanzenstiele gut unter der Wasseroberfläche bleibt, da sonst die Pflanze bald austrocknen würde.

Wegen seiner praktischen Handhabung und Vielseitigkeit ist der Kenzan mehr und mehr in Gebrauch gekommen. Selbst in solchen Stilarten wie Rikka, Seika oder Nageire, in denen eigentlich kein Kenzan verwendet werden soll, ist er heute in mehreren Ikebana-Schulen erlaubt. So stellt man zur Vereinfachung des Steckens bei Seika-Arrangements häufig einen Kenzan unter die Astgabel.

Auf der Grundlage des Kenzans sind in letzter Zeit einige neuartige Steckhilfsmittel entwickelt worden. Eines davon, der Ukezutsu-Kenzan (siehe Abbildung 64a), besteht aus einem Kenzan und einem genau passenden Bleiring. In den Ring kann man für Seika-Arrangements in flachen Schalen oder in Kelchen eine Astgabel einsetzen. Der Ukezutsu-Kenzan ist auch gut dazu geeignet, bei Rikka-Arrangements die Stiele am Fuß zusammenzuhalten. Neuerdings gibt es auch kleine Töpfe, deren Boden als Kenzan ausgebildet ist (Kenzan-Topf). Mit Wasser gefüllt, kann ein solcher Topf ohne Weiteres als Innenbehälter dienen, zum Beispiel in einem Korb oder auf einem Tablett. Im Handel gibt es immer wieder Neuigkeiten, wie Kenzan mit verstellbarem Metallständer oder Kenzan mit einem Saugfuß aus Gummi.

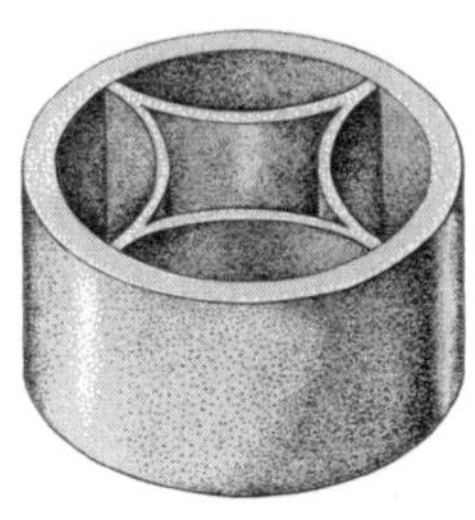

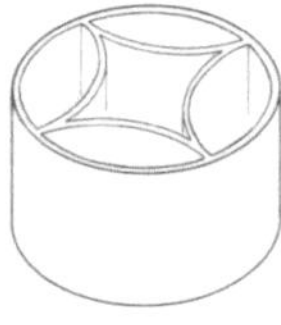

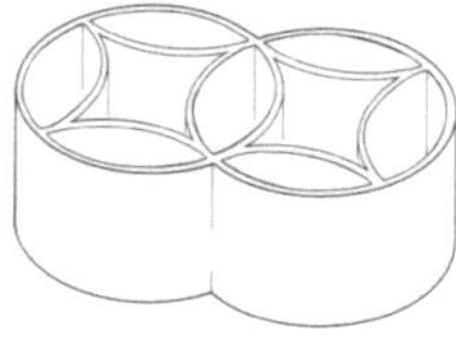

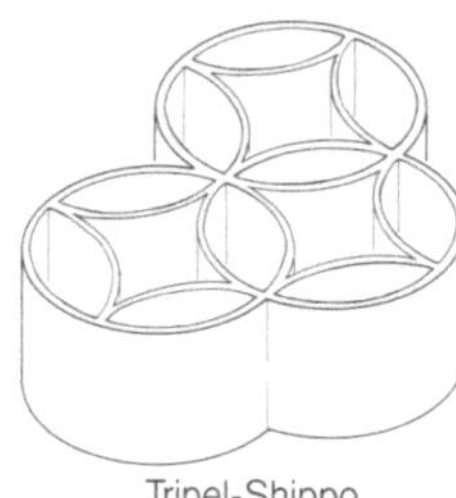

Abbildung 61. Shippo-Blumenhalter aus Blei (**a**); verschiedene Formen (**b**).

Stecken mit Shippo

»Shippo« bedeutet eigentlich ein klassisches Muster aus mehreren einander durchdringenden Kreisen. Im Ikebana bedeutet «Shippo« jedoch einen Blumenhalter aus Metall (Blei) in Form eines klassischen Shippo-Musters, dessen kleine und große Zwischenräume zum Stecken benutzt werden. Es gibt drei Arten: Einzel-, Doppel- und Tripel-Shippo; alle sind unten offen, sie haben keinen Boden (Abbildung 61).

Im Folgenden werden einige Methoden angegeben, wie man den einzelnen Pflanzenstiel in den Shippo-Blumenhalter stecken und in die gewünschte Richtung bringen kann.

- Dicke Stiele werden am Stielende schräg abgeschnitten und in eine Ecke des größeren oder kleineren Zwischenraums gesteckt (Abbildung 62a).

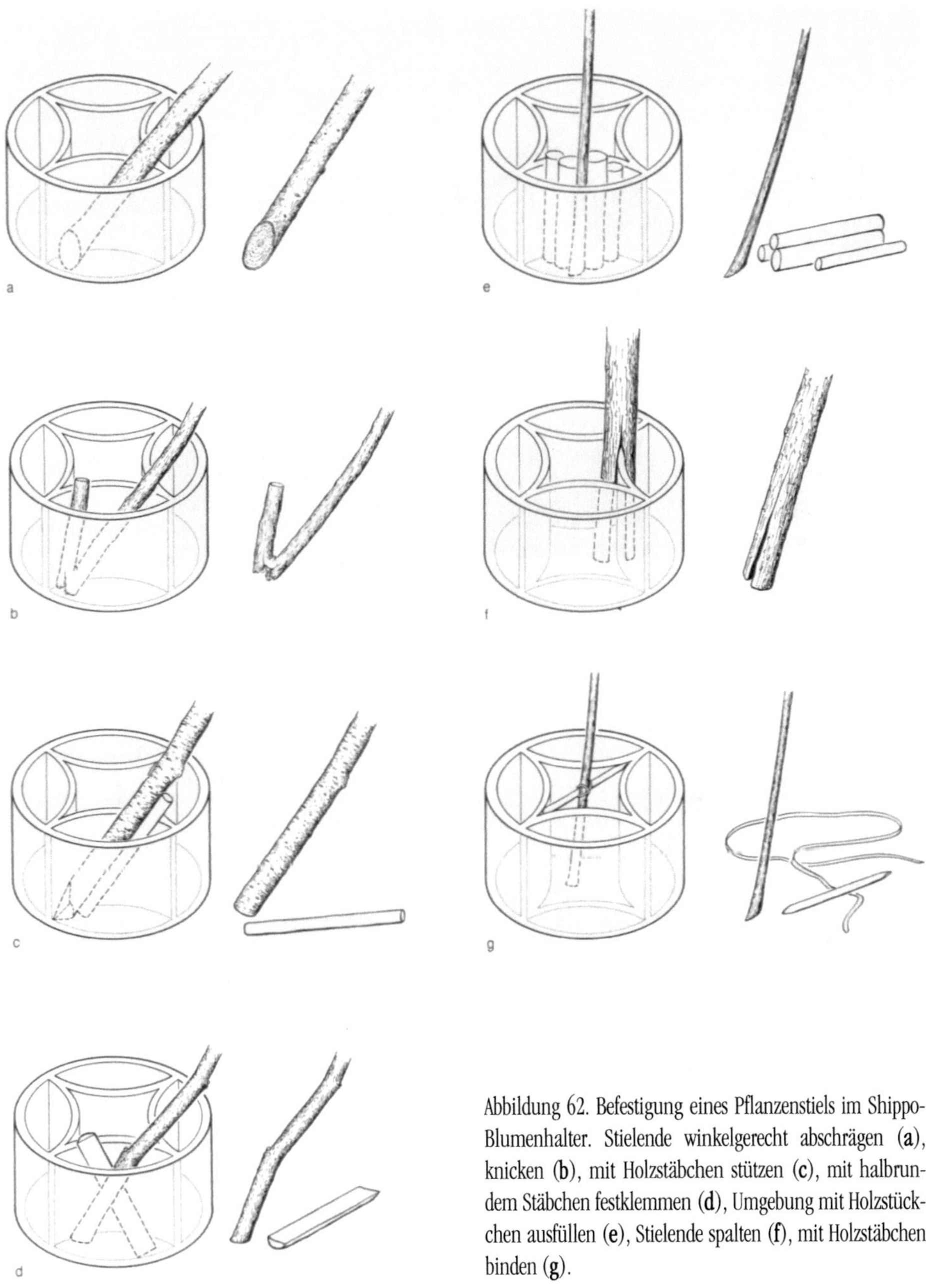

Abbildung 62. Befestigung eines Pflanzenstiels im Shippo-Blumenhalter. Stielende winkelgerecht abschrägen (**a**), knicken (**b**), mit Holzstäbchen stützen (**c**), mit halbrundem Stäbchen festklemmen (**d**), Umgebung mit Holzstückchen ausfüllen (**e**), Stielende spalten (**f**), mit Holzstäbchen binden (**g**).

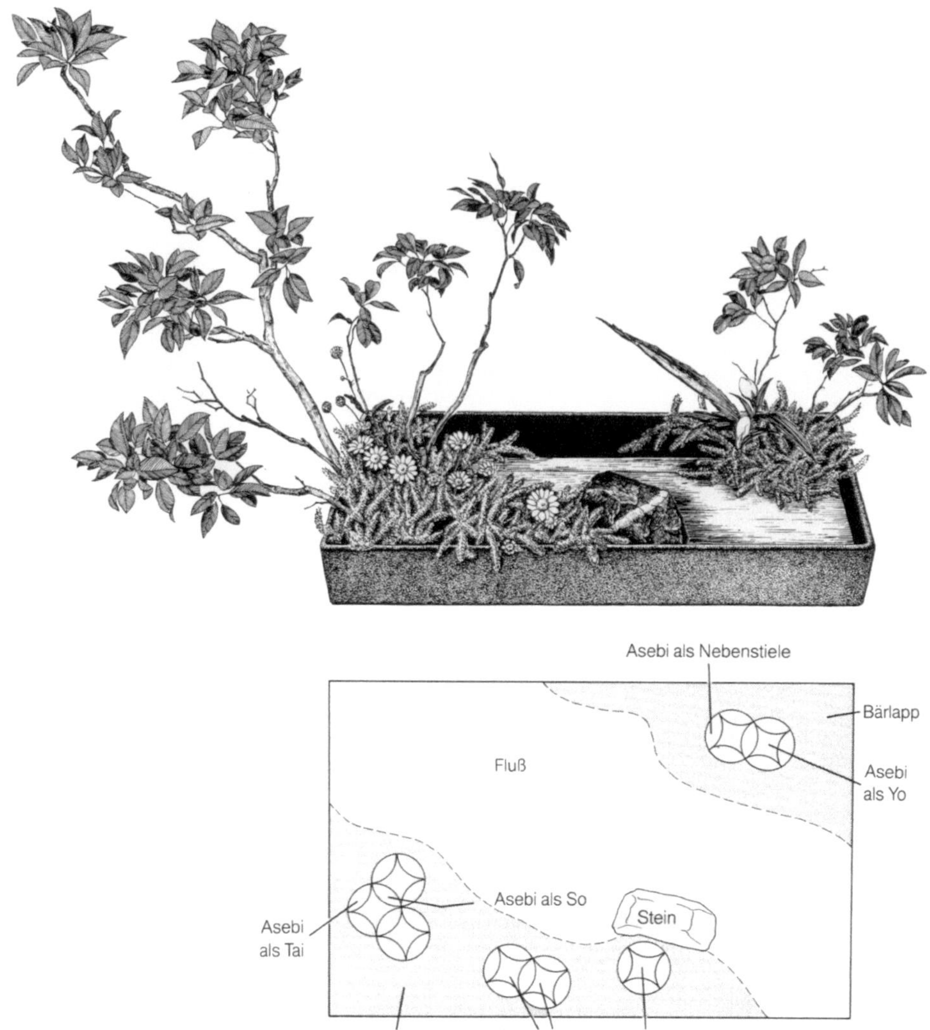

Abbildung 63. Flusslandschaft mit Shippo-Blumenhaltern. Das zweiteilige Moribana-Arrangement stellt eine Landschaft am Fluss dar; das jenseitige Ufer wurde perspektivisch kleiner gestaltet. Die Aufbaustiele (Tai, So und Yo) wurden mit Asebi-Zweigen (Pieris japonica) in die genau festgelegten Zwischenräume verschiedener Shippo-Blumenhalter gesteckt (siehe Draufsicht). Aster, Enzian und Shiran-Blätter (Bletilla striata) deuten den Spätsommer an. Bärlapp (Lycopodium clavatum) verbindet und verdeckt die Shippo-Blumenhalter und bildet zugleich das Ufer hüben und drüben. Arrangement von Tsujii Hakushu, Saga-Schule.

- Dünne Stiele werden am Ende geknickt und in den größeren oder kleineren Zwischenraum gesteckt (Abbildung 62b).
- Um den Neigungswinkel des Stiels zu regulieren, wird eine kleine Holzstütze mitgesteckt (Abbildung 62c). Dies ist für den kleineren Zwischenraum geeignet.
- Der Stiel steht besonders fest, wenn man ein gespaltenes Holzstäbchen mitsteckt und in die Gegenrichtung zieht; dabei muss die gespaltene Seite den Stiel pressen (Abbildung 62d). Dies geschieht am besten in einem der kleineren Zwischenräume.
- Wenn ein besonders dünner Stiel senkrecht gesteckt werden muss, werden ein paar kleine Holzstückchen mitgesteckt, um den Zwischenraum auszufüllen (Abbildung 62e).
- Wenn ein besonders dicker Stiel senkrecht gesteckt werden muss, wird er ca. 4 cm vom Ende her gespalten und auf die Zwischenwand geklemmt (Abbildung 62f).
- Gibt es dennoch Schwierigkeiten, wird ein Holzstäbchen quer in einen der größeren Zwischenräume geklemmt und der Stiel daran festgebunden (Abbildung 62g).

Der Shippo wird neben dem Kenzan von verschiedenen Ikebana-Schulen für Rikka-, Seika- und Moribana-Arrangements verwendet; von der Saga-Schule und einigen anderen wird für bestimmte Moribana-Arrangements grundsätzlich nur der Shippo eingesetzt.

Oft werden verschiedene Shippo-Formen nebeneinander in einer Komposition verwendet. Zum Beispiel wurden bei dem Moribana-Arrangement der Abbildung 63 mehrere Shippo kombiniert und in der vorgeschriebenen Position aufgestellt. Es ist genau

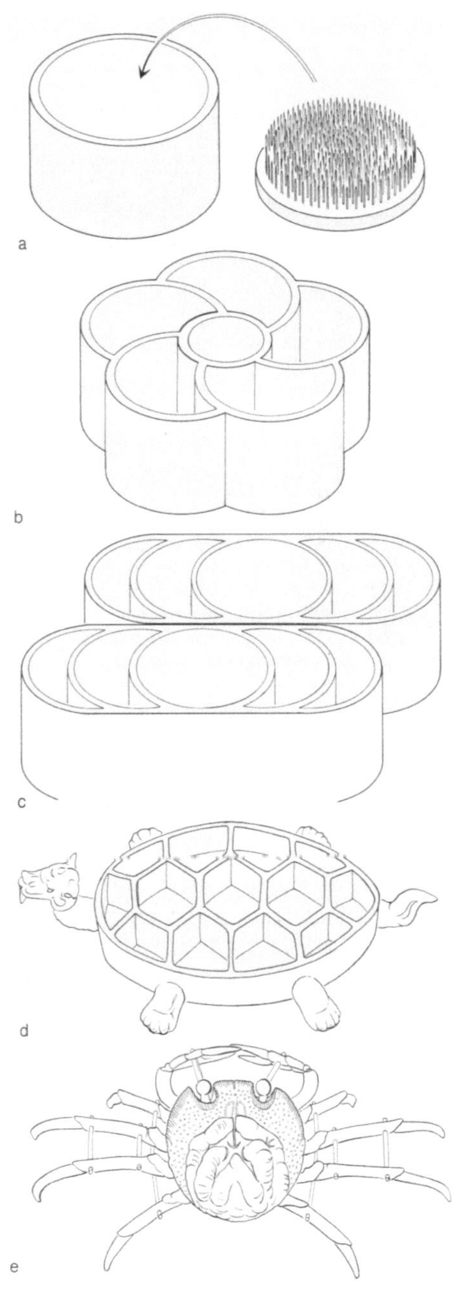

Abbildung 64. Shippo-Varianten. Einfaches Rohr – mit dazu passendem Kenzan ein Ukezutsu-Kenzan (**a**), Blumenform (**b**), mit klassischem Wasserstrudelmotiv (**c**), Schildkröte (**d**), Krebs (**e**).

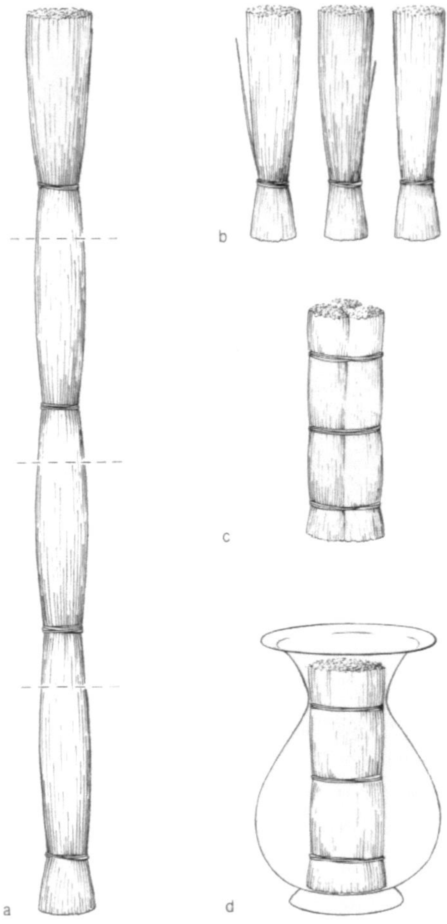

festgelegt, welche Aufbaupflanze in welchen Zwischenraum gesteckt werden soll.

Vorteilhaft beim Shippo gegenüber dem Kenzan ist sein großes Gewicht; nachteilig ist, dass es oft Schwierigkeiten mit der Befestigung der Stiele gibt, vor allem wegen der oft zu großen Zwischenräume. Eine Kombination von Kenzan und Shippo erleichtert es, dünne Stiele in den Shippo zu stecken, aber sie ist nicht sehr verbreitet.

Dank seiner eleganten Form braucht dieser Blumenhalter gewöhnlich nicht mit Pflanzenmaterial oder Kieselsteinen verdeckt zu werden; auch das ist ein Vorteil des Shippo gegenüber dem Kenzan.

Blumenhalter aus Blei werden nicht nur als Shippo-Muster, sondern auch in anderen Formen hergestellt (Abbildung 64), so als Ring oder einfaches Rohr, das für Rikka, Seika und Moribana benutzt wird; mit einem dazu passenden Kenzan ergibt sich daraus der vorher erwähnte Ukezutsu-Kenzan. Weitere Shippo-Varianten haben die Form einer Blume, eines Wasserstrudels, einer Schildkröte oder eines Krebses. Ein solcher Krebs dient nicht nur als Steckhilfsmittel, sondern auch als Schmuck in Morimono- und Bunjinbana-Arrangements; die Pflanzen werden in den eigens dafür geschaffenen Zwischenräumen der Beine und Scheren befestigt, wobei hier wie bei den übrigen Varianten ähnliche Techniken wie beim Shippo angewendet werden. Die Varianten finden gelegentlich wegen ihres Aussehens Verwendung; insgesamt sind sie weniger verbreitet als die Grundform des Shippo.

Stecken mit Stroh- und Bambusbündel

Das Komiwara (Strohbündel) ist das älteste Steckhilfsmittel und gilt noch heute als korrekt für das klassische Rikka der Ikenobo-, Ryusei- und anderer Schulen. Ein Vorteil des Strohbündels ist, dass es wie eine Vielzahl von Kapillaren funktioniert und das Wasser gut aufsaugt. Ein Komiwara stellt man selbst

Abbildung 65. Herstellung eines Strohbündels (Komiwara). Das mehrfach geschnürte Strohbündel (**a**) in gleichmäßige Teile schneiden (**b**) und die Teile je nach Größe der Vase zu einem dickeren Bündel vereinen (**c**). Das wird in die Vase gesteckt (**d**); es endet etwa 1,5 cm unter dem Vasenrand.

und für jedes Arrangement neu her (Abbildung 65). Beim Rikka-Stil werden alle Aufbaustiele senkrecht auf das Strohbündel gesteckt.

Die Saga-Schule verwendet für das Shogonka (= Rikka) als Steckvorrichtung ein Bündel dünner Bambushülsen. Es gibt elf verschiedene Längen solcher Bambushülsen zwischen 4 und 21 cm, und für jede Form des Arrangements ist genau vorgeschrieben, wie viele und welche Hülsen verwendet werden (Abbildung 66). Die Bambushülsen ragen über den Vasenrand hinaus und sind teilweise sichtbar. In der Vase werden sie mit Kieselsteinen festgehalten (siehe auch Abbildung 129).

Stecken mit sonstigen Gegenständen

Auch Wurzeln, Moos, Steine oder Sand sind geeignet, die Pflanzen in der Vase oder in der Schale festzuhalten. Alle diese Steckhilfsmittel wirken natürlich und schön, selbst wenn sie sichtbar sind, weil sie an die Naturlandschaft erinnern; sie werden oft beim Morimono und Bunjinbana verwendet (siehe Abbildung 152). Diese Mittel werden außerdem oft zusätzlich bei Moribana-, Seika- oder Sunanomono-Arrangements benutzt, um den Kenzan oder andere unnatürliche Steckhilfsmittel zu verdecken, sodass ein schöner, natürlicher Mizugiwa-Blickpunkt entsteht (siehe Farbtafel 6, 9 und 20).

Zahlreiche Gebrauchsgegenstände werden als Steckhilfsmittel im Ikebana verwendet: Scheren, Messer, Schwertstichblätter, Ketten, Körbe, Pferdegebisse, Dreifüße, Mörserkästen (Yagen) und viele andere. Ihre Funktion als Steckhilfsmittel erfüllen sie zwar meistens nicht ausreichend, aber man genießt die Assoziationen und die Stimmung, die von ihnen ausgehen; deshalb sind sie heute noch beliebt für ein symbolträchtiges Arrangement, besonders im Seika-Stil. Früher steckte man Ikebana oft als Improvisation mit Gebrauchsgegenständen zur Unterhaltung. Dies nannte man Ikebana-Kunststück. Die Abbildung

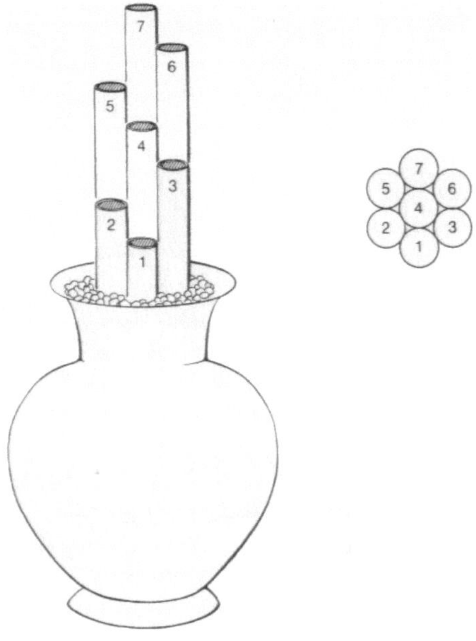

Abbildung 66. Bambusbündel. Eine typische Kombination von Bambushülsen für das Saga-Shogonka (= Rikka). Die Länge jeder Hülse ist genau vorgeschrieben, zum Beispiel für die rechtsseitige Shin-Form: 1 = 5 cm, 2 = 7 cm, 3 = 9 cm, 4 = 12 cm, 5 = 15 cm, 6 = 18 cm, 7 = 21 cm (siehe auch Abbildung 130).

Farbtafel 17 (siehe Seite 128). Ahorn in verschiedenen Farben. Ein Ahorn-Einzelgesteck im Seika-Stil. Ahornblätter verfärben sich sehr hübsch im Herbst. Um diesen Vorgang in einer Vase darzustellen, sind die roten Blätter oben, die gelblichen in der Mitte und die grünen unten angebracht; dass sie dabei auch abfallen, deuten die entblätterte Spitze und auf dem Untersatz liegende Blätter an. Arrangement von Ashida Ichiba, Leiter der Seifu-Enshu-Schule.

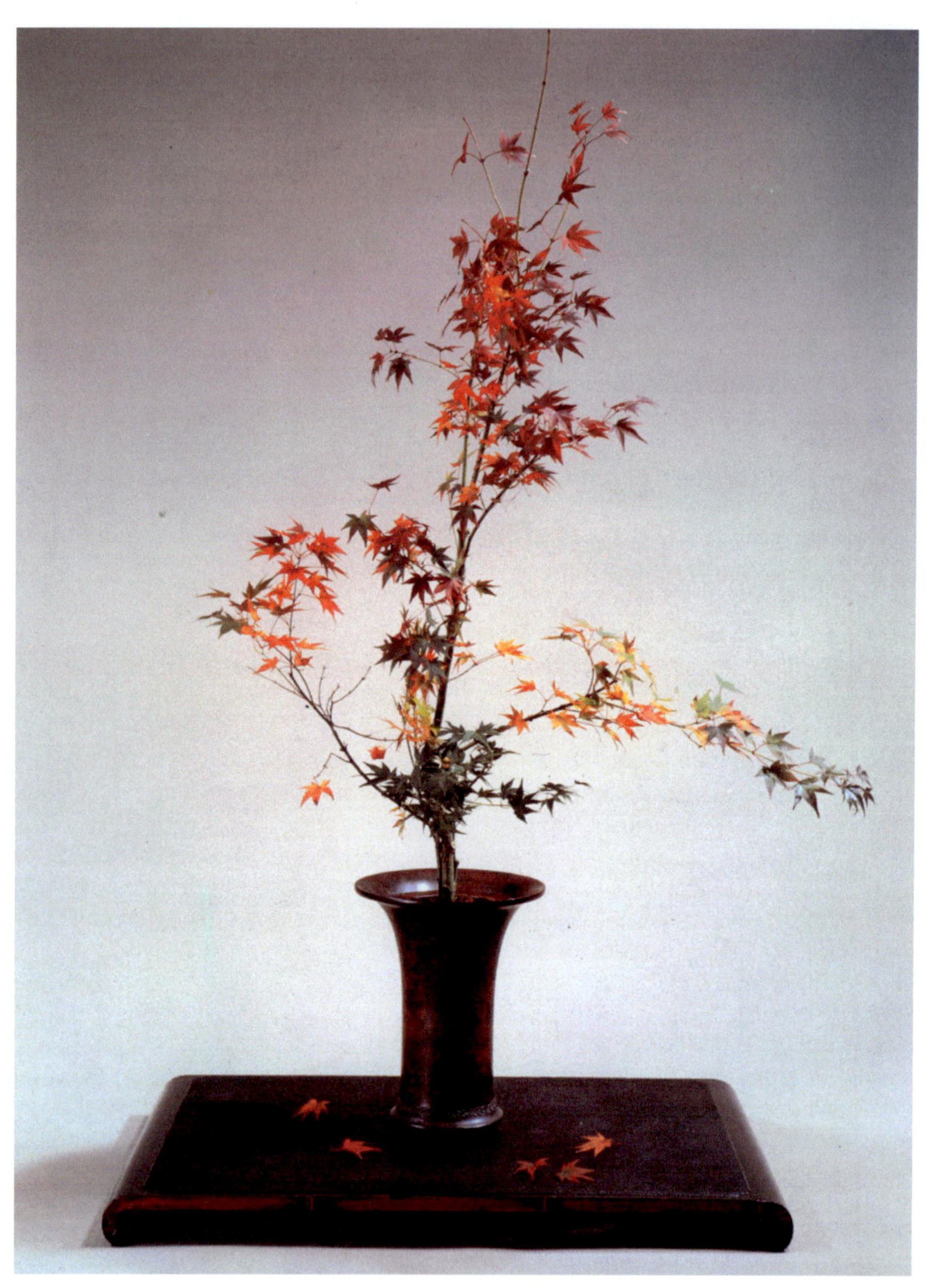

67 zeigt ein inzwischen klassisch gewordenes Gesteck mit einem Gebrauchsgegenstand als Steckhilfe. Ein solches Gesteck mit Badarai (Waschtrog für Pferde) und Pferdegebiss wurde erstmals gegen Ende des 15. Jahrhunderts von Osawa Hisamori improvisiert (siehe auch Abschnitt 5.2).

Für Arrangements in freiem Stil (Jiyubana und Zeneibana) kann man grundsätzlich als Steckhilfsmittel alles verwenden, was die Pflanzen zweckmäßig in der Vase, der Schale oder wo man sonst will, festhalten kann.

Der »Tsuru no Su« genannte lange, biegsame Bleistab ist geeignet für Nageire in freiem Stil, besonders in bizarr geformten Vasen. Für den gleichen Zweck kann man ebenso gut rostfreien Draht nehmen. Auch Kieselsteine, die in die Vase gefüllt werden, sind brauchbare Steckhilfsmittel; sie lassen sich übrigens auch bei durchsichtigen Vasen gut einsetzen.

In Europa sind Steck- und Knetmasse als Steckhilfsmittel verbreitet. Steckmasse eignet sich jedoch nicht für Ikebana-Zwecke, weil sie schwere Zweige nicht gut halten kann. Sehr gut kann man allerdings die Steckmasse für ein modernes, hängendes Arrangement verwenden, weil die leichten Pflanzen seitlich auf die Masse gesteckt werden können, was mit anderen Ikebana-Steckhilfsmitteln schwierig ist.

Knetmassc i3t für cin Trockcngc3tcck gccignct. Für normale Ikebana-Arrangements ist sie kaum zu gebrauchen, weil die Pflanzen in ihr kein Wasser aufsaugen können. Man kann sie aber manchmal für Jiyubana und Zeneibana verwenden, wenn es lediglich darum geht, getrocknete Pflanzen zu befestigen.

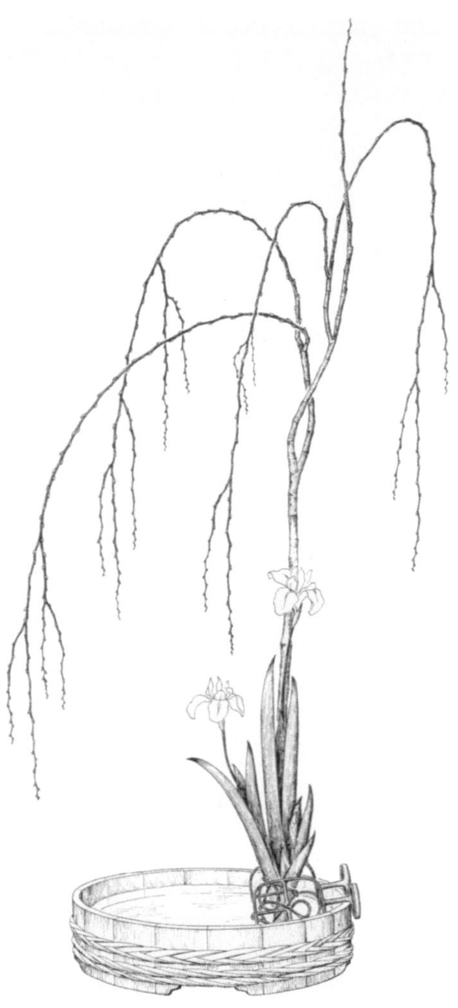

Abbildung 67. Arrangement mit Pferdegebiss. Schön gewachsene Trauerweide und Iris im Badarai (Waschtrog für Pferde), mit einem Pferdegebiss als Steckhilfsmittel; typisches Beispiel der sehr lockeren So-Stufe der Förmlichkeit im Seika-Stil. Mit den nach den Sommerregeln gesteckten Iris und der Trauerweide erinnert das Arrangement an einen Sommerregen auf dem Lande. Die hier verwendete Form des Pferdegebisses sieht wie ein Karren aus.

3.3 Die Behandlung der Pflanzen

In der Kunst des Ikebana verwendet man überwiegend, wenn auch nicht immer, pflanzliches Material;

deshalb muss man die physiologischen Vorgänge in den Pflanzen kennen, um sie für die Gestaltung des Arrangements sowie für die möglichst lange Bewahrung seiner Frische und Schönheit zu nutzen. Diesem Ziel dient eine Anzahl von Maßnahmen, von denen einige für alle Pflanzen gelten, während andere nur für bestimmte Pflanzen, deren physiologische Eigenarten besonders beachtet werden müssen, Bedeutung haben.

Beschaffung und Transport

Pflanzen für das Ikebana-Arrangement kann man im Garten kultivieren, in Wald und Feld sammeln oder im Blumengeschäft kaufen. Wenn man sie im Garten oder im Freien selbst holt, muss man beachten, dass das Abschneiden manchen Pflanzen schadet, andere hingegen sogar zu stärkerem Treiben anregt. Der Pflaumenbaum (Prunus mume) beispielsweise bekommt um so mehr Blüten, je öfter Zweige abgeschnitten werden.

Nicht alle Pflanzen dürfen zu jeder Jahreszeit geschnitten werden. Die Schnittreife ist wichtig, damit die Pflanzen im Arrangement ihre Lebensfrische möglichst lange behalten. Einige Schnittblumen (zum Beispiel Alpenveilchen) sollen im erblühten Zustand, andere (zum Beispiel Rosen) als reife Knospen geschnitten werden.

Unterschiedliche Meinungen gibt es über die beste Tageszeit für das Schneiden: Manche halten den Morgen für die beste Zeit, andere bevorzugen den Abend. Beides scheint gleich gut zu sein; die Nachmittagszeit ist dagegen wegen der starken Verdunstung durch die Blätter ungünstig, besonders wenn die Sonne stark scheint. Es ist immer sehr zu empfehlen, die Blumen beim Abschneiden etwas anzufeuchten und sie sogleich in nasses Papier einzuwickeln.

Wenn man die Blumen im Geschäft kauft, muss man darauf achten, dass sie frisch sind. Manchmal kann man das leicht an den Blättern erkennen: Wenn diese schon etwas trocken oder gelb an der Spitze aussehen, sind die Blumen nicht mehr frisch. Man sollte für Ikebana-Zwecke in der Regel keine Blumen im erblühten Zustand kaufen. Ideal ist es, wenn die halb geöffneten Blüten im fertigen Arrangement ihren Höhepunkt erreichen. Kauft man aber knospige Blumen, muss die Farbe der Blüte bereits gut zu erkennen sein, sonst ist es schwierig, die Knospen in der Vase noch zum Erblühen zu bringen.

Unterwegs sollen die Pflanzen am besten locker in undurchsichtiges Papier eingewickelt sein; dauert es länger, kann man sie in nasses Zeitungspapier einschlagen. Sie sollen möglichst liegend oder mit den Blüten nach unten getragen werden.

Vorbereitung der Pflanzen

Nach dem Transport sollen die Pflanzen Gelegenheit zur Erholung bekommen. Es gibt verschiedene Frischhaltemethoden, um sie für das Stecken zu kräftigen. Bewährt haben sich folgende:

- Schneiden unter Wasser (Mizukiri)
- Duschen und Besprühen
- Ansengen
- Abbrühen
- Pumpen
- chemische Behandlung

Farbtafel 18. Arrangement der Bunjin-Richtung. Bemooste Pflanzenzweige, bizarr gewachsen, und seltsam geformte Baumpilze wurden frei, aber gewichtig zusammen mit eleganten Orchideenblüten und -blättern in einer vornehmen Vase im Nageire- (= Heika-) Stil gesteckt. Das Arrangement erinnert an eine chinesische Malerei; hierzu paßt der kräftige rote Hintergrund. Pflaumenzweig, Orchidee und Baumpilz sind eine typische chinesische Bunjin-Kombination (siehe Abschnitt 5.4). Arrangement von Ohara Houn, 3. Leiter der Ohara-Schule.

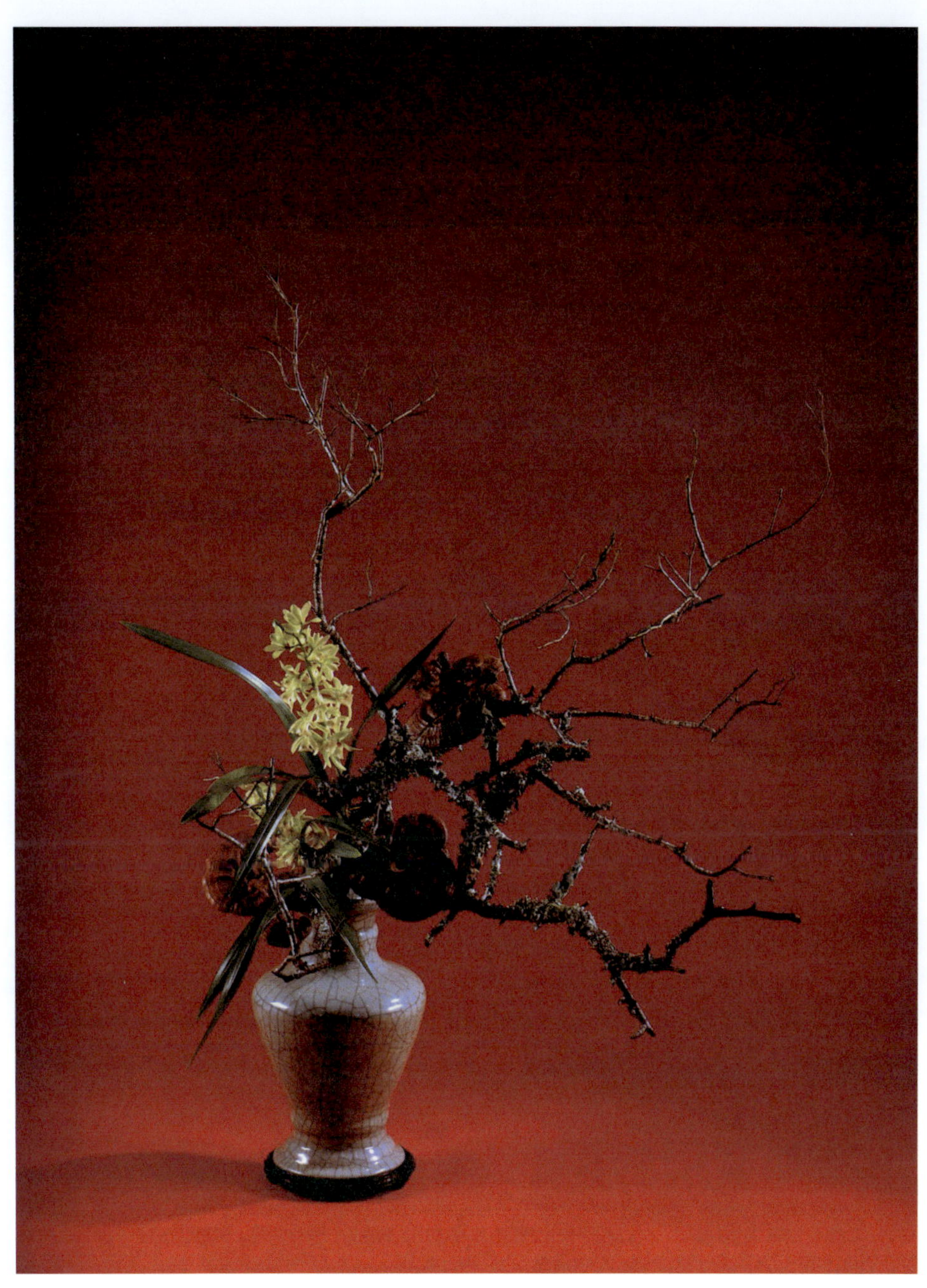

Pflanzen mit schlechter Wasseraufnahme leben in Vasen nur kurze Zeit (zum Beispiel Bambus, Dahlie), während andere sich lange halten (zum Beispiel Tannenzweig, Ringelblume). Deshalb werden für verschiedene Pflanzen unterschiedliche Erholungsmethoden angewendet.

Schneiden unter Wasser (Mizukiri)

Dort, wo ein Pflanzenstiel abgeschnitten oder abgebrochen wurde, ist Luft in seine Kapillaren eingedrungen. Sie sind dadurch für den Wassertransport blockiert, und der Stiel vertrocknet bald, selbst wenn er im Wasser steht. Man muss also sein »blockiertes« unteres Ende abschneiden, und zwar, damit nicht erneut Luft eindringt, unter Wasser. Das Schneiden unter Wasser (Mizukiri) ist eine bewährte und einfache Methode, die allen Pflanzen gut tut. Alle werden deshalb vor dem Stecken an ihrem Ende noch einmal unter Wasser geschnitten (Abbildung 68); dadurch saugen sie leichter Wasser auf und halten sich länger.

Selbst wenn die Pflanzen hinterher mit physikalischen oder chemischen Mitteln behandelt werden, müssen sie zuerst unter Wasser geschnitten werden. Die Mizukiri-Behandlung kann am besten in einem tiefen Eimer durchgeführt werden. Je tiefer die Enden der Stiele eintauchen, desto besser ist die Wasseraufnahme, weil der Wasserdruck im Eimer das Aufsteigen des Wassers im Stiel unterstützt. Nach dem Mizukiri sollen die Pflanzen noch etwa 30 Minuten lang im selben Eimer bleiben, sodass die Kapillaren des Stiels sich gut mit Wasser füllen.

Oft kann man sogar welkende Blumen mit der Mizukiri-Methode noch retten. Das Mizukiri kann nach Bedarf wiederholt werden. Auch beim Stecken kann man noch einmal jeden Stiel unter Wasser abschneiden, am besten in der vorgesehenen Vase selbst, sodass die Schnittfläche gleich unter Wasser bleibt. Aber bei normalen, nicht hochempfindlichen Blumen schadet die kurze Luftreise vom Eimer zur Vase beim Blumenstecken nicht, wenn sie einmal eine richtige Erholungspause gemacht haben und damit auch die Kapillaren des Stiels ausreichend mit Wasser gefüllt sind.

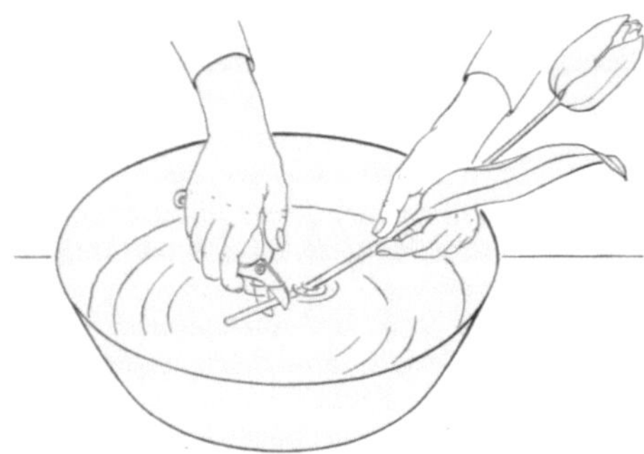

Abbildung 68. Schneiden unter Wasser (Mizukiri).

Duschen und Besprühen

Wenn eine Pflanze *am oberen Ende* ausgetrocknet ist, wird der natürliche Wassertransport im Stiel ebenfalls unterbrochen und kommt von selbst nur schwer wieder in Gang. Zur Abhilfe ist es nötig, der Pflanze *am oberen Ende* Wasser zuzufügen; dazu hält man sie – mit den Blüten nach unten – etwa eine Minute lang unter kräftig fließendes Leitungswasser (Abbildung 69). Die Methode ist günstig für Pflanzen wie Rosen oder Chrysanthemen, die viele Blätter haben und deshalb viel Wasser verdunsten. Die Verdunstung erfolgt durch winzige Öffnungen an der Unterseite der Blätter; deshalb muss man gerade die Unterseite der Blätter begießen. Empfindliche Pflanzen, deren Blüten oder Blätter am Stiel nicht so fest sitzen (zum Beispiel Levkojen oder Ahornzweige), sollten allerdings nicht unter der Wasserleitung geduscht, sondern besser mit der Hand oder mit einem Zerstäuber (zum Beispiel einer Ikebana-Pumpe) vorsichtig besprüht werden (Abbildung 70).

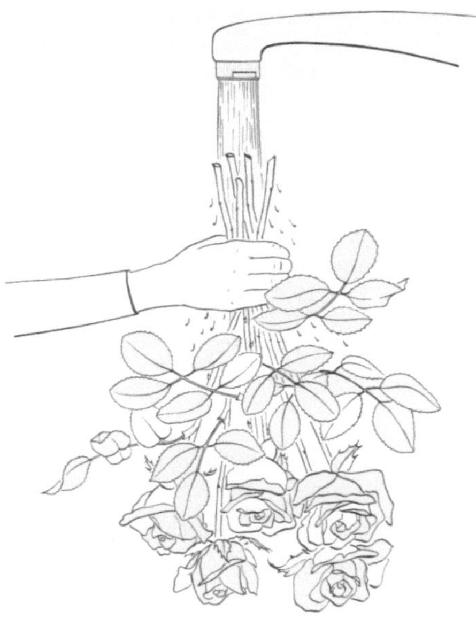

Abbildung 69. Duschen.

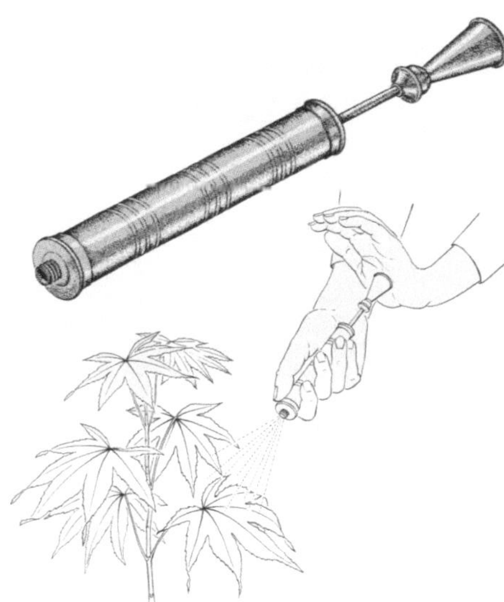

Abbildung 70. Besprühen mit der Ikebana-Pumpe.

Ansengen

Manche Pflanzen, zum Beispiel Euphorbien, geben nach dem Schneiden weißen Milchsaft ab, der das Stielende verstopft. Bei diesen Wolfsmilchgewächsen und einigen anderen Pflanzen ist es zweckmäßig, das Stielende (ca. 3 cm) etwa eine halbe Minute lang über eine Flamme (Kerze oder Feuerzeug) zu halten (Abbildung 71). Durch das Ansengen wird das Verstopfen der Kapillaren verhindert, Bakterien werden getötet, und das Stielende wird porös, was die Wasseraufnahme erleichtert. Zum Schutz vor der Hitze müssen die Blumenstiele oberhalb der Sengstelle in nasses Papier eingewickelt und schräg gehalten werden, sodass die Blüten nicht direkt über der Flamme stehen. Nach dem Ansengen werden die Pflanzen sofort zur Abkühlung in einen Eimer oder Krug mit Wasser eingetaucht. Zu den für das Ansengen geeigneten Pflanzen gehören Euphorbie, Magnolie, Rose, Bambus, Ahorn und andere.

Abbrühen

Aus dem gleichen Grund wie beim Ansengen wird die Wasseraufnahme bei manchen Pflanzenarten erleichtert, wenn man das Stielende (ca. 3 cm) etwa eine Minute lang in kochend heißes Wasser eintaucht (Abbildung 72). Dabei müssen die oberen Teile wieder in nasses Papier eingewickelt und schräg gehalten werden, damit die Wärme den Blüten nicht schadet, und nach dem Abbrühen müssen die Pflanzen sofort in kaltem Wasser abgekühlt werden. Pflanzen, die weiche Stiele haben und viel Wasser enthalten, sind besser für das Abbrühen geeignet als für das Ansengen, zum Beispiel Dahlie, Gerbera, Distel, Hortensie, Flockenblume und Levkoje.

Pumpen

Wasserpflanzen (Mizumono) nehmen schwer Wasser auf, wenn sie einmal aus ihrer natürlichen Lebens-

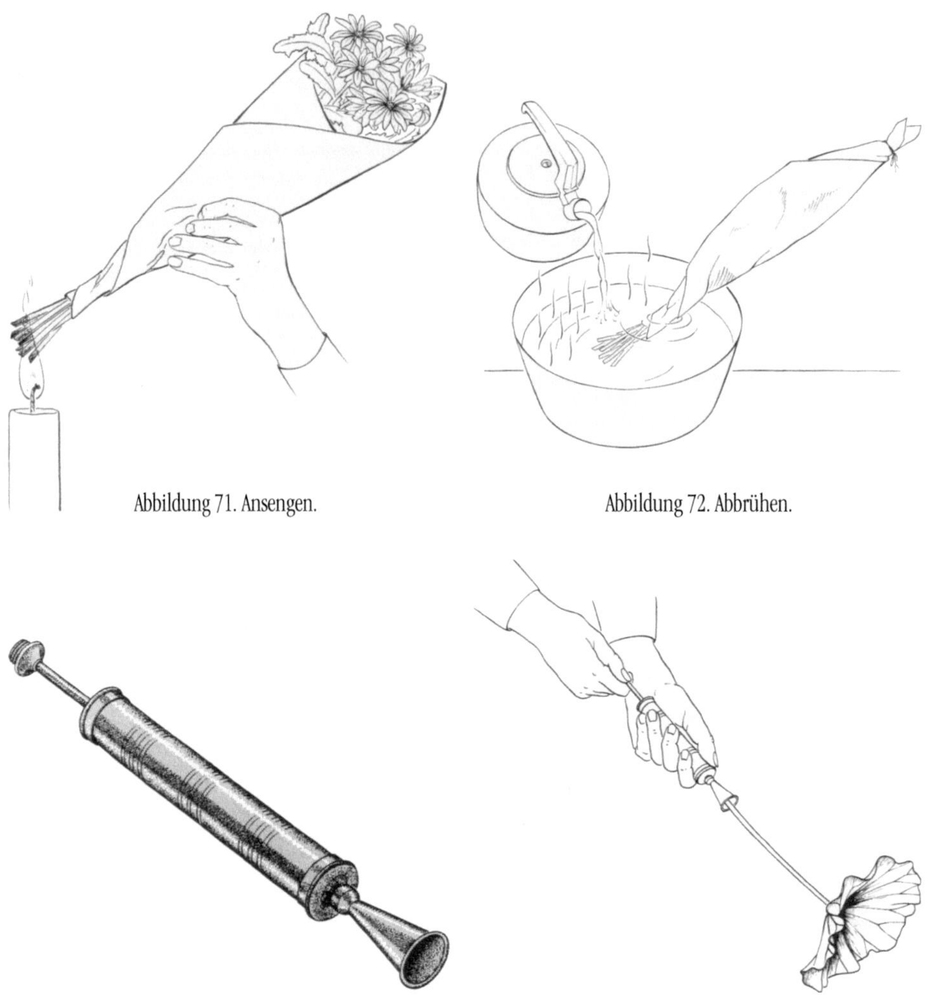

Abbildung 71. Ansengen.

Abbildung 72. Abbrühen.

Abbildung 73. Pumpen. Der trichterförmige Aufsatz wird auf die Wasseraustrittsöffnung der Ikebana-Pumpe geschraubt, das Wasser in den Stiel hineingepumpt.

Farbtafel 19. Dreierleigesteck im Seika-Stil. Die leuchtend grünen Kiefernzweige in aufrechter Form spielen hier die Hauptrolle; sie passen gut zu der glänzenden Altkupfervase. Als Fußschmuck wurden rosa Lagerströmien (Lagerstroemia indica) unauffällig gesteckt. Die interessant gebogenen Ranken (Actinidia arguta) geben dem sonst »stillstehenden« Seika-Gesteck einen dynamischen Akzent. Die vornehme Eleganz der schweren Metallvase wird durch den formellen, schwarzlackierten Untersatz noch betont. Arrangement von Shindo Kasei, Leiter der Katsura-Ko-Schule.

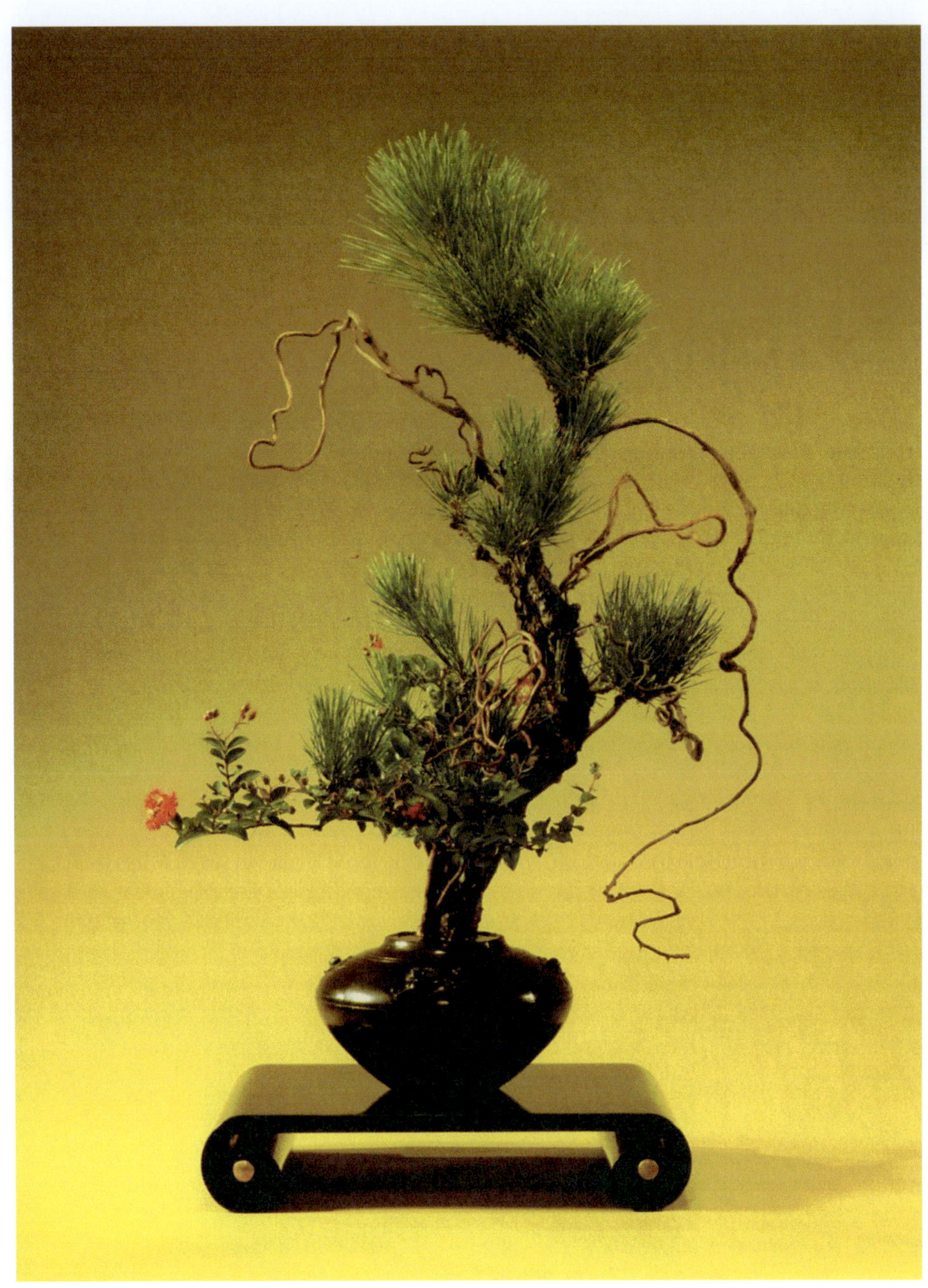

welt herausgenommen wurden, weil ihre Kapillaren nicht dicht genug sind. Ihnen muss, jeder einzeln, sorgfältig mit einer Ikebana-Pumpe Wasser zugeführt werden (Abbildung 73). Manchmal wird dem Pumpwasser Tee, Zigarettenasche oder Wasser aus dem Teich, in dem die Pflanzen aufgewachsen sind, zugesetzt, um eine bessere Wirkung zu erzielen. Pumpen kommt unter anderem bei Lotosblume (Nelumbo nucifera), Seerose (Nymphaea-Hybriden) und Calla (Zantedeschia aethiopica) in Betracht.

Chemische Behandlung

Man kann das Stielende mit einem der folgenden Mittel kurz einreiben oder es in das mit dem Mittel versetzte Wasser eintauchen: Alkohol (Spiritus, Wein oder Schnaps), Essig, Salz, Asche, Alaun, Pfeffer oder Pfefferminze. Sie verhüten einerseits das Faulen des Stiels im Wasser und wirken andererseits als Reizmittel, das die Wasseraufnahme einiger Pflanzen beschleunigt.

Pfeffer oder Pfefferminze bewähren sich bei vielen Pflanzenarten, während Essig zum Beispiel für Wolfsmilchgewächse nicht in Frage kommt, weil der Milchsaft durch die Säure fest wird und die Kapillaren verstopft. Die Tabelle 3 gibt an, welches Mittel für welche Pflanze geeignet ist.

Im Allgemeinen werden vor der chemischen Behandlung alle Schnittblumen am Ende unter Wasser geschnitten (Mizukiri). Bei den meisten Zweigen ist die Mizukiri-Behandlung nicht erforderlich, aber blühende Zweige (Glyzine) und solche mit verfärbten Blättern (Eberesche) werden am Stielende kreuzweise gespalten, bevor sie chemisch behandelt werden; dadurch wird die Wasser und Chemikalien aufnehmende Oberfläche größer.

Auch wenn man nur eine der genannten Methoden anwendet, zeigt sich eine gute Wirkung, aber oft wird eine physikalische mit einer chemischen Methode kombiniert. Dadurch hält sich auch sehr kurzlebiges Material erstaunlich lange in der Vase. Der verfärbte Ahorn beispielsweise ist dafür bekannt, dass er schlecht Wasser aufsaugt, wenn er einmal abgeschnitten ist; er trocknet dann aus, und seine Blätter rollen sich zusammen. Er kann wie nachstehend beschrieben behandelt werden:

1 Das Stielende unter Wasser kreuzweise spalten, die Außenhaut abschaben.
2 Das Stielende etwa eine halbe Minute lang ansengen.
3 Den Stiel etwa eine Minute lang in Alkohol oder Essig oder in mit Salz oder Alaun versetztes Wasser eintauchen.
4 Den Stiel in tiefes Wasser eintauchen und etwa 30 Minuten lang darin stehen lassen.
5 Die Blätter mit Wasser besprühen.

Maßnahmen beim Stecken

Nachdem die Pflanzen physikalisch oder chemisch behandelt wurden und wieder frisch wie in der Natur aussehen, können sie gesteckt werden.

Man muss zunächst darauf achten, dass Vase, Igel, Schere und sonstiges Werkzeug sauber sind, andernfalls wären sie Bakterienträger.

Pflanzen erhalten beim Stecken ihre gewünschte Form unter anderem dadurch, dass unerwünschte Blätter entfernt werden. Durch die Blätter verdunstet Wasser, deshalb verringert die Entfernung überflüssiger Blätter die Verdunstung und trägt dadurch zum Frischhalten der Pflanze bei. Allerdings darf man nicht zu viele Blätter entfernen, vor allem normalerweise nicht das Blatt unmittelbar unterhalb des Blütenkopfes; die Verdunstung durch Blätter hat nämlich auch die Funktion einer Wasserpumpe.

Blätter, die ins Wasser eintauchen, werden leicht faulig; darum ist es besser, am unteren Ende des Stiels alle zu entfernen.

Tabelle 3. Frischhaltemethoden für einige Ikebana-Pflanzen, die schwer Wasser aufsaugen

Pflanze	Bevorzugte Methoden und Mittel
Ahorn	Besprühen und Ansengen; Alkohol, Essig, Salz oder Alaun
Alpenveilchen	Ansengen; Alkohol, Essig, Salz oder Alaun
Aster	Duschen; Pfeffer, Pfefferminze oder Alkohol
Bambus	Ansengen; Alkohol, Essig oder Salz
Calla	Pumpen
Chrysantheme	Duschen, dann Ansengen oder Abbrühen; Pfeffer oder Pfefferminze
Dahlie	Abbrühen; Salz, Asche, Alkohol oder Pfefferminze
Distel	Abbrühen; Alaun
Eisenhut	Abbrühen oder Ansengen; Alaun
Enzian	Alkohol, Pfeffer oder Pfefferminze
Euphorbie	Ansengen
Flieder	Alkohol
Flockenblume	Abbrühen
Geranie	Pfeffer oder Pfefferminze
Gerbera	Abbrühen; Alkohol, Pfeffer oder Pfefferminze
Glockenblume	Salz, Asche oder Alkohol
Glyzine	Alkohol, Alaun
Hortensie	Abbrühen; Alkohol, Essig, Salz oder Alaun
Levkoje	Besprühen und Abbrühen; Alkohol
Lotosblume	Pumpen
Löwenmäulchen	Pfeffer oder Pfefferminze
Magnolic	Ansengen; Alkohol oder Essig
Margerite	Duschen, dann Ansengen oder Abbrühen; Pfeffer
Mimose	Pfefferminz
Mohn	Alkohol, Pfeffer oder Pfefferminze
Pfingstrose	Ansengen oder Abbrühen; Pfefferminze
Pflaumenzweig	Pfeffer oder Pfefferminze
Primel	Alkohol
Quitte	Pfeffer oder Pfefferminze
Rittersporn	Alaun, Pfeffer oder Pfefferminze
Rose	Duschen und Ansengen; Alkohol oder Essig
Seerose	Pumpen
Spierstrauch	Pfefferminze
Tulpe	Salz, Alkohol oder Asche
Weihnachtsstern	Ansengen oder Abbrühen; Pfeffer

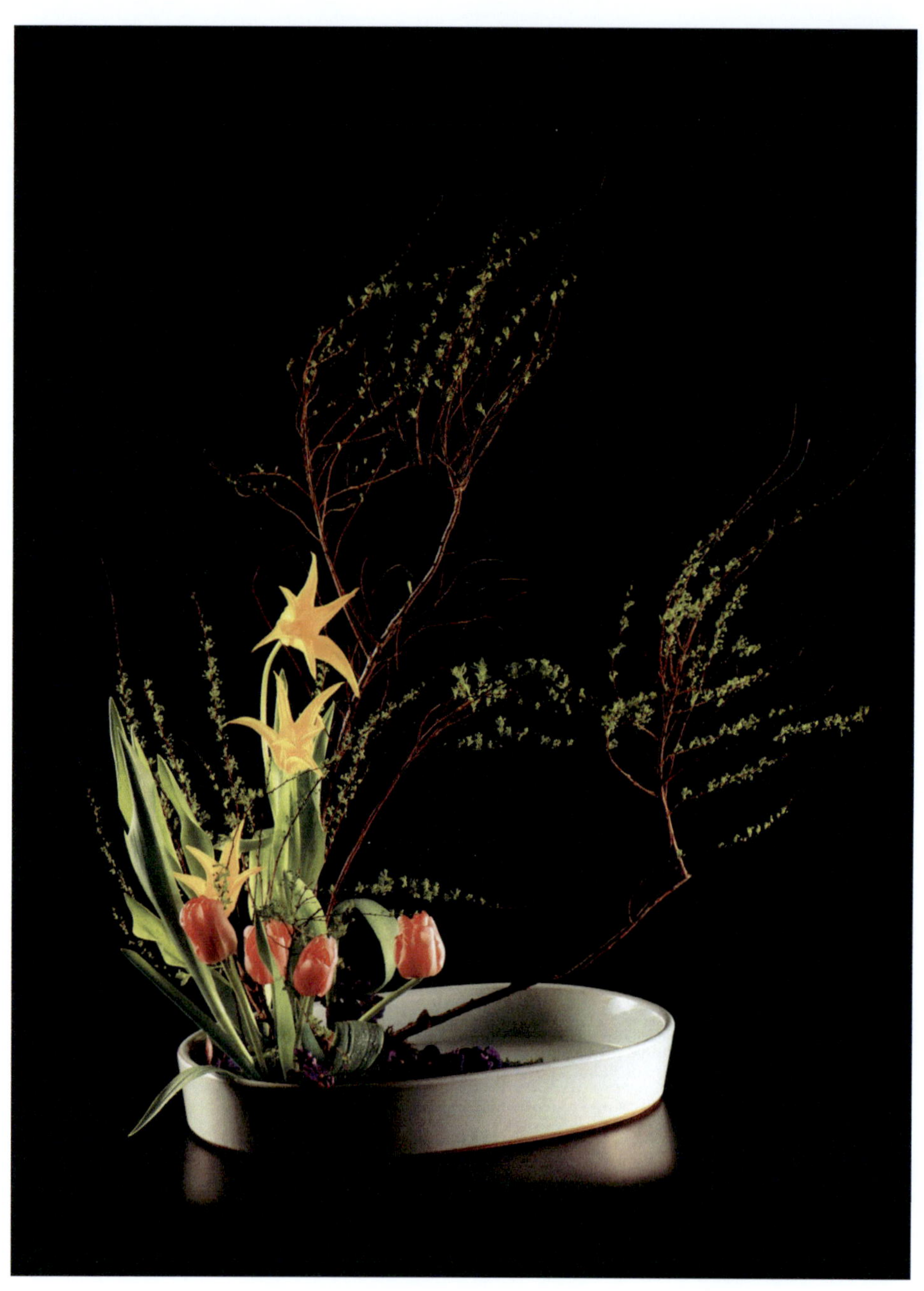

A y a k o   G r a e f e

Die Pflanzen werden beim Stecken auf eine bestimmte Länge zugeschnitten. Wie im Abschnitt 3.2.1 erläutert, wird das Stielende bei Zweigen in der Regel schräg geschnitten, damit es eine größere Schnittfläche bekommt und die Wasseraufnahme erleichtert wird. Aus dem gleichen Grund werden besonders holzige Zweige oft am Stielende gespalten, oder ihre Außenhaut wird dort abgeschabt (zum Beispiel Ahorn). Kurzlebige Blumen werden gelegentlich am Stielende sogar ein bisschen zerquetscht (zum Beispiel Pfingstrose).

Beeinflussung des Blühens und Treibens

Manchmal kann man das Blühen oder Treiben ein wenig beeinflussen und die Blume oder den Zweig zu einer bestimmten Zeit zur vollen Entfaltung bringen.

In Japan hat man früher Spinnenfäden um die Knospen von Pfingstrosen gewickelt, um ihre Blütezeit hinauszuzögern.

Seerosen (Nymphaea-Hybriden) schließen ihre Blüten um drei oder vier Uhr nachmittags. Sollen sie trotzdem abends noch offen sein, muss man das Arrangement nachmittags, also bei geöffneten Blüten, fertigstellen und es in ein Gemisch aus drei Teilen Wasser und einem Teil Alkohol (zum Beispiel Spiritus oder Isopropanol) setzen; dann schließen die Seerosen ihre Blüten viele Stunden lang nicht. Die gleiche Wirkung lässt sich erreichen, wenn man dem Vasenwasser etwa zwei Teelöffel Zement beigibt.

Im Allgemeinen blühen Blumen etwas später, wenn man die Knospen einzeln mit weichem Papier umwickelt und sie in einen kühlen, dunklen Raum stellt; sollen sie jedoch rasch zur Blüte kommen, müssen sie warm und hell stehen. Auch vorsichtiges Anhauchen oder Anklopfen der Knospen (zum Beispiel von Iris) kann das Aufblühen beschleunigen.

Wenn man im Winter grüne Laubzweige zum Stecken benötigt, stellt man Zweige (zum Beispiel Apfelzweig, Birke oder Hartriegel) in einem warmen, sonnigen, aber nicht zu trockenen Zimmer in handwarmes Vasenwasser – nach wenigen Wochen sprießen sie. So kann man auch im Winter mit grünen Laubzweigen Ikebana gestalten.

Nie darf man gewaltsam offene Blüten schließen oder Knospen öffnen; man kann nur das natürliche Blühen und Treiben beschleunigen oder verlangsamen.

Die Pflege des Arrangements

Es ist wichtig, das Vasenwasser sauber zu halten. Zum Wechseln nimmt man am besten einen Gummischlauch mit Ballon (Abbildung 74); damit kann man das Wasser absaugen, ohne das Arrangement zu berühren. Gleichzeitig wird frisches Wasser hinzugefügt, damit die Stielenden nicht mit Luft in Berührung kommen.

Auf dem Markt gibt es mehrere Frischhaltemittel. Sie vernichten Algen, Pilze und Bakterien, und sie verhindern die Verstopfung der Kapillaren, weil das Wasser rein bleibt. Manche enthalten auch Pflanzennährstoffe. Im Allgemeinen braucht man solche Frischhaltemittel nicht, aber wenn man sie verwendet, dann genau nach Vorschrift.

Das Arrangement muss vor Luftzug, Sonnenstrahlung und Hitze geschützt werden. Luftzug richtet den größten Schaden an, weil Wind die Verdunstung ver-

Farbtafel 20. Frühlingswind. Um Frühlingsstimmung auszudrücken, werden im Ikebana oft mehrere fröhliche Farben in einer Komposition verwendet. Hier wurden gelbe und rosa Tulpen und lila Veilchen, dazu gerade treibende Zweige des Spierstrauches in einer großen Schale im Moribana-Stil gesteckt. Der Spierstrauch gehört zu den Pflanzen, die als erste nach dem Winter kleine, grüne Blätter tragen. Das Linienwerk seiner Zweige deutet den leicht wehenden Frühlingswind an. Arrangement von Ayako Graefe.

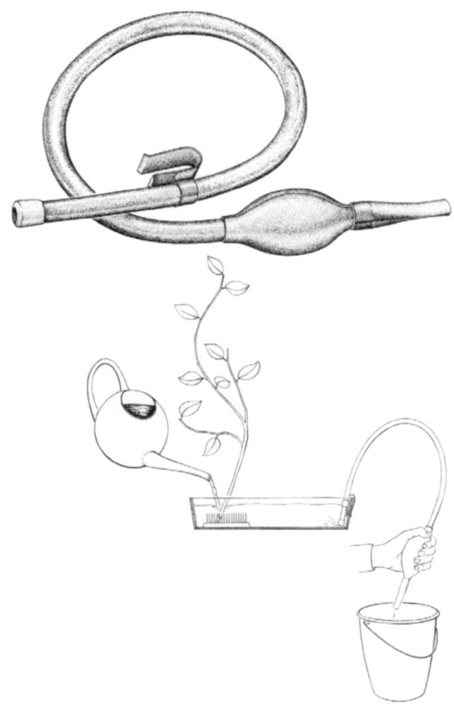

Abbildung 74. Wasserwechseln mit dem Gummischlauch.

stärkt. Auch Wärme fördert sie; man sollte deshalb das Arrangement über Nacht aus dem geheizten Zimmer in einen kühlen Raum bringen. (Nelken sind besonders empfindlich.) Tropische Blumen wie Orchideen und Flamingoblumen sollten jedoch besser im warmen Zimmer (ca. 21 Grad Celsius) bleiben.

Sonnenstrahlung fördert ebenfalls die Verdunstung, aber man muss noch einen weiteren Einfluss beachten: Viele Pflanzen wenden sich der Sonne zu; deshalb muss man schon beim Stecken die Sonnenseite des Standorts berücksichtigen. Hat man zum Beispiel Tulpen sorgfältig in die gewünschte Richtung gesteckt, dann ist es ärgerlich, wenn sie sich am nächsten Tag alle zur Sonnenseite gewandt haben. Zur Not kann man die Stiele mit nassen Händen etwas abkühlen und sie vorsichtig wieder zurückdrehen.

Allgemeines zur Pflanzenpflege

Die Haltbarkeit der Pflanzen ist trotz aller Pflege begrenzt. Ihre im Vergleich mit anderen Künsten, wie Malerei und Bildhauerei, so kurz befristete Existenz ist eine Eigenart des Ikebana und muss so hingenommen werden.

Selbstverständlich darf man bei der Pflege der Pflanzen nicht nachlässig sein, und vor allem *vor* dem Stecken soll man alles tun, um das frische, gesunde Aussehen der Pflanzen möglichst lange zu bewahren. Aber man braucht sich auch keine übertriebene Mühe zu geben, ihre Haltbarkeit künstlich zu verlängern. *Beim* Stecken sollte das Ziel sein, das lebendige Material künstlerisch wirkungsvoll – und sei es auch nur für kurze Zeit – zu nutzen.

Bei wiederholter Anwendung des Mizukiri (dabei werden die Stiele immer kürzer), bei der Wahl des Standorts für das Arrangement oder beim Entfernen der Blätter soll man vor allem ästhetische Gesichtspunkte berücksichtigen, selbst wenn die Pflanzen dadurch etwas kürzer leben sollten. Das Wasser kann natürlich jeden Tag gewechselt werden, aber auch das sollte man nicht übertreiben; beim häufigen Anfassen leiden die Pflanzen und die Komposition schließlich auch.

Vor allem sollte man den positiven Standpunkt einnehmen, dass das Leben – und damit das Sterben

Farbtafel 21. Arrangement im Glasgefäß. Ein Sommerarrangement in freiem Stil mit einer Orchidee, Asparagusblättern und grünem Gartendraht in einem gläsernen Kerzenständer. Die unterste Blüte sieht besonders interessant aus, weil ihre Farbe durch den Ton des Gefäßes verstärkt wird. Hier wurde kein Blumenhalter benutzt – er hätte den Eindruck des Arrangements gestört. Glasgefäße werden hauptsächlich für Sommerarrangements verwendet. Arrangement von Ayako Graefe.

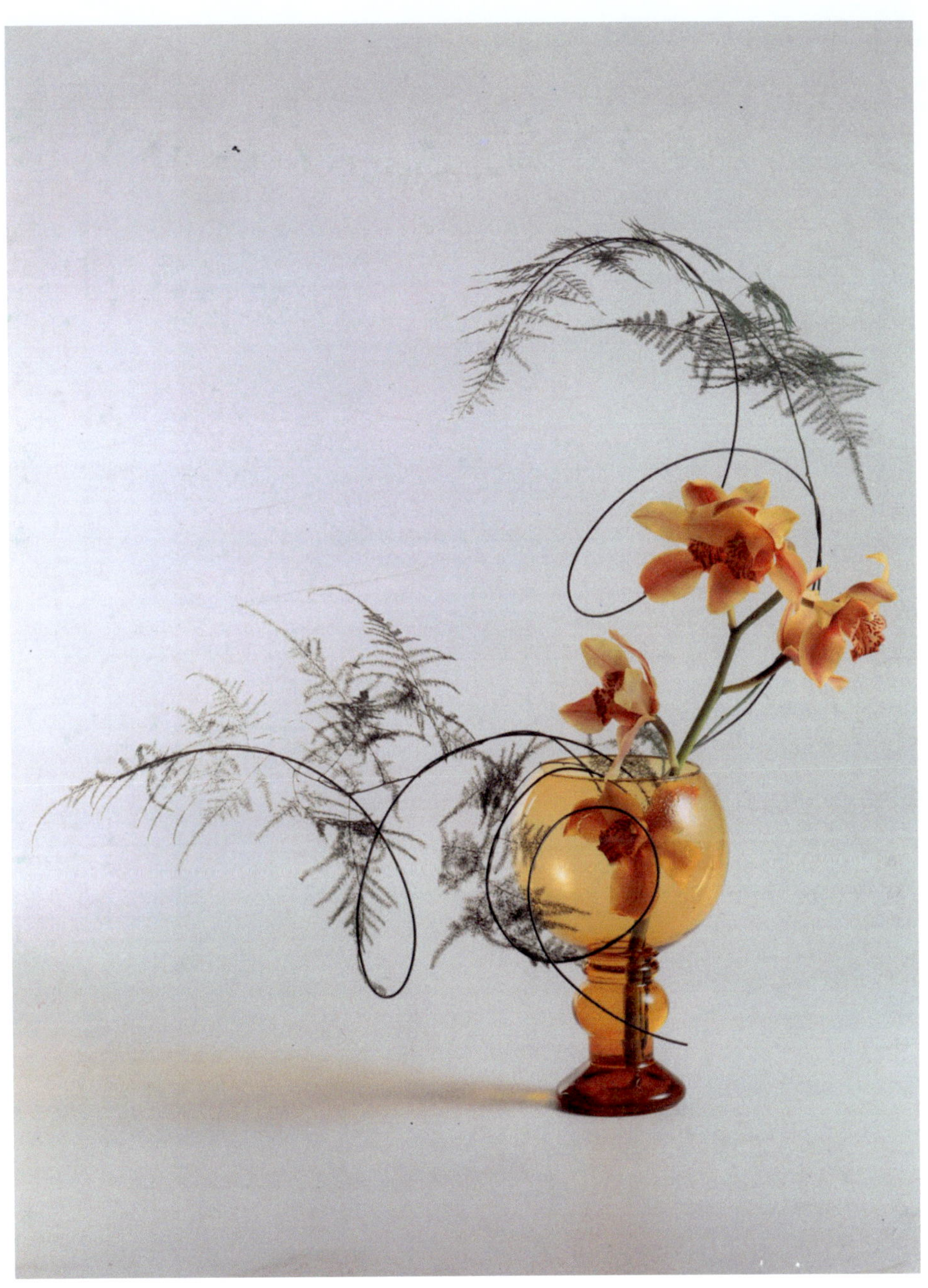

– des Materials eine Besonderheit der Blumenkunst ist, die es in anderen Kunstarten nicht gibt. Sie sind Anlass und Anreiz, immer wieder neue Arrangements zu gestalten.

Die Lebensfrische und der Duft des Blumengestecks bringen Abwechslung ins Zimmer, während ein Gemälde, das jahrelang an der gleichen Wand in der gleichen Höhe im gleichen Rahmen hängt, nur den immer gleichen Anblick und das immer gleiche Gefühl vermitteln kann. Der Wandel durch Wachstum (Keimen, Sprießen, Blühen und Verwelken) vermag auch wunderbar die Zeitdimension in ein Ikebana-Arrangement einzubeziehen (siehe Abschnitt 2.1.3). In Japan betrachtet man die Blumen und die übrigen Wesen der Natur auch deshalb mit einem so tiefen und verinnerlichten Gefühl, weil sie ebenso sterben müssen wie der Mensch. Pflanzen sollen in diesem Sinne gesehen und gepflegt werden.

Die Stile

Im Laufe der Jahrhunderte haben sich viele verschiedene Stilrichtungen des Ikebana entwickelt (im Kapitel 5 wird darüber ausführlich berichtet). Heute gibt es etwa 3000 Ikebana-Schulen und entsprechend viele verschiedene Meinungen über die einzelnen Stilarten und ihre »richtige« Gestaltung. Hier können deshalb nicht die Auffassungen jeder einzelnen Schule dargelegt werden, sondern nur die Gemeinsamkeiten, die von einer großen Mehrheit der Blumenkünstler vertreten werden.

Einen Überblick über die gegenwärtig vorherrschenden Auffassungen zu den in den letzten 500 Jahren entwickelten Stilarten gibt die folgende Aufstellung:

- *Kuge* (siehe Abbildung 141), das buddhistische Blumenopfer im Tempel, gilt als Vorläufer des eigentlichen Ikebana; es wird von alters her in Verbindung mit religiösen Zeremonien von buddhistischen Priestern oder Ikebana-Meistern gestaltet. Seinetwegen hat Ikebana auch heute noch eine enge Beziehung zum buddhistischen Tempel, obwohl Kuge im Allgemeinen nicht als ein Stil des Ikebana im engeren Sinne betrachtet wird und deshalb gewöhnlich nicht Bestandteil der Lehrpläne der Ikebana-Schulen ist.
- *Tatebana* (siehe Abbildung 143) ist der älteste wirkliche Ikebana-Stil. Aus ihm ging der Rikka-Stil hervor und verdrängte ihn weitgehend. Die Shin-Ikenobo-Schule ist die einzige bekanntere Schule, die Tatebana als »Ko-Rikka« (Prä-Rikka) im Lehrplan hat.
- *Rikka* (von der Saga-Schule »Shogonka« genannt, siehe Farbtafel 4) ist eine Bezeichnung für klassische Arrangements mit vielen Aufbaustielen, die in großen Vasen oder Schalen gesteckt werden. Kennzeichnend ist auch, dass alle Aufbaustiele als schlankes Bündel gemeinsam aus der Wasseroberfläche senkrecht emporsteigen. Rikka hat im Vergleich mit anderen Stilarten besonders viele und komplizierte Gestaltungsregeln. Das traditionelle Rikka wird streng nach den überlieferten Regeln unter Verwendung traditioneller Gefäße und Steckvorrichtungen gestaltet, das moderne Rikka dagegen unter Verwendung moderner Gefäße und metallener Steckvorrichtungen, aber nach den förmlichen Regeln des traditionellen Rikka. Das moderne Rikka wird manchmal »kreatives Rikka«, »Gendai-Rikka« oder »Shin-Rikka« genannt. Sonderformen des Rikka sind das moderne kleine Rikka (Shohin-Rikka) mit sieben Aufbaustielen (siehe Abbildung 132), das Sunanomono (ein Rikka im Sandbecken, siehe Farbtafel 9) und das Dozuka (ein klassisches kleines Rikka für ein Regal). Traditionelles Rikka wird heute besonders für festliche, formelle Anlässe oder für Ausstellungen gesteckt. Nur wenige Schulen, darunter Ikenobo, Ryusei, Saga und Senkei, lehren es heute.
- *Seika* (auch »Shoka«, »Kakubana«, »Kakuka« oder »Ryugibana« genannt, siehe Farbtafel 25) bezeichnet klassische Arrangements, die – zum Beispiel in flachen Schalen oder hohen Vasen – mit einem Steckhilfsmittel gesteckt werden. Bei ihrer Gestaltung spielt die Drei-Wesen-Symbolik (Himmel, Mensch und Erde, siehe Abschnitt 2.2.1) eine Rolle, und besonderer Wert wird auf die Ausformung des Mizugiwa-Fußpunktes und

auf die Dreieckkomposition gelegt. Das traditionelle Seika verwendet althergebrachte Gefäße und Steckhilfsmittel. Daneben gibt es das moderne Seika (auch »Gendai-Seika«, »Shin-Seika« oder »Shinputai« genannt, siehe Abbildung 1); es verwendet moderne Vasen und metallene Steckhilfen. Seika ist in vielen Ikebana-Schulen Bestandteil der Lehrpläne, zum Beispiel Enshu, Ikenobo, Ko, Misho, Omuro, Ryusei und Soami. Selbst von Schulen, die den Seika-Stil nicht ausdrücklich als solchen lehren (zum Beispiel Adachi, Ohara und Sogetsu), wird Unterricht in der Seika-Technik erteilt, um die Kenntnis besonderer Methoden der Behandlung gewisser Pflanzen (Narzisse, Lotosblume usw.) zu vermitteln.

- *Nageire* (auch »Nageirebana« oder »Heika« genannt, siehe Farbtafel 18) nennt man heute moderne Arrangements, die in hohen Gefäßen ohne Metall-Steckhilfsmittel gesteckt werden. Nageire wird oft als »modernes Vasengesteck« bezeichnet und von fast allen Ikebana-Schulen gelehrt. Die meisten Nageire-Arrangements bestehen aus zwei oder drei Aufbaustielen; sie werden in den einzelnen Schulen nach unterschiedlichen künstlerischen Regeln gesteckt.
- *Chabana* (siehe Farbtafel 29) wird für den Teeraum und besonders für die Teezeremonie gesteckt. Es gibt kaum förmliche Regeln; das Gestaltungsprinzip des Chabana ist die Geisteshaltung der Teezeremonie selbst. Chabana wird manchmal als selbstständiger Stil in die Lehrpläne aufgenommen, meistens jedoch als eine Abart des Nageire behandelt. Wegen des Chabana hat Ikebana noch heute eine enge Beziehung zur Teezeremonie.
- *Bunjinbana* (auch »Bunjin-ike« oder »Bunjinka« genannt, siehe Farbtafel 33) wird ohne besondere Regeln, aber gemäß der vom chinesischen Geschmack geprägten Bunjin-Richtung in flachen Schalen (siehe Abbildung 152) oder in hohen Vasen gesteckt. Bunjinbana ist in einigen Schulen als selbständiger Stil Bestandteil des Lehrplans, aber meistens wird es als eine Abart des Moribana oder des Nageire behandelt.
- *Morimono* (siehe Farbtafel 28): Obst-Arrangements in flachen Tellern oder Körben und Ikebana-Arrangements auf Tabletts (statt Gefäßen, siehe Abbildung 12) nennt man gewöhnlich »Morimono«. Morimono lässt in der Regel kein Wasser sehen. Es ist von einigen Schulen als selbstständiger Stil in die Lehrpläne aufgenommen worden; meistens wird es aber als eine Abart des Moribana oder des Bunjinbana behandelt.
- *Moribana* (siehe Farbtafel 6) sind Arrangements, die in flachen Gefäßen mit Steckhilfen aus Metall gesteckt werden. Moribana wird oft als »modernes Schalengesteck« bezeichnet. Es wird von fast allen Ikebana-Schulen gelehrt und hat als typisches Kateibana (Zimmergesteck) eine außerordentliche Beliebtheit erlangt, sodass es heute häufiger gesteckt wird als alle anderen Formen des Ikebana. Seine Gestaltungsregeln sind in den verschiedenen Schulen nicht einheitlich; meistens aber bestehen Moribana-Arrangements aus drei Aufbaustielen und enthalten sowohl Linien- als auch Massenelemente.
- *Jiyubana* (auch »Jiyuka«, »Shinka«, »Shinbana« oder »Gendaika« genannt, siehe Farbtafel 10) ist ein Arrangement in freiem Stil; es bedient sich der Pflanzen als Form- oder Farbelemente, ohne ihre natürlichen Eigenschaften zu beachten. Jiyubana verwendet oft getrocknete, gebleichte oder gefärbte Pflanzen sowie nichtpflanzliches Material, wie Metall, Kunststoff oder Glas, zusammen mit natürlichen, lebenden Pflanzen. Jiyubana wird oft in Moribana-Schalen oder Nageire-Vasen gestaltet und dann »Moribana in freiem Stil« oder »Nageire in freiem Stil« genannt. Die meisten Ikebana-Schulen betrachten heute Jiyubana als einen eigenen Ikebana-Stil, der beson-

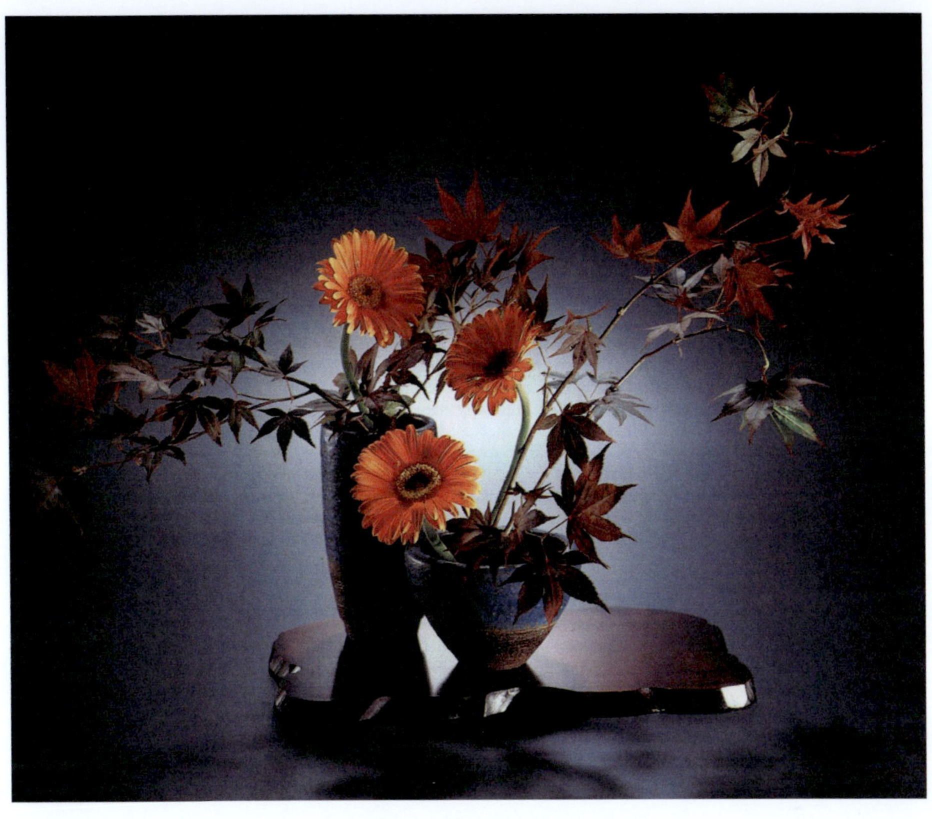

Farbtafel 22. Sonnenuntergang im Herbst. Ein kombiniertes Arrangement aus Nageire und Moribana mit Ahorn und Gerbera. Verfärbte Ahornzweige sind Symbolpflanzen für Herbstgestecke; die herbstlich-abendliche Stimmung des Arrangements wird durch den rötlichen Schimmer des fast schwarzen Untersatzes noch verstärkt. Arrangement von Ayako Graefe.

ders gut geeignet ist, die schöpferischen Fähigkeiten der Schüler zu fördern. Beim Jiyubana sieht man kaum Unterschiede zwischen den verschiedenen Schulrichtungen. Hier treten die Individualität und Persönlichkeit des Künstlers viel deutlicher hervor als Eigenarten der verschiedenen Schulen.

- *Zeneibana* (auch »Zenei-Ikebana«, »Zokei-Ikebana«, »Avantgarde-Ikebana«, »Ikebana-Skulptur« oder »Ikebana-Objet« genannt, siehe Farbtafel 26): Die Definition des Zeneibana ist immer noch umstritten; jedenfalls ist Zeneibana ein modernes, abstraktes Ikebana-Werk, das nicht unbedingt mit pflanzlichem Material aufgebaut sein muss. Wenn es ohne pflanzliches Material gestaltet wird, deutet es in den meisten Fällen »Pflanzen« oder »Pflanzenwelt« an. Eine pflanzliche Plastik (Ikebana-Objet), ein bewegliches Arrangement (Ikebana-Mobile), eine Pflanzendekoration an der Wand (Ikebana-Relief) und ein ganz kleines Arrangement, das oft nur aus einem einzigen Laub- oder Blütenblatt besteht (Miniatur-Ikebana), werden ebenfalls als Zeneibana bezeichnet. Derzeit greifen immer mehr Schulen diese Richtung auf, und bei den meisten Ikebana-Ausstellungen gibt es heute auch einige große und kleine Zeneibana neben den traditionellen Arrangements. Zeneibana wird manchmal als eine Abart und Weiterentwicklung des freien Stils (Jiyubana) angesehen.

Von allen diesen Stilrichtungen sind heute Moribana, Nageire, Seika, Rikka und Freier Stil (meistens im Sinne des Jiyubana) am weitesten verbreitet; sie werden deshalb in den folgenden Abschnitten ausführlich vorgestellt, mit einigen typischen Arbeitsanleitungen, wie sie von maßgebenden Ikebana-Schulen entwickelt worden sind.

Die Wiedergabe von Arbeitsanleitungen ist in erster Linie für denjenigen Leser gedacht, der eine Vorstellung von den verschiedenen Stilarten und von den Einzelheiten erhalten möchte, die bei der Gestaltung eines Arrangements zu beachten sind; sie verhelfen ihm zu verständigem Betrachten und Würdigen von Ikebana-Kunstwerken. Dem Leser, der selbst Ikebana-Arrangements gestalten möchte, ersetzen sie nicht den erfahrenen Lehrer, sie sind aber vielleicht als Ergänzung des praktischen Unterrichts nützlich.

Die Reihenfolge der Anleitungen entspricht etwa ihrem zunehmenden Schwierigkeitsgrad. Arbeitsschritte, die bei mehreren Stilarten von Bedeutung sind, werden nur einmal ausführlich erläutert.

Bei der Wiedergabe der Arbeitsschritte handelt es sich um durch Erläuterungen ergänzte und der Klarheit wegen teilweise geänderte und – zum Teil erheblich – erweiterte Bearbeitungen der jeweils angegebenen Originaltexte.

4.1 Moribana

Moribana, »aufgehäufte Blumen«, wurde von dem Blumenmeister Ohara Unshin (dem Begründer der Ohara-Schule) ausgangs des 19. Jahrhunderts entwickelt, kurz nachdem Japan seine Abkapselung von der Außenwelt beendet hatte. Anlass zur Entwicklung des Moribana-Stils war der Wunsch, die »neuen«, farbenprächtigen Blumen aus dem Westen durch eine »aufgehäufte« Komposition in flachen Schalen zur Geltung zu bringen. Dieser neue Stil verbreitete sich bald im ganzen Land, weil er gut in ein »modernes«, das heißt westlich eingerichtetes Zimmer passte, während der bis dahin vorherrschende Seika-Stil für das Tokonoma des japanisch eingerichteten Zimmers entwickelt worden war. Zur Beliebtheit des neuen Stils und zum raschen Wachstum der Ohara-Schule trug auch bei, dass er viel leichter zu erlernen war als die älteren Stilarten und dass er nach langen Jahren des Stillstands der erste »moderne« Stil der Blumenkunst war (siehe Abschnitt 5.5).

Fast alle Ikebana-Schulen lehren heute ein modernes Schalengesteck und nennen es »Moribana«. Wegen seiner einfachen Technik beginnt in den meisten Schulen die Ausbildung mit Moribana.

Kennzeichnend für den Moribana-Stil ist die Verwendung eines flachen Gefäßes und eines metallenen Steckhilfsmittels sowie die Zusammenstellung von Linien- und Massenelementen. Dabei werden von manchen Schulen etwas stärker die Massenelemente betont (zum Beispiel Ohara- und Saga-Schule), von anderen mehr die Linienelemente (zum Beispiel Sogetsu- und Adachi-Schule).

Der Mizugiwa-Fußpunkt des Moribana wird nicht wie bei klassischen Gestecken als schlankes Bündel, sondern mehr in buschiger Form gebildet. Moribana legt großen Wert darauf, dass das Mizugiwa wie ein natürlicher Landschaftsausschnitt am Wasser aussieht; deshalb verdeckt man den Blumenhalter oft mit Blättern, Wurzeln oder Kieselsteinen.

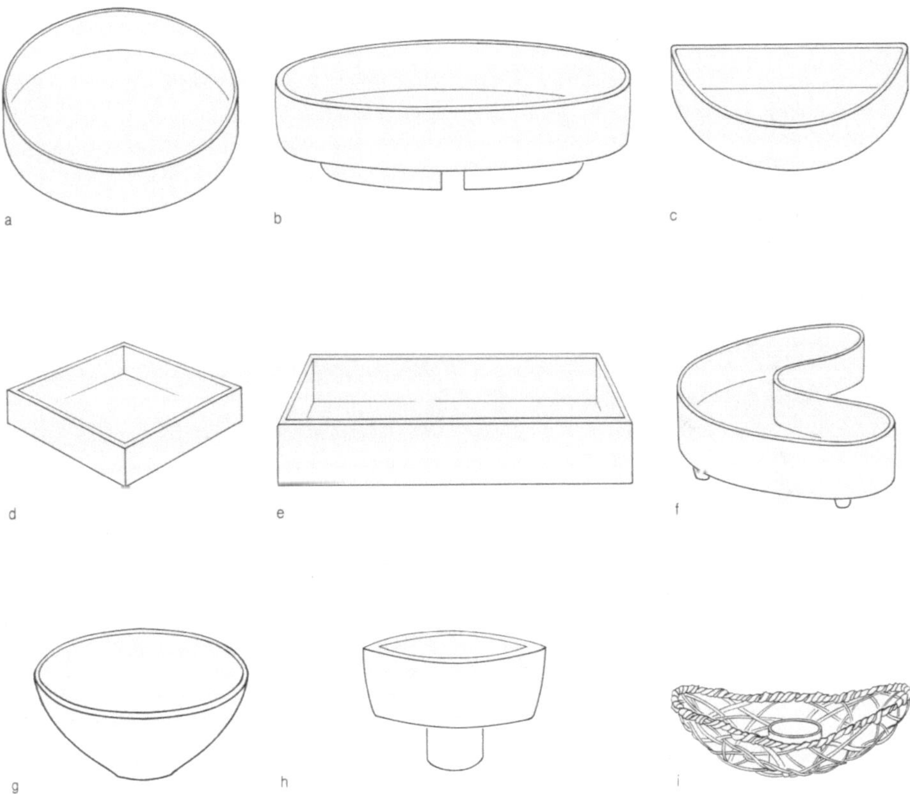

Abbildung 75. Moribana-Gefäße. Schalen, flach (**a–f**) und tief (**g**), Konpoto (**h**), flacher Korb (**i**). Die abgebildeten Gefäße sind, mit Ausnahme des Korbes, aus Keramik; sie könnten ebenso gut aus Glas oder Metall sein.

Gefäße für Moribana-Arrangements (Abbildung 75) sind meistens aus Keramik und ziemlich flach. Für die Form der Gefäße gibt es kaum Einschränkungen: Sie können rund, oval, eckig oder auch unregelmäßig geformt sein. Einige Moribana-Schalen haben Füße oder einen Ständer; auch Körbe können für Moribana-Gestecke verwendet werden. Die Farben der Gefäße sind an keinerlei Vorschriften gebunden.

Die nachfolgende Beschreibung des Moribana-Stils orientiert sich an den Vorstellungen der Sogetsu-Schule, weil diese den Moribana-Stil besonders klar und deutlich zum Ausdruck bringt und ihre Darstellungsweise eine gute Grundlage auch für andere Stilarten abgibt. In der Sogetsu-Schule hat die Lehre des Moribana-Stils auch deshalb besonderes Gewicht, weil sie sich ganz auf die modernen Stile beschränkt.

Das Grundgerüst des Moribana-Arrangements der Sogetsu-Schule besteht aus drei Aufbaustielen; es wird ergänzt durch Nebenstiele, deren Aufgabe es ist, das Arrangement abzurunden. Die Namen und Bedeutungen der Stiele sind in Tabelle 4 zusammengefasst (siehe auch Tabelle 2 im Abschnitt 2.2.1).

Tabelle 4. Aufbau und Nebenstiele des Moribana (Sogetsu-Schule)

Name	Bedeutung und Funktion	Symbol
Shin	»Wahrheit«: Der erste Aufbaustiel, der Hauptstiel des Arrangements	S
Soe	»Zugabe«: Der zweite Aufbaustiel	So
Hikae	»Zurückhaltung«: Der dritte Aufbaustiel	H
Jushi	»Begleitstiel«: Nebenstiele, die den Aufbaustielen helfen	J

Die Länge der Aufbaustiele richtet sich nach den Maßen der Schale, und zwar nach der Summe aus ihrem Durchmesser D und ihrer Höhe H:

- Shin: 1,5 bis 2 (D + H)
- Soe: $^{3}/_{4}$ Shin
- Hikae: $^{1}/_{2}$ bis $^{3}/_{4}$ Soe

Die richtige Länge der drei Stiele findet man beim Stecken durch Auflegen der Pflanzen auf die Schale nach »Augenmaß«; ein Zentimetermaß ist nicht erforderlich.

Die angegebenen Maße gelten für mäßig belaubte Zweige und für Blumen mit mittelgroßen Blüten. Buschige Zweige oder Blumen mit großen Blüten können etwas kürzer zugeschnitten werden, kahle Zweige oder schlanke Blumen dagegen etwas länger.

Der an der Spitze verästelte Teil eines Zweiges (zum Beispiel bei Weiden) oder der am oberen Ende stark gebogene Blütenteil (zum Beispiel bei Gladiolen) wird als Verzierung des Stiels betrachtet und bei der Längenmessung nicht berücksichtigt. Der im Inneren der Schale verbleibende Teil des Stiels wird ebenfalls nicht berücksichtigt.

Bei einem Arrangement werden diese Aufbaustiele in bestimmte Richtungen mit festgelegten Neigungswinkeln gesteckt. Dabei spielt der längste Stiel, der Shin, eine entscheidende Rolle. Wenn er annähernd senkrecht steht, spricht man von einer »aufrechten Form«, wenn er deutlich geneigt gesteckt ist, von einer »geneigten Form«. Von jeder dieser Formen gibt es viele Variationen.

Die Länge der Nebenstiele (Jushi) ist nicht vorgeschrieben, aber sie müssen auf jeden Fall kürzer als der Shin sein; auch ihre Neigungswinkel und ihre Anzahl sind nicht festgelegt. Vom Sinne her sollten die Jushi allerdings im Verhältnis zu den Aufbaustielen eine untergeordnete Rolle spielen; ihre Aufgabe ist es, den Gesamteindruck des Arrangements abzurunden und nach Bedarf auch den Kenzan zu verdecken.

Als Steckhilfsmittel verwendet die Sogetsu-Schule immer einen Kenzan, andere Schulen stattdessen auch ein Shippo. Es gibt zu jeder Grundform, ent-

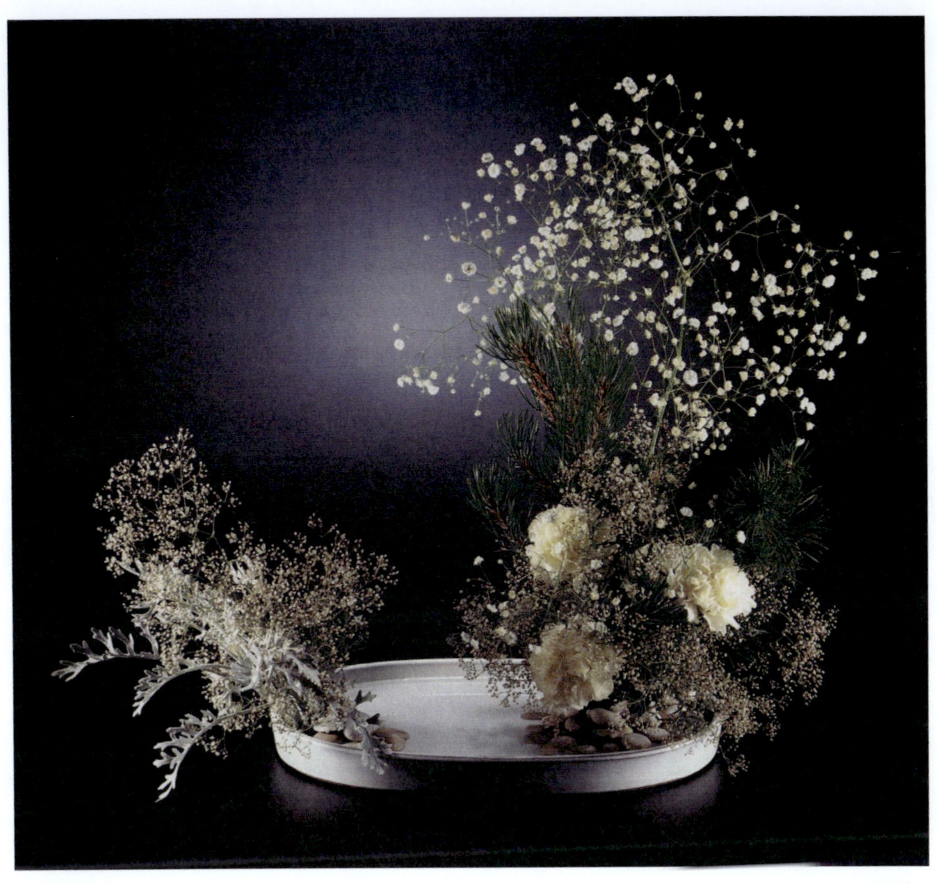

Farbtafel 23. Schneelandschaft. Ein zweiteiliges Moribana-Arrangement mit Schleierkraut in zwei verschiedenen Arten, weißen Nelken, weißen Cinerarien (Cineraria maritima) und grünen Kiefernzweigen. Der etwas nach hinten gerückte Teil rechts deutet einen Berg in der Ferne an, der vordere Teil links ein Gebüsch in der Nähe; die Cinerarienblätter erinnern an Schneekristalle. Verschiedene weiße Farbnuancen stellen die Schneelandschaft perspektivisch und symbolisch dar. Arrangement von Ayako Graefe.

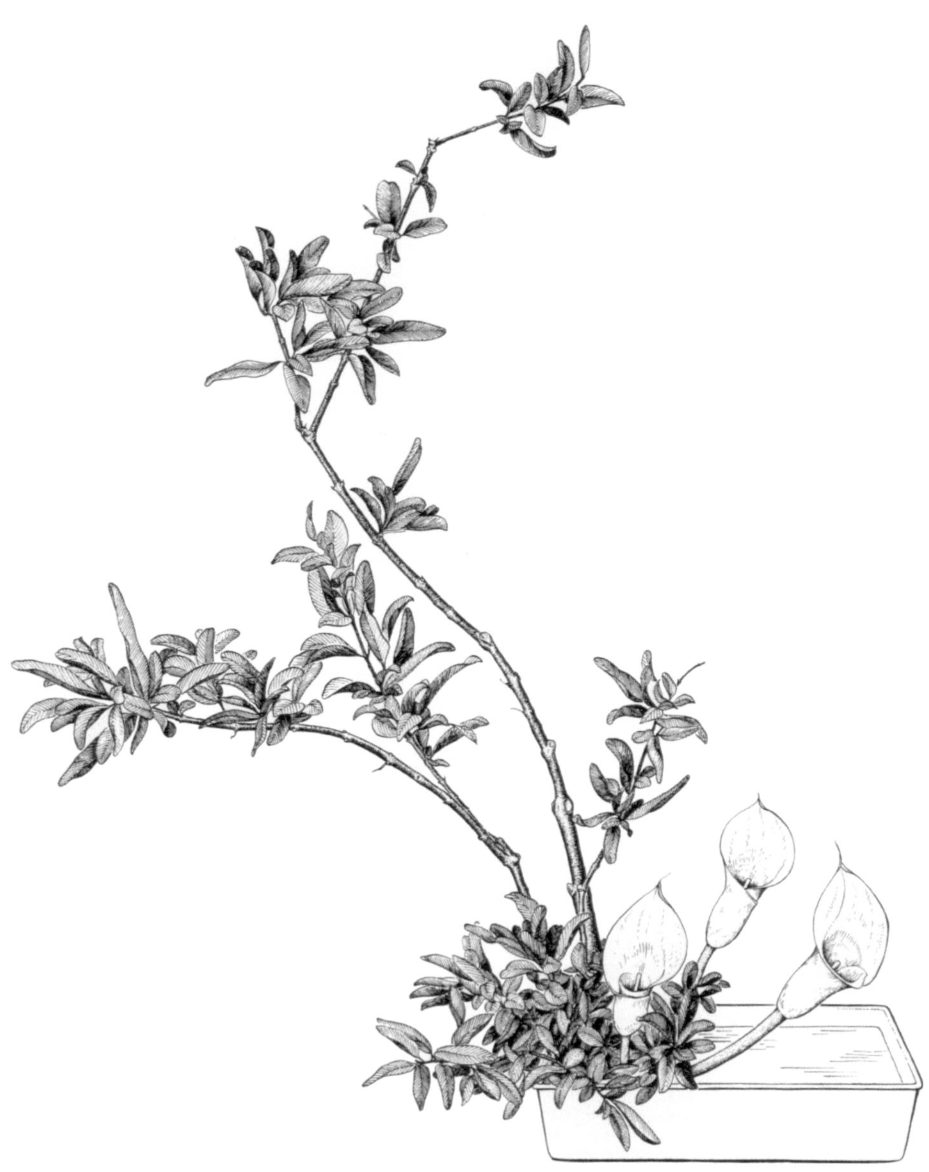

Abbildung 76. Ein Moribana-Arrangement in aufrechter Form. Granatapfelzweige (Punica granatum) und Calla (Zantedeschia aethiopica), in einer eckigen Schale sehr natürlich und elegant gesteckt. Arrangement von Teshigahara Kasumi, Sogetsu-Schule.

sprechend der Neigungsrichtung des Shin, ein rechtsseitiges und ein linksseitiges Arrangement, woraus sich wiederum die Position des Kenzans ergibt. Für die rechtsseitige aufrechte Form wird er beispielsweise vorn links in die Schale gelegt, für die linksseitige aufrechte Form vorn rechts.

Gestaltung eines Moribana-Arrangements

In einer Schale soll ein Gesteck wie in Abbildung 76 gestaltet werden, ein Moribana aufrechter Form.

Um verschiedene Richtungen und Neigungswinkel der Aufbaustiele zu zeigen, verwendet man oft Schemazeichnungen. Abbildung 77 zeigt das gleiche Arrangement in schematischer Form nach den Gepflogenheiten der Sogetsu-Schule. (Die meisten Ikebana-Schulen haben mehr oder weniger ähnliche schematische Zeichnungen, um Länge und Neigungswinkel der Stiele ihrer verschiedenen Aufbauformen zu zeigen.)

Das folgende Material wird für das Arrangement benötigt:

Pflanzen:	3 Granatapfelzweige (Punica granatum) 3 Calla (Zantedeschia aethiopica)
Gefäß:	eckige Schale, Diagonale etwa 30 cm
Steckhilfsmittel:	Kenzan, Durchmesser 6,5 cm

Man kann auch Lärchenzweige mit Rosen oder Apfelzweige mit Tulpen nehmen; die Schale kann auch rund oder oval sein. Die Form des Kenzans ist nicht wichtig, er muss nur groß und schwer genug sein.

Arbeitsschritte (nach der Sogetsu-Schule, siehe Literaturverzeichnis: Kasumi Teshigahara, 1965):

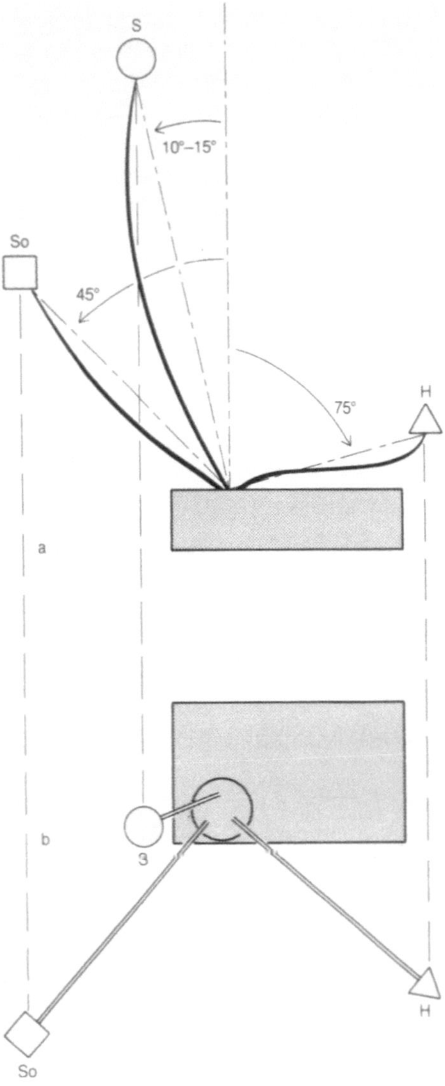

Abbildung 77. Moribana aufrechter Form in schematischer Darstellung (Sogetsu-Schule). Vorderansicht (**a**) und Draufsicht (**b**): Aufbaustiele S = Shin, So = Soe, H = Hikae, ihre Längen, Richtungen und Neigungswinkel.

1 Der größte und schönste Granatapfelzweig wird als Shin gewählt. Der Shin-Zweig wird geformt, wie in Abbildung 44 (im Abschnitt 3.2.1) als Beispiel für das Formen von Zweigen dargestellt. Die überflüssigen Triebe und Blätter werden so entfernt, dass eine für das rechtsseitige Arrangement geeignete Zweigbildung entsteht. Die weggeschnittenen Teile werden aufbewahrt; sie dienen später gegebenenfalls als Jushi (Abbildung 78a).

2 Der Kenzan wird in die Nähe der linken vorderen Ecke der Schale gelegt, in die Position für die rechtsseitige aufrechte Grundform (Abbildung 78b). Wasser wird eingefüllt, bis die Nagelspitzen des Kenzans gut unter Wasser stehen.

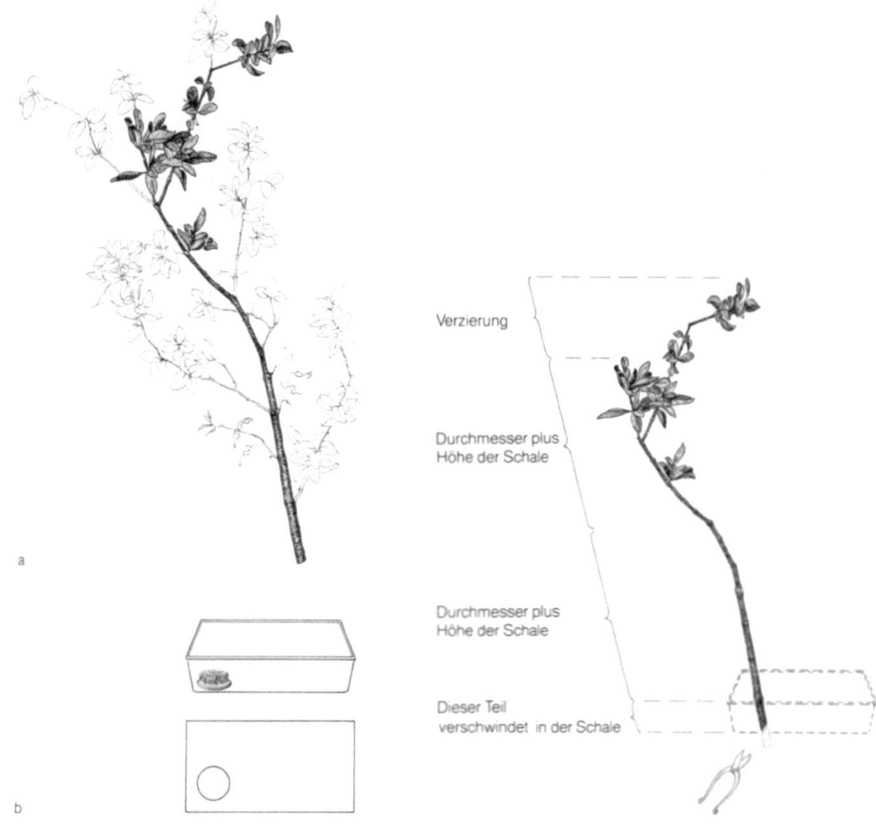

Abbildung 78. Vorbereitung. Der Shin wird durch Wegschneiden der angedeuteten Teile geformt (siehe auch Abbildung 44) (**a**), der Kenzan korrekt platziert, für die aufrechte rechtsseitige Form also vorn links in der Schale (**b**).

Abbildung 79. Zuschneiden des Shin-Zweiges auf die richtige Länge. Die gebogene Spitze (Verzierung) und der im Inneren der Schale verschwindende Abschnitt werden beim Abmessen nicht mitgerechnet.

3 Der Shin-Zweig wird auf die richtige Länge zugeschnitten. Weil er wenig belaubt und relativ schlank ist, sollte er verhältnismäßig lang sein; seine Länge (ohne Verzierung und später nicht sichtbares unteres Ende) soll deshalb 2 (D+H) betragen (Abbildung 79). Das Zweigende wird schräg geschnitten (siehe auch Abschnitt 3.2.1).

4 Der Shin-Zweig wird hinten in der Mitte auf den Kenzan gesteckt, und zwar zunächst senkrecht, bis das Zweigende den Boden des Kenzans erreicht (siehe Abschnitt 3.2.2); dann wird er etwa 15 Grad nach links und leicht nach vorn gerichtet (S in Abbildung 80).

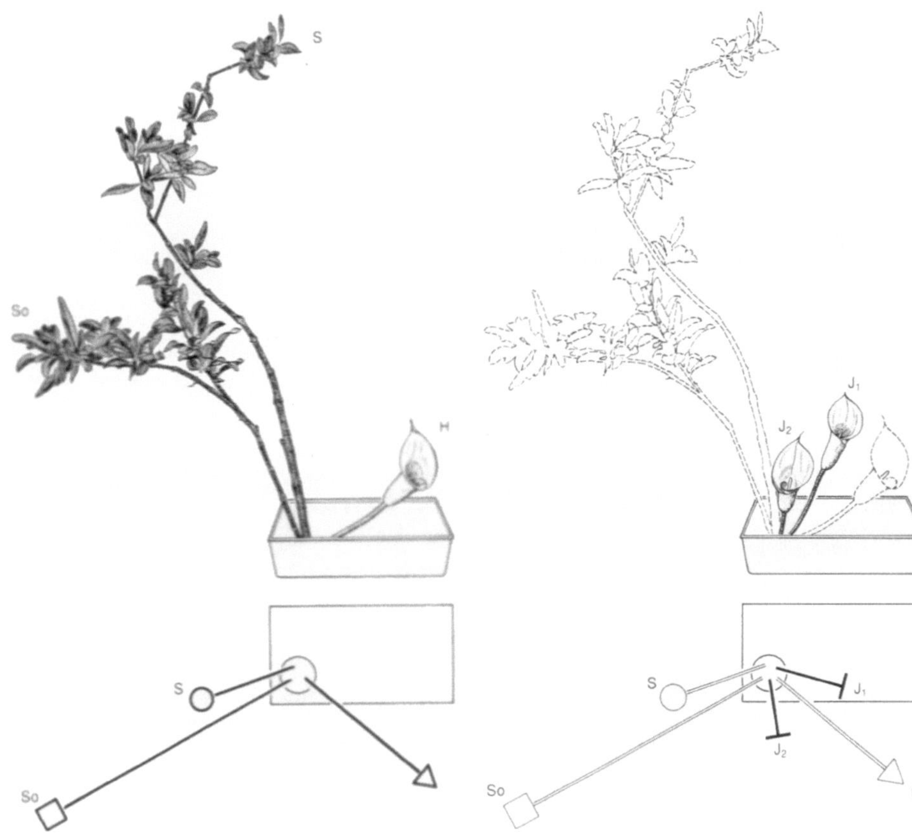

Abbildung 80. Das Arrangement nach dem 8. Arbeitsschritt. Die drei Aufbaustiele Shin (S), Soe (So) und Hikae (H) sind gesteckt, das Grundgerüst ist aufgebaut. Weil Soe und Hikae nach vorn gerichtet sind, sehen sie im Bild kürzer aus, als sie sind.

Abbildung 81. Nach dem 10. Arbeitsschritt. Zwei Nebenstiele (Jushi) sind gesteckt: J1 und J2, beide mit Callablüten realisiert.

5 Als Soe wird ebenfalls ein Granatapfelzweig gewählt. Er wird so gekürzt, dass seine Länge zwei Dritteln der Länge des Shin entspricht, und mit der Hand etwas nach links gebogen, um ihm eine elegant geschwungene Linie zu geben (siehe Abschnitt 3.2.1).

6 Der Soe-Zweig wird links vorn auf den Kenzan gesteckt und etwa 45 Grad nach links und etwas nach vorn (in die Richtung der linken Schulter des Gestalters) gerichtet (So in Abbildung 80).

7 Als Hikae wird in der Sogetsu-Schule gewöhnlich kein Zweig, sondern eine Blume genommen. Ein Callastiel wird auf etwa die Hälfte der Länge des Soe-Stiels zugeschnitten, weil die Blüte ziemlich groß ist. Dabei wird das Stielende gerade geschnitten (siehe Abschnitt 3.2.1), und zwar un-

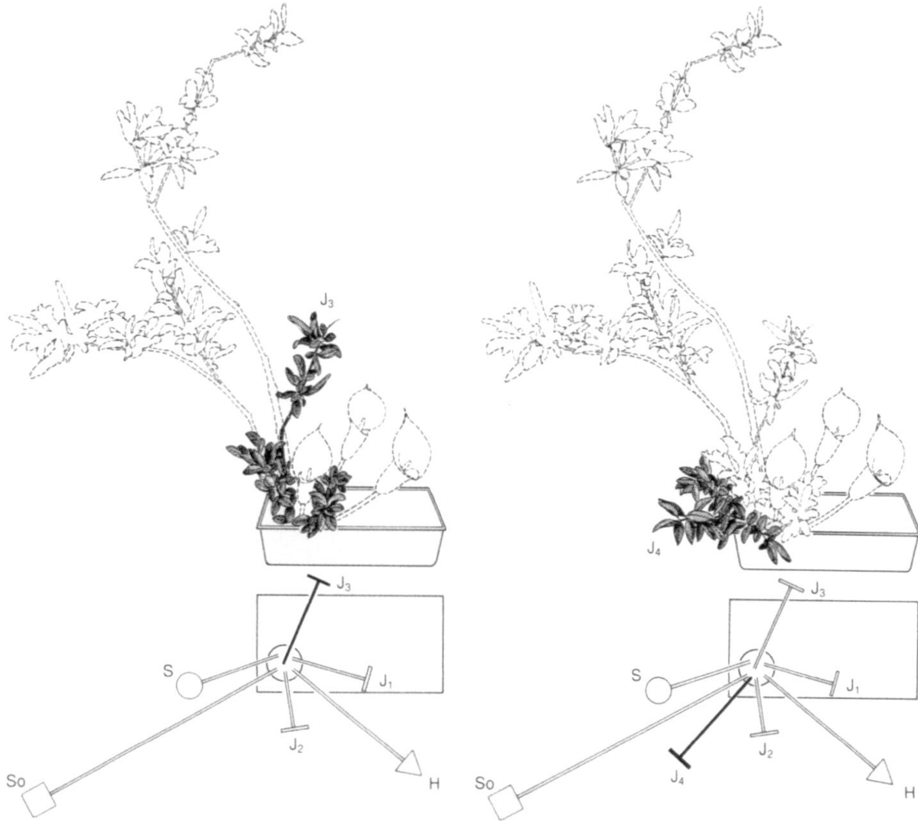

Abbildung 82. Nach dem 11. Arbeitsschritt. Der dritte Jushi (J3) ist gesteckt.

Abbildung 83. Nach dem 12. Arbeitsschritt. Drei vom Shin-Zweig weggeschnittene Triebe (vergleiche Abbildung 78) sind, zu einem Bündel zusammengebunden, als vierter Jushi (J4) zur Tarnung des Kenzan gesteckt.

ter Wasser (siehe Abschnitt 3.3 und Abbildung 68).

8 Der Callastiel wird rechts vorn auf den Kenzan gesteckt und etwa 75 Grad nach rechts und nach vorn (in die Richtung der rechten Schulter des Gestalters) gerichtet (H in Abbildung 80). Dabei wird die Blüte zugleich nach oben und nach vorn gerichtet, sodass die Blume frisch und lebendig wirkt (siehe Abschnitt 1.1.2).

Damit ist das Grundgerüst aufgebaut (siehe Abbildung 80). Um das Arrangement abzurunden, werden weitere Blumen und Zweige als Nebenstiele (Jushi) gesteckt; dabei ist zu beachten, dass die Nebenstiele die Aufbaustiele betonen sollen, nicht aber das Grundschema der aufrechten Form verfälschen dürfen.

9 Eine zweite Calla wird als erster Jushi etwas länger als die Hikae-Blume zugeschnitten, zwischen dem

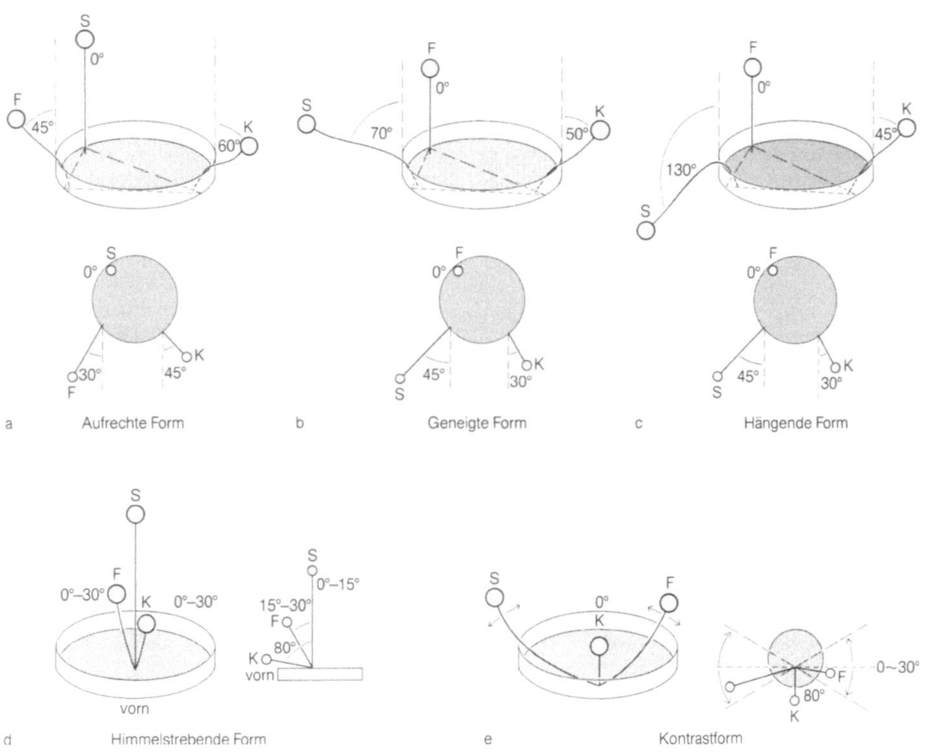

Abbildung 84. Die fünf Moribana-Formen der Ohara-Schule. Dort wird der erste Aufbaustiel Shushi (S), der zweite Fukushi (F) und der dritte Kyakushi (K) genannt (»Subjekt-Stiel«, »Zusatz-Stiel« und »Objekt-Stiel«). Die Kontrastform (e) ist dadurch gekennzeichnet, dass Shushi (S) und Fukushi (F) beinahe gleich lang sind und sich annähernd gegenüberstehen, wobei die Neigungswinkel nicht festgelegt sind.

Shin-Zweig und der Hikae-Blume gesteckt und nach rechts und etwas nach vorn gerichtet (J1 in Abbildung 81).

10 Als zweiter Jushi wird eine dritte Calla etwas kürzer als die Hikae-Blume zugeschnitten und nach vorn gesteckt (J2 in Abbildung 81). Damit werden die drei Callablüten ziemlich dicht beieinander angeordnet, sodass ihre gelbe Farbe deutlich zur Geltung kommt.

11 Ein kurzer Granatapfelzweig mit zwei Seitentrieben wird als dritter Jushi schräg nach hinten gesteckt, um dem Arrangement Tiefe und gleichzeitig den Blüten eine grüne Umgebung zu geben (J3 in Abbildung 82).

12 Schließlich werden drei vom Shin-Zweig weggeschnittene Teile zu einem Büschel zusammengebunden (siehe Abbildung 60f) und als vierter Jushi nach vorn und etwas nach links gesteckt (J4 in Abbildung 83). Sie verbergen den Kenzan, sodass er von vorn nicht sichtbar ist.

13 Die Schale wird zu zwei Dritteln mit Wasser gefüllt. Sollten Blätter oder andere Pflanzenteile hineingefallen sein, werden sie jetzt beseitigt.

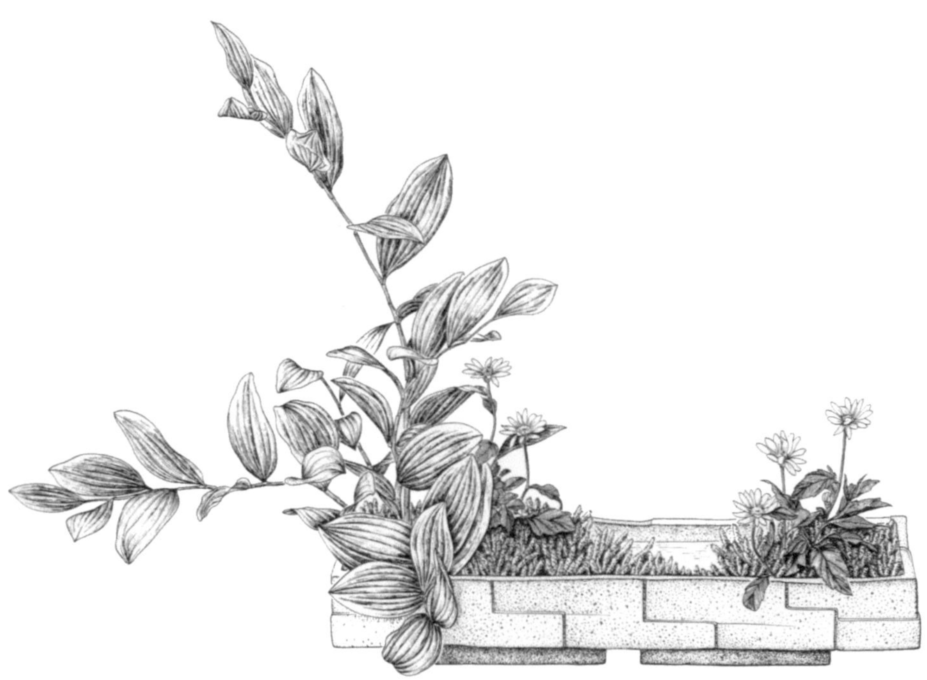

Abbildung 85. Moribana aufrechter Form der Ohara-Schule. Ein Landschaftsausschnitt mit Salomonssiegel (Polygonatum falcatum) und Astern, nach den Regeln der aufrechten Form der Ohara-Schule. Dort ist es üblich, den vorderen Teil des Gestecks einschließlich der Blumenhalter mit Bärlapp (Lycopodium clavatum) zu bedecken und überhaupt das Massenelement stärker zu betonen. Arrangement von Ohara Houn, Ohara-Schule.

Damit ist das Arrangement fertig.

Gewöhnlich gilt die aufrechte Form als Grundform eines Moribana-Arrangements. Daneben gibt es noch weitere Formen mit anderen Neigungswinkeln der Aufbaustiele.

Um Gemeinsamkeiten und Unterschiede der Moribana-Arrangements verschiedener Schulrichtungen aufzuzeigen, werden einige Beispiele von verschiedenen Schulen im Folgenden vorgestellt.

Von der Ryusei-Schule und einigen anderen werden die Moribana-Formen den Stufen der Förmlichkeit, Shin, Gyo und So (siehe Abschnitt 2.2.2), zugeordnet, aber die meisten Schulen unterscheiden die verschiedenen Formen nur nach dem Neigungswinkel des Hauptstiels. So ergeben sich bei der Ohara-Schule fünf Moribana-Variationen, die in Abbildung 84 in schematischen Zeichnungen dargestellt sind. Diese verschiedenen Formen werden je nach der Pflanze, der Schale und dem Standort des Arrangements passend gewählt. Bei der aufrechten, der geneigten und der hängenden Form dieser Schule sollen die Einsteckpunkte der drei Aufbaustiele (Shushi, Fukushi und Kyakushi) jeweils auf eine Ecke eines ungleichmäßigen Dreiecks fallen. Obwohl diese dreieckige Form sich nach der Menge des Pflanzenmaterials ändert, bleibt der Bereich zwischen den Einsteckpunkten, der mit Pflanzen ausgefüllt wird, beim Ohara-Moribana wesentlich größer als etwa beim Sogetsu-Moribana. Dadurch vermittelt das Ohara-Moribana mehr den Eindruck einer Massenkomposition (Abbildung 85).

Zum Vergleich zeigt Abbildung 86 eine Moribana-Linienkomposition der Adachi-Schule; diese Schule hat zum ersten Mal eine kelchförmige Schale für Moribana verwendet und nannte sie »Konpoto«.

Der Moribana-Stil eignet sich – auch wegen des flachen Gefäßes – gut zum Gestalten von Landschaftsgestecken; diese Richtung des Moribana wird unter anderem von der Saga-Schule gepflegt. Solche Landschaften werden mit drei Aufbaustielen (Tai, Yo und So) und einigen Nebenstielen unter Verwendung mehrerer Shippo-Blumenhalter in einer großen Schale gestaltet (siehe Abbildung 63 und Farbtafel 6).

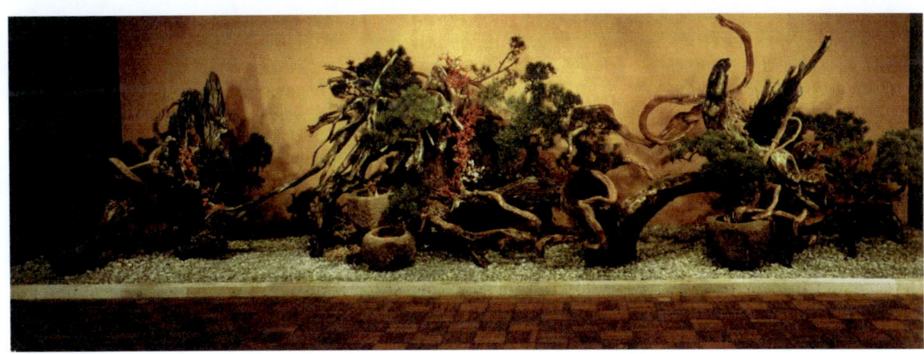

Farbtafel 24. Großes Landschafts-Ikebana. Ein Riesenwerk (ca. 6 m x 1,5 m) wurde mit Kiefernzweigen, Baumwürger (Celastrus orbiculatus), Wurzeln, Reben, Steinen, Töpfen und anderem künstlerisch in einem Ausstellungsraum in freiem Stil aufgebaut. Es stellt einen herbstlichen Landschaftsausschnitt dar, der in seiner Dramatik an die Urzeit erinnert. Arrangement von Ohara Houn, 3. Leiter der Ohara-Schule.

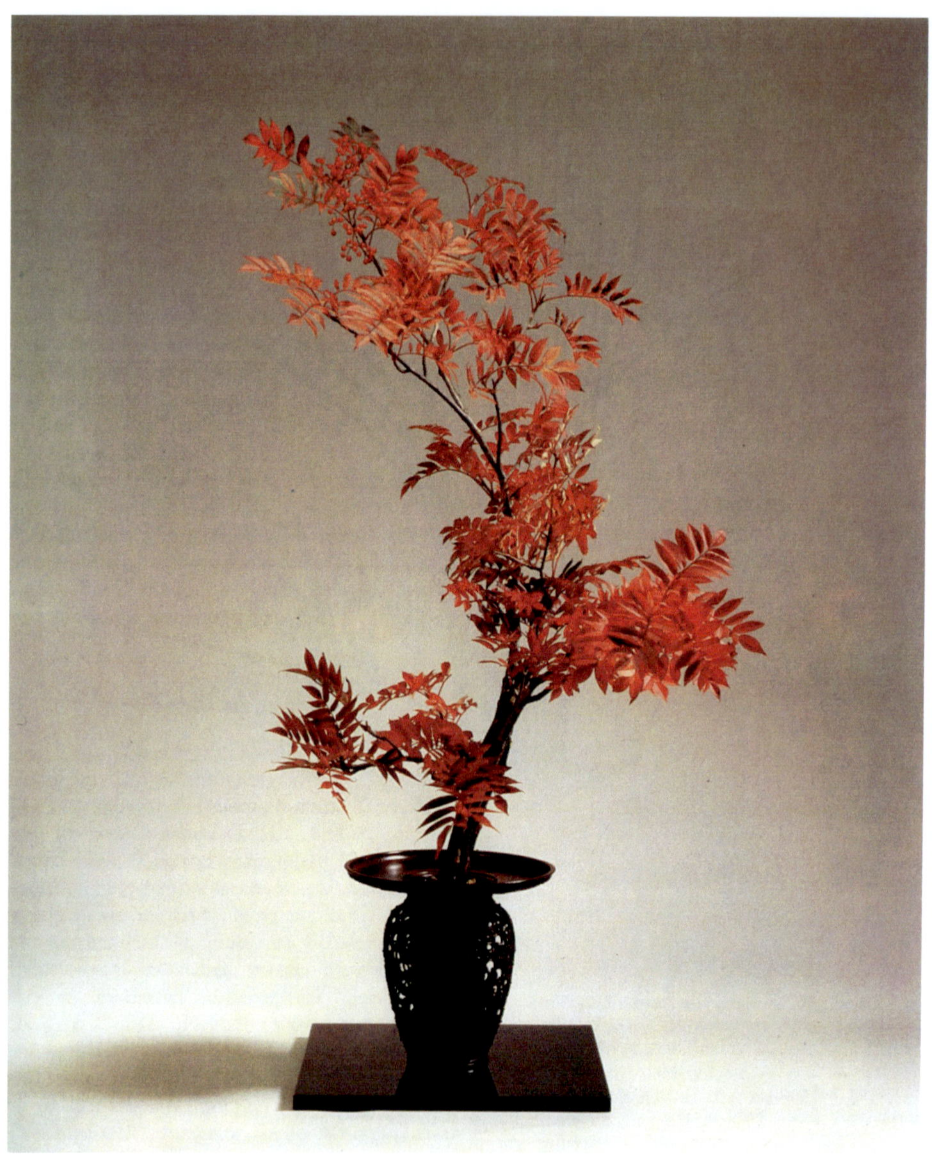

Farbtafel 25. Eberesche im Einzelgesteck. Um sich an der schönen Herbstfarbe der Blätter und Beeren zu erfreuen, steckt man die Eberesche gern einzeln. Die durchbrochene Schnitzarbeit der Usubata-Vase verleiht diesem Seika-Arrangement Harmonie und Leichtigkeit. Arrangement von Enomoto Kakuyu, Ko-Schule Shotokai.

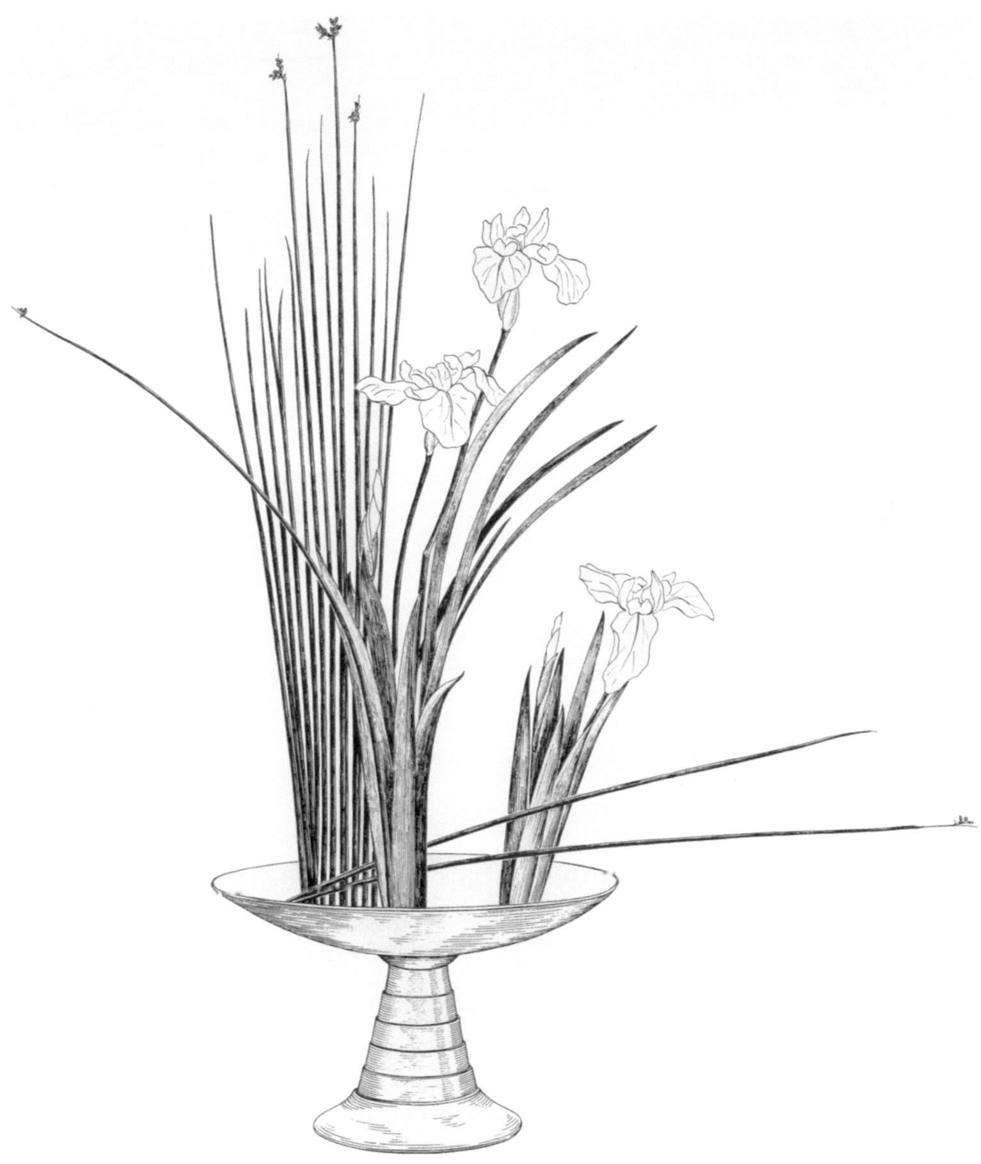

Abbildung 86. Moribana-Linienkomposition. Gerade gewachsene Simsen und aufrecht stehende Iris, in einer kelchförmigen Schale (Konpoto) im Moribana-Stil gesteckt. Durch die absichtlich gekreuzten Linien kommt das Wesen der Linienkomposition besonders gut zum Ausdruck. Arrangement von Adachi Choka II., Adachi-Schule.

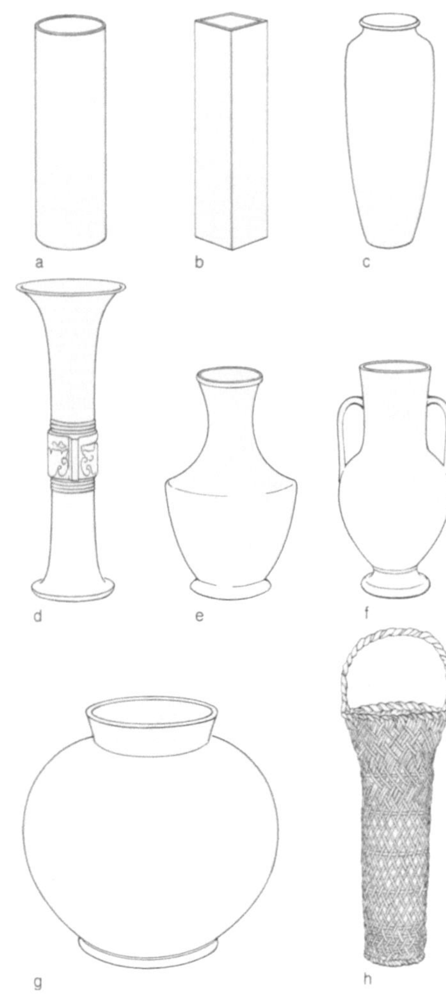

Abbildung 87. Nageire-Gefäße. Zundo, zylindrisch und quaderförmig (**a**, **b**); Vase mit Schulter (**c**); in Son-Form (Son ist ein zeremonielles Gefäß) (**d**); gewöhnliche Blumenvase (**e**); mit Henkeln (**f**); dicke, runde Vase (**g**); hoher Korb mit Henkeln (**h**). Die abgebildeten Gefäße sind, bis auf das letzte, aus Keramik, aber Metall- oder Glasvasen werden genau so gern für Nageire verwendet.

4.2 Nageire

Das Wort »Nageire« (Einwurfgesteck) gab es schon im 15. Jahrhundert, als die Ikebana-Geschichte begann.M Damals bedeutete es »Blumen im bootförmigen Gefäß«. Später, im 17. Jahrhundert, verstand man unter Nageire ein natürlich aussehendes Gesteck in Vasen, und es wurde als ein Stil des Ikebana anerkannt. Als im 19. Jahrhundert ein modernes Schalengesteck, »Moribana«, entwickelt wurde, bürgerte sich für ein modernes Vasengesteck der Name »Nageire« oder »Heika« (Vasenblumen) ein. Immer hat Nageire jedoch eine Art des geneigt und locker gesteckten Arrangements angedeutet, ob es sich um ein »Bootgesteck« oder um ein »Vasengesteck« handelte (siehe Abschnitt 5.3 und 5.5).

Fast alle Ikebana-Schulen lehren heute ein solches modernes Vasengesteck (siehe Farbtafel 12 und 33). Der Hauptunterschied gegenüber dem Moribana – auch in den Arbeitsanleitungen – ergibt sich aus der Verwendung einer hohen Vase (Abbildung 87) anstelle der flachen Schale. Als Gefäße für Nageire-Arrangements sind nicht nur Blumenvasen, sondern auch andere schlanke, hohe Gefäße, wie Flaschen, Becher oder Krüge, geeignet; sie können aus Keramik, Metall oder Glas sein. Allerdings sollte ihre Öffnung nicht zu eng sein, weil es sonst nicht gelingt, die Pflanzen in der für Nageire typischen Weise schräg zu stecken. Auch einige hohe Seika-Gefäße, die zur So-Stufe der Förmlichkeit gehören und den Eindruck einer gewissen Leichtigkeit vermitteln, sind für Nageire gut geeignet, zum Beispiel Holzeimer oder Körbe.

Auch beim Nageire gibt es eine Regel zur Gestaltung des Mizugiwa (hier Vasenrand): Die Öffnung der Vase darf nicht ganz mit Pflanzen ausgefüllt werden, es muss immer freier Raum am Rand verbleiben. Wichtig ist auch, dass die Pflanzen so aussehen, als wüchsen sie völlig ungezwungen aus der Vase

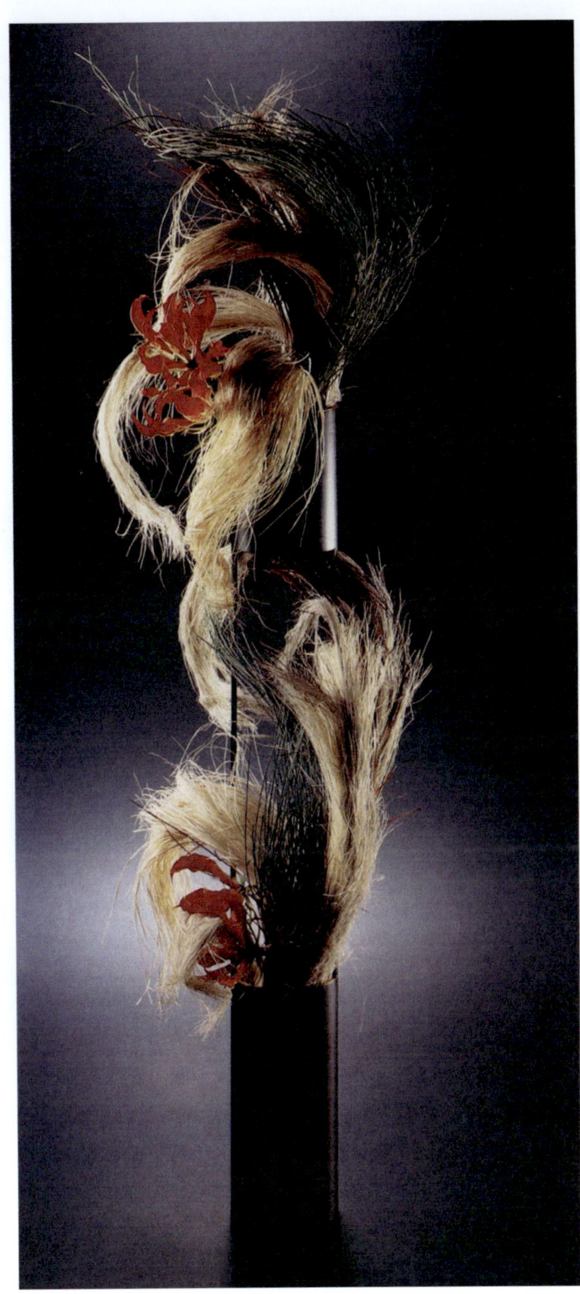

Farbtafel 26. Rauch und Flammen. Gebleichte sowie braunrot gefärbte Isolepis (Scirpus cernuus) und frischer, grüner Ginster, beides »Linien-Pflanzen«, stellen den aufsteigenden Rauch dar, Gloriosablüten die Flammen. In einer schwarzen Doppelvase aus Metall, die eigentlich dem klassischen Seika-Stil vorbehalten ist, wurde ein »Zeneibana«, eine Art »Ikebana-Skulptur«, aufgebaut. Arrangement von Ayako Graefe.

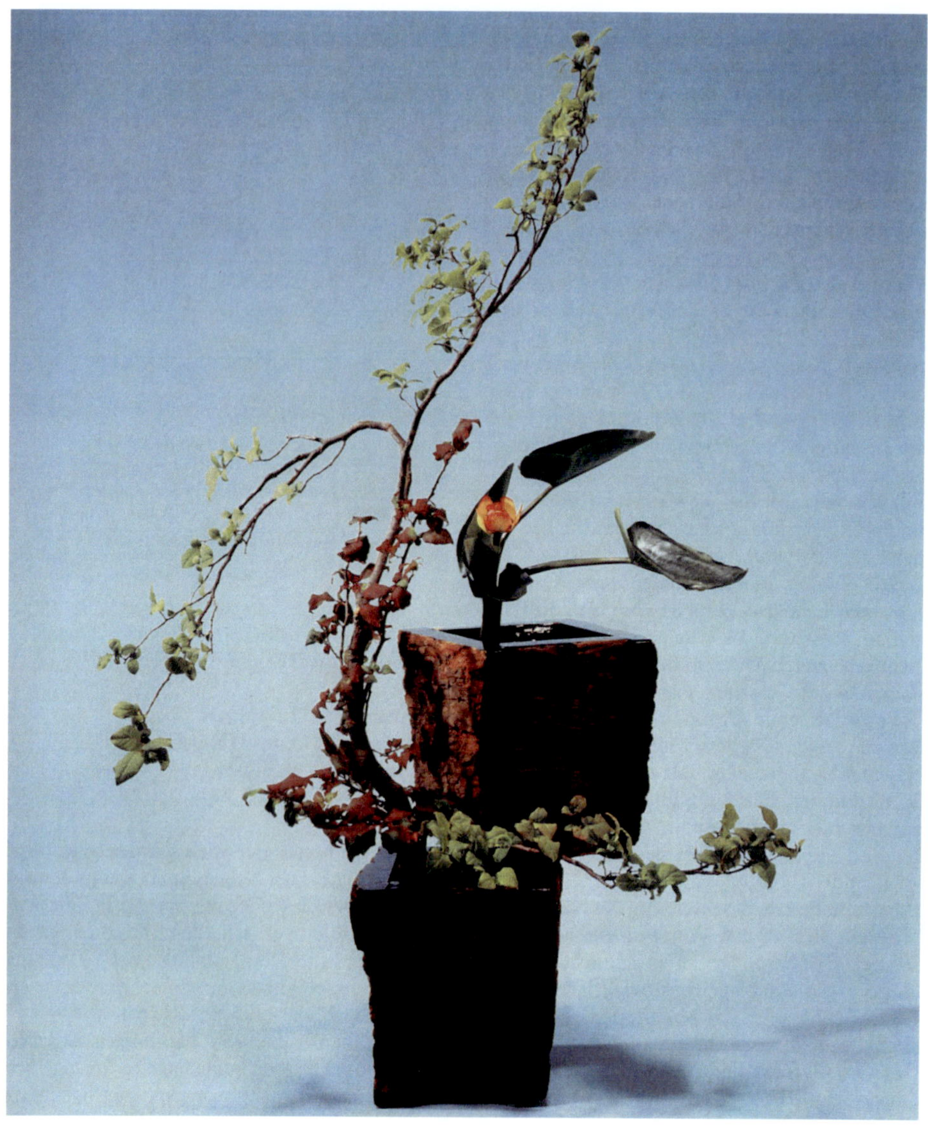

Farbtafel 27. Schöpfeimer-Arrangement. Ein Seika- (= Shoka-) Arrangement mit zwei aufeinandergestellten Schöpfeimern. Die schön gebogenen Heidelbeerzweige (Vaccinium oldhami) steigen aus dem unteren Eimer weit nach oben und überragen die kleine gelbe Sumpfblume (Nuphar japonicum) im oberen Eimer. Die Sumpfblume bildet eine vollständige Seika-Form und ist zugleich ein Aufbaustiel der unteren Komposition. Arrangement von Ashida Ichiba, Leiter der Seifu-Enshu-Schule.

hervor; angestrengtes Bemühen des Gestalters darf nicht sichtbar sein. Weit ausladende und interessante Zweige eignen sich wesentlich besser für den Hauptstiel des Nageire-Arrangements als gerade gewachsene Schnittblumen. Die Auswahl geeigneter Pflanzen verlangt hier mehr Sorgfalt; sie ist viel schwieriger und für das Gelingen des Kunstwerks entscheidender als beim Moribana.

Die nachfolgende Beschreibung des Nageire-Stils orientiert sich an den Vorstellungen der Ohara-Schule, die besonders übersichtliche Darstellungsformen für Nageire entwickelt hat. In der Ohara-Schule wird der Nageire-Stil »Heika« genannt.

Das Grundgerüst des Heika-Arrangements der Ohara-Schule besteht aus drei Aufbaustielen; es wird auch durch Nebenstiele ergänzt. Ihre Namen und Bedeutungen sind in Tabelle 5 zusammengefasst (siehe auch Tabelle 2 im Abschnitt 2.2.1).

Tabelle 5. Aufbau- und Nebenstiele des Nageire (= Heika) der Ohara-Schule

Name	Bedeutung und Funktion	Symbol
Shushi	»Subjekt-Stiel«: Der erste Aufbaustiel, der Hauptstiel des Arrangements	S
Fukushi	»Zusatz-Stiel«: Der zweite Aufbaustiel	F
Kyakushi	»Objekt-Stiel«: Der dritte Aufbaustiel	K
Chukanshi	»Zwischen-Stiel«: Nebenstiele, die den Aufbaustielen helfen	C

Die Länge der Aufbaustiele richtet sich nach der Höhe der Vase (H):

- Shushi: 1,5 bis 2 H
- Fukushi: $^1/_2$ bis $^2/_3$ Shushi
- Kyakushi: $^1/_2$ Shushi

Für das Abmessen der Stiele gilt das beim Moribana Gesagte. Der Teil des Stiels, der im Inneren der Vase verschwindet, ist wesentlich länger als beim Moribana; er ist in den obigen Längenangaben nicht enthalten, muss also beim Zuschneiden der Stiele hinzugerechnet werden (siehe Abbildung 90a).

Die Regeln für Längen, Richtungen und Neigungswinkel werden beim Nageire-Arrangement im Allgemeinen nicht so streng eingehalten wie bei den anderen Stilarten, weil hier vor allem die natürliche Haltung der Pflanzen wichtig ist.

Auch beim Nageire gibt es ein rechtsseitiges und ein linksseitiges Arrangement. Zum Stecken wird von der Ohara-Schule jeweils ein Viertel der Vasenöffnung benutzt: das Viertel vorn links für das rechtsseitige, das Viertel vorn rechts für das linksseitige Arrangement (siehe Abbildung 89c).

Für Heika-Arrangements der Ohara-Schule kommen die folgenden Steckmethoden (siehe Abschnitt 3.2.2) in Betracht:

- Stecken ohne Hilfsmittel (siehe Abbildung 48);
- Stecken mit vertikalem Holzstäbchen (siehe Abbildung 49 und 90);
- Stecken mit horizontalem Holzstäbchen (siehe Abbildung 50 und 91);
- Stecken mit vertikalem und horizontalem Holzstäbchen.

Diese Verfahren erfordern etwas Übung: Das Arrangement soll standfest sein und dennoch so aussehen, als ob die Stiele ganz zwanglos in der Vase ständen. Technisch einfacher wäre es, einen Kenzan zu verwenden; das aber ist beim Nageire verpönt. Gelegentlich wird »heimlich« doch ein Kenzan benutzt, aber dann wirkt das Arrangement immer etwas steif und hat nicht den lockeren, natürlichen Nageire-Ausdruck. Es wird im Allgemeinen empfohlen, möglichst einfache Steckmethoden und wenige Holzstäbchen für ein Nageire-Arrangement zu verwenden.

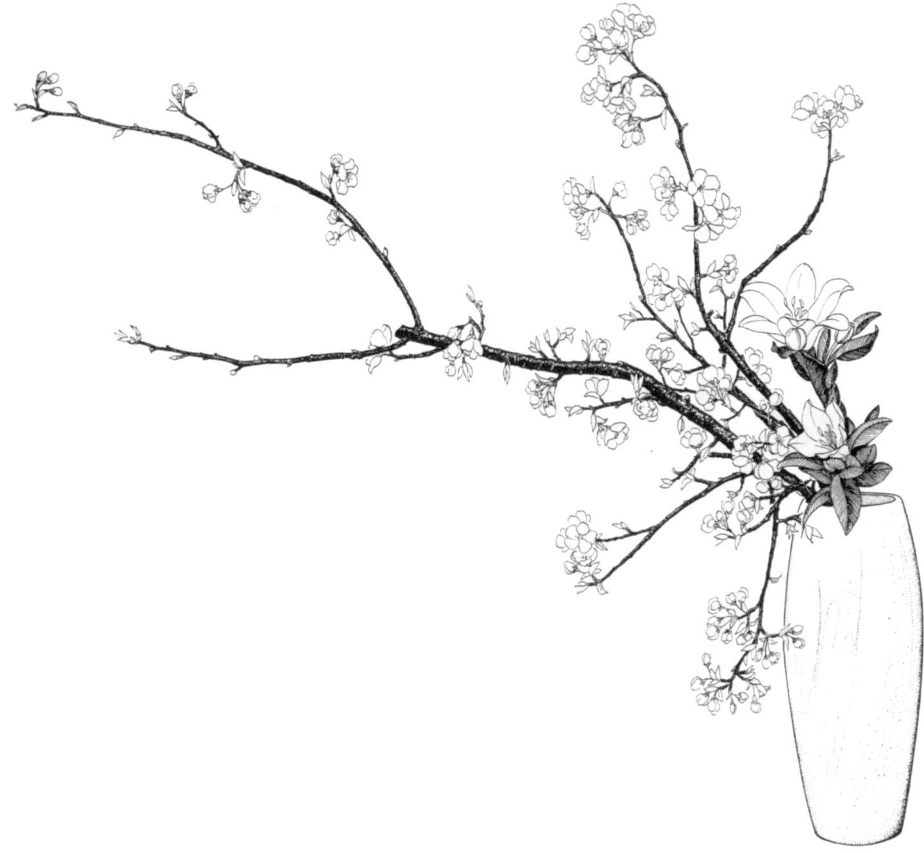

Abbildung 88. Nageire- (= Heika-) Arrangement in geneigter Form. Blühende Kirschzweige und Lilien, in einer Nageire-Vase schräg und leicht gesteckt. Arrangement von Ohara Houn, Ohara-Schule.

Gestaltung eines Nageire-Arrangements

Ein Nageire (= Heika) geneigter Form wie in Abbildung 88 soll gestaltet werden. Die Schemazeichnung (Abbildung 89) ist zugleich ein Beispiel für die in der Ohara-Schule übliche Darstellungsweise.

Das folgende Material wird für das Arrangement benötigt:

Pflanzen:	5 Kirschzweige
	2 Lilien
Gefäß:	Vase, 25 cm hoch

Man kann auch Magnolienzweige mit Iris oder Kastanienzweige mit Chrysanthemen nehmen.

Arbeitsschritte (nach der Ohara-Schule, siehe Literaturverzeichnis: H. Ohara 1975):

1 Der größte und schönste Kirschzweig wird als Shushi gewählt. Im Beispiel der Abbildung 88 eignet er sich für ein rechtsseitiges Arrangement (siehe Moribana). Der Zweig wird auf die richtige Länge zugeschnitten – hier 2 H, weil er sehr schlank ist (Abbildung 90a) –, und nach Bedarf geformt und gebogen (siehe Moribana). Wegen der Höhe der Vase ist der Teil des Zweiges, der beim Abmessen nicht mitgerechnet wird, hier natürlich länger.

2 Zum Zweck der Befestigung wird der Shushi-Zweig am Stielende auf eine Länge von etwa 3 cm gespalten; aus einem seiner abgeschnittenen Triebe wird ein dünnes, aber stabiles Holzstäbchen zugeschnitten (siehe Abschnitt 3.2.2) und in den Spalt des Shushi-Zweigs geklemmt (Abbildung 90b).

3 Der Shushi-Zweig wird zusammen mit dem horizontalen Holzstäbchen in die Vase gestellt und nach vorn links (45 Grad) mit einem Neigungswinkel von 70 Grad gerichtet (S in Abb. 91a).

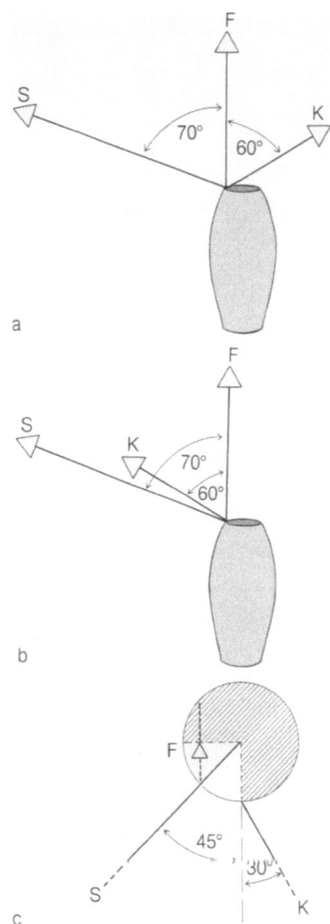

Abbildung 89. Nageire (= Heika) geneigter Form in schematischer Darstellung (Ohara-Schule). Vorderansicht (**a**), Seitenansicht (**b**) und Draufsicht (**c**): Aufbaustiele S = Shushi, F = Fukushi, K = Kyakushi, ihre Längen, Richtungen und Neigungswinkel. Von der ohnehin engen Vasenöffnung wird nur ein Viertel vorn benutzt, für das rechtsseitige Arrangement das linke (**c**), für ein linksseitiges das rechte. Innerhalb dieses Viertels und auf der gestrichelten Linie liegt der Einsteckpunkt des dritten Aufbaustiels, F (**c**).

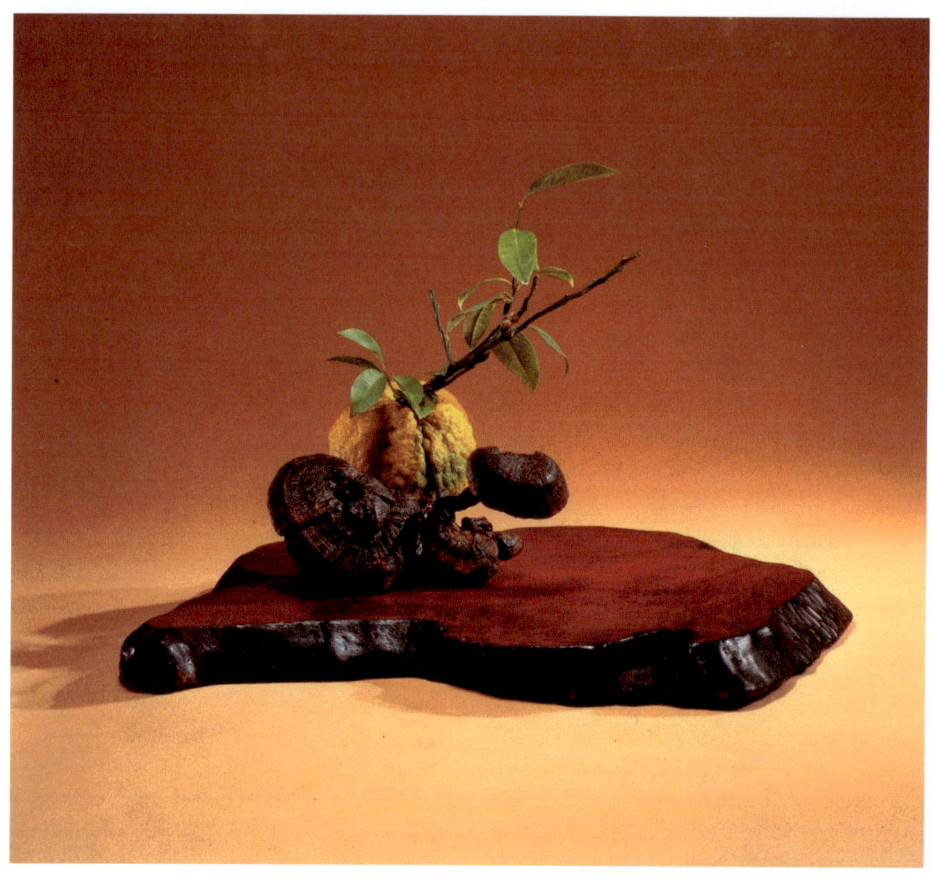

Farbtafel 28. Morimono mit Obst und Gemüse. Ein klassisches Morimono, das einen Glückwunsch zum Ausdruck bringt. Zitrone und Pilze sind von alters her Symbole für Glück. Die zwanglose, schlichte Komposition auf einem Naturholzbrett vermittelt einen Wabi-Eindruck. Die Rikyu-Ko-Schule pflegt die Kunstrichtung des Teemeisters Sen no Rikyu, dessen Namen sie auch übernommen hat. Arrangement von Niinomi Keigetsu, Leiter der Rikyu-Ko-Schule.

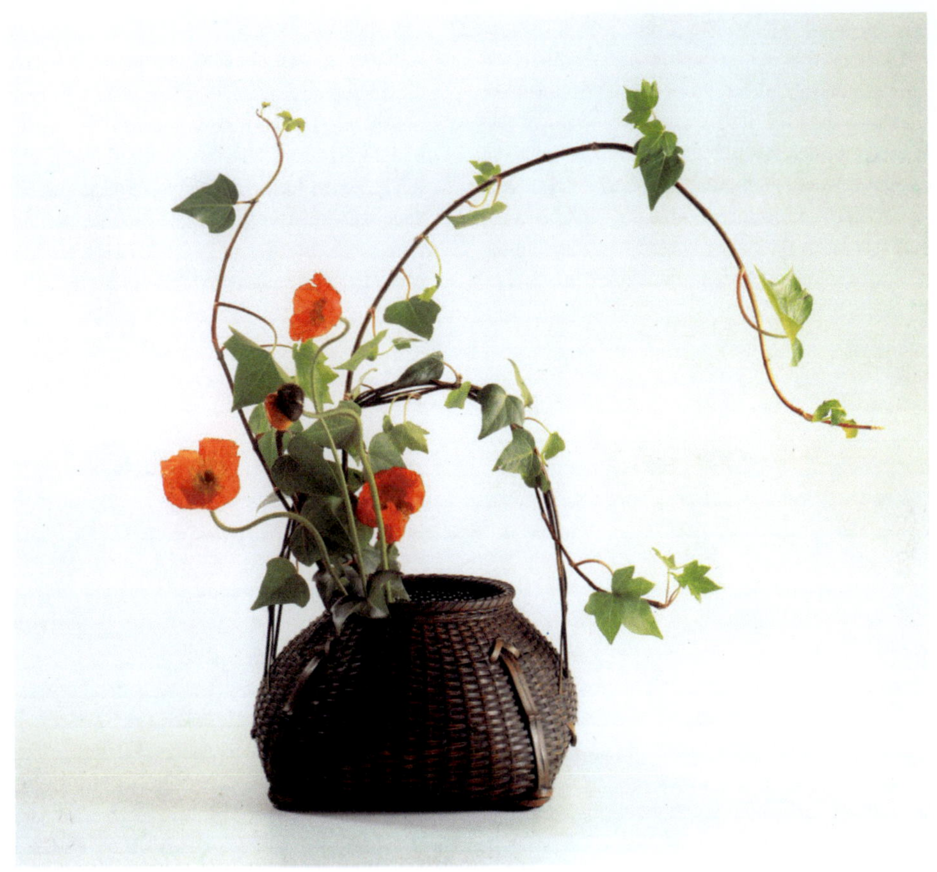

Farbtafel 29. Korb-Arrangement im Chabana-Stil. Efeu und Mohnblumen, spontan und leicht in einem Korb gesteckt. Um die rankende Natur zu zeigen und gleichzeitig die schön geborenen Linien der Mohnstiele weiterzuführen, wurde eine Ranke um den Henkel des Korbes gewickelt. Alle Ranken richten sich an der Spitze nach oben; dadurch wirken sie sehr frisch und lebendig. Das Arrangement versucht, die Begriffe »Wabi« und »Furyu« zu vermitteln. Bei dem Standkorb handelt es sich um einen »Sozenkago« (von Sozen entworfener Korb), der durch den runden oberen Rand, den eckigen Boden und den großen Henkel gekennzeichnet ist; solche Körbe werden gern für Chabana (Teeblumen) verwendet. Arrangement von Ayako Graefe.

4 Als Fukushi wird der zweite Kirschzweig geformt, gebogen, mit einem horizontalen Holzstäbchen zusammengebunden und nach links hinten gesteckt. Hier ist die vorgeschriebene senkrechte Haltung des Fukushi nicht genau eingehalten; um den verhältnismäßig weit ausladenden Shushi-Zweig abzurunden, wird der Fukushi-Zweig nicht senkrecht, sondern nach links, zum Shushi-Zweig hin, gerichtet (F in Abbildung 91a).

5 Der erste Chukanshi, ein interessant gebogener Kirschzweig, wird mit einem vertikalen Holzstäbchen verbunden (Abbildung 91b) und hinter dem Shushi etwas nach links vorn gesteckt (C1 in Abbildung 91); der natürlich gebogene Zweig vermittelt einen lockeren Eindruck. Interessant ist, dass hier ein Nebenstiel der höchste Stiel des Arrangements ist. Dies ist charakteristisch für alle geneigten Formen der Ohara-Schule im Heika so-

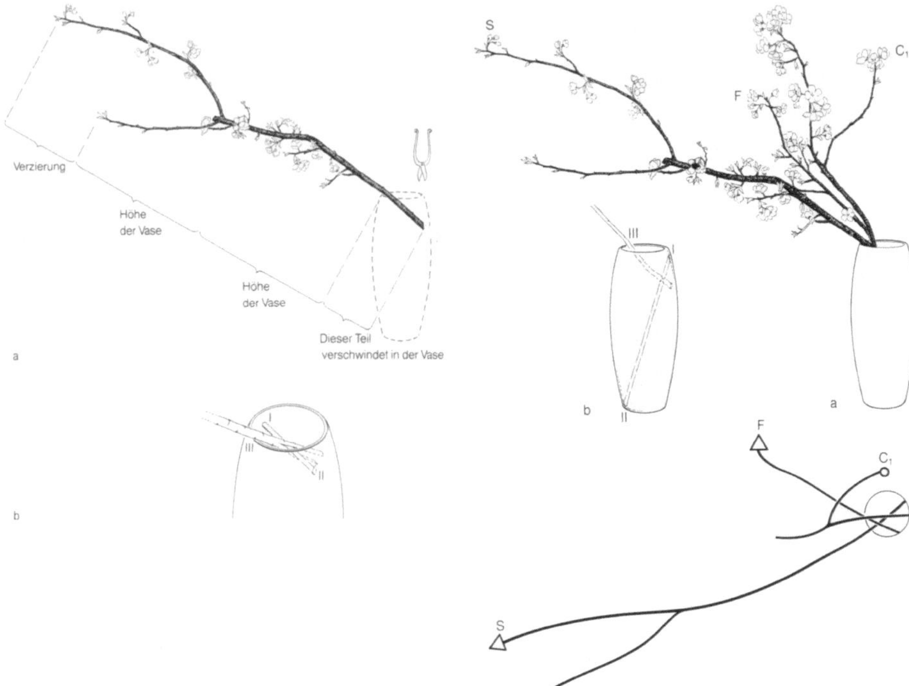

Abbildung 90. Zuschneiden und Befestigen des Shushi-Zweiges. Die Verzierung oben und der in der Vase verschwindende Teil zählen beim Abmessen nicht. Der Stiel wird schräg abgeschnitten, gespalten und auf ein Holzstäbchen (als Steckhilfe) geklemmt. Durch die drei Berührungspunkte mit der Vase (I, II und III) wird der Zweig festgehalten (**b**).

Abbildung 91. Das Arrangement nach dem 5. Arbeitsschritt. Shushi (S), Fukushi (F) und der erste Nebenstiel, Chukanshi (C1), sind gesteckt. Der Shushi und der Fukushi sind mit horizontalen Holzstäbchen befestigt, der Chukanshi (C1) mit einem vertikalen Holzstäbchen. Durch die drei Berührungspunkte mit der Vase (I, II und III) wird der Zweig festgehalten (**b**).

wie im Moribana; auf diese Weise wird den tief geneigten Arrangements die harmonische Höhe verliehen.

Die weiteren Stiele werden ohne eigene Haltestäbchen, aber unter Verwendung des schon im Inneren der Vase vorhandenen »Gerüsts« befestigt.

6 Ein kurzer Kirschzweig mit hübschen Blättern wird als zweiter Chukanshi nach links vorn, etwas hängend, gesteckt (siehe C2 in Abbildung 92).

7 Ein fünfter Kirschzweig mit Knospen wird als dritter Chukanshi zwischen dem Shushi und dem Fukushi gesteckt und weit nach unten hängend gerichtet (C3 in Abbildung 92).

8 Ein Lilienstiel mit voll geöffneter Blüte wird als vierter Chukanshi hinten etwas schräg gesteckt, dabei wird die Blüte nach oben und nach vorn gerichtet (C4 in Abbildung 93).

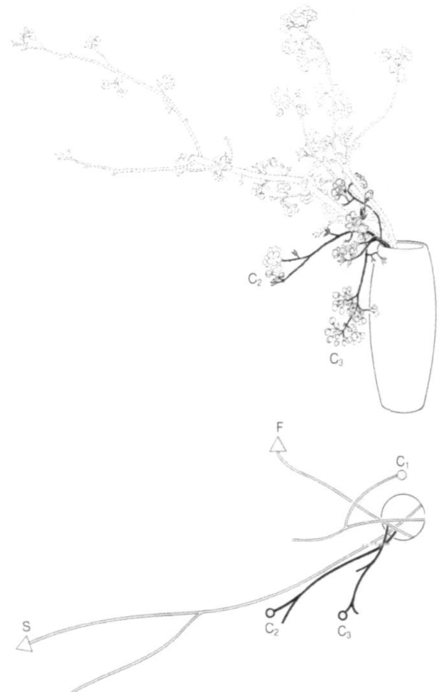

Abbildung 92. Nach dem 7. Arbeitsschritt. Der zweite und der dritte Chukanshi (C2 und C3) sind gesteckt, ohne eigene Haltestäbchen, aber unter Benutzung des mittlerweile in der Vase vorhandenen Gerüsts. Das gilt auch für alle noch folgenden Stiele.

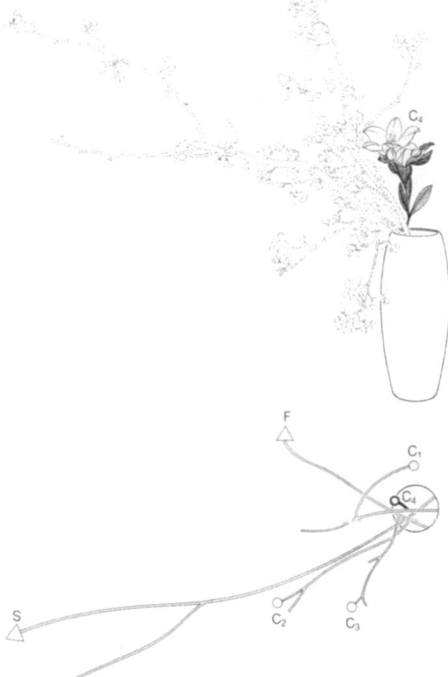

Abbildung 93. Nach dem 8. Arbeitsschritt. Eine Lilie ist als vierter Chukanshi (C4) gesteckt.

9 Als Kyakushi wird ein Lilienstiel mit halb geöffneter Blüte nach vorn mit einem Neigungswinkel von 60 Grad gesteckt. Dabei blickt die Lilie in Shin-Richtung, und die Lilienblätter verbergen ganz natürlich die Kirschzweige an der Vasenöffnung; sie dürfen die Öffnung allerdings nicht ganz zudecken (K in Abbildung 94).

Damit ist das Arrangement fertig.

In der Ohara-Schule und einigen anderen gilt die geneigte Form als Grundform eines Nageire-Arrangements. Vom Sinne her – Nageire kommt von »schräg einwerfen« – ist die geneigte Form besonders typisch; daneben existieren aber auch andere Aufbauformen, die je nach der Art der Pflanzen, der Vase und nach dem Standort des Arrangements gewählt werden können (siehe Farbtafel 18).

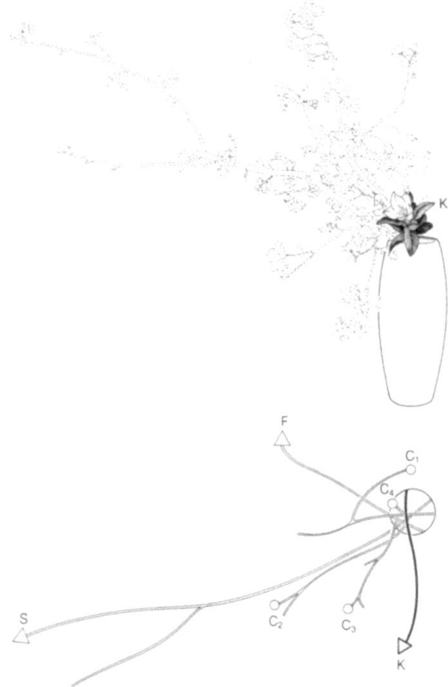

Abbildung 94. Nach dem 9. Arbeitsschritt. Als letzter wurde der dritte Aufbaustiel, Kyakushi (K), gesteckt. Die Lilie neigt sich nach vorn, deshalb sieht sie im Bild kürzer aus.

Es gibt Ikebana-Schulen, die ihre Nageire-Formen den Stufen der Förmlichkeit, Shin, Gyo und So, zuordnen; die meisten jedoch unterscheiden die verschiedenen Formen nur nach der Neigung des Hauptstiels, ohne die Förmlichkeit zu berücksichtigen. Dies wird in Abbildung 95, die sich an der Lehre der Saga-Schule orientiert, schematisch dargestellt.

Das Nageire (= Heika) der Saga-Schule besteht aus zwei Aufbaustielen, dem Hauptstiel »Tai« und dem Fußschmuck »Tome«, und kann, je nach dem Neigungswinkel des Tai, in fünf Formen gestaltet werden: aufrecht, geneigt, waagerecht, hängend und in Kaskadenform. Weitere Formen ergeben sich, wenn zwei oder mehr Hauptstiele verwendet werden, so die Kontrastform und die Richtungslose Form (Abbildung 95c und 95d). Als Beispiel wird ein für diese Schule charakteristisches Arrangement mit zwei Hauptstielen in Abbildung 96 gezeigt. Weitere Nageire- (= Heika-) Beispiele der Saga-Schule zeigen die Abbildungen 3 und 155 sowie Farbtafel 33.

Wegen der hohen Vase ist in mehreren Schulen auch eine hängende Form für Nageire beliebt (siehe Abbildung 11 und 38).

4.3 Seika

Der Seika-Stil entstand im 18. Jahrhundert als Ergänzung des »zu komplizierten« Rikka und des »zu lockeren« Nageire als Schmuck der Tokonoma-Ehrennische im Wohnzimmer der damals aufsteigenden bürgerlichen Schicht. Seine Entwicklung betrieben, unabhängig voneinander, mehrere Blumenkünstler, die auch eigene Schulen gründeten (siehe Abschnitt 5.4).

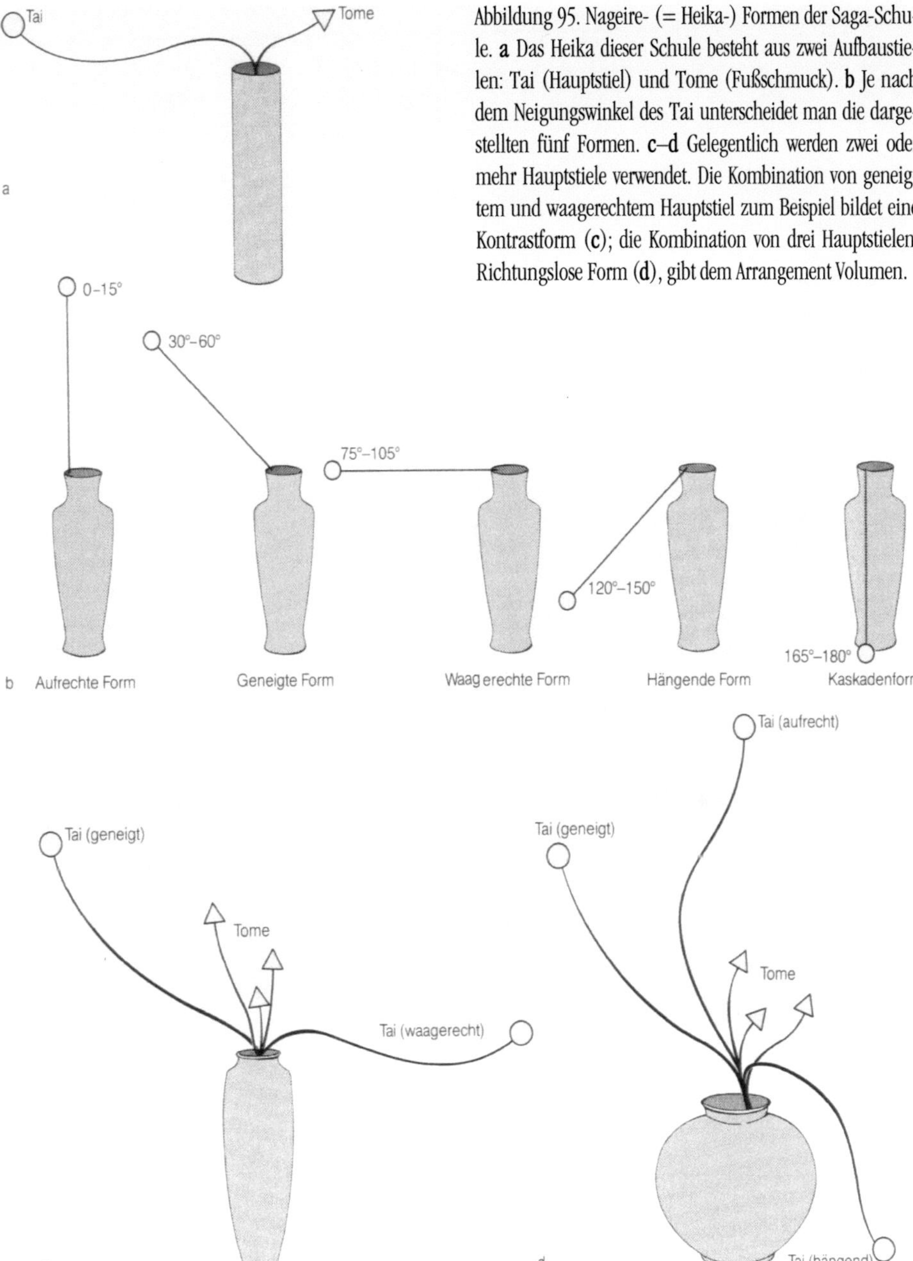

Abbildung 95. Nageire- (= Heika-) Formen der Saga-Schule. **a** Das Heika dieser Schule besteht aus zwei Aufbaustielen: Tai (Hauptstiel) und Tome (Fußschmuck). **b** Je nach dem Neigungswinkel des Tai unterscheidet man die dargestellten fünf Formen. **c–d** Gelegentlich werden zwei oder mehr Hauptstiele verwendet. Die Kombination von geneigtem und waagerechtem Hauptstiel zum Beispiel bildet eine Kontrastform (**c**); die Kombination von drei Hauptstielen, Richtungslose Form (**d**), gibt dem Arrangement Volumen.

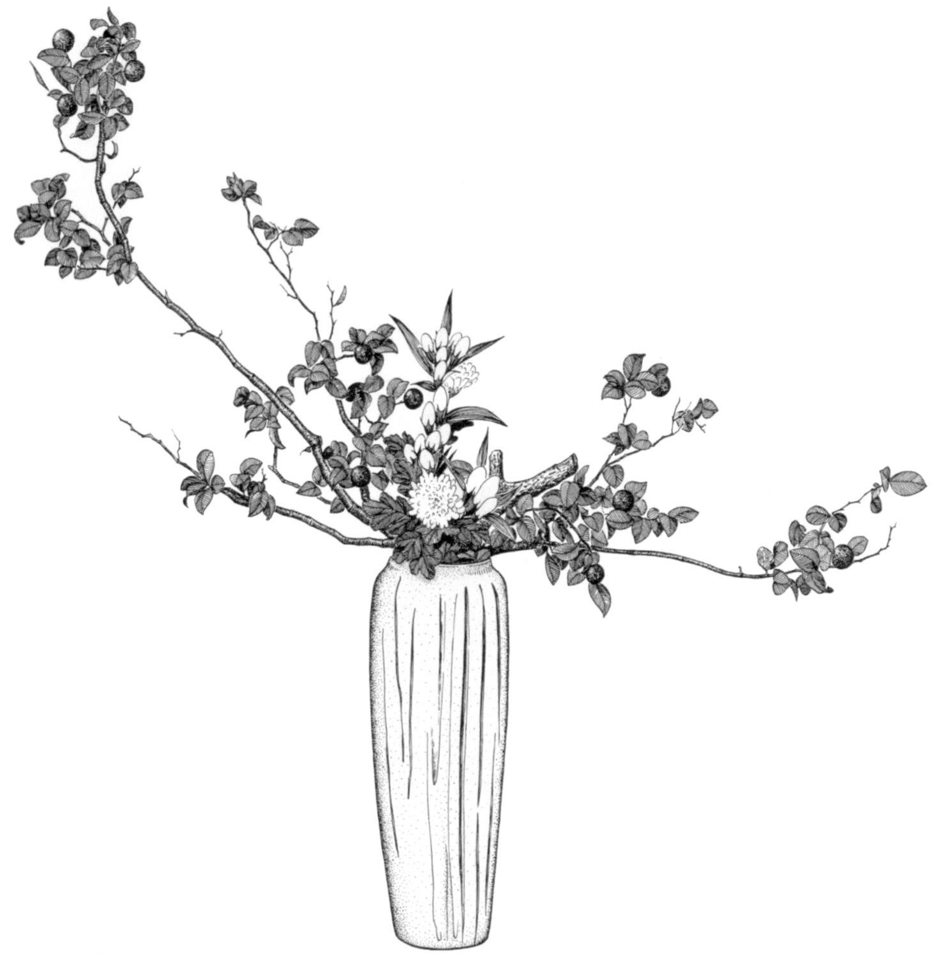

Abbildung 96. Nageire- (= Heika-) Arrangement der Saga-Schule mit zwei Hauptstielen. Diese Rolle übernehmen hier Heidelbeerzweige (Vaccinium oldhami). Aus geneigtem und waagerechtem Hauptstiel entsteht eine Kontrastform (siehe Abbildung 95c). Enzian und Chrysanthemen, als Fußschmuck dazwischen gesteckt, geben dem Arrangement Farbe. Arrangement von Tsuchimoto Seiho, Saga-Schule.

Seika, in einigen Schulen auch »Shoka« oder »Kakubana« genannt, gilt heute als klassischer Stil und wird von vielen Ikebana-Schulen gelehrt. Die modernen Stile Moribana und Nageire haben sich zum großen Teil aus dem Seika-Stil entwickelt; aus diesem Grund ist das Studium der Seika-Komposition und -Techniken auch für die Gestaltung der modernen Ikebana-Arrangements – und für die Würdigung des Ikebana überhaupt – unentbehrlich.

Kennzeichnende Merkmale des Seika-Arrangements sind die Zusammenfassung aller Stiele zu einem schlanken Bündel am Mizugiwa-Fußpunkt (siehe Abschnitt 1.2.1) und die deutlicher als bei anderen Stilarten ausgeprägte Dreieckkomposition (siehe Abschnitt 2.2.1). Auf diesen Grundlagen haben die Ikebana-Künstler außerordentlich vielfältige Seika-Kompositionen entwickelt und auf immer neue Weise die Natürlichkeit und die Eigenart der Pflanzen zur Geltung gebracht. Mit der Entwicklung des Seika-Stils hat Ikebana einen Höhepunkt des Formempfindens erreicht (siehe Farbtafel 38).

Die Vielfalt der Seika-Formen ist unter anderem durch die Verwendung vieler verschiedener Gefäßformen bedingt, und gerade ein Seika-Arrangement ist vorzüglich geeignet, die Schönheit eines Gefäßes zur Geltung zu bringen – sei es eine kostbare Metall- oder Porzellanvase, sei es ein einfaches Gefäß von vornehmer Schlichtheit oder eine verspielte Bambusvase (siehe dazu Farbtafel 15, 19 und 30). Zur Kunst des Seika gehört es deshalb, zu jedem Arrangement sorgfältig das passende Gefäß auszuwählen oder zu einem bestimmten Gefäß das passende Arrangement zu gestalten.

Nach dem Standort des Arrangements lassen sich die Seika-Gefäße in zwei große Gruppen einteilen: Standgefäße für Okibana (Arrangements, die auf einem Regal, auf einem Untersatz oder im Tokonoma stehen, siehe Farbtafel 17) und Gefäße für hängende Arrangements. Bei diesen unterscheidet man wiederum zwei Formen: Tsuribana (Arrangements, die von der Decke herab frei im Raum hängen, siehe Farbtafel 32) und Kakebana (Arrangements, die an der Wand oder an einem Pfeiler hängen, siehe Abbildung 103).

Okibana-Gefäße müssen standfest sein. Sie haben deshalb einen flachen Boden oder stabile Füße und sind meistens schwerer als Tsuribana- und Kakebana-Gefäße. In Japan stehen sie oft im Tokonoma, denn der Seika-Stil wurde speziell für das Tokonoma entwickelt (Abschnitt 5.4).

Das klassische Okibana-Gefäß ist das sogenannte Usubata (siehe Farbtafel 25). Es ist aus schwerem Metall und besteht in der Regel aus zwei Teilen, einer oberen Schale und einer unteren Vase; die beiden Teile können manchmal auch getrennt verwendet werden. Meistens ist in der Schale ein mehr oder minder enges Rohr eingesetzt oder ein Hals eingebaut, sodass sich dort eine Astgabel gut befestigen lässt. Es gibt Usubata in vielerlei Formen; typisch ist die in Abbildung 97a gezeigte: eine flache Schale auf einer Henkelvase mit eingerollten Füßen. Diese Form wird von mehreren Schulen verwendet, wobei der Rumpf oft mit Malerei verziert ist. Manche Ikebana-Schulen haben ihre eigene Usubata-Form entwickelt und bevorzugen sie für formelle Anlässe (Abbildung 97). Usubata gehören in der Regel zur Shin- oder Gyo-Stufe der Förmlichkeit (siehe Abschnitt 2.2.2). Auch einige Rikka-Gefäße können wie Usubata für Seika verwendet werden, zum Beispiel die Gefäße b, e und f in Abbildung 116.

Auch Bambusvasen (Abbildung 98) eignen sich gut als Seika-Gefäße. Besonders beliebt sind Bambusvasen mit seitlich ausgesägten Öffnungen. Damit sie ausreichend standfest sind, stellt man sie aus dickem, schwerem Bambus her, oft auch unter Verwendung von Wurzelteilen. Je nach der Anzahl der Stecköffnungen nennt man sie »Ichijugiri« (eine Öffnung), »Nijugiri« (zwei Öffnungen, Doppelvase), »Sanjugiri« (drei Öffnungen, Tripelvase) oder »Gojugiri« (fünf Öffnungen). Die Form der Öffnungen sowie die Maße der Vasen sind in einigen Ikebana-Schulen ge-

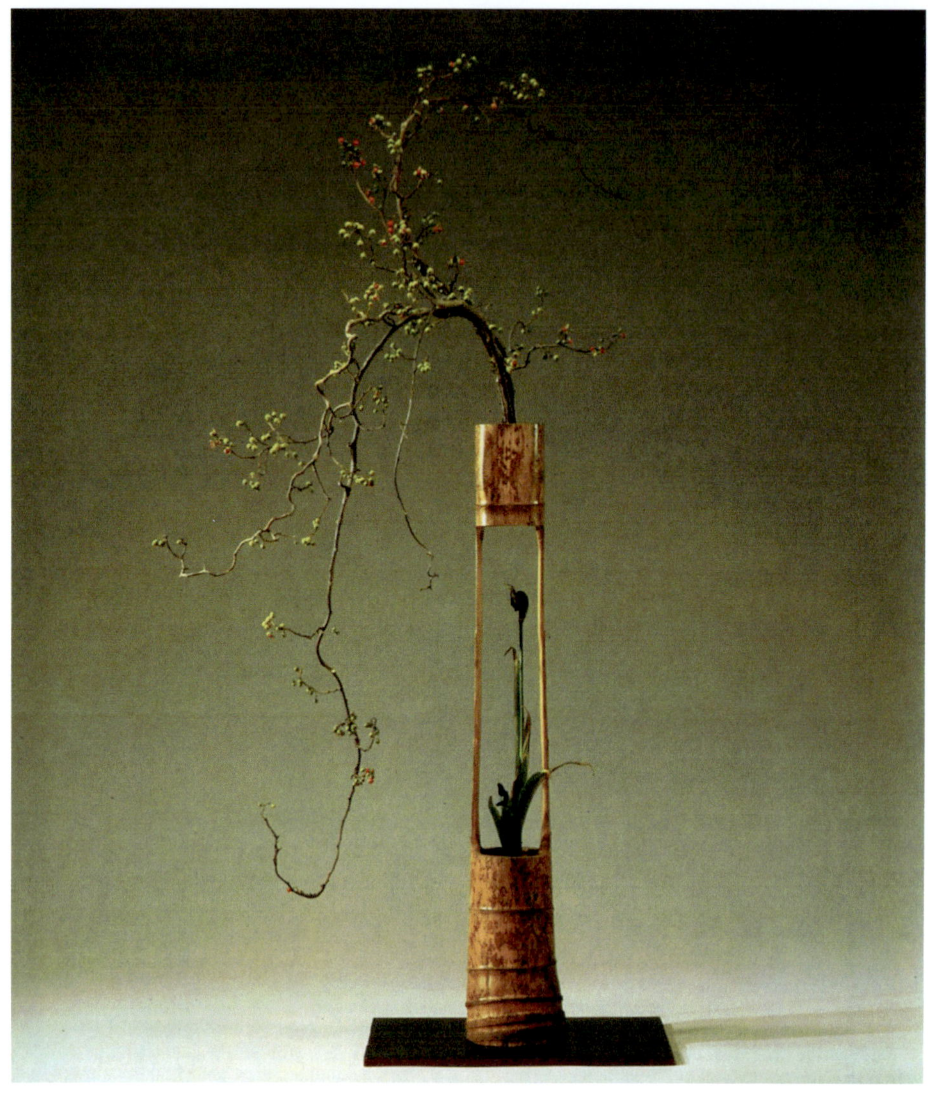

Farbtafel 30. Spätherbst-Arrangement. In einer Bambus-Doppelvase wurden Baumwürger (Celastrus orbiculatus) und Iris im Seika-Stil gesteckt, wobei die Iris den Spätherbstregeln folgen. Frisches und Grünes ist nur noch spärlich vorhanden, Blüten und Blätter sind halb vertrocknet. Die hängenden Beerenzweige, die herbstliche Iris und die gefleckte Bambusvase vermitteln die Stimmung des Spätherbstes und besonders die ästhetischen Begriffe »Sabi« und »Aware«. Arrangement von Ikeda Rikai, Ko-Schule Shookai.

nau festgelegt, aber in jeder anders; es soll über 50 verschiedene Varianten geben. Manche Schnittformen sind in mehreren Ikebana-Schulen so beliebt, dass sie besondere Namen haben, wie »Löwenmaul« oder »Brückenpfosten« (siehe Abbildung 103 und 150). Bambusvasen mit seitlichen Stecköffnungen werden meistens als So-Gefäße betrachtet (siehe Abschnitt 2.2.2); liegt die Stecköffnung nur oben, so gehören sie in der Regel zur Shin- oder Gyo-Stufe (Abbildung 98a und 98d–f).

Vor allem die Meister der Teezeremonie bevorzugen den natürlichen Bambus für Teegeräte und Teeblumenvasen; sie haben die Entwicklung der Ikebana-Gefäße durch ihre schöpferischen Entwürfe von Bambusvasen stark beeinflusst. So erinnern die in Abbildung 102a, 102b und 102c gezeigten Vasen an Vorbilder, die von dem großen Teemeister Rikyu selbst geschaffen wurden; seine Vasen werden heute noch als Musterbeispiele für den einfachen, aber eleganten Bambusschnitt geschätzt und häufig nachgeahmt.

Im Allgemeinen werden große, schwere Bambusgefäße als Standgefäße benutzt, während kleine, schlanke, leichte Bambusgefäße mehr für Kakebana zum Aufhängen verwendet werden (siehe Abbildung 102). Allerdings werden für Chabana relativ kleine Bambusvasen bevorzugt, auch als Standgefäße.

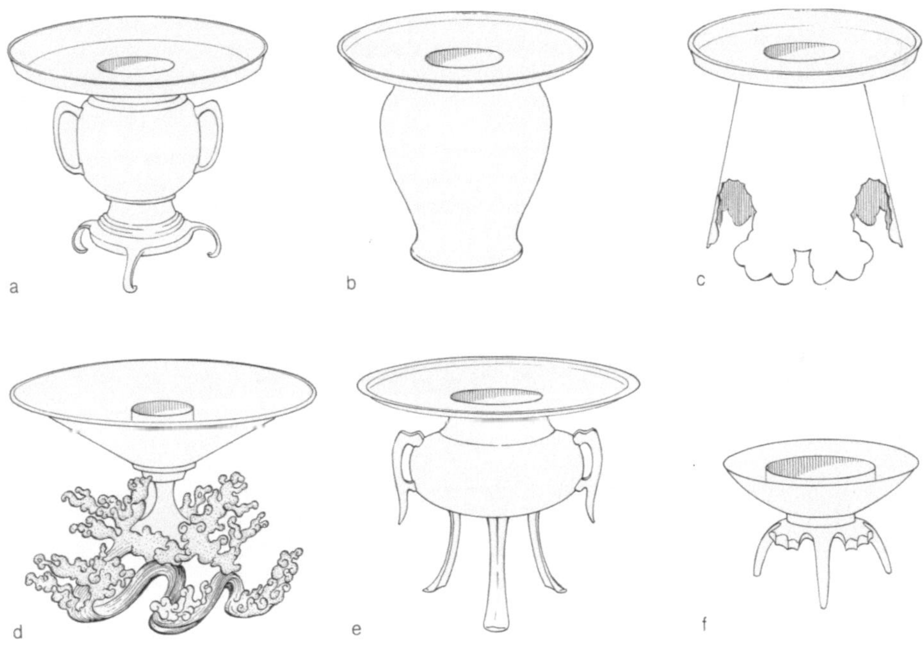

Abbildung 97. Seika-Gefäße I: Usubata und ihre Varianten. **a** Typische Usubata-Form, an mehreren Schulen üblich; oft mit bemaltem Rumpf. **b** Usubata der Ko-Schule. **c** Usubata-Variante »Gencho«, Ikenobo-Schule. **d** Usubata-Variante der Enshu-Schule. **e** Usubata mit langen Füßen: Ryusei- und Ko-Schule. **f** Kleinere Usubata-Vase: Misho- und Ko-Schule. Usubata gehören im Allgemeinen zur Shin- oder zur Gyo-Stufe der Förmlichkeit.

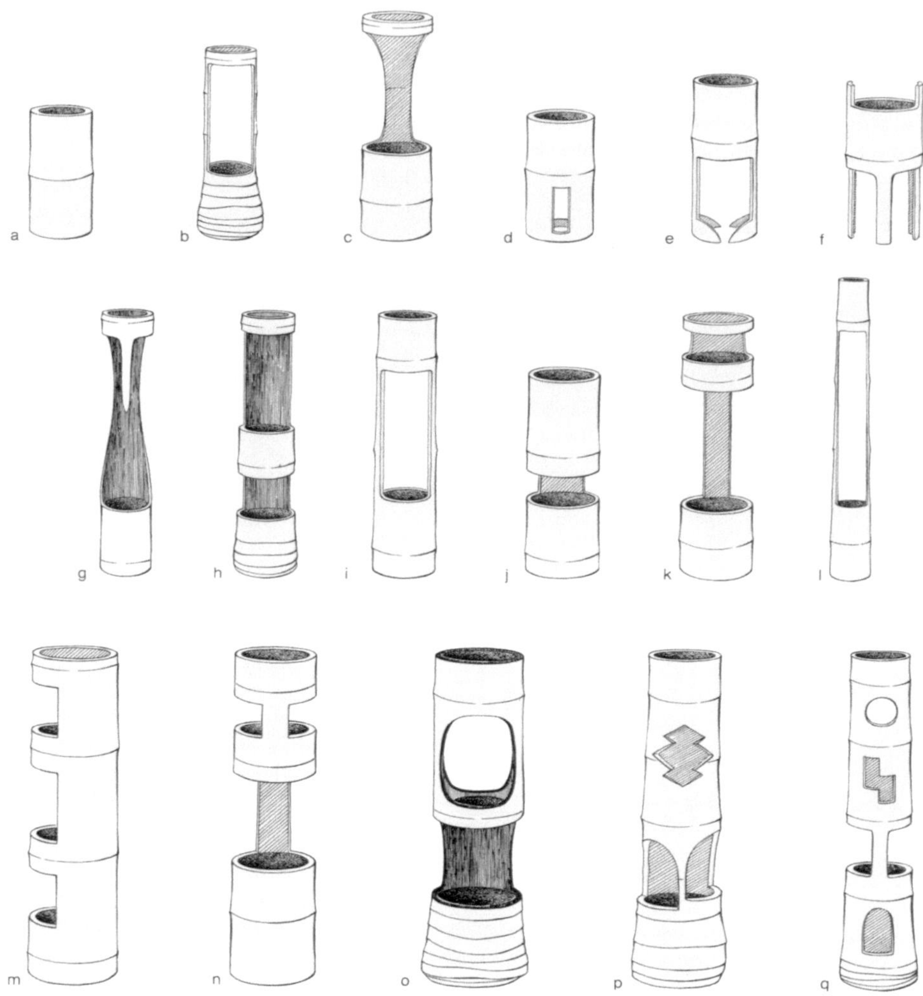

Abbildung 98. Seika-Gefäße II: Bambus-Standgefäße. **a–g** Ichijugiri (1 Stecköffnung), **d** wird von manchen Schulen zu den Nijugiri gerechnet. **h–l** Nijugiri (2 Stecköffnungen), Doppelvase. **m–p** Sanjugiri (3 Stecköffnungen), Tripelvase. **q** Gojugiri (5 Stecköffnungen). Aus Wurzelteilen und deshalb besonders schwer sind **b**, **h**, **o**, **p** und **q**; ungewöhnlich schlank für ein Standgefäß ist **l**. Die Vasen **e** und **f** haben Füße. Innen schwarz lackiert sind hier **g**, **h** und **o**. Einige der abgebildeten Formen haben wegen ihrer Beliebtheit besondere Namen: **a** Zundo (Zylinder), **b** Futahashira (Zwei Säulen), **c** Anko (Seeteufel), **d** Hashikui (Brückenpfosten), **f** Kanae (dreifüßiger Kessel), **g** Tsurukubi (Kranichkopf), **j** Tekine (Mörserkeule), **k** Noborizaru (Kletteraffe). Bambusvasen mit obenliegender Stecköffnung gehören in der Regel zur Shin-Stufe der Förmlichkeit (**a**, **d**, **e**, **f**), mit seitlichen Stecköffnungen meistens zur So-Stufe (siehe Abschnitt 2.2.2).

Auch Flechtkörbe sind beliebte Seika-Gefäße (Abbildung 99); selbst wenn sie speziell für Ikebana-Zwecke hergestellt werden, ist ihre Form oft von Gebrauchsgegenständen abgeleitet. Der für das klassische Päoniengesteck entwickelte Korb (Abbildung 99a) wirkt am schönsten mit Päonien, aber er lässt sich auch für andere Pflanzen gut benutzen. Für ein schlichtes Arrangement empfiehlt sich ein liegender Korb, der »Jakago« (Abbildung 99c). Das dem »Blumenwagen« nachgeahmte Gefäß (Abbildung 99d) dagegen ist für ein sehr dekoratives Arrangement geeignet. Körbe gehören meistens zur Gyo- oder So-Stufe der Förmlichkeit (siehe Abschnitt 2.2.2).

Daneben gibt es noch zahlreiche Seika-Standgefäße aus Metall, Keramik oder Holz (Abbildung 100). Für moderne Seika-Arrangements schließlich sind Moribana-Schalen aus Keramik und kelchförmige Gefäße besonders beliebt (siehe Abbildung 1).

Hängende Seika-Arrangements lassen sich, wie bereits erwähnt, in Tsuribana und Kakebana einteilen. Sie unterscheiden sich grundsätzlich dadurch, dass ein Tsuribana rundherum freien Raum hat, während beim Kakebana eine Seite verdeckt ist. Unabhängig davon gehören alle hängenden Gefäße zur So-Stufe der Förmlichkeit (siehe Abschnitt 2.2.2).

Tsuribana ist ein Ikebana-Gesteck, das an einer Kette oder Schnur frei von der Decke herabhängt. Zu den hangenden Arrangements im Seika-Stil gehören traditionelle Mond-, Boot- und Schöpfeimergefäße aus Metall, Bambus oder Holz (Abbildung 101). Sie sind gewöhnlich so geformt, dass sie nach Bedarf und Motiv auch aufgestellt werden können (meistens mithilfe eines zusätzlichen Gestells), doch am ursprünglichsten und am schönsten wirken sie im hängenden Arrangement.

Kakebana ist ein an der Wand oder einem Pfeiler aufgehängtes Ikebana-Gesteck. Die beliebtesten Kakebana-Gefäße für Seika sind solche aus Bambus mit mehreren verschieden geschnittenen Öffnungen. Sie sind in der Regel kleiner, schlanker und leichter als

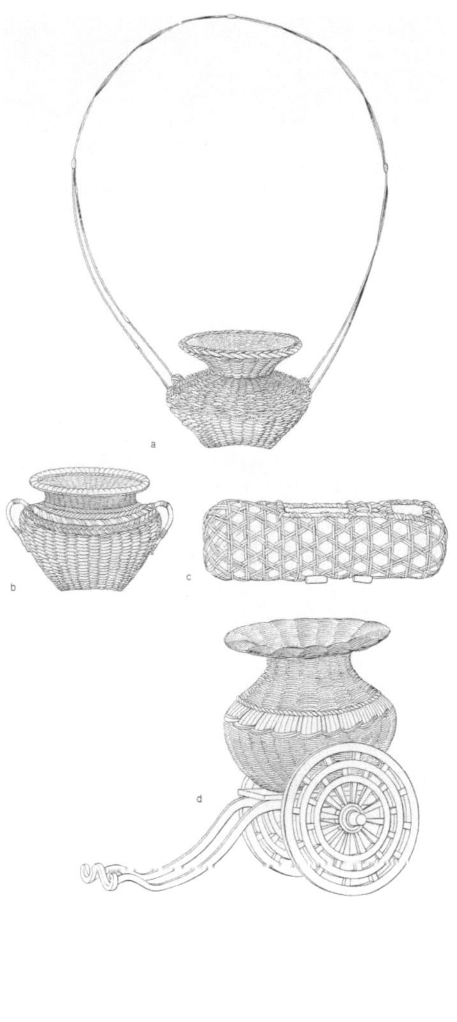

Abbildung 99: Seika-Gefäße III: Standkörbe. Päonienkorb (**a**), Korb mit seitlichen Henkeln (**b**), Jakago (**c**), Blumenwagen (**d**). Körbe gehören meistens zur Gyo- oder zur So-Stufe der Förmlichkeit.

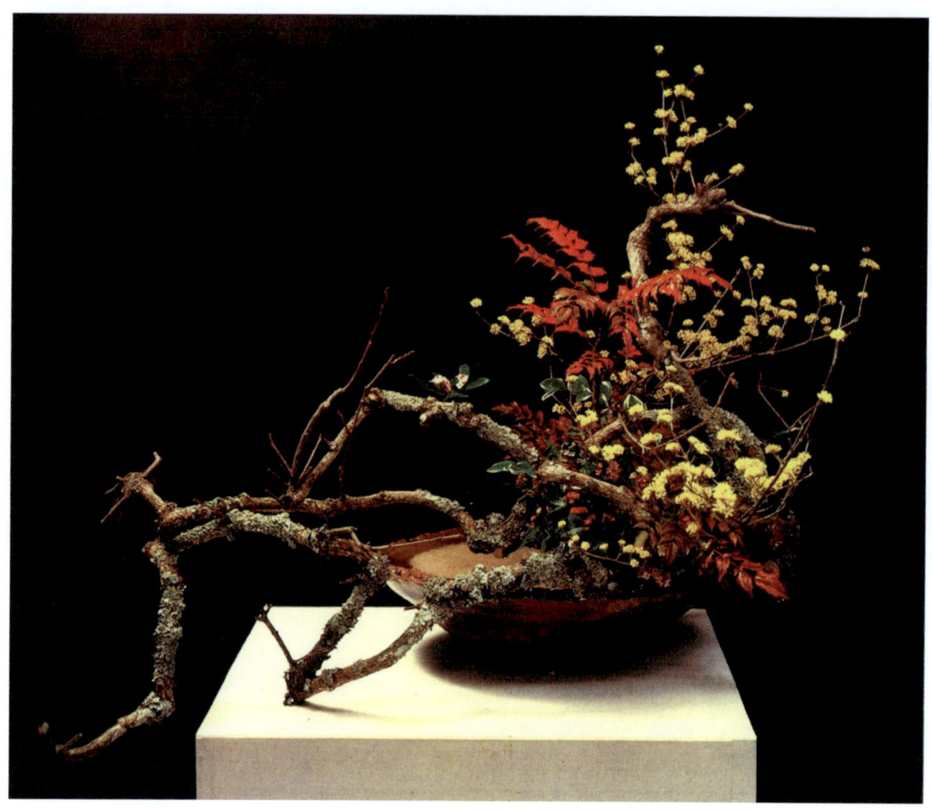

Farbtafel 31. Jiyubana mit bemoosten Zweigen. Ein relativ großes Jiyubana-Arrangement für eine Ausstellung. Der drachenhaft-eckige, feste Umriß der bemoosten Zweige harmoniert und kontrastiert mit der farbenfrohen Masse aus Hartriegel (Cornus officinalis), Mahonien, Salomonssiegel (Polygonatum falcatum) und Seidelbast. Zusammen mit der rustikalen Schale (Shigaraki-Ware) gibt dieses Gesteck einen »Shibumi«-Eindruck. Arrangement von Shiraishi Chikusen, Leiter der Senke-Schule Kogi.

Bambus-Standgefäße; auf ihrer Rückseite ist stets ein Loch oder eine Öse für den Haken angebracht (Abbildung 102). Außer Bambusvasen werden auch Körbe und ausgehöhlte Kürbisse als Wandgefäße für Seika verwendet; hie und da gibt es, meistens für moderne Kakebana, Wandgefäße aus Keramik.

Bei Kakebana unterscheidet man weiter zwei Formen: Yokogake und Mukogake: Yokogake ist ein Kakebana, das an einem Pfeiler, meistens dem Tokonoma-Pfeiler, so aufgehängt wird, dass das Profil des Arrangements dem Betrachter zugewandt ist (Abbildung 103). Wichtig ist, dass die gesteckten Pflanzen seitlich schön aussehen. Die Zweige werden kaum nach vorn gerichtet, sondern seitlich in das Tokonoma hinein. Gern werden hängende Pflanzen für Yokogake verwendet. Mukogake wird ebenfalls aufgehängt, jedoch so, dass es direkt von vorn zu sehen ist. Für Mukogake wird meistens als Hintergrund zunächst ein »Suihatsu« genanntes Brett aufgehängt und dann die Vase daran befestigt (Abbildung 104). Für Yokogake und Mukogake kann dasselbe Gefäß verwendet werden; die Abbildungen 103 und 104 demonstrieren dies.

Es gibt einige allgemeine Regeln dafür, welche Aufbauform des Arrangements zu welcher Vasenart

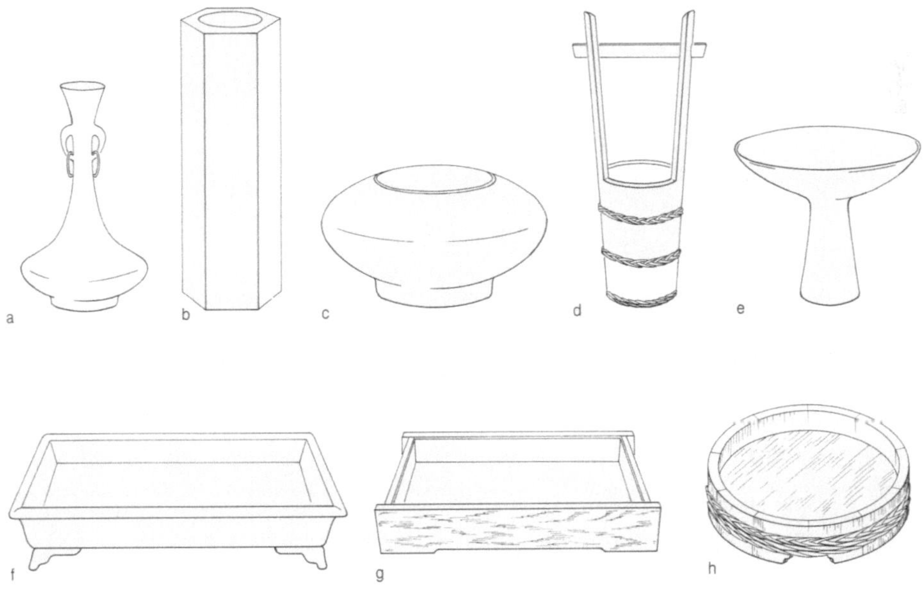

Abbildung 100. Seika-Gefäße IV: Verschiedene Standgefäße. **a** Metallvase mit engem Hals, ähnliche auch aus Porzellan. **b** Sechseckige Vase aus Metall, ähnliche auch aus Holz. **c** Tsubo aus Metall, ähnliche auch aus Porzellan. **d** Holzeimer, schwarz lackiert oder aus rohem Holz. **e** Konpoto (kelchförmige Schale) aus Keramik, für moderne Seika-Arrangements; gibt es in verschiedenen Höhen. **f** Flache, rechteckige Schale aus Porzellan oder Metall. Hier lässt sich zum Beispiel ein Metallbecken (wie Abbildung 116g), eigentlich ein Rikka-Gefäß, für Seika verwenden. **g** Eckiges Holzgefäß, meistens mit Metalleinsatz. **h** Badarai (Waschtrog für Pferde) aus Holz. Stufen der Förmlichkeit: Shin **a** (**b** meistens), Gyo **c** (**e** meistens), So **d**, **f**, **g** und – typischerweise – **h**.

passt. So wird für eine schlanke Metallvase fast immer eine aufrechte Form gewählt, während für eine Usubata-Vase gewöhnlich eine aufrechte oder eine geneigte Form, aber kaum eine hängende in Betracht kommt. In hängenden Gefäßen gelangt eine hängende Form besonders gut zur Geltung, obwohl bei entsprechendem Motiv auch die aufrechte oder die geneigte passt. Beispielsweise wird ein »Vollmond-Gesteck« gern in aufrechter Form in einem hängenden Vollmond-Gefäß gestaltet (siehe Abbildung 20c und 20d); um ein gegen den Wind fahrendes Boot anzudeuten, wird eine geneigte Form in einem hängenden Bootgefäß angeordnet (siehe Abbildung 23).

Die Einzelheiten der Seika-Gestaltungsregeln waren bereits von Anfang an von Schule zu Schule recht unterschiedlich. Es kommt hinzu, dass dieser Stil nun schon 250 Jahre alt ist, sodass es viele Blumenmeister gab, die eigene Vorstellungen über seine Gestaltung entwickelten und ihrer ursprünglichen Schule entwuchsen, was dann immer wieder zum Entstehen neuer Schulen des Ikebana führte. Heute sind es vor allem vier große Schulrichtungen, die sich – neben vielen kleineren – um die Überlieferung und Fortentwicklung des Seika-Stils bemühen: Enshu, Ikenobo, Ko und Misho. Zu jeder dieser Richtungen gehören mehrere Schulen, die durch eine Kette von Abspaltungen aus der gemeinsamen Mutter-Schule hervorgegangen sind (siehe auch Abschnitt 5.7). Einige charakteristische Merkmale dieser vier Schulrichtungen werden nachstehend kurz besprochen:

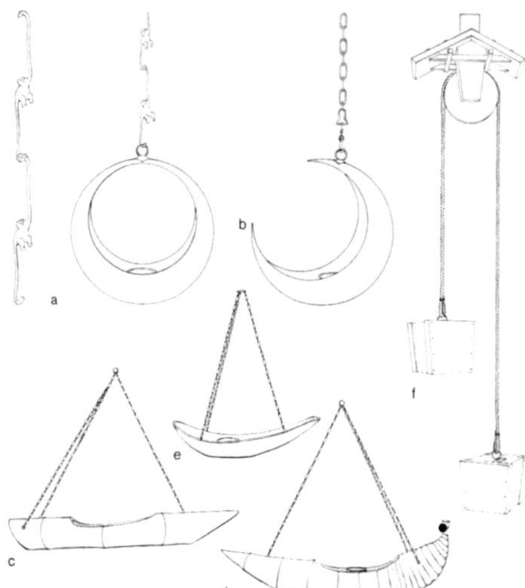

Abbildung 101. Seika-Gefäße V: Hängende Gefäße (für Tsuribana). Vollmond aus Metall mit affengestaltigen Kettengliedern (**a**), Halbmond aus Metall mit Kette (**b**), Boot aus Naturbambus (**c**), Boot aus Naturbambus mit Wurzelteil (**d**), Boot aus Metall (**e**), Schöpfeimer aus Holz; die Schnur, an der sie hängen, ist hier über ein Rad gelegt (**f**). Alle gehören zur So-Stufe der Förmlichkeit.

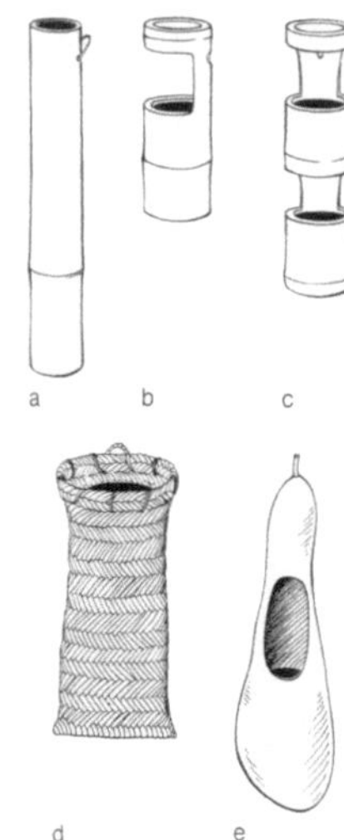

Abbildung 102. Seika-Gefäße VI: Wandgefäße (für Kakebana). Zundo (**a**), Ichijugiri »Löwenmaul« (Shishiguchi) (**b**), Nijugiri »Doppel-Löwenmaul« (**c**), Korb (**d**), ausgehöhlter Kürbis (**e**). Alle gehören zur So-Stufe der Förmlichkeit.

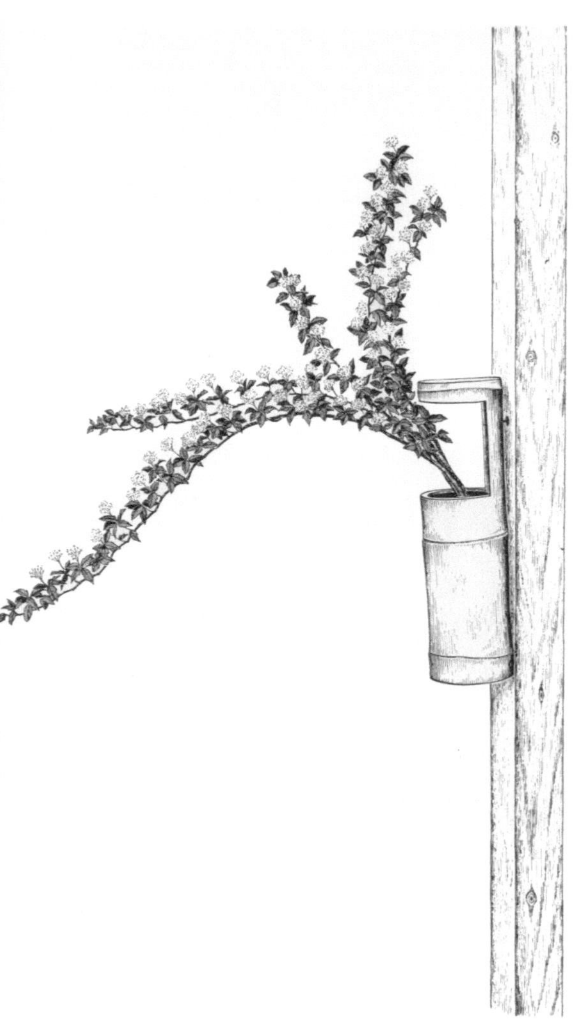

Abbildung 103. Yokogake-Arrangement. In der »Löwenmaul« genannten Bambusvase wurden blühende Spiräenzweige (Spiraea cantoniensis) im Seika-Stil gesteckt und an einem Tokonoma-Pfeiler aufgehängt.

- *Enshu:* Die meisten Schulen der Enshu-Gruppe beschränken sich ganz auf den Seika-Stil. Das Enshu-Seika (in manchen Schulen der Gruppe »Shoka« genannt) hat gewöhnlich sehr stark gebogene Aufbaupflanzen und lässt noch deutliche Gemeinsamkeiten mit dem älteren Rikka erkennen. Die Umrissform ist etwas rundlicher als bei den anderen Seika-Richtungen. Die traditionellen Regeln werden ziemlich streng eingehalten (siehe Abbildung 149 und Farbtafel 7).
- *Ikenobo:* Die Theorie des Seika-Stils der Schulen dieser Gruppe (meistens »Shoka« genannt) orientiert sich an den Gestaltungsregeln des Ikenobo-Rikka. Charakteristisch sind die nicht zu stark ausgeprägte dreieckige Umrissform und der oft etwas weniger als bei den anderen Seika-Richtungen geneigte Mizugiwa-Fuß. Die Aufbaupflanzen sind mäßig gebogen (siehe Abbildung 151). Es gibt heute viele Schulen, die zur Ikenobo-Gruppe gehören, aber nicht mehr den Namen »Ikenobo« tragen, zum Beispiel die Ryusei-Schule (Ryusei-Seika, siehe Farbtafel 5).
- *Ko:* Die Schulen der Ko-Gruppe stellen den Seika-Stil in den Mittelpunkt ihrer Lehre. Sie haben sich stets bei der Auswahl der Gefäße und der Pflanzen stärker als die übrigen Schulrichtungen dem Zeitgeist angepasst. Charakteristisch beim Ko-Seika sind: wesentlich vereinfachte Theorie, mäßig gebogene Aufbaupflanzen, etwa dreieckige Umrissform (siehe Abbildung 148 und Farbtafel 15). Von Anfang an gab es überaus zahlreiche Schulen, die sich »Ko« (alt) nannten.
- *Misho:* Die Vielfalt der Formen ist noch größer als bei den anderen Seika-Richtungen; es wird viel Wert auf eine theoretische Begründung der Gestaltungsregeln und auf ihre Systematik gelegt. Kennzeichnend für das Misho-Seika (in manchen Schulen der Gruppe »Kakubana« genannt) sind die stark ausgeprägten stehenden und liegenden dreieckigen Umrissformen (siehe Abbildung 150).

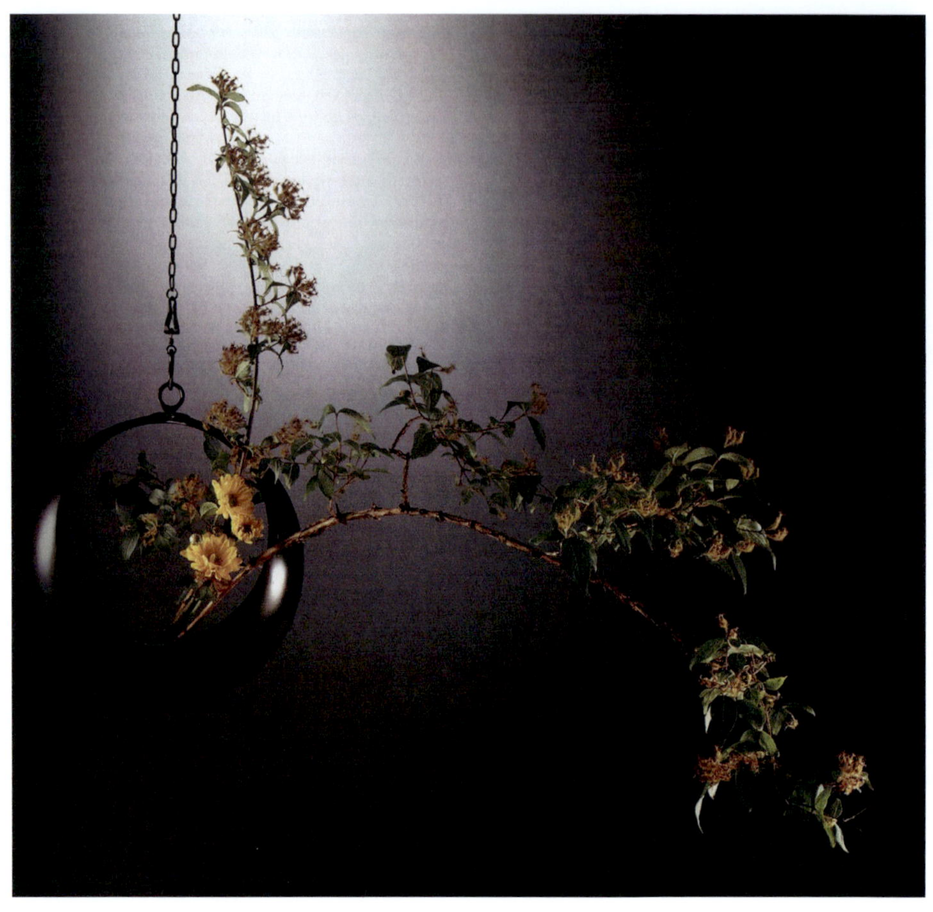

Farbtafel 32. Abnehmender Mond. Mit verblühenden Weigelienzweigen und kleinen gelben Chrysanthemen stellt dieses Seika-Arrangement den abnehmenden Mond, blass und einsam, dar; es versucht, die ästhetischen Begriffe »Furyu« und »Aware« zu vermitteln. Arrangement von Ayako Graefe.

Es gehören zahlreiche Schulen zu dieser Gruppe. Die Saga-Schule lehrt übrigens den gleichen Seika-Stil, obwohl sie nicht zur Misho-Gruppe gehört (siehe Abbildung 24).

Die folgende Darstellung des Seika-Stils orientiert sich an der Lehre der Ko-Schule Shotokai, einer der größten und bekanntesten der Ko-Gruppe; sie hat besonders übersichtliche Arbeitsanleitungen für diesen Stil entwickelt. Das Seika dieser Schule besteht aus fünf Aufbaustielen, den drei Funktionsstielen (Himmel, Mensch, Erde) und zwei weiteren, begleitenden Stielen; alle sind in der Tabelle 6 zusammengefasst (siehe auch Tabelle 1 im Abschnitt 2.2.1).

Tabelle 6. Aufbaustiele des Seika-Stils (Ko-Schule Shotokai)

Name	Bedeutung und Funktion	Symbol
Shin	»Wahrheit«: Der Hauptstiel und das Herz des Arrangements; er symbolisiert den Himmel	S
Nagashi	»Fließen«: Eine fließende, bewegliche Linie; der Nagashi symbolisiert den Menschen	N
Uke	»Empfangen«: Er symbolisiert die Erde und ihre Empfängnisbereitschaft	U
Shinmae	»Vorderer Shin«: Er begleitet und verstärkt den Shin	Sm
Tome	»Schließen«: Er begleitet den Uke und schließt das Arrangement ab	T

Die Länge der Aufbaustiele hängt von der gewählten Form des Arrangements, von den Pflanzen, dem Gefäß und dem Steckhilfsmittel ab. Das Standard-Längenverhältnis – das heißt für ein aufrechtes Arrangement mit Kimono (Zweigen) in einem Zundo (zylindrische Vase) unter Verwendung einer Astgabel – ist zum Beispiel folgendes:

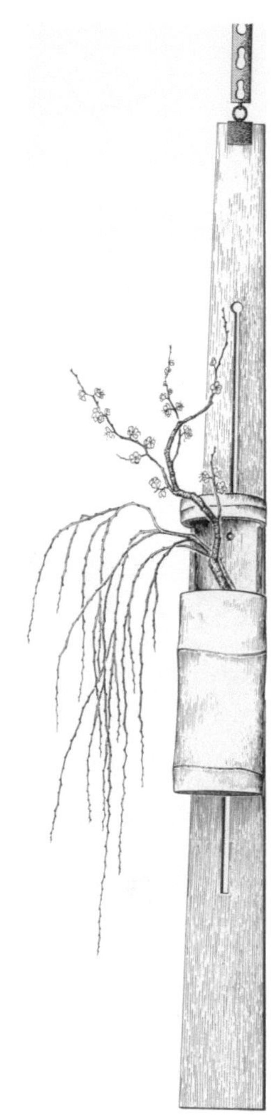

Abbildung 104. Mukogake-Arrangement. Im selben »Löwenmaul« wie in Abbildung 103, jetzt aber als Mukogake, wurden Pflaumenzweige und Trauerweide im Seika-Stil gesteckt und an einem Suihatsu aufgehängt. Die aufsteigenden Zweige kontrastieren mit den hängenden (siehe auch Abbildung 149).

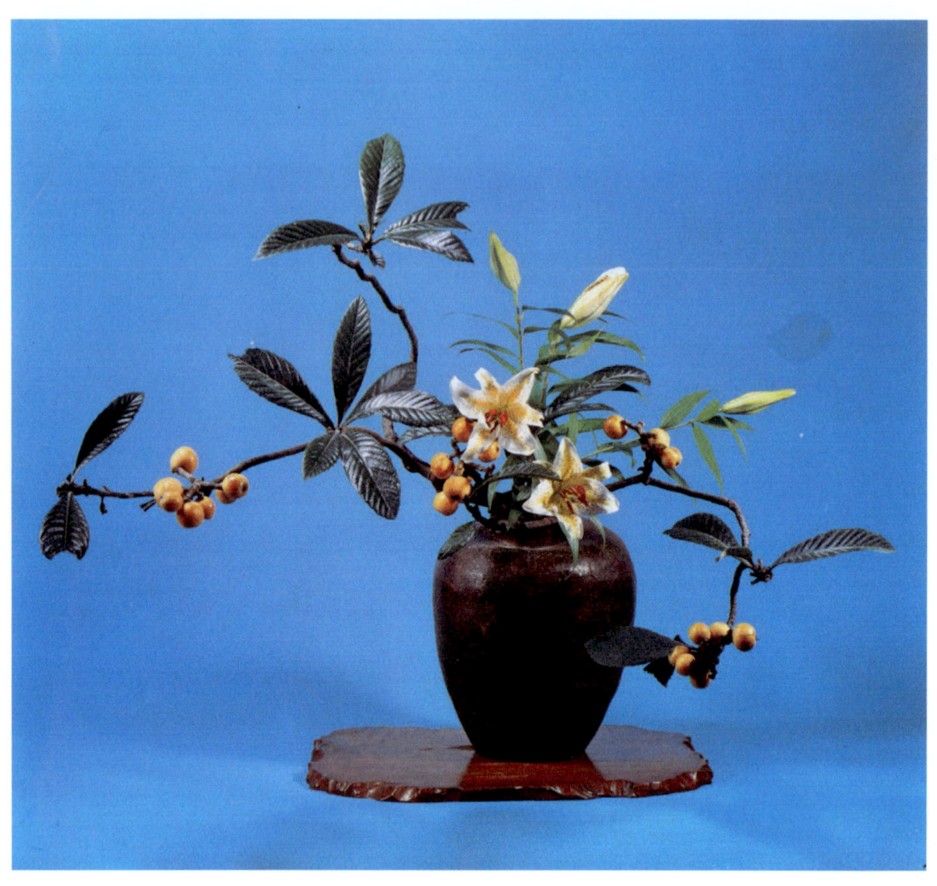

Farbtafel 33. Vasengesteck im Bunjinbana-Stil. Zum Thema »Kinyu-Gyokkan« (zwei hochbegabte Brüder aus der alten chinesischen Literatur) wurden Mispelzweig (Kinyu) und Lilie (Gyokkan) großzügig und frei nach Bunjin-Geschmack in einem rustikalen Krug gesteckt. Arrangement von Shoji Taikyo, Saga-Schule.

- Shin: 2 bis 4 H
- Nagashi: $^{8}/_{10}$ Shin
- Shinmae: $^{7}/_{10}$ Shin
- Uke: $^{5}/_{10}$ Shin
- Tome: $^{4}/_{10}$ Shin

Große Bedeutung hat beim Seika die Höhe der Verzweigungspunkte; das sind die Punkte, an denen die Aufbaustiele, die gemeinsam mit dem Hauptstiel aus der Wasserfläche aufsteigen, von diesem abbiegen (siehe Abbildung 106).

Es gibt für jede Form ein rechtsseitiges und ein linksseitiges Arrangement.

Die Ko-Schule verwendet als Steckhilfsmittel eine gespaltene Astgabel, die »Komi« genannt wird. Für moderne Seika-Arrangements wird jedoch auch in dieser Schule oft ein Kenzan benutzt.

Gestaltung eines Seika-Arrangements

In einer Bambusvase soll ein Gesteck wie in Abbildung 105 gestaltet werden, ein Seika-Einzelgesteck aufrechter Form; die dazugehörige Schemazeichnung (Abbildung 106) ist zugleich ein Beispiel für die in der Ko-Schule übliche Darstellungsweise. Das folgende Material wird für das Arrangement benötigt:

Pflanzen:	5 Korea-Zypressen (Podocarpus macrophyllus)
Gefäß:	Bambus-Standgefäß für Seika, 25 cm hoch
Steckhilfsmittel:	gespaltene Astgabel (Komi), mit etwa 45 Grad Gabelung (selbst hergestellt, siehe Abbildung 53).

Zypressen sind wegen ihrer Biegsamkeit ein ideales Übungsmaterial für Seika-Grundformen.

Man kann statt Korea-Zypressen auch andere biegsame, dekorative Zweige, wie »Weidenkätzchen«, Forsythien oder Spindelbaum, nehmen, als Gefäß

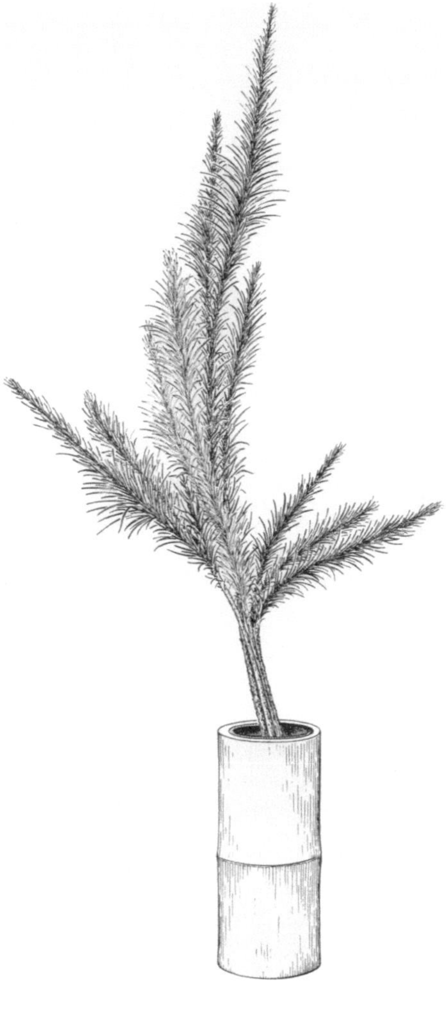

Abbildung 105. Seika-Arrangement in aufrechter Form. Die biegsamen Korea-Zypressen (Podocarpus macrophyllus) bringen ihre leuchtend grünen Nadeln im Einzelgesteck gut zur Geltung. Arrangement von Ikeda Riei, Ko-Schule Shotokai.

auch eine Schale mit Ständer (Konpoto, Abbildung 100h) und als Steckhilfsmittel unter Umständen dann auch einen Kenzan.

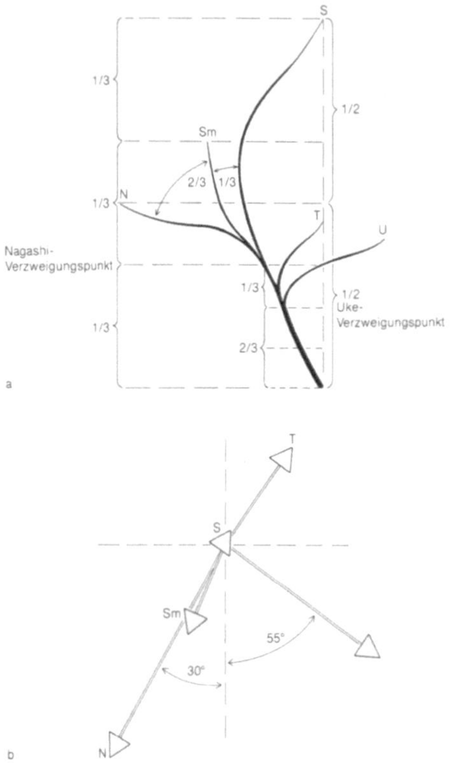

Abbildung 106. Seika aufrechter Form, in schematischer Darstellung (Ko-Schule) Vorderansicht (**a**) und Draufsicht (**b**): Aufbaustiele S = Shin, N = Nagashi, U = Uke, Sm = Shinmae, T = Tome, ihre Längen, Richtungen, Neigungswinkel und die Höhen ihrer Verzweigungspunkte.

Arbeitsschritte (nach der Ko-Schule Shotokai, siehe Literaturverzeichnis: R. Ikeda 1974):

1 Zunächst werden die fünf Aufbaustiele vorbereitet (Abbildung 107); für jeden wird ein geeigneter Zweig ausgewählt und auf die richtige Länge zugeschnitten. Hier gilt das Standard-Längenverhältnis. Alle Zweige außer dem Shinmae zeigen ihre Oberseite (= Lichtseite) nach vorn.
Alle Blätter am unteren Stielende (bis ca. 10 cm über dem Vasenrand) und alle überflüssigen Triebe werden entfernt. Einige Triebe, die so gewachsen sind, dass sie als Nebenstiele dienen können, lässt man stehen. Dann werden die Zweige kräftig in die richtige Richtung gebogen, was bei den hier verwendeten Zweigen am besten mit »Biegen durch Drücken« geschieht (siehe Abbildung 47a).

2 Eine selbst gebastelte Astgabel wird etwa 1 cm unter dem Vasenrand so eingeklemmt, dass ihr unverzweigtes Ende nach vorn (zum Gestalter hin) zeigt; sie soll vorn etwas höher stehen als hinten (siehe Abbildung 55).

3 Der für den Nagashi-Stiel gewählte Zweig wird als erster gesteckt. Sein Ende wird schräg abgeschnitten, und zwar so, dass die Schnittfläche sich an die Vasenwand schmiegt, wenn das Ende des Stiels den Boden des Metalleinsatzes der Vase eben berührt (siehe Abbildung 55). Auch die anderen vier Zweige werden am Ende auf diese Weise schräg geschnitten. Dann wird der Nagashi-Stiel durch die Gabel gesteckt und nach links und nach vorn (30 Grad) in die Richtung der linken Schulter des Gestalters gerichtet (N in Abbildung 108).

4 Der Shinmae-Zweig wird in der Gabel rechts hinter dem Nagashi-Stiel angeordnet; er begleitet den Nagashi bis zum Nagashi-Verzweigungspunkt (ein Drittel Shin-Höhe) und wird dann zum Shin hin (in die Mitte) gerichtet; dabei zeigt der Shinmae-Zweig mit der Schattenseite nach vorn. Der Shinmae wird so ausgerichtet, dass er im fertigen

Gesteck vom Nagashi doppelt so weit entfernt ist wie vom Shin (Sm in Abbildung 108).

5 Der Shin-Zweig, der längste Stiel, wird links hinter dem Shinmae in die Gabelung gesteckt. Die drei Zweige steigen zusammen als ein schlankes Bündel bis zum Nagashi-Verzweigungspunkt nach links vorn auf, dann wendet sich die Spitze des Shin-Zweiges wieder zur Mitte, sodass er einen Bogen bildet (S in Abbildung 109).

6 Der stark gebogene Uke-Zweig wird hinter dem Shinmae und neben dem Shin in die Gabel gesteckt. Auch er wird Bestandteil des Mizugiwa-Bündels, bis er sich am Uke-Verzweigungspunkt (zwei Drittel der Höhe des Nagashi-Verzweigungs-

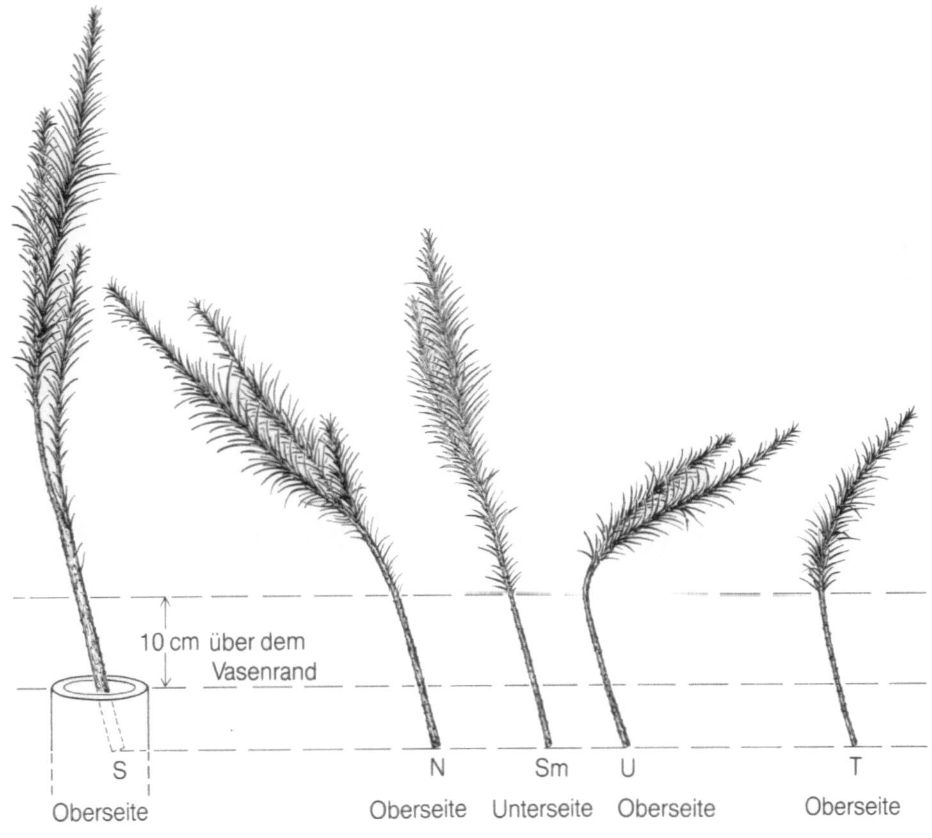

Abbildung 107. Vorbereitung der Zweige. Die fünf Aufbaustiele sind zugeschnitten, geformt und in die gewünschte Richtung gebogen worden. Der Shinmae (Sm) zeigt mit der Schattenseite nach vorn, die anderen vier Zweige mit der Lichtseite. Alle Nadeln sind bis ca. 10 cm über Vasenrand beseitigt worden, damit sich später ein schlanker Mizugiwa-Fuß formen lässt. Die Nebentriebe der Zweige Shin, Nagashi, Shinmae und Uke können aufgrund ihres Wuchses im fertigen Arrangement die Funktion von Nebenstielen übernehmen; deshalb werden sie nicht abgeschnitten.

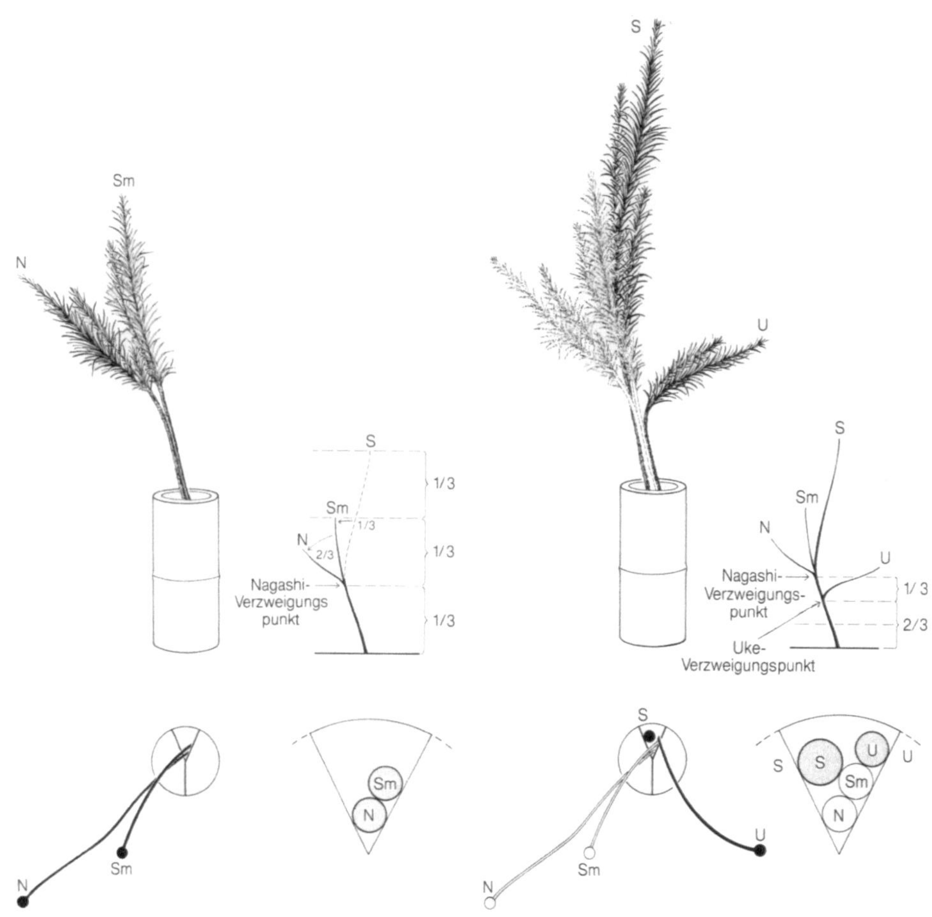

Abbildung 108. Das Arrangement nach dem 4. Arbeitsschritt. Der Nagashi (N) und, mit der Schattenseite nach vorn, der Shinmae (Sm) sind in die Gabelung der festgeklemmten Astgabel gesteckt. Die Höhe des Nagashi-Verzweigungspunktes entspricht einem Drittel der Shin-Höhe; zwischen Nagashi und Shinmae ist der Winkel doppelt so groß wie später zwischen Shinmae und Shin. Der nach vorn gerichtete Nagashi erscheint im Bild verkürzt. Dies gilt auch für andere Zweige, die nach vorn oder nach hinten gerichtet werden.

Abbildung 109. Nach dem 6. Arbeitsschritt. Shin (S) und Uke (U) sind gesteckt; die Höhe des Uke-Verzweigungspunktes ist zwei Drittel der Höhe des Nagashi-Verzweigungspunktes. Die vier Zweige bilden ein schlankes Mizugiwa-Bündel, dem sich der letzte Zweig beigesellen wird.

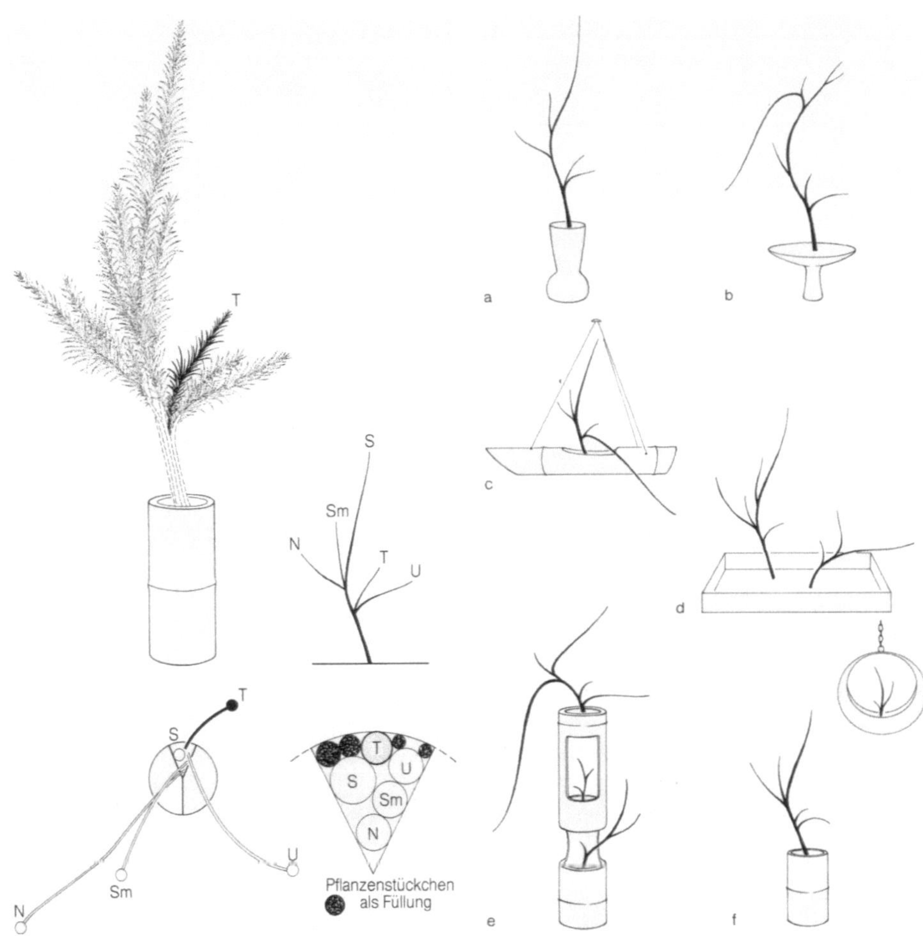

Abbildung 110. Nach dem 8. Arbeitsschritt. Der Tome (T) ist gesteckt, der Raum in der Astgabel mit Pflanzenstückchen ausgefüllt, sodass die Zweige festgeklemmt werden.

Abbildung 111. Einige Seika-Variationen in schematischer Darstellung. **a** »Steigende Form« in einer hohen Vase. **b** »Abweisende Form« in einem Konpoto. **c** »Hängende Form« im Bambusboot. **d** Zwei Formen (stehende und liegende) nebeneinander in einer flachen Schale (zweiteiliges Arrangement). **e** Drei Formen (Shin, Gyo und So) übereinander in einer Bambus-Tripelvase. **f** Hängendes und stehendes Arrangement zusammen (kombiniertes Arrangement).

punktes) nach rechts vorn (in die Richtung der rechten Schulter des Gestalters) wendet (U in Abb. 109).

7 Schließlich wird der kürzeste Zweig als Tome hinter dem Uke und dem Shin in die Gabel gesteckt. Auch der Tome steigt zusammen mit den anderen Stielen bis zum Uke-Verzweigungspunkt auf und biegt dann nach hinten rechts ab (T in Abbildung 110).

8 Der verbleibende Raum in der Gabel wird mit Pflanzenstückchen so ausgefüllt, dass die gesteckten Zweige festgeklemmt werden (Abbildung 110); wenn nötig, werden die Stiele dabei noch einmal zurechtgerückt, sodass sie vorn wie ein schlankes Bündel aussehen, denn die sorgfältige Gestaltung des Mizugiwa-Fußpunktes ist beim Seika sehr wichtig.

Damit ist das Arrangement fertig.

Gewöhnlich gilt das fünfstielige Einzelgesteck aufrechter Form als Grundform eines Seika-Arrangements. Obwohl das Seika-Arrangement der Abbildung 105 nur aus fünf Zweigen besteht, sieht es wegen der vielen Nebentriebe, die nicht weggeschnitten wurden (siehe Abbildung 107), wie ein elfstieliges Arrangement aus. Nicht immer findet man Zweige, deren Triebe so, wie sie gewachsen sind, als Nebenstiele dienen können. Diese werden dann einzeln hinzugefügt und in dieM festgelegten Positionen gesteckt. Dabei wird darauf geachtet, dass die Anzahl der verwendeten Stiele immer ungerade bleibt.

Die verschiedenen Seika-Formen werden gewöhnlich den drei Stufen der Förmlichkeit, Shin, Gyo und So (siehe Abschnitt 2.2.2), zugeordnet; allerdings

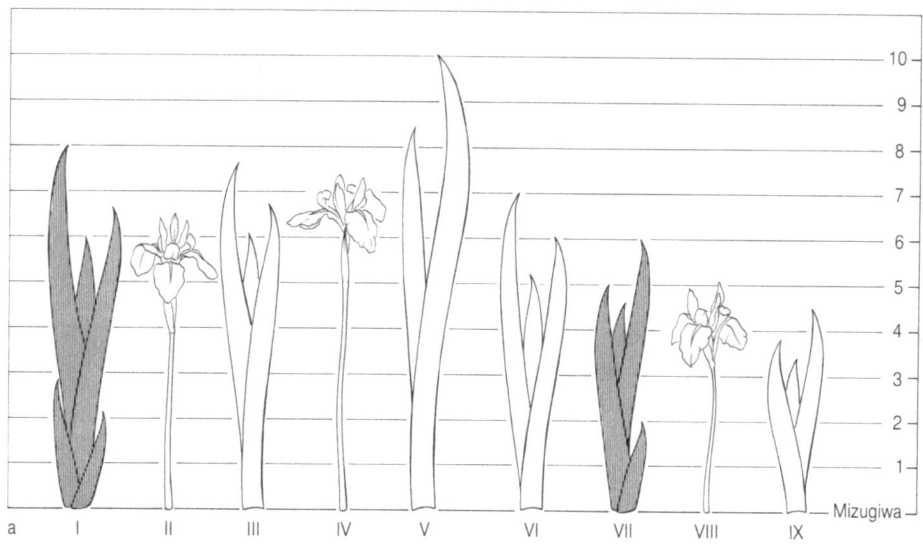

Abbildung 112. Iris-Arrangement im Seika-Stil. **a** Vorbereitung: Aus zwanzig neu gruppierten Blättern der zerlegten Iris werden sechs Gruppen gebildet und durch drei Irisstiele ergänzt (I–IX), wobei auf die relative Länge, auf die Krümmungsrichtung an der Spitze sowie auf die Ober- und Unterseite der Blätter zu achten ist; hier wurde bei I und VII die Unterseite nach außen gewendet.

sind auch hierfür die Regeln von Schule zu Schule etwas unterschiedlich. Im Allgemeinen gehört zu der strengen Shin-Form die schlanke, aufrechte Form; zur etwas gelockerten Gyo-Form gehören breitere Variationen, und zur ganz lockeren So-Form gehört eine Aufbauform mit stark gebogenen Stielen (siehe Abbildung 7, 21 und 151).

Außerdem entstehen die vielen Variationen des Seika-Arrangements meistens dadurch, dass einer der Aufbaustiele besonders betont beziehungsweise länger gehalten oder stark gebogen wird. Zum Beispiel gibt es in vielen Schulen eine Variation, die »steigende Form« genannt wird; ihr Himmel-Stiel ist besonders lang und gerade (Abbildung 111a) – eine vorzügliche Gelegenheit, einen so gewachsenen Ast zur Geltung zu bringen. Ein anderes Beispiel ist die Variation, in der ein Aufbaustiel abweisend in die Gegenrichtung gebogen wird; hierin kommt der vom heftigen Wind gekrümmte oder gar gebrochene Ast zum Ausdruck (Abbildung 111b). Wenn einer der Aufbaustiele stark nach unten gebogen ist, spricht man meistens von einer hängenden Form (Abbildung 111c).

Für welche Form man sich im Einzelfall entscheidet, hängt vom Charakter der Pflanzen, vom Gefäß und dem Motiv des Arrangements ab.

Die große Vielseitigkeit des Seika-Stils erstreckt sich nicht nur auf die reiche Auswahl an verschiedenartigen Gefäßen und verschiedenen Aufbauformen und -größen – darüber hinaus können auch mehrere Gestecke, deren jedes nach den Regeln etwa eines fünfstieligen Seika aufgebaut ist, zu einer Komposi-

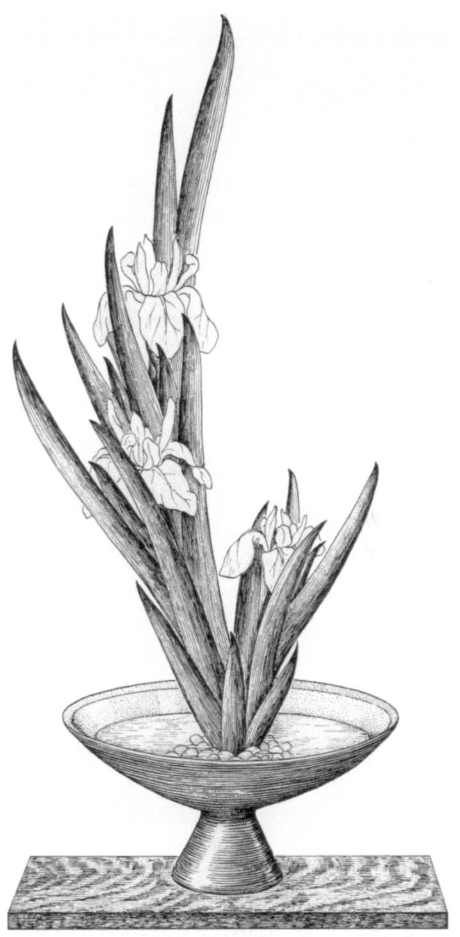

c

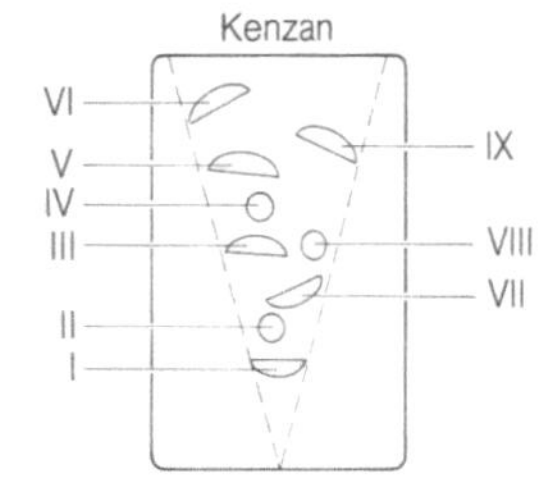

b

Abbildung 112 (Fortsetzung), **b** und **c**. **b** Die Blättergruppen und Blütenstiele werden in der Reihenfolge I–IX so auf den Kenzan gesteckt, daß sie einen dreieckigen Ausschnitt bedecken. **c** Das fertige Arrangement: Irisblüten und Blätter in einem Konpoto, gesteckt nach den Frühlingsregeln der Ko-Schule – ein Seika-Beispiel für Iris-Einzelgestecke. Arrangement von Ikeda Riei, Ko-Schule Shotokai.

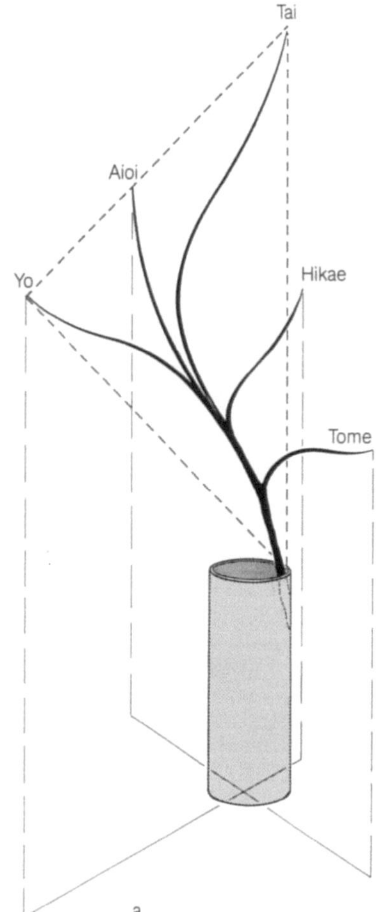

tion vereinigt werden. Die Gestecke können unterschiedlich angeordnet sein: nebeneinander in einer großen Schale, übereinander in einer Bambusvase mit mehreren Stecköffnungen oder in mehreren einzelnen Gefäßen (Abbildung 111d–f).

Hier lassen sich interessante Kontraste herstellen, zum Beispiel zwischen aufrechter, geneigter und hängender Aufbauform, zwischen verschiedenen Stufen der Förmlichkeit oder zwischen einem hängenden und einem stehenden Arrangement.

Zu Seika-Arrangements gehören in fast allen Schulen auch spezielle Einzelgestecke, die den Eigenarten bestimmter Pflanzen besonders glücklich gerecht werden. Ein Beispiel dafür ist das Hamono-Gesteck im Seika-Stil. Zu den »Hamono«, den Pflanzen, deren Blätter ausnehmend hübsch sind, gehören zum

Abbildung 113. Seika- (= Kakubana-) Formen der Misho-Schule. **a** Fünfstieliges Misho-Kakubana (= Seika): Tai, Yo, Tome, Aioi und Hikae. Der Tai bildet einen Bogen wie der Shin des Ko-Seika. Yo und Aioi werden nach links gebogen und dabei der Yo nach vorn, der Aioi nach hinten gerichtet; Hikae und Tome werden nach rechts gebogen, der Hikae nach hinten, der Tome nach vorn. Ihr Aufbau bildet im Umriss, von vorn gesehen, ein rechtwinklig gleichschenkliges Dreieck (»Uroko«). **b** Stehendes und liegendes Dreieck; das stehende ist für aufrechte und geneigte, das liegende für waagerechte und hängende Arrangements bestimmt. Es gibt jeweils eine rechts- und eine linksseitige Form.

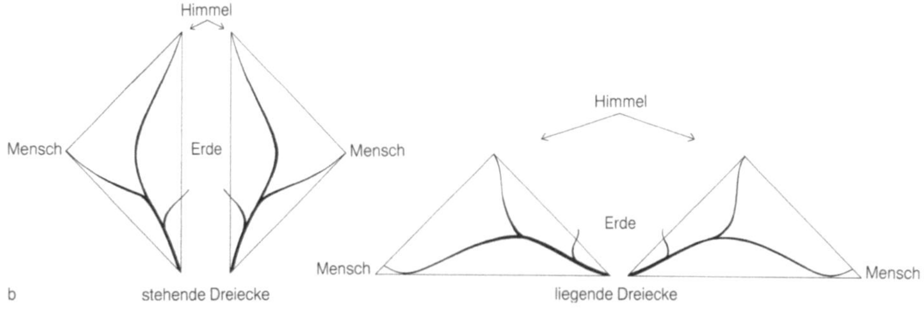

Beispiel Narzisse, Iris, Rohdea (Rohdea japonica), Schusterpalme (Aspidistra elatior) und Funkie (Hosta undulata). Für solche Pflanzen wurde eine besondere Steckweise entwickelt und überliefert, und zwar werden die Blätter zunächst auseinandergenommen und dann nach bestimmten Regeln – sie sind bei jeder Ikebana-Schule und jeder Pflanzenart etwas unterschiedlich – wieder zusammengesetzt. Als Beispiel zeigt die Abbildung 112 ein Iris-Gesteck nach der Lehre der Ko-Schule. Für dieses Gesteck wurden aus zerlegten Iris zwanzig Blätter ausgewählt und in sechs Gruppen neu zusammengestellt. Dabei müssen die relative Länge der Blätter und Krümmungsrichtung an der Spitze beachtet werden. Auch auf die Ober- und Unterseite der Blätter muss man achten. Die konkave Seite ist die Oberseite und die Konvexseite die Unterseite (Abbildung 112a). Als Steckhilfsmittel wurde statt der traditionellen Komi-Astgabel der Kenzan genommen, von dessen Oberfläche nur ein dreieckiger Ausschnitt benutzt werden darf.

Seika-Arrangements, die zwar moderne Gefäße und als Steckhilfsmittel Kenzan verwenden, aber sonst nach den förmlichen Regeln des traditionellen Seika-Stils gesteckt werden, nennt man »modernes Seika« (Abbildung 1). Hierfür werden neben den traditionellen auch oft »neuartige« Pflanzenmaterialien verwendet, wie Schnittblumen europäischer Herkunft, gefärbte Pflanzen sowie solche, die früher aus symbolischen Gründen für Seika verpönt waren, zum Beispiel stachelige Pflanzen.

Um Gemeinsamkeiten und Unterschiede der Seika-Arrangements verschiedener Schulrichtungen aufzuzeigen, werden zusätzlich noch einige Steckweisen aus der Misho-Richtung im Folgenden vorgestellt; auch ihre Seika-Arrangements sind sehr verbreitet, und einige davon sind in der Ko-Schulrichtung nicht vorhanden.

In der Misho-Richtung gibt es ein dreistieliges und ein fünfstieliges Seika. Das Dreistielige bezieht seine Symbolik aus der Drei-Wesen-Theorie und besteht aus drei Aufbaustielen: Tai (Element) als Himmel, Yo (Funktion) als Mensch und Tome (Schließen) als Erde. Das Fünfstielige bezieht seine Symbolik dagegen aus der Fünf-Elemente-Theorie und besteht aus fünf Aufbaustielen: Tai (Element) als Erde, Yo (Funktion) als Feuer, Tome (Schließen) als Pflanze, Aioi (Harmonie) als Metall und Hikae (Zurückhaltung) als Wasser (siehe auch Abbildung 29). In manchen Schulen der Misho-Richtung heißt der Aioi-Stiel »Sote sowazu« (Begleiten, ohne zu nahe zu kommen). Diese drei beziehungsweise fünf Aufbaustiele bilden ein dreidimensionales Gerüst, dessen Umriss, von vorn gesehen, ein rechtwinklig gleichschenkliges Dreieck ist; in der Misho-Schule wird es »Uroko« genannt (Abbildung 113a). Dort gibt es außer dem gewöhnlichen, stehenden Dreieck für aufrechte und geneigte Arrangements noch ein liegendes Dreieck (Abbildung 113b), das für die hängende oder waagerechte Aufbauform maßgeblich ist (siehe Abbildung 32 im Abschnitt 2.2.1). Alle können sowohl rechtsseitig als auch linksseitig gestaltet werden. Die Abbildung 114 zeigt ein Misho-Seika (= Kakubana), das mit einem stehenden und einem liegenden Dreieck aufgebaut ist.

Die Misho-Schule legt großen Wert darauf, die Gestaltungsregeln theoretisch – man könnte fast sagen mathematisch – zu begründen, und sie in recht komplizierten und nicht immer leicht verständlichen geometrischen Zeichnungen darzustellen. Das ist jedoch nur eine Frage der Darstellung; die fertigen Arrangements der Misho-Schule haben einen ebenso hohen künstlerischen Rang wie die der anderen Ikebana-Schulen.

Für die stehende Dreieckkomposition gibt es neun Formen, die den Stufen der Förmlichkeit, Shin, Gyo und So, zugeordnet sind (Abbildung 115), sowie sieben weitere Variationen, je nach dem besonders betonten Aufbaustiel. Welche dieser Variationen im Einzelfall gewählt wird, richtet sich auch in dieser Schule nach der Eigenart der Pflanzen, dem Gefäß und

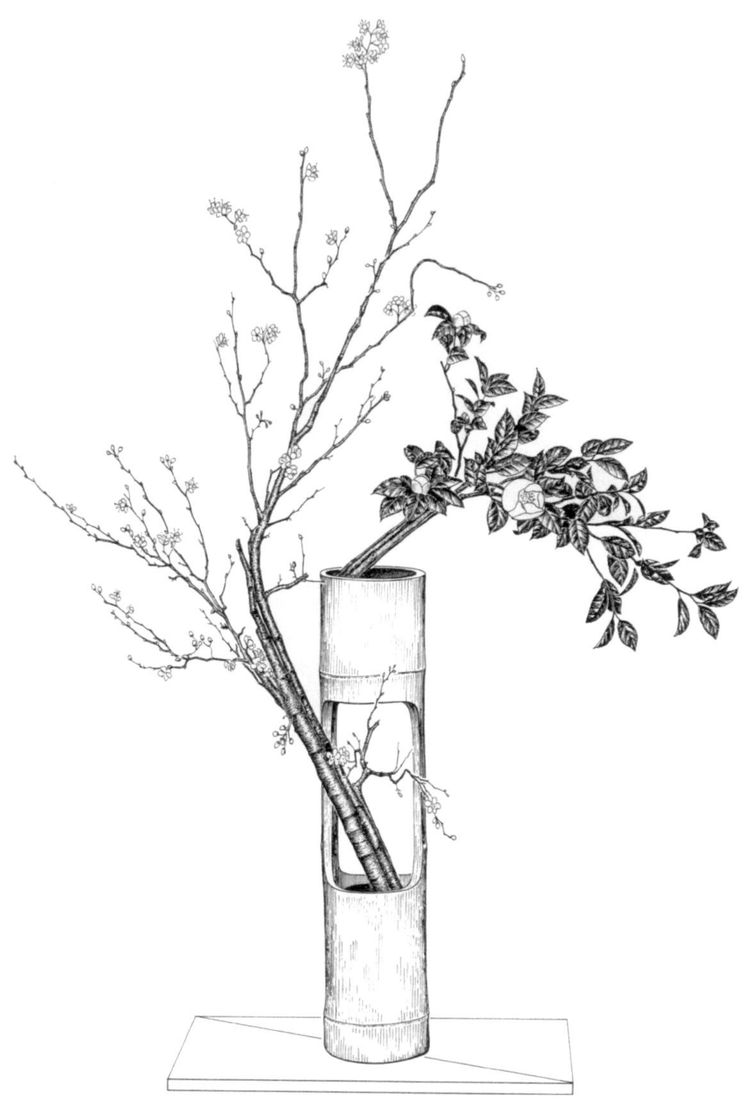

Abbildung 114. Komposition mit stehendem und liegendem Dreieck. Winterkirschen (Prunus ›Kanzakura‹) und Kamelien (Camellia sasanqua), nach den Regeln des Seika- (= Kakubana-) Stils der Misho-Schule in einer Bambus-Doppelvase gesteckt. Die Kirschzweige – stehendes Dreieck – steigen hoch von der unteren Stecköffnung auf, während in der oberen die Kamelienzweige – liegendes Dreieck – etwas hängend gesteckt sind. Arrangement von Nakayama Bunpo, Misho-Schule Nakayama-Bunpokai.

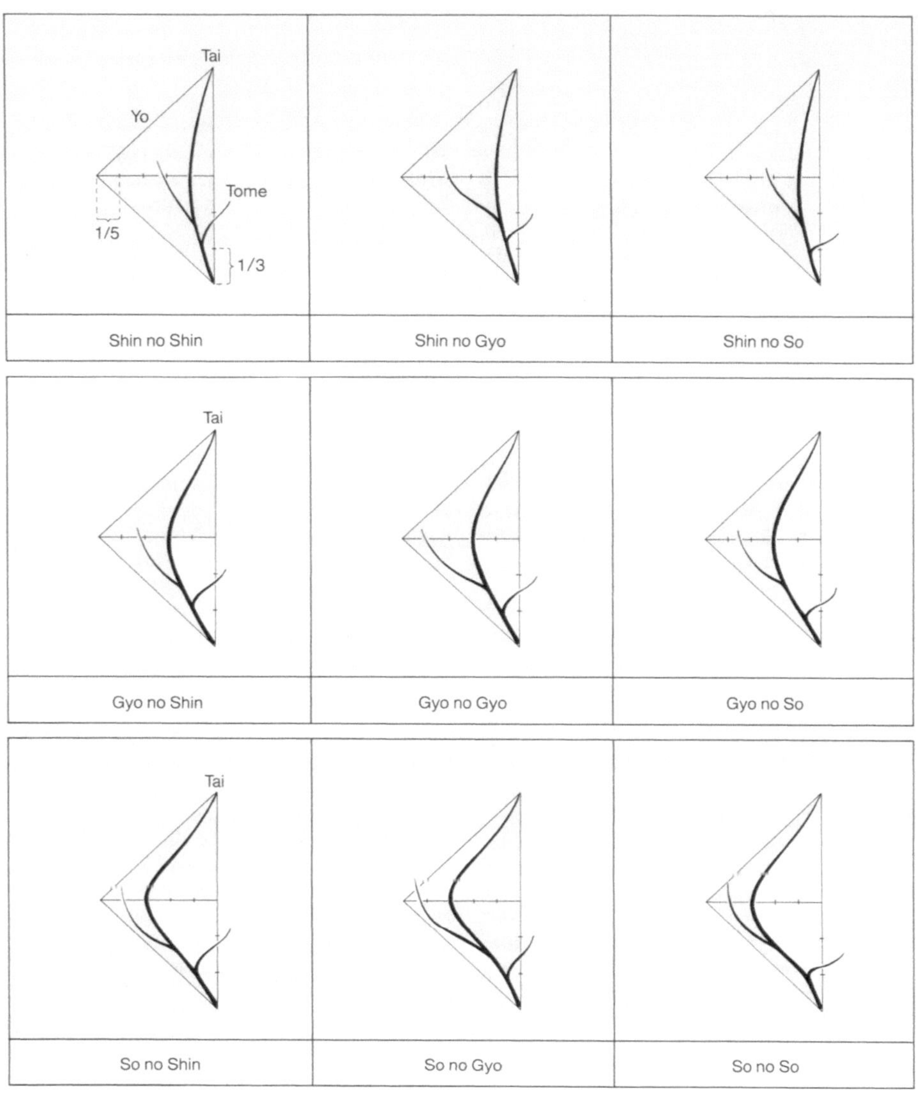

Abbildung 115. Neun Formen des Seika- (= Kakubana-) Stils der Misho-Schule Nakayama-Bunpokai (Nakayama 1974). Die neun Seika-Formen nach dem Förmlichkeitsschema werden in dieser Schule durch die Krümmung des Tai und die Neigung des Tome unterschieden. Die Aufbaustiele bleiben innerhalb eines »Uroko«. Für die Schule charakteristisch ist die geometrisch orientierte Darstellungsweise (vergleiche auch Abbildung 35 und 130).

dem Motiv des Arrangements; gern werden mehrere Variationen in einem Arrangement vereinigt. Einige Beispiele aus der Misho-Richtung zeigen die Abbildungen 4 und 16. Der Seika-Stil der Saga-Schule gehört ebenfalls zur Misho-Richtung (siehe Abbildung 18, 19 und 24).

Weitere Beispiele für Seika-Arrangements verschiedener Schulrichtungen zeigen die Farbtafeln 5 (Ryusei-Schule), 19 (Katsura-Ko-Schule) und 27 (Seifu-Enshu-Schule).

4.4 Rikka

Der Rikka-Stil entwickelte sich im 15. und 16. Jahrhundert allmählich aus dem Tatebana und wurde im 17. Jahrhundert von Ikebana-Künstlern der Ikenobo-Schule vollendet (siehe Abschnitt 5.2 und 5.3). Wegen seines ehrwürdigen Alters und wegen des hohen intellektuellen Niveaus vieler Ikenobo-Meister – sie waren zugleich buddhistische Priester – ist der Rikka-Stil der nach Form und Inhalt am besten erforschte und am höchsten entwickelte Stil des Ikebana. Deshalb ist die Kenntnis der Grundlagen des traditionellen Rikka für die allgemeine Würdigung des Ikebana sehr wichtig. Aber nur wenige Schulen lehren es heute, weil es zu aufwendig für ein Zimmergesteck ist; klassisches Rikka wird jetzt fast nur für festliche und formelle Anlässe oder für Ausstellungen angeordnet.

Die kennzeichnenden Merkmale des Rikka-Arrangements sind seine Größe, die Verwendung vieler verschiedenartiger Pflanzen in einem einzigen Arrangement und der schlanke, senkrecht emporsteigende Stamm, zu dem alle Stiele am Mizugiwa-Fußpunkt gebündelt werden. In technischer Hinsicht unterscheidet sich Rikka von allen anderen Stilarten durch die oft nötige Verlängerung und Linienkorrektur der Stiele mit künstlichen Mitteln.

Rikka-Gefäße (Abbildung 116) sind in der Regel größer als die der anderen Stilarten. Die traditionellen Rikka-Vasen erinnern an die Form buddhistischer zeremonieller Gefäße chinesischer Herkunft; sie sind meistens aus Metall, haben gewöhnlich eine breitere Öffnung und sind häufig mit seitlichen Henkeln verziert. Für das Sunanomono-Rikka (Rikka im Sandbecken) verwendet man ein großes Becken (siehe Farbtafel 9), meistens aus Metall, gelegentlich auch aus Holz. Für moderne Rikka-Arrangements gibt es heute verschiedenartige Vasen aus Keramik; sie können unregelmäßig geformt und farbenfreudig sein, während traditionelle Metallgefäße immer symmetrisch und dunkelfarbig sind. Die Keramikvasen haben den Vorteil, preisgünstiger als die traditionellen Gefäße zu sein.

Die nachstehende Darstellung des Rikka-Stils orientiert sich an den Vorstellungen der Ikenobo-Schule, weil ihr die Vollendung dieses Stils zu verdanken ist und weil sie die längste Tradition in seiner Lehre hat.

Der Rikka-Stil der Ikenobo-Schule besteht aus neun Aufbaustielen, deren Namen und Bedeutungen in der Tabelle 7 zusammengefasst sind.

Hinzu kommen zahlreiche Nebenstiele mit festen Aufgaben und Positionen. Sie alle müssen unter Beachtung der vorgeschriebenen Einsteckpunkte auf der begrenzten Fläche des Steckhilfsmittels untergebracht werden; das ist beim traditionellen Ikenobo-Rikka das Komiwara-Strohbündel, beim modernen Rikka oft ein großer Kenzan.

Die Standardhöhe des Rikka einschließlich Gefäß beträgt etwa 150 cm oder vier- bis fünfmal die Höhe des Gefäßes; die Breite beträgt etwa acht Zehntel der Höhe. Wie bei den anderen Stilarten ist dies nur ein Anhaltspunkt; die wirkliche Höhe hängt vom Material, der angestrebten Form und dem Standort des Arrangements ab. Auch beim Rikka gibt es ein rechtsseitiges und ein linksseitiges Arrangement.

Die Gestaltung eines Rikka-Arrangements ist viel komplizierter als die der anderen Stilarten. Deshalb müssen zunächst einige Besonderheiten erklärt werden.

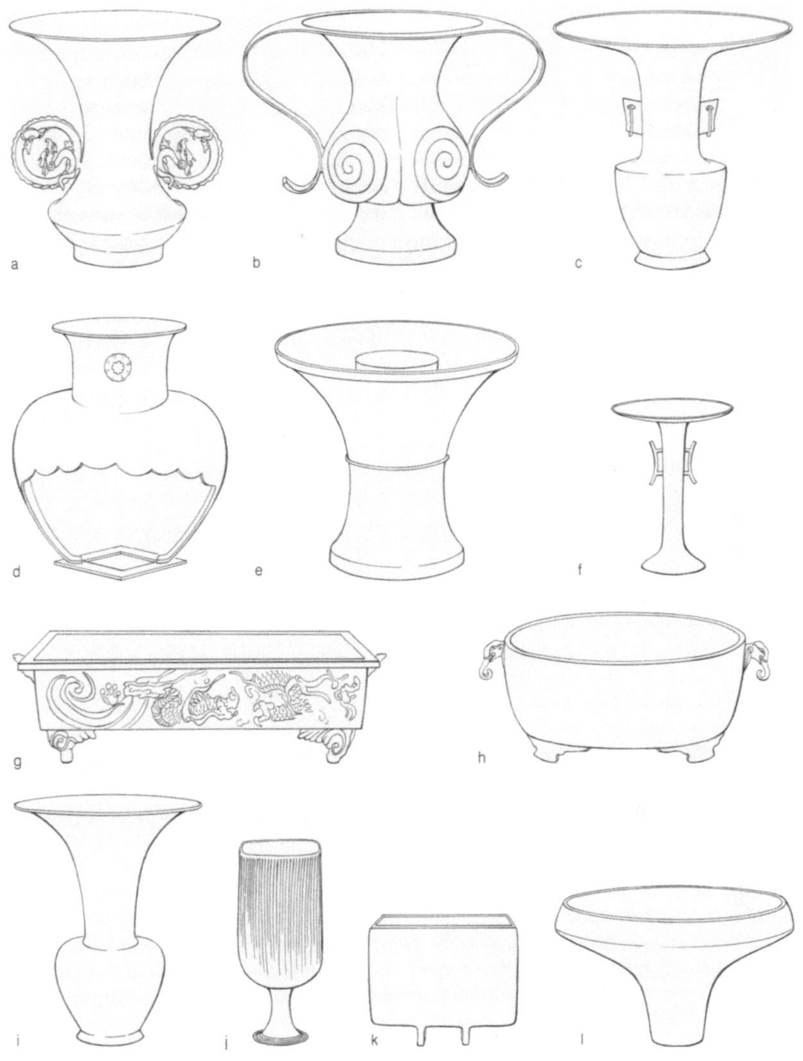

Abbildung 116. Rikka-Gefäße. **a–c** Traditionelle, hohe Metallvasen, mit drachengestaltigen, bandförmigen und ohrringartigen Zierhenkeln, **d–f** ebenfalls Metallvasen, **d** für Shogonka der Saga-Schule, **e** betont schlicht, mit Rohr zum Halten der Steckhilfsmittel, **f** für kleines Rikka, **g–h** Metallbecken für Sunanomono (Rikka im Sandbecken), eckig und oval, **g** dekorativ, gelegentlich auch aus Holz, **i–l** Keramikgefäße für moderne Rikka-Arrangements. Die Gefäße **b**, **e**, **f** und **g** lassen sich auch für moderne Seika verwenden. Stufen der Förmlichkeit: **a–e** Shin oder Gyo, **f** Shin, **g–h** So, **i** Shin oder Gyo, **j** Gyo, **k–l** Gyo und So.

Tabelle 7. Aufbaustiele des Rikka-Stils (Ikenobo-Schule)

Name	Bedeutung und Funktion	Symbol
Shin	»Wahrheit, Herz«: Der Hauptstiel des Arrangements	S
Uke	»Empfangen«: Der Uke soll in voller Übereinstimmung mit dem Shin stehen; ursprünglich »Shogan no Eda« (Zweig zum Loben) genannt.	U
Soe	»Begleiter, Zugabe«: Der Soe wurde ursprünglich »Sote sowazu« (Begleiten, ohne zu nahe zu kommen) genannt; er ist ein unauffälliger Begleiter des Shin.	So
Nagashi	»Fließen, Ausfluss«: Der Nagashi deutet mit seiner fließenden Linie eine Strömung des Flusses an und verleiht so dem Gesteck Bewegung.	N
Mikoshi	»Fernsicht«: Der Mikoshi soll mit einem Stiel, der nach hinten gerichtet wird, dem Arrangement Tiefe geben.	Mi
Hikae	»Zurückhaltung«: Der Hikae soll das Gesteck abrunden; er wurde ursprünglich »Sugatanaoshi« (Verschönerung des Aussehens) genannt.	H
Shoshin	»Der wahre Shin, der kleine Shin«: Der in der Mitte stehende Stiel deutet den Mittelpunkt des Gestecks an.	Ss
Do	»Rumpf, Körper«: Der Do ist eine Masse, aus der viele Stiele entspringen; er gibt dem Gesteck Volumen.	D
Maeoki	»Vorderteil«: Dieser unterste und nach vorn gerichtete Teil schließt das Arrangement am unteren Ende ab.	Ma

Damit alle Aufbaupflanzen die gewünschte Länge und Richtung haben, müssen sie beim Rikka oft künstlich verlängert oder mit Draht gebogen werden. Für die Verlängerung gibt es zwei Hilfsmittel: gerader Holzfuß und Ukezutsu (siehe Abbildung 121). Ukezutsu ist ein kleiner Wasserbehälter aus Metall, Bambus oder Kunststoff mit einem Stiel aus starkem, biegsamem Draht. Er wird entweder an einem Zweig des Arrangements befestigt oder unmittelbar auf das Komiwara gesteckt. Zur Tarnung und Verschönerung kann er mit Iris- oder Aspidistra-Blättern umwickelt werden.

Holzfüße stellt man gewöhnlich selbst her, entweder aus dem beim Stecken verwendeten Material oder aus anderen dafür geeigneten Zweigen (zum Beispiel Kiefer oder Zypresse). Auch Ukezutsu kann man selbst basteln, indem man einen kleinen Kunststoffbehälter mit einem stabilen Draht verbindet.

Gebogen werden die Blätter oder Blumenstiele beim Rikka oft mit Hilfe von Drähten verschiedener Stärke; die gebogene Stelle oder der ganze Stiel wird mit grünem Floraband umwickelt (siehe Abbildung 47k, Drahten).

Diese »künstliche« Bearbeitung der Aufbaupflanzen, durch die sich Rikka technisch von allen anderen Stilarten deutlich unterscheidet, ist besonders stark ausgeprägt bei den »Mikizukuri« genannten Rikka-Arrangements: Ihr Grundgerüst wird zunächst nur aus kahlen Ästen aufgebaut, die man dann mit Blättern und Trieben künstlich verziert. Ist ein Rikka dagegen nur aus natürlichen Pflanzen gebaut, so spricht man von »Ubudate«. In der Geschichte des Rikka waren Mikizukuri und Ubudate abwechselnd in Mode. Bei vielen großen Arrangements werden Ubudate- und Mikizukuri-Techniken nebeneinander verwendet; diese Mischung ist gerade heute verbreitet.

Eine ausschlaggebende Rolle bei der Auswahl der Pflanzen spielt die dreifache Längsgliederung des Rikka-Arrangements in einen oberen, mittleren und unteren Teil; denn überlieferte Regeln legen fest, welche Pflanzen für welchen Teil verwendet werden können.

Ein wichtiger Blickpunkt ist beim Rikka, ähnlich wie beim Seika, das Mizugiwa: Alle Aufbau- und Nebenstiele steigen gemeinsam wie ein schlanker, runder Baumstamm etwa 10 cm hoch (bei einem 150

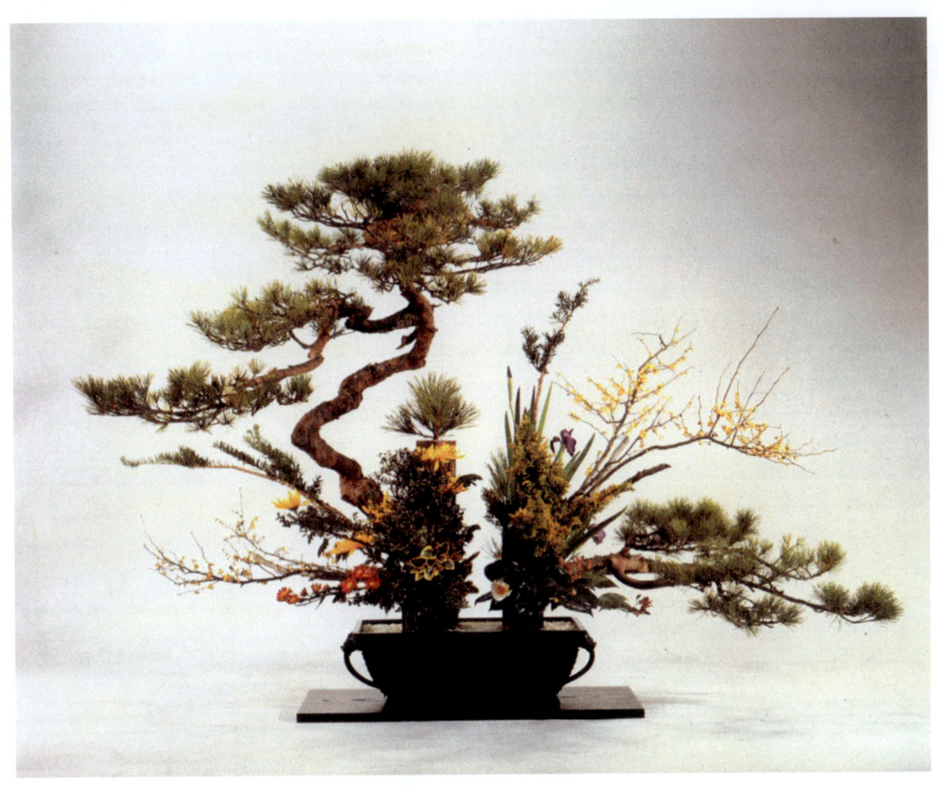

Farbtafel 34. Zweiteiliges Sunanomono. In einem mit Sand gefüllten Metallgefäß wurden elf verschiedene Pflanzenarten (Kiefer, Stechpalme, Eibe, Spindelbaum, Buchsbaum, Zypresse, Kamelie, Chrysantheme, Iris, Krötenlilie [Tricyrtis hirta] und Aster) harmonisch und gewichtig nach den klassischen Regeln des zweiteiligen Sunanomono gesteckt. Der große Teil symbolisiert das männliche, der kleine das weibliche Element. Arrangement von Shibata Hideo, Ikenobo-Schule.

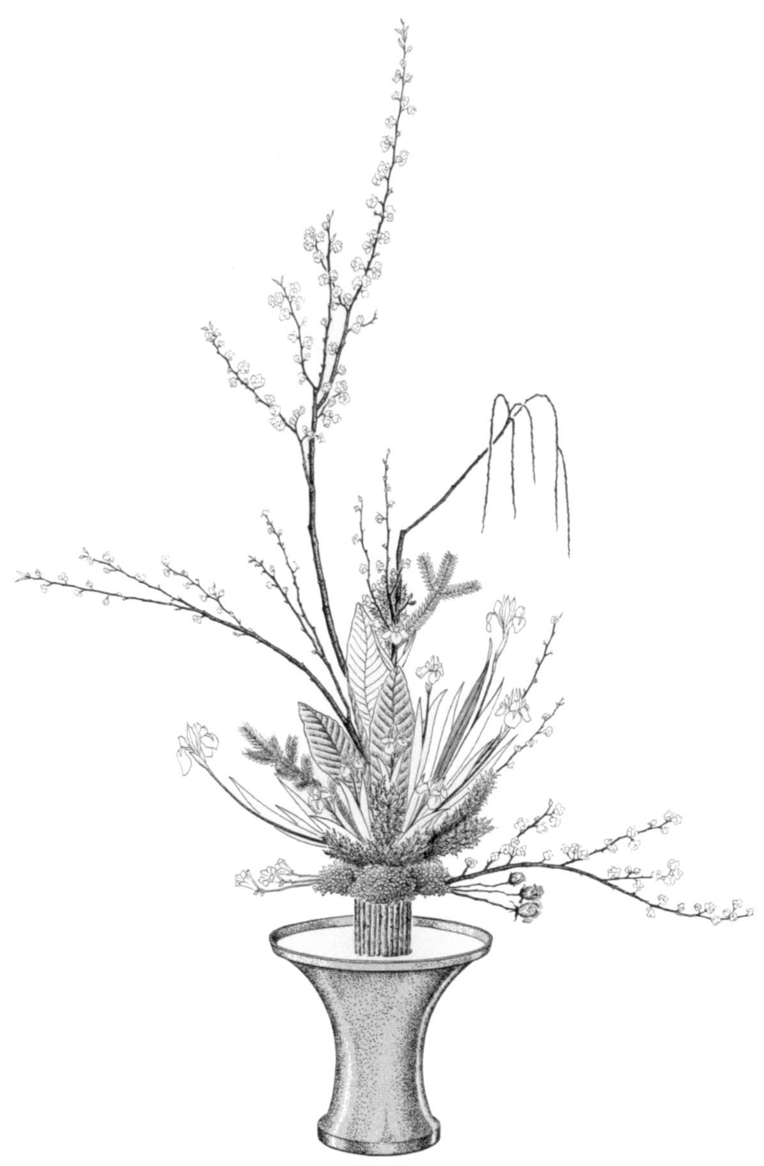

Abbildung 117. Rikka-Arrangement mit gebogenem Shin. Pfirsich-, Zypressen-, Weiden-, Buchsbaum- und Tannenzweige, Mispelblätter, Iris, Freesien und Rosen, zu einem Frühlings-Rikka vereint. Die zahlreichen Pflanzen symbolisieren als harmonisches Ganzes die Natur und die Landschaft. Arrangement von Fujiwara Yuchiku, Ikenobo-Schule.

cm hohen Rikka) senkrecht aus der Wasserfläche empor; erst dann beginnen sie, sich in die verschiedenen Richtungen zu verzweigen.

Für Rikka-Arrangements werden große Baumteile und Hölzer benutzt, zu deren Bearbeitung man einige im Ikebana sonst unübliche Werkzeuge braucht (zum Beispiel Säge, Hammer, Zange und Bohrer). Auch wird es oft schwierig sein, ein richtiges Rikka-Gefäß und Komiwara zu beschaffen; ersatzweise kann man sich mit einer großen, hohen Vase behelfen, die man etwa zu zwei Dritteln mit Kieselsteinen füllt und darauf einen großen, schweren Kenzan stellt.

Gestaltung eines Rikka-Arrangements

In einem traditionellen Rikka-Gefäß soll ein Gesteck wie in Abbildung 117 gestaltet werden, ein Rikka mit gebogenem Shin (Nokishin). Dieses farbenfrohe Rikka aus mehreren Pflanzenarten strahlt eine lebendige Frühlingsstimmung aus. In Abbildung 118 wird es als Schemazeichnung wiedergegeben, die zugleich als Beispiel für die in der Ikenobo-Schule übliche Darstellungsweise steht. Das folgende Material wird für das Arrangement benötigt:

Pflanzen:	5 Pfirsichzweige
	6 Zypressenzweige
	1 Weidenzweig
	3 Buchsbaumzweige
	2 Tannenzweige
	3 Mispelblätter (Eriobotrya japonica)
	9 Irisblütenstiele mit zusammen 21 Blättern
	3 Freesien
	3 Rosen
Gefäß:	Metall-Rikka-Gefäß, etwa 30 cm hoch
Steckhilfsmittel:	Komiwara-Strohbündel (siehe Abbildung 65)
	3 Ukezutsu-Behälter (siehe Abbildung 121)
	28 Fußverlängerungen (siehe Abbildung 121)

An Nebenstielen, die feste Aufgaben und Positionen haben, werden in diesem Arrangement die folgenden verwendet (Abkürzungen = Bezeichnungen in der Schemazeichnung):

Oha	»Große Blätter«	O
Kidome	»Zweige-Abschluss«	Ki
Kusadome	»Blumen-Abschluss«	Ku
Ushirogakoi	»Hinterer Zaun«	Ug
Kusamichi	»Blumen-Pass«	K
Dowaki	»Seitliche Ergänzung«	Dw
Hikaeue	»Obere Ergänzung für Hikae«	Hu
Mikoshishita	»Untere Ergänzung für Mikoshi«	Ms

Die vielen Aufbau- und Nebenstiele wollen auf dem Komiwara (oder Kenzan) nicht nur untergebracht werden – sie sollen zugleich auch einen runden, an einen Baumstamm erinnernden Mizugiwa-Fuß bilden. Das erfordert die strikte Einhaltung der vorgeschriebenen Einsteckpunkte, deren Position im Einzelfall auch davon abhängen kann, ob der zum Stecken vorgesehene Stiel ein Kimono (Zweig) oder ein Kusamono (Blume) ist. Eine aus Kusamono bestehende Reihe zum Beispiel soll nicht durch Kimono unterbrochen werden. Die Abbildung 119 zeigt die Einsteckpunkte für alle Aufbau- und Nebenstiele des geplanten Arrangements.

Andere Arrangements haben andere Nebenstiele; es werden auch nicht immer alle Aufbaustiele für ein Arrangement verwendet, aber die Einsteckpunkte der Abbildung 119 geben doch einen guten Überblick über den typischen Rikka-Aufbau.

Zur Auswahl der Pflanzen für den oberen, den mittleren und den unteren Teil folgen einige Variationsbeispiele; dabei sind die Namen der im Arrangement der Abbildung 117 verwendeten Pflanzen hervorgehoben:

Oberer Teil

- Kimono (Zweige): *Pfirsichzweig, Zypresse, Weide, Tanne, Mispel,* Kiefer, Magnolie, Spierstrauch
- Kusamono (Blumen): *Iris,* Chrysantheme, Narzisse, Prunkwinde
- Tsuyomono (Zwischengruppe): Glyzine, Forsythie

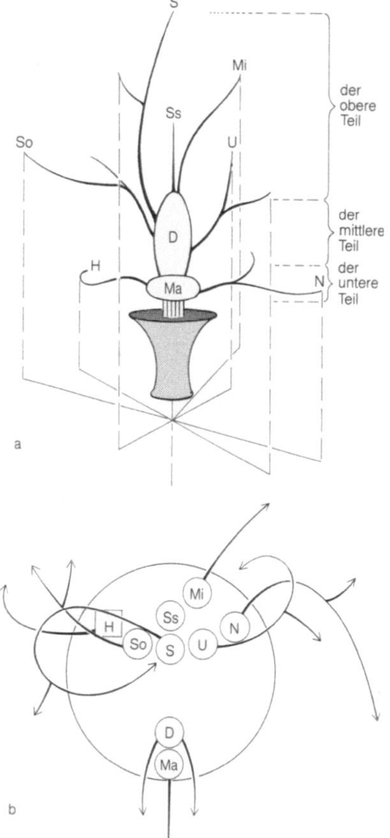

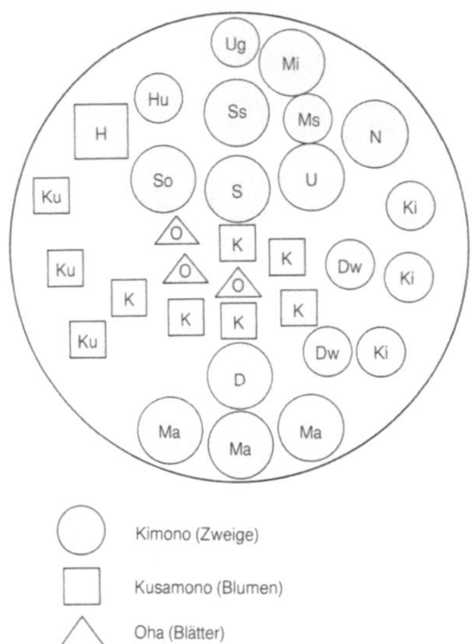

Abbildung 118. Rikka mit gebogenem Shin in schematischer Darstellung (Ikenobo-Schule). Vorderansicht (**a**) und Draufsicht (**b**): Längen und Richtungen der zahlreichen Aufbaustiele. Bei dem abgebildeten Arrangement sind Soe (So) und Nagashi (N) gleich lang, ebenso Hikae (H) und der unterste Trieb des Uke (U). Nach vorn gerichtet werden Maeoki (Ma), Do (D), Nagashi (N), der unterste Trieb des Shin (S) und des Uke (U); nach hinten gerichtet werden Soe (So), Hikae (H), Uke (U) und Mikoshi (Mi). Der Shoshin (Ss) und die Spitze des Shin (S) liegen in der Mitte. Die angedeutete Unterteilung – oben, Mitte, unten – ist wichtig für die Auswahl der jeweils verwendeten Pflanzen.

Abbildung 119. Die Einsteckpunkte im Arrangement der Abbildung 117. Die vielen Aufbau- und Nebenstiele werden innerhalb eines Kreises untergebracht; so erhält der Mizugiwa-Fuß das Aussehen eines Baumstammes. Der Kusamichi »Blumen-Pass« (K) führt zum Kusadome »Blumen-Abschluss« (Ku) und weiter zum Hikae (H) – auch aus Blumen –, ohne durch Kimono (Zweige) unterbrochen zu werden. Die gezeigten Einsteckpunkte sind typisch für das rechtsseitige Arrangement mit gebogenem Shin.

Mittlerer Teil

- Kimono (Zweige): *Pfirsichzweig, Zypresse, Weide, Tanne, Mispel,* Kiefer, Magnolie, Spierstrauch
- Kusamono (Blumen): *Iris,* Chrysantheme, Narzisse, Mohnblume
- Tsuyomono (Zwischengruppe): Glyzine, Forsythie, Hortensie

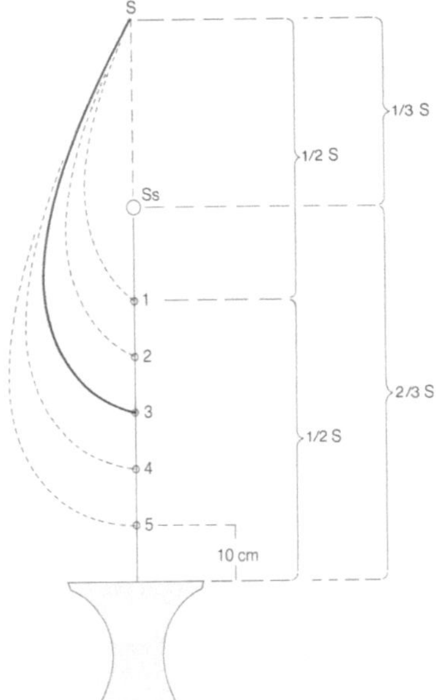

Abbildung 120. Biegungspunkte des Shin in einem Rikka-Arrangement. Der Biegungspunkt liegt höchstens auf halber Höhe des Shin (obere Stufe, 1) und mindestens 10 cm über dem Vasenrand (Mizugiwa-Stufe, 5). Die anderen Stufen liegen mit gleichen Abständen dazwischen. Beim Arrangement der Abbildung 117 biegt der Shin von der Mittellinie in Höhe der mittleren Stufe (3) ab.

Unterer Teil

- Kimono (Zweige): *Pfirsichzweig, Zypresse, Buchsbaum, Tanne, Mispel, Rose,* Kiefer, Azalee, Eberesche
- Kusamono (Blumen): *Iris, Freesie,* Chrysantheme, Narzisse, Mohnblume, Enzian
- Tsuyomono (Zwischengruppe): Chloranthus, Seidelbast

Über die Verzweigung der Aufbau- und Nebenstiele ist im Zusammenhang mit dem Mizugiwa schon gesprochen worden. Da ein Nokishin (Rikka mit gebogenem Shin) gestaltet werden soll, muss entschieden werden, in welcher Höhe der Shin von der Mittellinie des Arrangements abbiegen soll. Es gibt fünf Möglichkeiten für die Höhe des Biegungspunktes des Shin (Abb. 120):

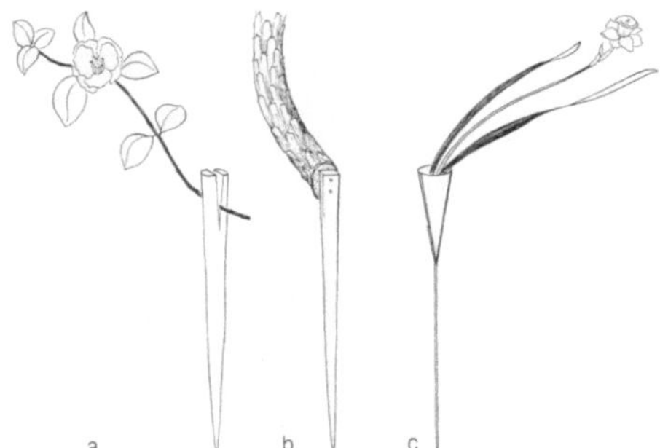

Abbildung 121. Fußverlängerung der Aufbaupflanzen für Rikka-Arrangements. Dünne Stiele werden in den gespaltenen Holzfuß geklemmt (**a**), dicke angenagelt (**b**); kurze Blumenstiele werden mit einem Ukezutsu verlängert (**c**).

1 die obere Stufe
2 die normale Stufe
3 die mittlere Stufe
4 die untere Stufe
5 die Mizugiwa-Stufe

In dem geplanten Arrangement soll der Biegungspunkt des Shin auf der mittleren Stufe liegen.

Auf ein Grundgerüst aus Holz wird bei diesem Arrangement verzichtet, es ist also trotz der Fußverlängerungen ein Ubudate. Die Herstellung und den Gebrauch der Fußverlängerungen zeigt Abbildung 121.

Arbeitsschritte (nach der Ikenobo-Schule, siehe Literaturverzeichnis: Y. Fujiwara 1961):

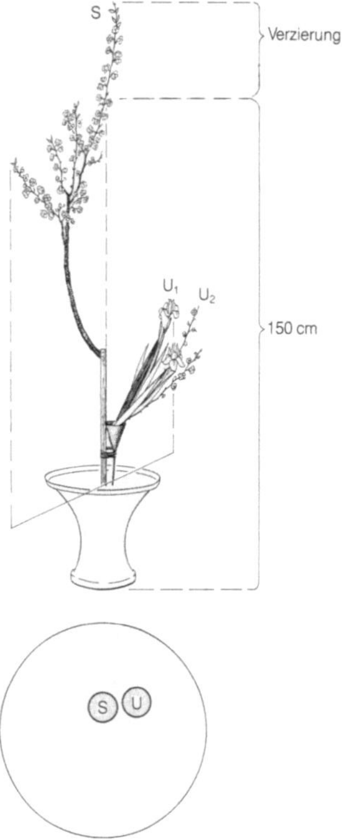

Abbildung 122. Das Arrangement nach dem 2. Arbeitsschritt. Zwei Aufbaustiele – jeweils mit Fußverlängerungen, wie alle weiteren Stiele – sind in das Komiwara gesteckt: S (Shin, »Wahrheit«), mit Holzfuß, und U (Uke, »Empfang«), mit Ukezutsu. Der Uke besteht hier aus Kusamono (U1 Iris) und Kimono (U2 Pfirsichzweig).

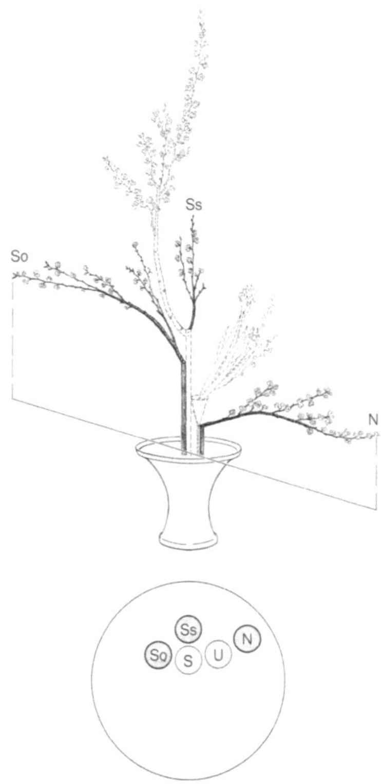

Abbildung 123. Nach dem 5. Arbeitsschritt. Hinzugekommen sind die Aufbaustiele So (Soe, »Begleiter«), N (Nagashi, »Fließen«), Ss (Shoshin, »der kleine Shin«) – alles Pfirsichzweige, Shin, Soe und Nagashi entsprechen den drei Aufbaustielen des Ikenobo-Shoka (= Seika): Shin, Soe und Tai.

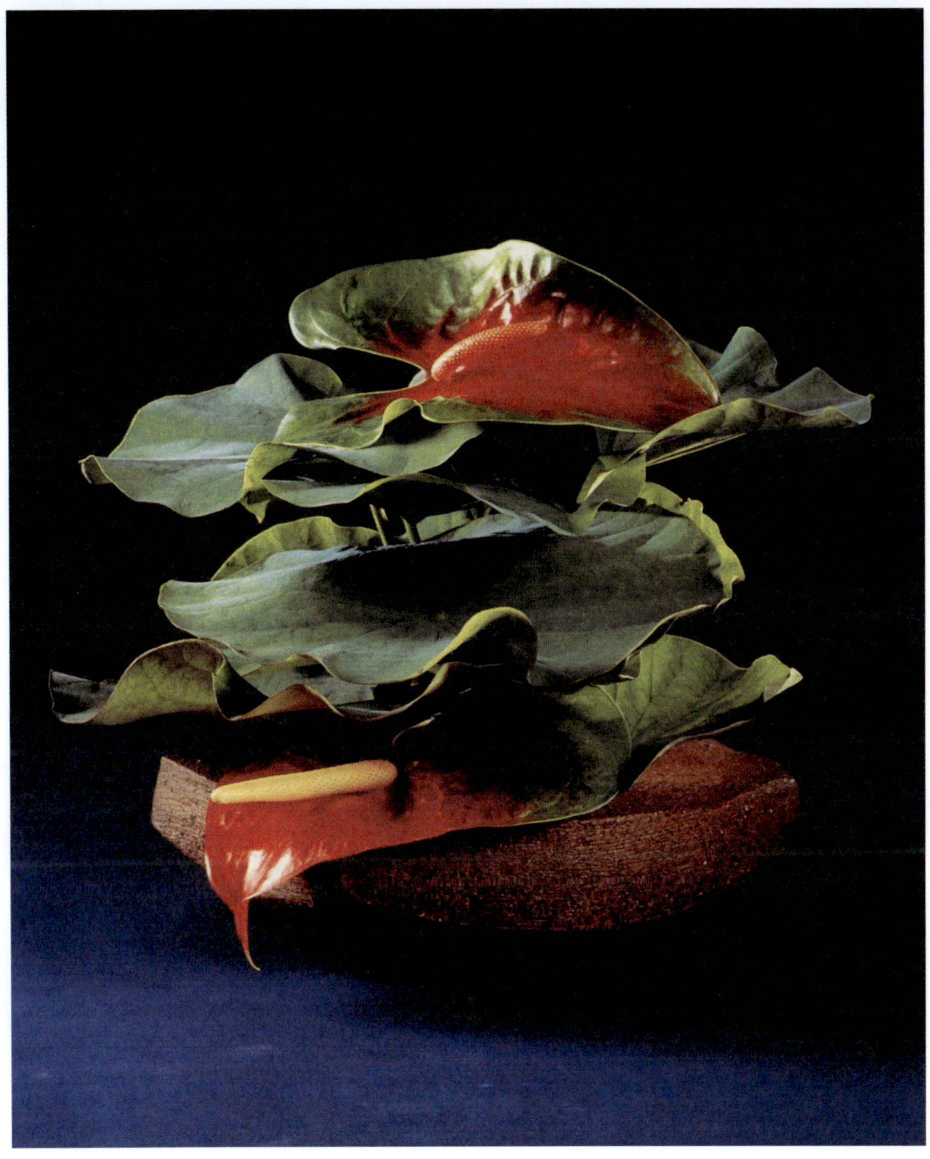

Farbtafel 35. Schichten. Ein abstraktes Arrangement in freiem Stil. Lotosblätter und Flamingoblumen, zu einer Flächenkomposition übereinander geschichtet; die geheimnisvoll verfärbten Flamingoblüten und die unruhig flatternden Ränder der Lotosblätter geben ihr etwas Surrealistisches. Arrangement von Yoshimura Kasen, 3. Leiter der Ryusei-Schule.

1 Als Shin wird der schönste Pfirsichzweig gewählt. Er wird mit einem Holzstück (Fußverlängerung) verbunden, dabei wird auf den richtigen Neigungswinkel geachtet. Da der Shin in Höhe der mittleren Stufe von der Mittellinie abbiegt und seine Spitze wieder in die Mitte zurückkehren muss, wird er zu einem Bogen geformt; dabei wird der unterste Trieb des Shin nach vorn gerichtet. Der Shin-Fuß (der verlängerte Shin-Zweig) wird am Shin-Einsteckpunkt senkrecht in das Komiwara gesteckt (S in Abbildung 122). Die Höhe des Shin, einschließlich Gefäß, ist 150 cm; dabei wird die obere, senkrecht aufsteigende Spitze als Verzierung beim Abmessen nicht mitgerechnet.

2 Als Uke wird eine Gruppe aus Irisblüten und -blättern und einem Pfirsichzweig verwendet. Für die

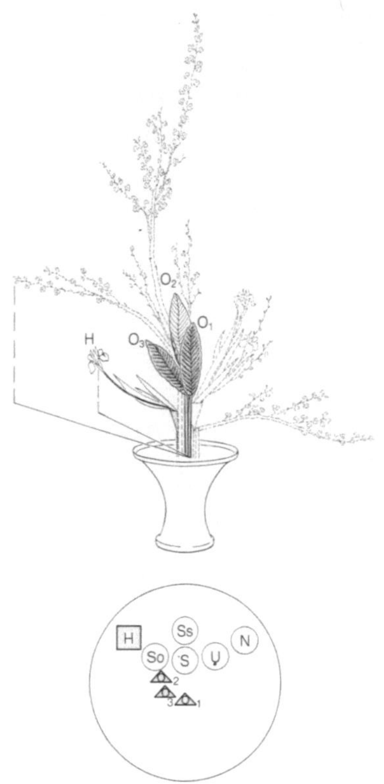

Abbildung 124. Nach dem 7. Arbeitsschritt. Gesteckt sind jetzt der Aufbaustiel H (Hikae, »Zurückhaltung«) und die Nebenstiele O (Oha, »Große Blätter«). Der Hikae (in einem Ukezutsu) besteht aus einem Irisblütenstiel und drei -blättern. O1 und O3 zeigen die Schattenseite, O2 die Lichtseite.

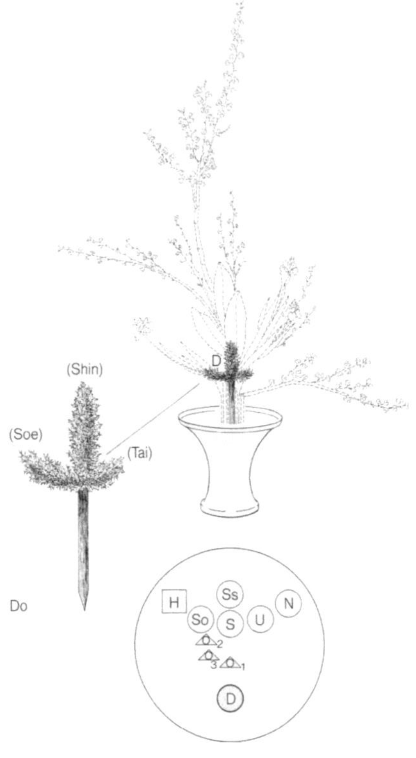

Abbildung 125. Nach dem 8. Arbeitsschritt. Der Do (D), der Rumpf des Arrangements, ist gesteckt. Dieser Aufbaustiel besteht aus drei Zypressenzweigen; sie sind wie die drei Aufbaustiele des Ikenobo-Shoka (Shin, Soe und Tai) geformt und werden auf einer gemeinsamen Fußverlängerung befestigt.

Iris ist ein Ukezutsu-Behälter notwendig, er wird gleich rechts neben dem Shin-Fuß in das Komiwara gesteckt und am Shin-Fuß festgebunden (Abbildung 122). Dann wird der Behälter mit Wasser gefüllt.

Zunächst wird der schönste Irisblütenstiel in den Ukezutsu-Behälter gestellt und nach rechts hinten (ca. 30 Grad) ausgerichtet. Dann werden ein weiterer Irisblütenstiel und fünf Irisblätter in den Ukezutsu-Behälter gestellt (U1) in Abb. 122).

Schließlich wird ein kleiner Pfirsichzweig hinter der Iris-Gruppe gesteckt (U2 in Abbildung 122). Die Gemeinsamkeit des Materials (Pfirsich) drückt die Harmonie mit dem Shin aus.

3 Als Soe wird ein Pfirsichzweig links neben dem Shin auf dem Komiwara eingesteckt und nach

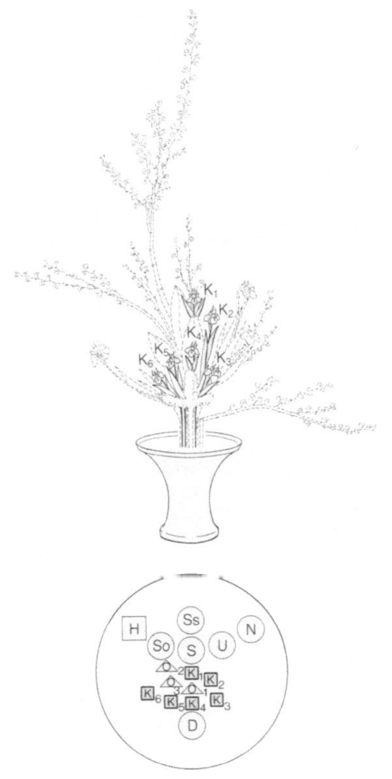

Abbildung 126. Nach dem 9. Arbeitsschritt. Als Kusamichi »Blumen-Pass« sind mehrere Iris (Iris laevigata) gesteckt, und zwar K1 mit 3 Blättern, K2 bis K6 mit je 2 Blättern. Man könnte auch Blätter von Iris japonica als Kariha (geliehene Blätter) zusätzlich zu den Iris laevigata stecken, um mehrere Irisgruppen zu verbinden.

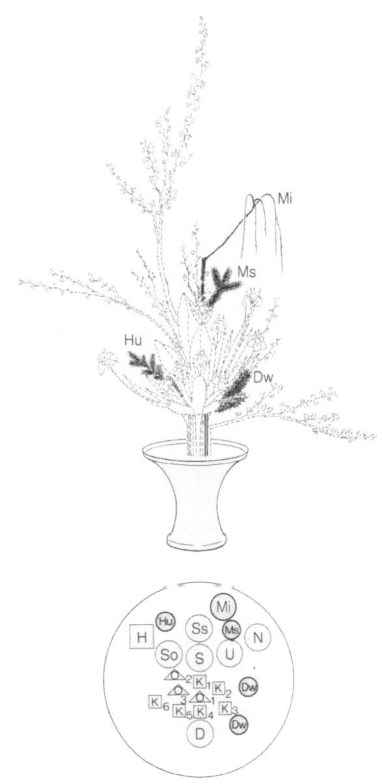

Abbildung 127. Nach dem 12. Arbeitsschritt. Die folgenden Stiele, alles Kimono, sind hinzugekommen: der Nebenstiel Dw (Dowaki, »Seitliche Ergänzung«), der Aufbaustiel Mi (Mikoshi, »Fernsicht«) sowie die Nebenstiele Hu (Hikaeue, »Obere Ergänzung für Hikae«) und Ms (Mikoshishita, »Untere Ergänzung für Mikoshi«).

links hinten (ca. 45 Grad) gerichtet (So in Abbildung 123). Der Soe, nach Form und Material ein Begleiter des Shin, wiederholt hier dessen »Motiv«.

4 Als Nagashi wird ein schön geschwungener Pfirsichzweig gewählt, der Bewegung anzudeuten vermag. Er wird rechts hinter dem Uke auf das Komiwara gesteckt und nach rechts vorn (ca. 45

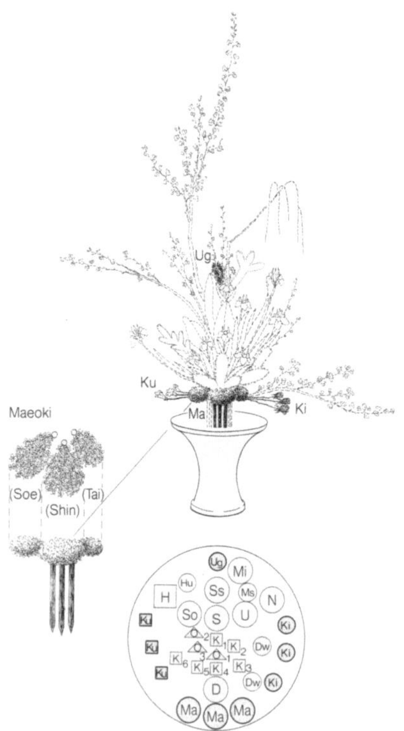

Abbildung 128. Nach dem 16. Arbeitsschritt. Als letzte werden gesteckt: der Aufbaustiel Ma (Maeoki, »Vorderteil«) und die Nebenstiele Ku (Kusadome, »Blumen-Abschluss«), Ki (Kidome, »Zweige-Abschluss«), Ug (Ushirogakoi, »Hinterer Zaun«). Der aus drei Buchsbaumzweigen bestehende Maeoki wird wie die Aufbaustiele des Ikenobo-Shoka (Shin, Soe und Tai) geformt und nach vorn gerichtet.

Grad) gerichtet (N in Abbildung 123). Der Nagashi symbolisiert einen Fluß.

Der Nagashi ist das »Gegengewicht« zum Soe; beide haben etwa die gleiche Länge: Die Summe der Länge von Soe und Nagashi (und damit die Breite des Arrangements) beträgt 80 % seiner Höhe.

5 Als Shoshin dient ein möglichst gerade gewachsener Pfirsichzweig. Als Kimono (Zweig) wird er direkt hinter dem Shin senkrecht auf das Komiwara gesteckt. Würde als Shoshin ein Kusamono (Blume) verwendet, so müsste er vor dem Shin gesteckt werden. Die Länge des Shoshin beträgt die Hälfte bis zwei Drittel der Shin-Länge (Ss in Abbildung 123).

6 Als Hikae werden noch einmal Iris (ein Blütenstiel und drei Blätter in einem Ukezutsu) genommen. Die Hikae-Gruppe wird auf dem Komiwara hinter dem Soe eingesteckt und nach links hinten (ca. 30 Grad) gerichtet (H in Abbildung 124). Der Hikae bildet das »Gegengewicht« zum Uke.

7 Als Oha-Nebenstiele (Große Blätter) werden drei Mispelblätter mit Fußverlängerungen versehen.

Das erste Blatt, dessen Schattenseite nach vorn zeigt (Schatten-Blatt), wird vor dem Shin senkrecht gesteckt (O1 in Abbildung 124).

Das zweite Blatt, dessen Lichtseite nach vorn zeigt (Licht-Blatt), wird zwischen dem Soe und dem ersten Blatt etwas geneigt gesteckt (O2 in Abbildung 124).

Das dritte Blatt (Schatten-Blatt) wird vor dem zweiten Blatt – etwas stärker geneigt – gesteckt (O3 in Abbildung 124).

Die Oha-Gruppe mit ihren großen Blättern gibt dem Arrangement »Akzent«, da die anderen Blätter dieses Arrangements klein sind. Traditionell symbolisiert die Oha-Gruppe einen Wasserfall oder eine Klippe.

8 Als Do werden drei verschieden lange Zypressenzweige – ähnlich den drei Aufbaustielen des Sei-

ka- (= Shoka-) Stils der Ikenobo-Schule – mit einer gemeinsamen Fußverlängerung versehen. Diese Do-Gruppe wird vorn in die Mitte des Komiwara gesteckt (D in Abbildung 125).

9 Für die Kusamichi-Nebenstiele werden insgesamt sechs Irisblütenstiele mit dreizehn Blättern in der angedeuteten Reihenfolge gesteckt (K1–K6 in Abbildung 126), und zwar innerhalb des Do. Dieser Blumen-Pass (Kusamichi) bildet eine Linie, die direkt unter dem Shoshin beginnt und unter dem Soe an der Seite des Kusadome (Blumen-Abschluss) endet; dabei werden K1 mit Ukezutsu und K2 bis K6 mit je einem Holzfuß verlängert.

10 Als Dowaki-Nebenstiele werden zwei Zypressenzweige verwendet. Sie werden rechts hinter dem Do angeordnet und stellen optisch eine Verbindung vom Do zum Nagashi her (Dw in Abbildung 127). Um die innere Gemeinsamkeit dieser drei Gruppen anzudeuten, ist es wichtig, dass sie alle aus Kimono bestehen.

11 Als Mikoshi wird eine dünne Weide rechts hinter dem Shoshin auf das Komiwara gesteckt und nach hinten gerichtet (Mi in Abbildung 127). Der Mikoshi-Stiel verleiht dem Arrangement »Fernsicht« und »Tiefe«.

12 Als Nebenstiele über dem Hikae (Hikaeue) und unter dem Mikoshi (Mikoshishita) werden zwei Tannenzweige verwendet. Sie bringen »Einheit« in die Komposition.
Der Hikaeue-Stiel wird zwischen dem Hikae und dem Shoshin auf das Komiwara gesteckt und nach hinten gerichtet (Hu in Abbildung 127).
Der Mikoshishita-Stiel wird zwischen dem Shoshin und dem Nagashi auf das Komiwara gesteckt und direkt unter dem Mikoshi-Stiel nach hinten gerichtet (Ms in Abbildung 127).

13 Als Maeoki werden drei Buchsbaumzweige ganz vorn auf das Komiwara gesteckt und sehr weit nach vorn gerichtet (Ma in Abbildung 128). Dabei bilden die Buchsbaumzweige wieder eine eigene Gruppe wie die Aufbaustiele des Ikenobo-Shoka (Shin, Soe und Tai).
Oft wird ein Irogiri-Nebenstiel (Farbentrennung) zwischen dem Maeoki und dem Do gesteckt, um die Grenze deutlich zu machen, aber hier ist ein Irogiri nicht notwendig, weil Buchsbaumzweige (Maeoki) und Zypressen (Do) sich deutlich voneinander unterscheiden.

14 Als Kusadome-Nebenstiele werden drei Freesien zwischen dem Maeoki und dem Hikae als »Blumen-Abschluss« gesteckt (Ku in Abbildung 128).

15 Als Kidome-Nebenstiele werden drei Rosen tief unten zwischen dem Maeoki und dem Nagashi zur Verschönerung des Mizugiwa gesteckt (Ki in Abbildung 128).

16 Als Ushirogakoi-Nebenstiel wird ein Zypressenzweig (etwa 5 bis 10 cm kürzer als der Shoshin) direkt hinter dem Shoshin gesteckt und etwas nach hinten gerichtet (Ug in Abbildung 128). Er ist von vorn fast nicht zu sehen, gibt aber dem Arrangement Tiefe.
Manchmal gelingt es nicht, den Fußpunkt richtig rund zu bauen; in diesem Fall werden zum Schluss noch ein paar gerade Stiele von verwendeten Pflanzen auf die Höhe des Mizugiwa zugeschnitten und zusätzlich als Mizugiwa-Fuß eingesteckt.

Damit ist das Arrangement fertig.

Das Rikka mit gebogenem Shin (Nokishin) wird von der Ikenobo-Schule als die bestgeeignete Übungsform des Rikka betrachtet, deshalb wurde auch hier eine solche Form gewählt.

Die Zuordnung zu den drei Stufen der Förmlichkeit richtet sich beim Rikka zunächst nach der Neigung des Shin und nach dem Gefäß:

- Shin-Form: Rikka mit geradem Shin, »Sugushin«, im hohen Gefäß (siehe Abbildung 131)

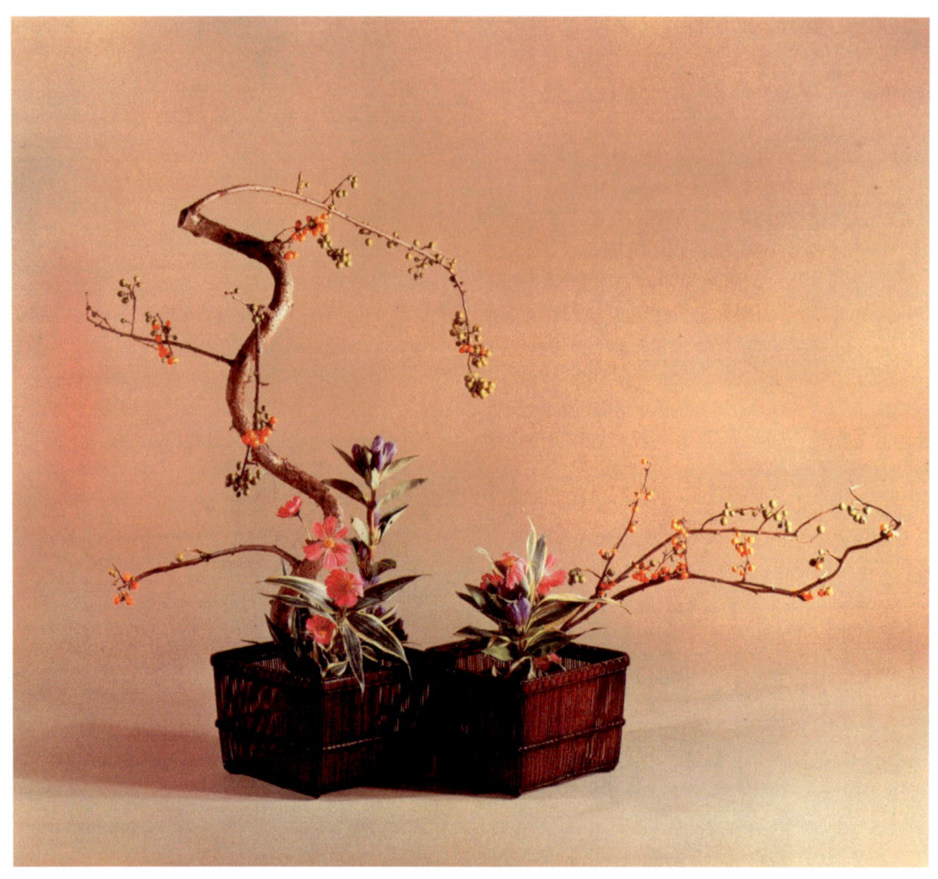

Farbtafel 36. Shogonka in Körben – »Heimat«. Die beiden Pflanzengruppen in chinesischen Körben bilden ein Rikka (= Shogonka) in der lockersten So-no-So-Form (siehe auch Abbildung 130); verwendet wurden Baumwürger (Celastrus orbiculatus), Enziane, Schmuckkörbchen und Dracaena-Blätter. Das Arrangement mit dem Titel »Heimat« erinnert an ein ländliches Haus mit Zaun; es sieht fast wie ein Moribana-Gesteck aus. Arrangement von Shimizu Koho, Saga-Schule.

- Gyo-Form: Rikka mit gebogenem Shin, »Nokishin«, im hohen Gefäß (siehe Farbtafel 4)
- So-Form: Rikka im Sandbecken, »Sunanomono« (siehe Farbtafel 34)

Oft wird das Wort »Rikka« im engeren Sinne nur für Sugushin und Nokishin verwendet, für das Rikka im hohen Gefäß, dessen Höhe die Breite übertrifft. Das Sunanomono, dessen Breite größer als die Höhe ist, wird häufig als eine Abart des Rikka betrachtet. Es gibt zwei Sunanomono-Formen: eine einteilige und eine zweiteilige (siehe Farbtafel 9 und 34).

Gelegentlich werden Rikka-Variationen nach den verwendeten Pflanzen noch einmal in Unterstufen der Förmlichkeit eingeordnet; allerdings ist die Zuordnung zu dem Unterstufenschema (Shin no Shin, Shin no Gyo usw.) nicht einheitlich, auch nicht innerhalb der Ikenobo-Gruppe. Im Folgenden werden einige verbreitete Rikka-Variationen vorgestellt, ohne auf die Stufen der Förmlichkeit einzugehen.

- *Einzelgestecke:* Je eine spezielle Steckweise wurde für die folgenden Pflanzenarten überliefert: Ahorn, Chrysantheme, Iris, Kiefer (siehe Abbildung 145), Kirsche, Lotosblume (siehe Abbildung 17) und Narzisse.
- *Betonung des Shin:*
    - Doppel-Shin: Ein Rikka-Arrangement mit zwei parallel stehenden Shin. Dies soll der Ursprung des zweiteiligen Sunanomono sein.
    - Verbundener Shin: Zwei Kiefernäste, die ein Brautpaar symbolisieren sollen, werden so dicht zusammengesteckt, dass sie wie ein einziger Ast aussehen. Ein Rikka für festliche Anlässe.
    - Tanikoshi-Shin (Rikka mit stark gebogenem Shin): Diese Variation symbolisiert, dass der Shin ein Tal überbrücken will. Eine landschaftliche Darstellung.
    - Taniwatari-Shin (Rikka mit Zickzack-Shin): Diese Form soll den Vogelzug über dem Tal symbolisieren. Ebenfalls eine landschaftliche Darstellung.
- *Betonung anderer Aufbaustiele:* Es gibt zahlreiche Variationen, in denen ein bestimmter Aufbaustiel betont wird, zum Beispiel erhöhter Uke, linksseitiger Nagashi, Do mit Päonie oder Maeoki mit Farnen.
- *Dozuka:* Ursprünglich wurde ein Dozuka für die im Zickzack gebauten Regale im Wohnzimmer entwickelt, während andere Rikka-Arrangements hauptsächlich für das Tokonoma bestimmt waren. Kennzeichen sind die etwas kleineren Abmessungen, wobei Höhe und Breite annähernd gleich sind.

Um Gemeinsamkeiten und Unterschiede der Rikka-Arrangements verschiedener Schulen aufzuzeigen, werden einige Beispiele aus anderen Richtungen vorgestellt.

Der Rikka-Stil der Saga-Schule wird »Shogonka« genannt. Ein Shogonka-Arrangement wird aus sieben Aufbaustielen – Kyokushin (»gebogenes Herz«), Nagashi (»Fließen«), Hikae (»Zurückhaltung«), Chokushin (»gerades Herz«), Uke (»Empfangen«), Maezukuri (»Vorderteil«) und Futokoro (»Körper«) – unter Verwendung eines in diesem Falle obligatorischen Bambusbündels aufgebaut (Abbildung 129). Es gibt neun Formen, die den Stufen der Förmlichkeit (Shin, Gyo und So) sehr systematisch zugeordnet sind; dies wird in Abbildung 130 als Schema dargestellt. Das Shogonka in Shin-no-Shin-Form wird zu festlichen Anlässen gestaltet, während das So-no-So-Shogonka einen sehr lockeren und freundlichen Eindruck (fast wie Moribana) erweckt (siehe Farbtafel 36).

Auch die Senkei-Schule bemüht sich um die Erhaltung des Rikka. Farbtafel 9 zeigt ein einteiliges elegantes Sunanomono dieser Richtung.

Moderne Rikka-Arrangements bewahren im Großen und Ganzen die Form des traditionellen Rikka, verwenden aber moderne Vasen unterschiedlichster

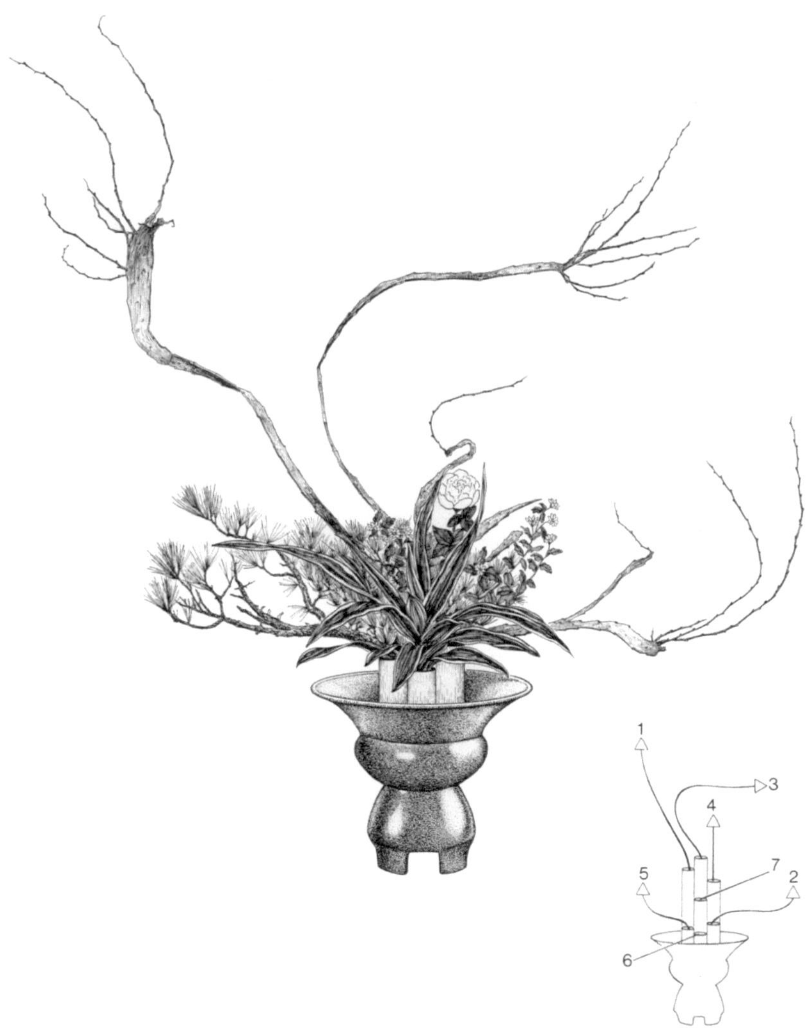

Abbildung 129. Shogonka (= Rikka der Saga-Schule) in einer Gyo-no-So-Form. Im rechtsseitigen Arrangement und korrekt mit dem Bambusbündel aufgebaut, sind in sieben Bambushülsen verschiedene Pflanzen gesteckt worden: Bänderweide (Salix sachalinensis) als Kyokushin (1), Nagashi (2) und Hikae (3), Bänderweide und Päonie als Chokushin (4), Kiefer als Uke (5), Dracaena-Blätter als Maezukuri (6), kleine Chrysanthemen und Kiefernzweige als Futokoro (7). Ein festliches Wintergesteck im modernen Geschmack. Arrangement von Morishima Misaho, Saga-Schule.

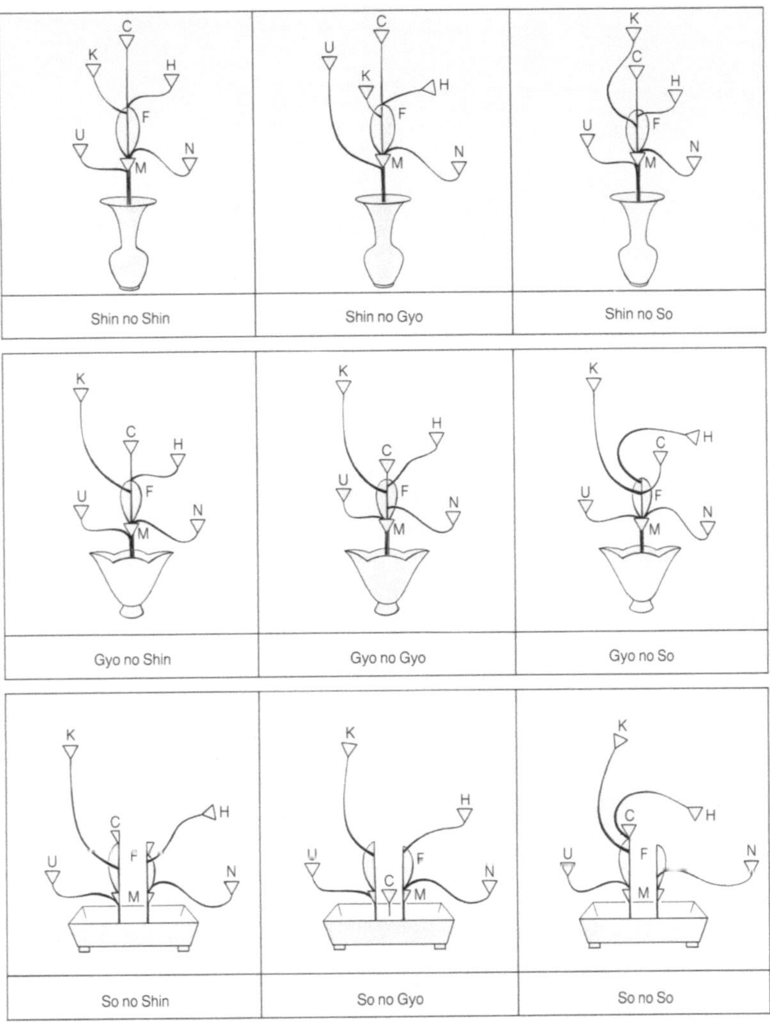

Abbildung 130. Neun Formen des Saga-Shogonka (Hasegawa 1972). Beim Saga-Shogonka (= Rikka) werden die folgenden sieben Aufbaustiele verwendet: C (Chokushin, »Gerader Stiel«), K (Kyokushin, »Gebogener Stiel«), N (Nagashi, »Fließen«), U (Uke, »Empfangen«), H (Hikae, »Zurückhaltung«), F (Futokoro, »Körper«) und M (Maezukuri, »Vorderteil«). Das Shin-Gefäß ist relativ hoch, das So-Gefäß flach und breit; das Gyo-Gefäß liegt ungefähr zwischen Shin- und So-Gefäßform. Die Unterstufen der Förmlichkeit (Shin no Shin, Shin no Gyo usw.) werden meistens durch die Neigung der Aufbaustiele unterschieden; die Shin-no-Shin-Form ist die strengste, die So-no-So-Form die lockerste (vergleiche auch Abbildung 35 und 115).

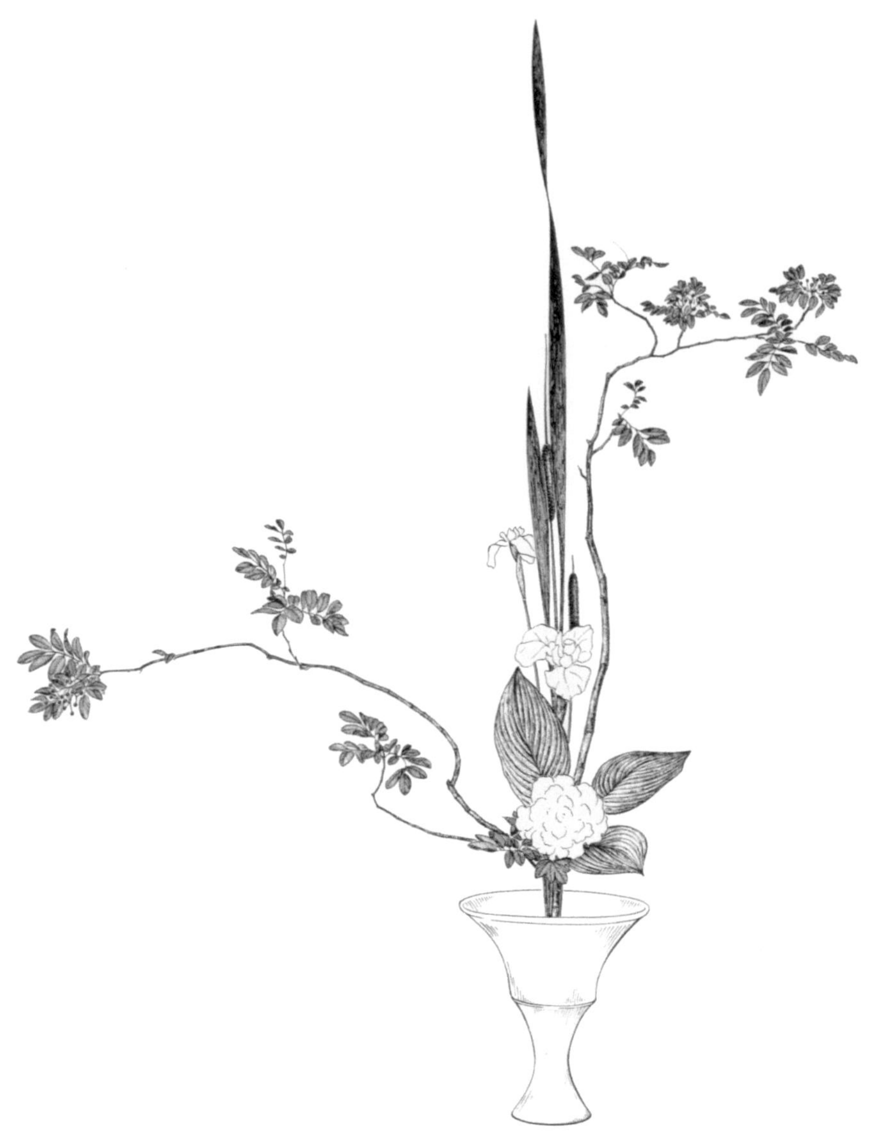

Abbildung 131. Modernes kleines Rikka-Arrangement mit geradem Shin. Die aufrechtstehenden Rohrkolben, ihre Blätter und die hübsch gebogenen Zweige der Eberesche ergeben einen schönen Kontrast; ebenso kontrastieren die Schwertlilien mit den Pfingstrosen in Farbe und Form. Die Funkienblätter verleihen dem Arrangement Volumen. Arrangement von Nakamura Ryoichi, Ikenobo-Schule.

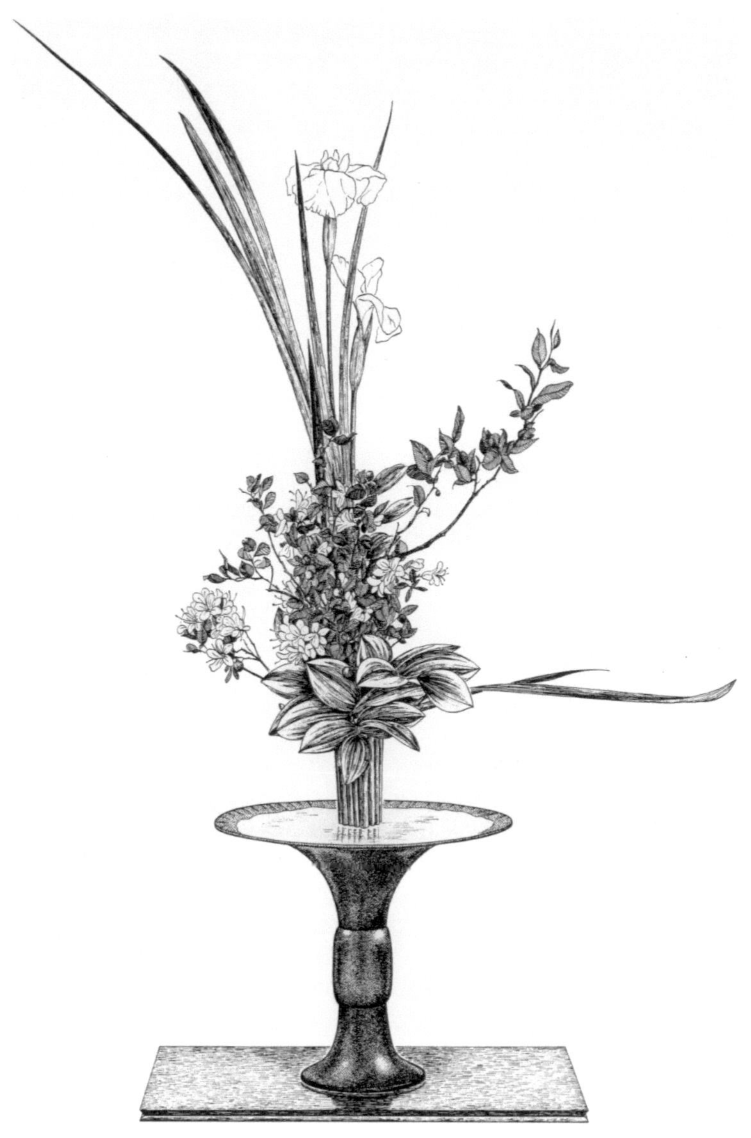

Abbildung 132. Modernes kleines Rikka-Arrangement mit gebogenem Shin. Es stellt mit Schwertlilien (Iris ensata) als Shin den Frühsommer dar. Der relativ hohe Mizugiwa-Fußpunkt sowie die grünen Blätter der Salomonssiegel (Polygonatum falcatum) und der Schwertlilien vermitteln einen sehr frischen Eindruck. Azaleenblüten und Heidelbeerblätter (Vaccinium oldhami) sorgen für Volumen in der Mitte. Arrangement von Yoshimura Kasen, Ryusei-Schule.

Form (siehe Abbildung 116i–l), was oft den Einsatz metallener Steckhilfsmittel bedingt. Auch »modernes« Pflanzenmaterial, wie farbenfrohe Blumen europäischer Herkunft und gefärbte Zweige, wird hierfür gern verwendet. Ein solches »neues« Rikka wird häufig mit wenigen Aufbaustielen in kleinerer Form aufgebaut (Shohin-Rikka), damit es auch als Zimmergesteck geeignet ist. Abbildung 131 zeigt als Beispiel ein modernes kleines Rikka mit geradem Shin (Ikenobo-Schule), Abbildung 132 eines mit gebogenem Shin (Ryusei-Schule).

Wenn Rikka auch der am stärksten an die Tradition gebundene Stil des Ikebana ist, so gibt es doch zahlreiche Variationsmöglichkeiten und viel Spielraum für eigene Einfälle; durch die Wahl der Aufbaupflanzen, durch die Übereinstimmung oder den Kontrast der verschiedenen Materialien und durch die Betonung bestimmter Stiele ergeben sich immer wieder neuartige Arrangements.

Die Schönheit des Rikka-Stils wird oft mit Begriffen wie Harmonie, Rhythmus, Bewegung, Akzent, Wiederholung, Gleichgewicht, Kontrast, Verbindung, Einheit und Zufälligkeit beschrieben. Diese Elemente lassen sich im Rikka-Arrangement mit seinen verschiedenen Linien-, Flächen- und Massenkomponenten gut zum Ausdruck bringen.

4.5 Freier Stil

Fast alle Künste, Ikebana inbegriffen, befanden sich im ersten Viertel des 20. Jahrhunderts im Umbruch, auf der Suche nach neuer Orientierung. Viele japanische Blumenkünstler empfanden damals die herkömmlichen Gestaltungsregeln als eine lästige Einengung ihrer schöpferischen Fähigkeiten und schufen Arrangements unter bewusster Missachtung dieser Regeln. Solche Arrangements wurden als Jiyubana (freie Blumen) bezeichnet, das heißt »Arrangements in freiem Stil«.

Es hatte natürlich schon immer Blumenarrangements ohne förmliche Regeln gegeben. Sashihana (Blumen in Vasen) ist das Urbild aller Blumenarrangements (siehe Abschnitt 5.1), und auch heute werden Blumen als Zimmerschmuck ohne besondere Regeln einfach in die Vase gesteckt. Ein Ikebana-Arrangement in freiem Stil ist jedoch etwas anderes, nämlich ein Blumengesteck ohne feste Gestaltungsregeln, aber mit bewusster künstlerischer Intention. Aber auch Jiyubana war nicht das erste Ikebana-Arrangement in diesem Sinne. Chabana (Teeblumen) und Bunjinbana (Literatenblumen) hatten eine künstlerische Gestaltung ohne förmliche Regeln zum Ziel und sind als Ursprung für die Entwicklung des Jiyubana anzusehen.

Ein wichtiger Unterschied liegt jedoch im Ziel. Chabana und Bunjinbana streben, wie alle anderen herkömmlichen Ikebana-Stile, nach der Schönheit der Natur, und die einzelne Pflanze wird als eine vollkommene Gabe der Natur betrachtet. Beim Jiyubana dagegen stehen die Persönlichkeit und die Kreativität des Künstlers im Vordergrund; die einzelne Pflanze hat lediglich die Bedeutung eines rein neutralen Materials, dessen Form und Farbe von der Natur für den Künstler halbwegs vorbereitet wurden. Diese neue Einstellung gegenüber den Pflanzen ist kennzeichnend für die moderne Richtung des Ikebana. Der Begriff »freier Stil« wird deshalb in diesem Sinne des Jiyubana verwendet und schließt damit Sashihana, Chabana und Bunjinbana aus.

Freier Stil verstößt oft bewusst gegen die ästhetischen Regeln, die im Abschnitt 1.1 beschrieben wurden; so werden zum Beispiel die natürliche Eigenart, Struktur und Wuchshaltung der Pflanzen häufig völlig ignoriert. In Abbildung 7 (im Abschnitt 1.1.1) wurde gezeigt, wie Narzissen im klassischen Stil auseinandergenommen und nach überlieferten Regeln wieder zusammengesetzt werden, um die natürliche Eigenart der Narzissen zur Geltung zu bringen. Zum Vergleich bringt Abbildung 133 ein Beispiel einer freien Gestaltung von Narzissen, in der diese ebenfalls auseinandergenommen wurden, aber diesmal nach der künstlerischen Intention des Gestalters neu gruppiert sind. Das Ergebnis ist völlig anders als im klassischen Beispiel. Dort kommt die natürliche Schönheit dieser Winterblume zum Ausdruck, während beim »freien« Narzissengesteck ein schöpferischer Entwurf von einzelnen Form- und Farbelementen dieser Pflanzen im Vordergrund steht.

Interessant ist jedoch, dass die ästhetischen Regeln der Komposition, die im Abschnitt 1.2 beschrieben wurden, oft auch die freie Gestaltung des Ikebana beeinflussen, möglicherweise ohne dass der Gestalter sich dessen immer bewusst ist. Zum Beispiel ist die asymmetrische Linienkomposition auch im freien Narzissengesteck zu erkennen. In solchen Einflüssen der klassischen ästhetischen Grundideen besteht meistens der Unterschied zwischen traditionellen »westlichen« Blumenarrangements und freien Ikebana-Arrangements; der Unterschied zwischen dem modernen sogenannten formal-linearen Gesteck und dem Ikebana-Gesteck in freiem Stil ist allerdings sehr klein.

Freier Stil wird heute in fast allen großen Ikebana-Schulen unter der Bezeichnung »Jiyubana«, »Jiyuka«, »Shinbana«, »Shinka« oder »Gendaika« gelehrt; gelegentlich deuten sich dabei noch Einflüsse der sonst in der betreffenden Schule üblichen Gestaltungsregeln an, aber im Allgemeinen sind Unterschiede zwischen den verschiedenen Schulen bei freiem Stil kaum zu erkennen.

Durch die Neuorientierung gegenüber den Pflanzen hat sich der Begriff »Kazai« (Ikebana-Pflanzen) erweitert. Für den freien Stil werden nicht nur frische, sondern auch getrocknete, gebleichte oder gefärbte Pflanzen sowie nichtpflanzliches Material als Kazai verwendet (siehe Farbtafel 21, Draht).

Getrocknete Rohrkolben deuteten im herkömmlichen Stil vor allem die Stimmung von »Aware« (siehe Abschnitt 2.2.3) an, während dieselben Trockenpflanzen in freiem Stil als interessantes, braunes, beliebig zu knickendes Linienmaterial betrachtet und eingesetzt werden (siehe Abbildung 135).

Bei freiem Stil gibt es kaum Einschränkungen bezüglich des Gefäßes; das gilt sowohl für die Form als auch für die Farbe und das Material. Häufig nimmt man Gebrauchsgegenstände und seltsam geformte Vasen für die freien Arrangements. Viele Ikebana-Künstler töpfern ihre Gefäße selbst, schnitzen Holz- und Bambusvasen und schweißen Eisenbehälter; hier gibt es keine Grenze für die eigene Fantasie. Einige Gefäße für den freien Stil sind in Abbildung 134 zu sehen; sie sollen dem Leser eine gewisse Vorstellung und Anregungen geben. Manche der überwiegend asymmetrischen, eigenwilligen Formen können auch ohne Pflanzen interessant wirken – man spricht dann von »Objet-Gefäßen«. Offensichtlich ist, dass die kaum begrenzte Freiheit der Form zu umso sorgfältigerer Auswahl der Pflanzen zwingt.

Im Gegensatz zu den anderen Stilarten gibt es keine festen Arbeitsanleitungen für den freien Stil, weil hier alles erlaubt ist. Aber um die unterschiedlichen Arbeitsweisen bei verschiedenen Stilarten aufzuzeigen, werden im Folgenden auch hier einige konkrete Arbeitsschritte eines Arrangements in freiem Stil dargestellt.

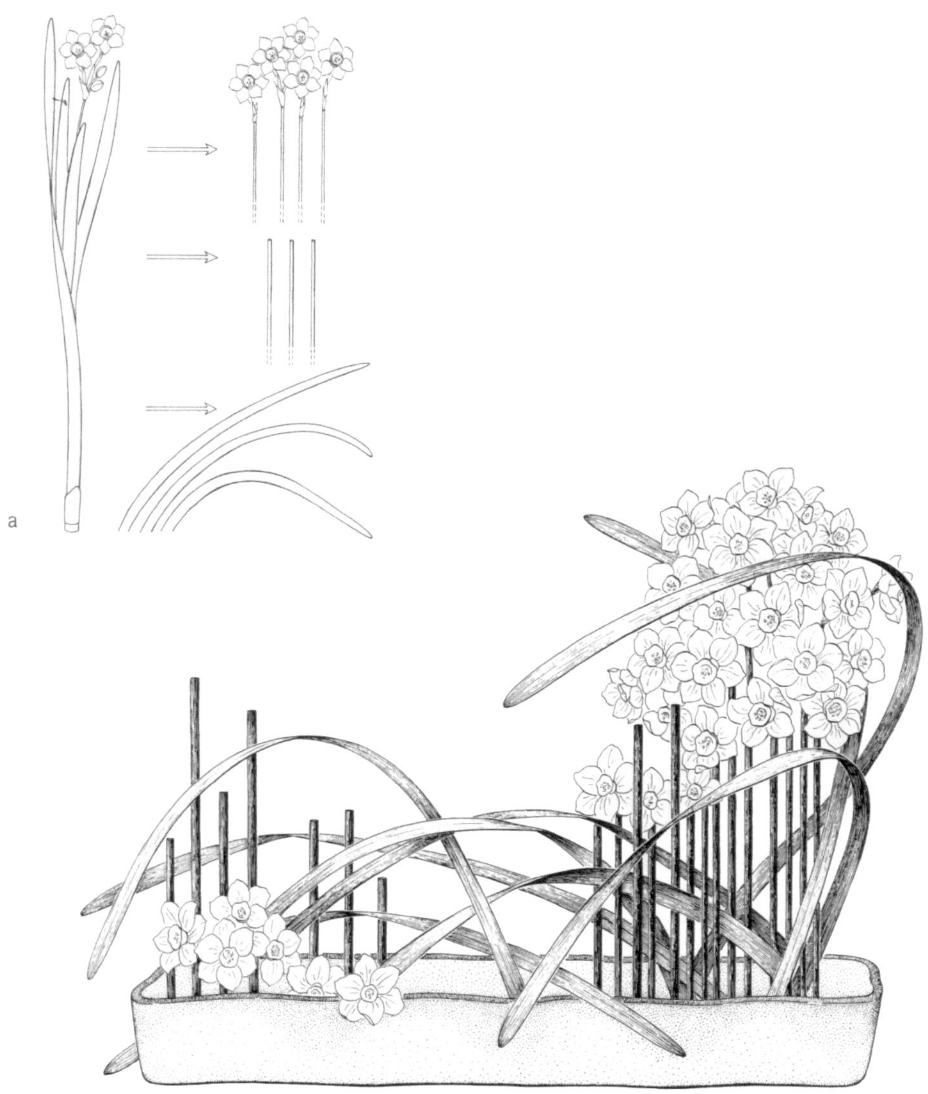

Abbildung 133. Narzissengesteck in freiem Stil - »Lebender Zaun«. **a** Narzissen werden zerlegt. Die Blütenstiele werden zusammen gruppiert, um das Massenelement zu betonen. Manche Blüten werden abgeschnitten; die verbleibenden Stiele finden Verwendung als senkrechte Linien, die Blätter als Flächenelemente. **b** Die Narzissenteile wurden in einem länglichen Gefäß mit mehreren Kenzan in freiem Stil gesteckt. Die Narzissen, sonst Symbol des Winters, erinnern hier an die Gesichter von Menschen, Erwachsenen und Kindern, hinter dem Zaun. Die Blätter deuten Bewegung an.

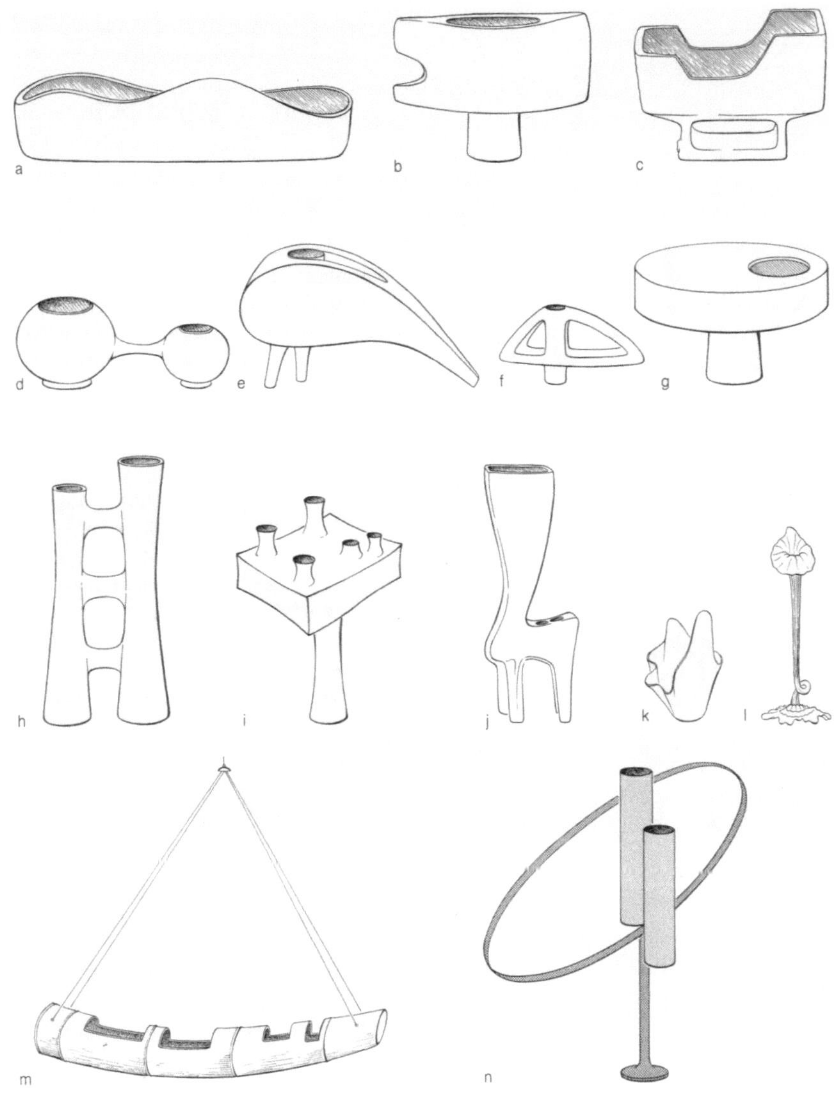

Abbildung 134. Gefäße für den freien Stil (Jiyubana). **a–j** Keramik, **k–l** Glas, **m** Bambus, **n** Eisen. »An sich« interessante Jiyubana-Gefäße wie **e**, **j** und **n** werden oft »Objet-Gefäße« genannt. Es gibt auch doppelmündige (**d**, **h**, **n**) und sogar mehrmündige Gefäße (**i**, **j**, **m**); manche fallen durch die winzige Öffnung auf (**f**, **l**).

Gestaltung eines Arrangements in freiem Stil

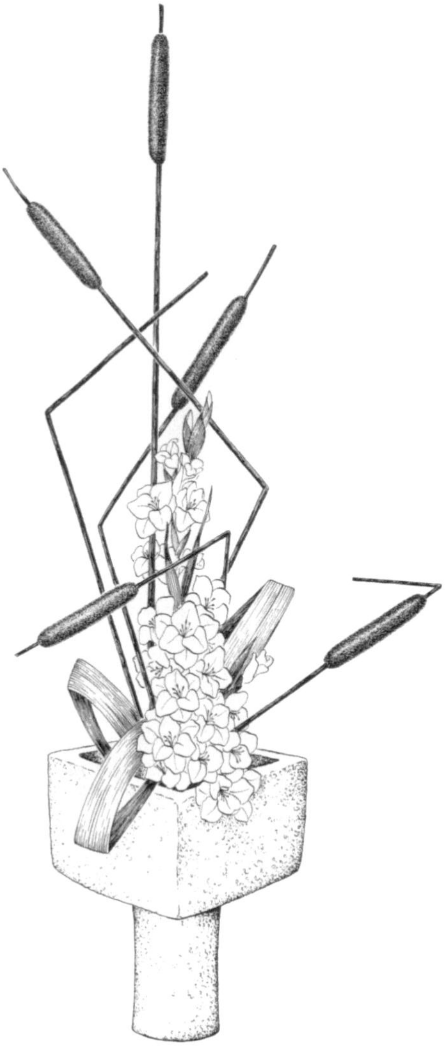

In einem Gefäß mit Ständer soll ein Gesteck wie in Abbildung 135 gestaltet werden. Das folgende Material wird benötigt:

Pflanzen:	6 getrocknete Rohrkolben (Typha latifolia) 2 Gladiolenblütenstiele 3 Gladiolenblätter
Gefäß:	»Konpoto« genannter keramischer Kelch, ca. 25 cm hoch
Steckhilfsmittel:	Kenzan, Durchmesser 8 cm

Die Grundidee der Komposition ist das Zusammenspiel von Linien (Rohrkolben), Flächen (Gladiolenblätter) und Massen (Gladiolenblüten), die in den Schemazeichnungen durch L, F und M angedeutet werden:

- Linie L Rohrkolben
- Fläche F Gladiolenblatt
- Masse M Gladiolenblüte

Als Linie könnte man auch Fuchsschwanz, Simse oder Schachtelhalm nehmen, als Masse Hyazinthe, Orchidee oder Geranie. Wenn die Blätter der verwendeten Pflanzen als Fläche untauglich sind, kann man auf Iris- oder Narzissenblätter oder Neuseeländer Flachs zurückgreifen.

Als Steckhilfsmittel für Jiyubana kann man alles nehmen, was geeignet erscheint, aber der Kenzan ist dafür am weitesten verbreitet.

Arbeitsschritte:

1 In die Mitte des Gefäßes wird ein großer Kenzan gestellt (Abbildung 136).
2 Die Länge des größten Rohrkolbens (L1) wird so bemessen, dass sie gut mit dem Gefäß harmo-

Abbildung 135. Ein Arrangement in freiem Stil. Getrocknete Rohrkolben und Gladiolen, in einem »Konpoto« gesteckt. Die Linien-, Flächen- und Massenelemente kommen deutlich zum Ausdruck – darauf wurde Wert gelegt.

niert, hier 2 (D+H). Er wird links hinten senkrecht auf den Kenzan gesteckt (L1 in Abbildung 136). Bei den herkömmlichen Ikebana-Stilen wird selbst ein aufrechter oder himmelstrebender Stiel selten genau senkrecht gesteckt; das wäre zu künstlich. Bei freiem Stil dagegen werden die Pflanzen oft wirklich senkrecht gesteckt, wie es auch hier der Fall ist.

3 Der zweite Rohrkolben (L2), etwas kürzer als der erste, wird links auf den Kenzan gesteckt und nach rechts und nach vorn gerichtet; etwa in der Mitte wird er nach links geknickt (L2 in Abb. 136).

4 Der dritte Rohrkolben (L3), wieder etwas kürzer als der zweite, wird rechts hinter dem ersten Rohrkolben (L1) gesteckt und nach links hinten gerichtet; etwa in der Mitte wird er nach rechts hinten geknickt. Durch diese weit nach hinten gebogene Linie (L3) und die nach vorn gerichtete Linie (L2) entsteht Tiefe im Arrangement (L3 in Abbildung 136).

5 Der vierte Rohrkolben (L4) wird unmittelbar unter dem Kolben abgeschnitten. Der verbleibende Stiel ist etwas kürzer als der dritte Rohrkolben; er wird ganz vorn auf den Kenzan gesteckt und nach links hinten gerichtet. Oberhalb der Mitte, bei etwa zwei Dritteln seiner Höhe, wird der Stiel nach rechts geknickt und zwischen dem zweiten und dem ersten Rohrkolben angeordnet, ohne diese zu berühren. Der Kolben wird entfernt, weil sonst das Arrangement zu schwer wirken würde (L4 in Abbildung 136).

6 Der kürzeste Rohrkolben (L5) wird etwa in die Mitte des Kenzans gesteckt und ungefähr bis zur Höhe des Gefäßrandes annähernd senkrecht gesteckt, dann aber stark nach rechts geknickt; etwa 3 cm unterhalb der Spitze wird er noch einmal nach hinten geknickt (L5 in Abbildung 136).

7 Von den Gladiolenblättern wird das größte und schönste (F1) in der Mitte gefaltet; die beiden Enden werden gerade abgeschnitten und das Blatt

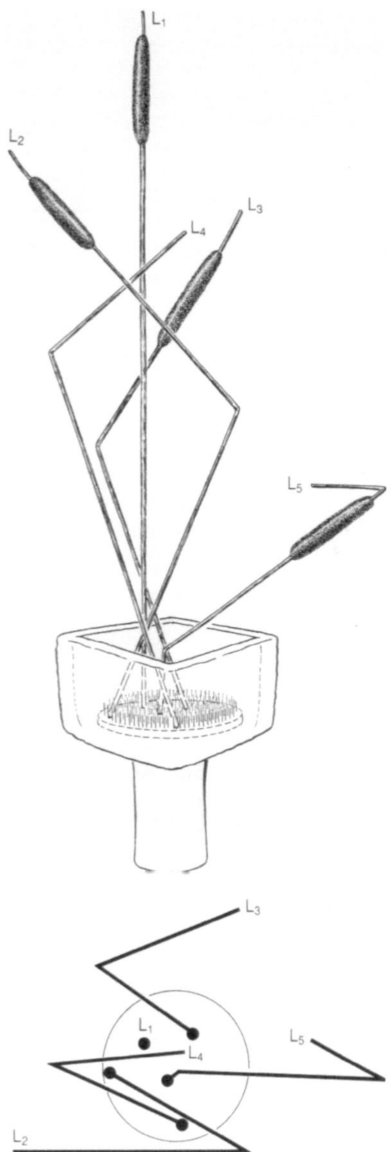

Abbildung 136. Das Arrangement nach dem 6. Arbeitsschritt. Mit fünf Rohrkolben (L1–L5) ist das Grundgerüst aufgebaut.

rechts hinten auf den Kenzan gesteckt; dabei wird das Blatt etwas nach rechts hinten gerichtet (F1 in Abbildung 137).

8 Das zweite Gladiolenblatt (F2) wird zweimal gefaltet, seine Spitze wird durch einen Riss im unteren Teil des Blattes gesteckt; dabei entsteht eine etwa dreieckige Form. Dieses dreieckige Blatt wird vorn links auf den Kenzan gesteckt, sodass es nach vorn über den Vasenrand hängt (F2 in Abbildung 137).

9 Das dritte Gladiolenblatt (F3), das kleinste, wird wie das erste Blatt gefaltet, links hinten auf den Kenzan gesteckt und nach links vorn gerichtet (F3 in Abbildung 137).

10 Ein Gladiolenstiel (M1) wird auf die Hälfte der Länge des ersten Rohrkolbens (L1) zugeschnitten; dabei wird die Gladiolenspitze mit den grünen Knospen, die im Gefäß ohnehin nicht mehr aufblühen würden, abgeschnitten, sodass der Massencharakter der Gladiolen besser zur Geltung kommt. Abgeschnitten wird unmittelbar hinter einer Blüte, damit die Schnittfläche von vorn nicht sichtbar ist. Der Gladiolenblütenstiel wird vorn rechts auf den Kenzan gesteckt (M1 in Abbildung 138).

11 Der zweite Gladiolenstiel (M2) wird noch kürzer zugeschnitten; alle Knospen am oberen Ende werden entfernt, nur die offenen Blüten bleiben erhalten. Der Stiel wird links direkt neben den ersten Gladiolenstiel (M1) gesteckt – so wirkt die Masse aus roten Gladiolen noch voller (M2 in Abbildung 139).

12 Anschließend wird der sechste Rohrkolben (L6) – er ist etwas länger als der fünfte (L5) – in der Mitte geknickt und weit hinten auf den Kenzan gesteckt, sodass der geknickte Teil oberhalb der Gladiolen (ohne diese zu berühren) nach vorn links weist (L6 in Abbildung 139).

Damit ist das Arrangement fertig.

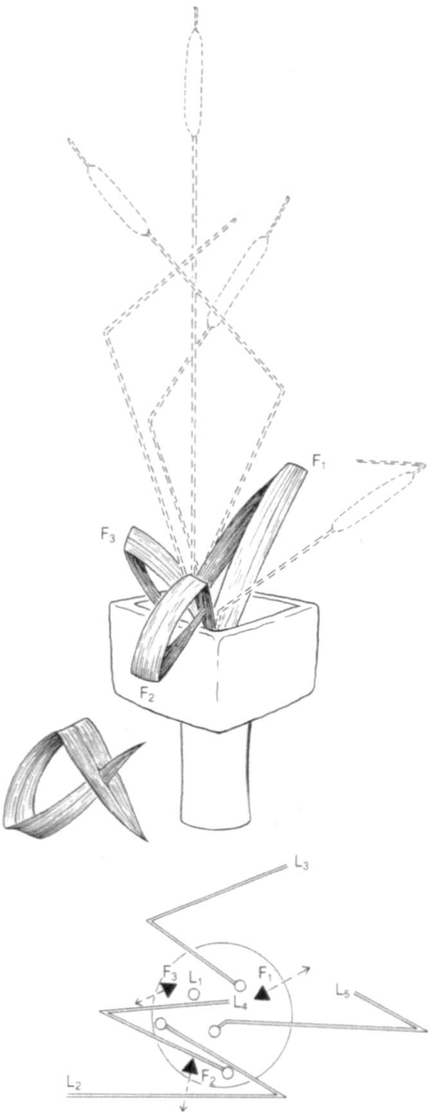

Abbildung 137. Nach dem 9. Arbeitsschritt. Drei Gladiolenblätter (F1–F3) sind hinzugekommen. Das Blatt außen zeigt in Seitenansicht das doppelte Falten und Durchstecken.

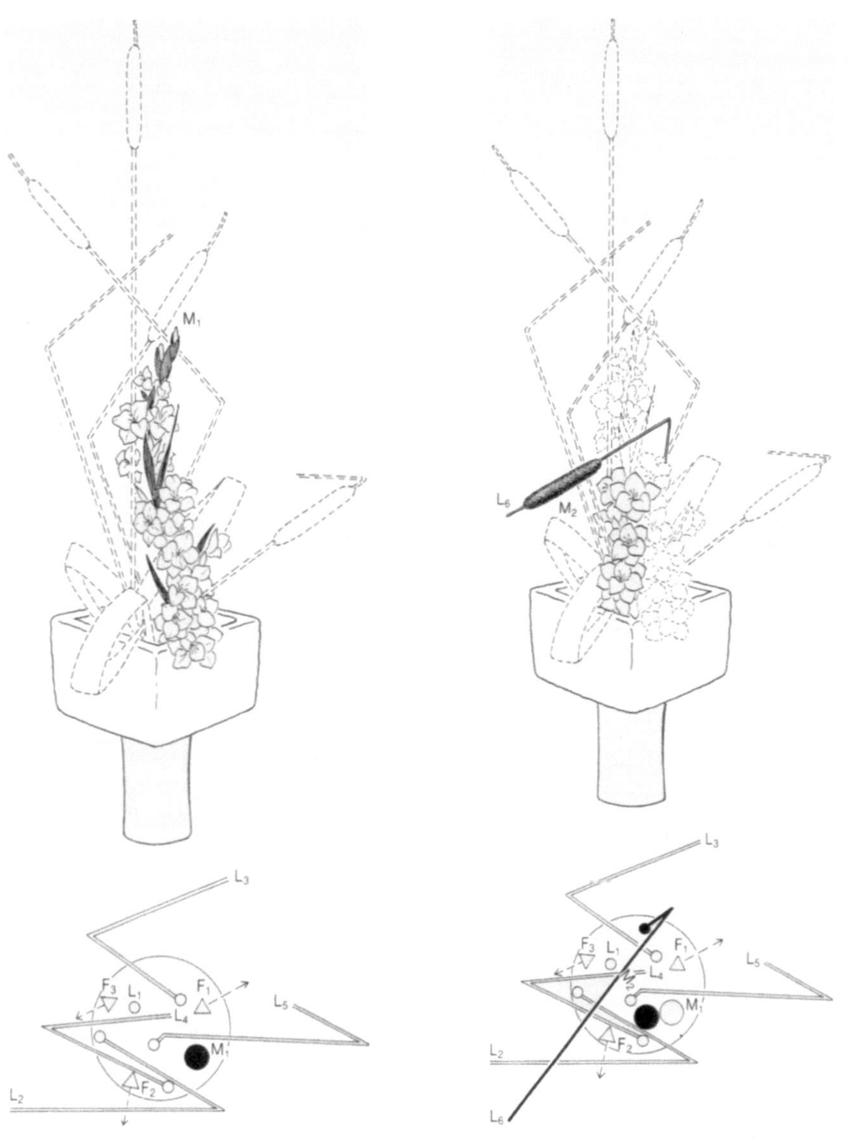

Abbildung 138. Nach dem 10. Arbeitsschritt. Ein Gladiolenstiel (M1) ist gesteckt; die schlanke Spitze wurde abgeschnitten, um die Masse der Blüte zu betonen.

Abbildung 139. Nach dem 11. Arbeitsschritt. Der zweite Gladiolenstiel (M2) und der letzte Rohrkolben (L6) sind gesteckt, der zweite Gladiolenstiel so dicht neben dem ersten, dass eine volle Blütenmasse entsteht.

Wichtig ist, dass die Linien nicht nur nach rechts und links verlaufen, sondern auch nach vorn und hinten; dadurch wird das Gesteck körperhaft wie eine Skulptur. Außerdem sollen die Rohrkolben einander nicht berühren; sie wirken dann lebendiger.

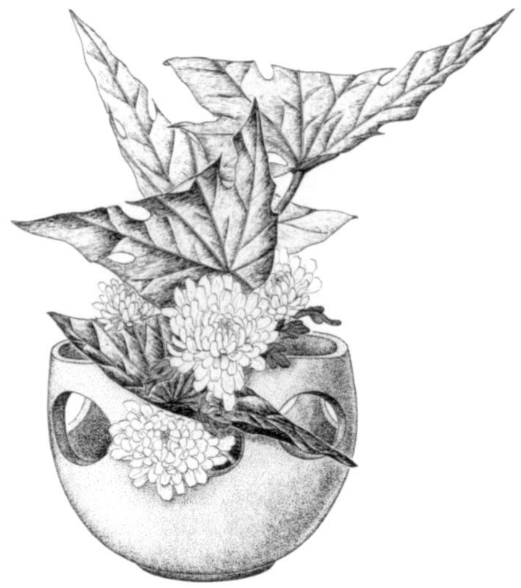

Abbildung 140. Verfremdung und Kontrast der Formen. Eckige Flächen gegen runde Massen im Jiyubana-Gesteck. Die Blätter der Zimmeraralie (Fatsia japonica) wurden mit der Schere in eine ungewohnte, betont kantige Form geschnitten. Dazu kontrastiert nachdrücklich die Masse der runden, großen Chrysanthemenblüten; eine davon blickt aus einem der runden Fenster der Keramikschale heraus. Arrangement von Yoshimura Kasen, Ryusei-Schule.

Dieses Arrangement in freiem Stil ist nur ein Beispiel für zahlreiche Kompositionsmöglichkeiten. Hier wurde das harmonische Spiel von Linien, Flächen und Massen als das Hauptthema gewählt. Ein weiteres Beispiel zeigt Farbtafel 10. Man kann auch ein Arrangement nur als Linien und Massen gestalten (siehe Farbtafel 2) oder nur aus Flächen (siehe Farbtafel 35). Durch die geschickte Bearbeitung von Pflanzen kann man ihre natürliche Gestalt sogar völlig ändern oder verfremden (Abbildung 140). Eine große Rolle spielt bei freiem Stil die Farbe; durch Betonung, Kontrast oder sogar Änderung der Farben von Pflanzen gibt es hier viele Variationsmöglichkeiten.

Aus dem Jiyubana hat sich später eine weitere Richtung, das Zeneibana (Avantgarde-Blumen) entwickelt, ebenfalls ein Ikebana-Werk in freiem Stil. Unter Zeneibana versteht man heute sehr verschiedenartige Gebilde; die Farbtafeln 13, 26 und 37 zeigen einige Beispiele.

Die Grenze zwischen Jiyubana und Zeneibana ist in manchen Fällen nicht deutlich; und ob ein Ikebana-Werk zum Jiyubana oder zum Zeneibana gehört, ist eigentlich nicht sehr wichtig. Immerhin gibt es ein charakteristisches Unterscheidungsmerkmal: Die Hauptkomponente des Jiyubana ist mit lebenden Pflanzen »gesteckt«, die des Zeneibana oft aus toten Pflanzen oder nichtpflanzlichen Materialien »gebaut«. Deshalb gehören zum Jiyubana die grundlegenden Techniken des Blumensteckens; beim Zeneibana dagegen stehen andere Techniken, etwa der Bildhauerei oder anderer bildender Künste, im Vordergrund.

Geschichte des Ikebana

Alle Menschen, früher wie heute, im Osten wie im Westen, lieben Blumen. Das Blumenstecken ist so alt wie die Zivilisation des Menschen; eines der ältesten Zeugnisse dafür sind Wandmalereien, und zwar Vasen mit Lotosblüten, in den etwa 2000 vor Christus angelegten Felsengräbern von Beni Hasan in Oberägypten.

Aber in Japan entwickelte sich das Blumenstecken sogar zu einer selbstständigen Kunst, »Ikebana«.

In diesem Kapitel wird die Geschichte des Ikebana im Zusammenhang mit der allgemeinen und der Kulturgeschichte Japans dargestellt.

Dabei steht im Vordergrund das Bemühen um Objektivität. Das ist leider nicht selbstverständlich, denn die meisten Darstellungen der Entwicklung des Ikebana, in Japan wie im Westen, sind geschrieben worden, um die besondere Bedeutung und die Ehrwürdigkeit irgendeiner Schule oder einer Richtung des Ikebana zu verherrlichen. Da wird etwa, wenn eine Schule in einem berühmten Tempel gegründet wurde, als Geburtsjahr der Schule das Gründungsjahr des Tempels übernommen, oder wenn eine Schule nach einem bekannten Teemeister genannt worden ist, wird so getan, als habe dieser Meister die Schule begründet. Auch Aussagen über Stilentwicklungen – etwa welche Form des Ikebana die älteste ist, Rikka oder Nageire – beruhen oft mehr auf Wunschdenken als auf gründlicher Nachforschung.

Ikebana ist einer der vielen Bestandteile der japanischen Kultur; deshalb muss die Geschichte des Ikebana im Zusammenhang mit allen historischen Entwicklungen im Staat, in der Gesellschaft und in der gesamten Kultur Japans gesehen werden.

Von besonderer Bedeutung für die Geschichte der Blumenkunst war die Entwicklung der Baukunst: Ursprünglich wurden kunstvolle Blumenarrangements nur für den Tempeldienst gefertigt, und zwar in einer dieser Umgebung angemessenen symbolträchtigen Form (Kuge). Viel später – etwa im 15. Jahrhundert – entstand der erste auf feste Regeln gegründete Ikebana-Stil, das Tatebana. Anlass war das Bedürfnis – zunächst der tonangebenden feudalen Kriegerschicht –, nun auch Wohnräume mit kunstvoll arrangierten Blumen zu schmücken. Als im 17. Jahrhundert ihr Lebensstil luxuriös wurde, bildete sich aus dem schlichten Tatebana der dekorative, prachtvolle Rikka-Stil, der zu der damaligen Luxus-Wohnhalle der Feudalherren passte. Andererseits beeinflusste zur gleichen Zeit die Teezeremonie die Architektur des Teeraums im Sinne besonderer Schlichtheit, und als ein hierzu passender Ikebana-Stil entstand das Chabana. Im 18. Jahrhundert waren Teile der Bürgerschaft zu Wohlstand und Ansehen gelangt und wünschten sich auch für ihre Häuser, die natürlich kleiner waren als die Paläste der Feudalherren, geeigneten Blumenschmuck: So entstand der Seika-Stil. Als im 19. Jahrhundert der westliche Lebensstil die Wohnkultur Japans beeinflusste, entwickelte sich der Moribana-Stil, der gerade im westlich eingerichteten Wohnzimmer gut zur Geltung kommt. Im 20. Jahrhundert endlich wurden Kongresshallen, Theaterbauten und Büros in Stahlbeton mit international zeitgemäßer Innenarchitektur errichtet, und wieder entstand ein dazu passender Ikebana-Stil, das abstrakte Zeneibana.

Gesellschaftliche Entwicklungen haben stets auch eine Wandlung des Ikebana-Stils bewirkt, beispielsweise wenn neue Schichten mit anderen Wertvorstellungen (Krieger anstelle von Priestern) oder mit frisch erworbenem Wohlstand (Kaufleute anstelle von Feudalherren) begannen, sich für Ikebana zu interessieren. Anfangs wurden die Blumen für Götter und für Buddha gesteckt, im Mittelalter wurden Ikebana-Arrangements vor allem für geehrte Gäste gestaltet, und heute steckt man Ikebana für sich selbst aus Freude an der Schönheit und zur Selbsterziehung (siehe Abschnitt 2.3). Die Wandlung der inneren Einstellung der Blumenkünstler hat die Stilentwicklung ebenso stark beeinflusst wie die Wandlung der architektonischen Gegebenheiten. Gerade die Flexibilität, mit der Ikebana sich immer wieder an den Lebensstil der jeweiligen Zeit angepasst hat, ist vielleicht ein Grund dafür, dass diese sensible Kunst nun schon 500 Jahre überdauert hat.

Einen Überblick über die Geschichte des Ikebana gibt Tabelle 8. Da bei europäischen Lesern keine genaue Kenntnis der japanischen Geschichte vorausgesetzt werden kann, stellt die Tabelle – ebenso wie der Text der folgenden Abschnitte – die Entwicklung der Blumenkunst der Entwicklung der allgemeinen und der Kunstgeschichte Japans gegenüber.

Die japanische Geschichte wird gewöhnlich in »Perioden« untergliedert; das sind kürzere oder längere Zeiträume, in denen die geschichtliche Entwicklung einigermaßen stetig verlaufen ist. Der Übergang von einer Periode zur nächsten wird durch einen Machtwechsel oder ein anderes Ereignis markiert, das als Einschnitt empfunden wird, wobei die Zugehörigkeit einiger Übergangsjahre oft unklar bleibt. Die längste Periode war mit rund 400 Jahren die Heian-Periode (794–1192), die kürzeste mit vierzehn Jahren die Taisho-Periode (1912–1926).

In vergangenen Jahrhunderten war die japanische Gesellschaft in streng getrennte Schichten gegliedert; besonderen Einfluss hatte lange Zeit eine Schicht, die in vieler Hinsicht der Ritterschaft des europäischen Mittelalters entspricht. Ihre Angehörigen werden »Bushi« oder »Samurai« genannt, was hier regelmäßig mit »Krieger« wiedergegeben wird.

5.1 Die Anfänge

Um 350 nach Christus entstand in Japan in der Landschaft Yamato, nahe der heutigen Stadt Nara, ein Kaiserreich, und es bildete sich allmählich eine hierarchische Ordnung mit Kaiser, Hofadel und Feudalherren an der Spitze aus. In dieser Zeit wurde das religiöse Leben vom Shintoismus beherrscht, der Ur- und Nationalreligion Japans. Der Shintoismus spiegelt die enge Naturverbundenheit der Japaner wider, die eine wichtige Voraussetzung für die Geburt des Ikebana ist. Er sieht in der Natur eine Vielzahl von Göttern (Kami), die in einem Baum, einem Berg, einem Stein oder in einem anderen Objekt wohnen oder auch damit identisch sind. Eine wichtige Rolle spielt im Shintoismus der genealogische Zusammenhang des Kaiserhauses mit der Götterwelt: Der Kaiser stammt der Legende nach von der Sonnengöttin Amaterasu Omikami ab; er hat göttliche Eigenschaft, deshalb ist er noch bis in die Neuzeit geistliches – wenn auch nicht immer politisches – Oberhaupt Japans gewesen. Die Ahnenverehrung ist schließlich noch als allgemein bekanntes Merkmal des Shintoismus zu nennen.

Als Ausdruck der Verehrung und Anbetung ihrer Götter haben die Japaner seit ältesten Zeiten Blumen und Zweige verwendet. Besonders hoch wurden dabei wegen ihrer Langlebigkeit die immergrünen Pflanzen, wie Kiefer, Zeder und Kamelie, geschätzt, aber es wurden auch Pflanzen verwendet, die in den vier Jahreszeiten ein verschiedenes Gesicht zeigen. Die Verehrung der Natur und aller ihrer Wesen war der Anlass für viele shintoistische Blumenopfer, Zeremonien und Volksfeste, wie unter anderem die Minakuchi-Reisfelder-Zeremonie und das Saigusa-Lilienfest.

Um 400 nach Christus kam der Konfuzianismus von China nach Japan. Die Lehre des Konfuzius, der etwa Mitte des 6. Jahrhunderts vor Christus in China geboren wurde, entstammt der alten chinesischen Wahrsagekunde und stellt als ethische Lehre Ordnung und Harmonie in der Familie und in der Gesellschaft über die freie Entfaltung des Individuums. Diese Ideen, die im Shintoismus kein Gegenstück finden, haben das Weltbild und die Ethik der Japaner bis auf den heutigen Tag sehr stark beeinflusst. Die unmittelbare Beziehung zu Ikebana hat sich jedoch erst viel später, im 18. Jahrhundert, ergeben.

Etwa 150 Jahre nach dem Konfuzianismus gelangte im 6. Jahrhundert der ursprünglich aus Indien stammende Buddhismus über China und Korea nach Japan. Zum Buddhismus gehört in fast allen buddhistischen Ländern die Sitte des Blumenopfers; in Japan fand sie aber wegen der schon vorher bestehenden Tradition der shintoistischen Blumenopfer besonders weite Verbreitung. Die buddhistischen Blumenopfer (Kuge) wurden in einer Vase, einer Schale, einem Korb oder manchmal ohne Gefäß auf dem Altar dargebracht. Abbildung 141 zeigt ein Kuge mit Lotosblumen. Oft wurde ein Paar solcher Opfergestecke auf dem Altar symmetrisch aufgestellt. Lotosblumen waren die beliebtesten Opferblumen im buddhistischen Tempel.

Das buddhistische Blumenopfer ist eine wichtige Wurzel des Ikebana, aber auch die shintoistischen Vorstellungen über das Wesen der Blumen und der Natur haben wie die konfuzianistische Weltanschauung zur Entwicklung des Ikebana viel beigetragen.

In diesem Zusammenhang ist es wichtig, dass es in Japan (mit Ausnahme der vorübergehenden Bekämpfung des Christentums) niemals schwere Konflikte oder gar Kriege aus religiösem Anlass gegeben hat; der Shintoismus, der Konfuzianismus und der Buddhismus haben immer friedlich nebeneinander

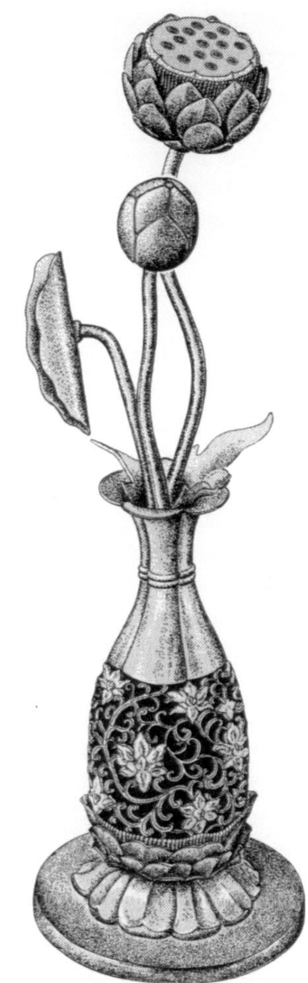

Abbildung 141. Kuge (Blumenopfer). Gezeichnet nach einer Plastik (14. Jahrhundert) aus Gold und Kupfer, die sich im Besitz des Tempels Kanshinji in Osaka befindet. Solche Blumenopfer gab es seit dem 6. Jahrhundert. Interessant ist, dass am Vasenrand zusätzlich einige Blätter einer anderen Pflanzenart gesteckt wurden, offensichtlich, um die Lotosblumen festzuhalten. Dies zeigt, dass die buddhistischen Priester schon damals bei der Gestaltung des Kuge technische Kunstgriffe angewandt haben.

gelebt und sich sogar gegenseitig in ihrer Fortentwicklung befruchtet. Für einen Japaner ist es durchaus möglich, gleichzeitig oder zu verschiedenen Zeiten Anhänger von mehreren Religionen zu sein; so lassen sich viele Japaner im Shinto-Schrein trauen und nach buddhistischen Riten beerdigen.

Mit dem 6. Jahrhundert beginnt die Asuka-Periode, benannt nach dem damaligen politischen und kulturellen Zentrum Asuka in der Provinz Yamato. Der bedeutendste Herrscher dieser Periode war der Prinzregent Shotoku (574–622), der durch die Einführung grundlegender Gesetze, durch die Förderung des Buddhismus und durch die Pflege offizieller Kontakte mit China die Entwicklung des Landes politisch und kulturell nachhaltig vorangetrieben hat.

Im Jahre 710 wurde der Kaiserhof nach Nara, einer nach chinesischem Muster gebauten Hauptstadt, verlegt (Beginn der Nara-Periode), und bald gelangte hier eine von buddhistischer Kunst und starkem chinesischem Einfluss geprägte Kultur (Tenpyo-Kultur) zur Blüte.

Es wurden viele Tempel gebaut, zu deren Ausschmückung gern Blumen aus Gold und Wandteppiche mit Blumenmotiven verwendet wurden. Buddhistische Blumenopfer mit frischen Blumen waren in dieser Zeit allgemein verbreitet.

Gegen Ende des 8. Jahrhunderts war die buddhistische Priesterschaft in Nara so mächtig geworden, dass der Kaiser sich gezwungen sah, seine Hauptstadt nach Kyoto (damals Heian-kyo genannt) zu verlegen. Trotzdem ging die Autorität des Kaisers weiter zurück, und bald herrschten in Wahrheit Regenten der Fujiwara-Sippe, die ihre Machtstellung durch Einheirat in die kaiserliche Familie sicherte. Den Fujiwara gelang es schließlich auch, die Führungsrolle der buddhistischen Priesterschaft unter ihren Einfluss zu bringen.

Für die nächsten vierhundert Jahre zog in der Hauptstadt Friede ein, und die höfische Kultur, die sogenannte Heian-Kultur, konnte sich ungestört entfalten. Sie war gekennzeichnet durch eine Abkehr von buddhistischen und chinesischen Einflüssen und durch die Entwicklung eines eigenen japanischen Stils in der Kunst. Das Hauptanliegen der Baukunst war nun nicht mehr der Tempelbau, sondern die Errichtung von Wohngebäuden in natürlichen Gartenanlagen (Shinden-Bau) für den Kaiser und den Hofadel.

Die höfische und aristokratische Lebensform zog sich durch alle Bereiche der Heian-Kultur. Malerei, Literatur und Poesie blühten auf. Der erste japanische Roman, »Genji Monogatari«, wurde um das Jahr 1000 (mittlere Heian-Periode) geschrieben. Waka (das 31silbige Gedicht) erreichte seine Glanzzeit: Wer nicht dichten konnte, galt als ungebildet. Aus solchen kleinen Gedichten spricht oft ein tiefes Gefühl inniger Verbundenheit mit den Pflanzen. Zwei Waka aus der Heian-Periode sollen das verdeutlichen; das erste hat eine Vorgeschichte:

Eines Tages begleitete der Minister Fujiwara Tadahira (880–949) den ehemaligen Kaiser Uda, der abgedankt hatte, auf einem Spaziergang auf den Berg Ogura in Kyoto, um die hübsch verfärbten Ahornblätter zu betrachten. Die Blätter waren so wunderschön, dass Uda sich wünschte, auch sein Sohn, der Kaiser Daigo, möge sie bald sehen können. Den Minister bewegten seine Empfindungen beim Anblick dieser Schönheit zu einem Gedicht über das baldige Vergehen solcher Pracht:

Ogurayama
Mine no momijiba
Kokoro araba
Ima hitotabi no
Miyuki matanamu

»Schöne Ahornblätter
auf dem Berg Ogura!
Wenn ihr ein Herz habt,
bitte wartet doch (nicht abfallen!)
bis zum baldigen Besuch des Kaisers.«

Das andere Gedicht stammt von Ki no Tsurayuki, einem großen Dichter aus der mittleren Heian-Periode.

Tsurayuki besucht nach langer Zeit wieder seine Freundin in der alten Heimat. Da sie ihn etwas kühl empfängt, bricht er einen blühenden Pflaumenzweig am Tor ihres Gartens ab und dichtet:

Hito wa isa
Kokoro mo shirazu
Furusato wa
Hana zo mukashi no
Ka ni nioikeru

»Veränderlich ist wohl
das Gefühl des Menschen.
Unveränderlich duftet jedoch
dieser Pflaumenzweig
in der alten Heimat.«
(Der Pflaumenzweig hatte ihn genauso herzlich wie früher empfangen!)

Der Kaiser und der Hofadel der Heian-Periode stellten oft Blumen und Zweige in Vasen, um ihre Räume zu schmücken. Diese einfache Art des Blumensteckens ohne besondere Regeln nennt man oft »Sashihana« (Blumen in Vasen) zur Unterscheidung von den späteren kunstvollen Formen des Ikebana.

Eine beliebte Unterhaltung des Hofadels und der gebildeten Priester der Heian-Periode waren Gesellschaftsspiele wie Wettdichten, Abbrennen von Weihrauch, Gestalten von Landschaftstabletts (Suhama und Bonkei) und Blumen-Wettbewerbe.

Die Blumen-Wettbewerbe waren für die Ikebana-Geschichte besonders wichtig. Sie wurden zuerst mit einzelnen Blumen (ohne Vasen), später mit »Sashihana« (Blumen in Vasen) ausgetragen und schließlich bei festlichen Anlässen am Hof regelmäßig veranstaltet. Hierin haben die Blumen-Wettbewerbe zum Sternenfest, die später in der Entwicklung der Ikebana -Geschichte eine große Rolle spielten, ihren Ursprung.

Während der Hofadel sein elegantes, luxuriöses Leben in Kyoto führte, gab es in den Provinzen soziale Veränderungen. Durch technische Fortschritte bei landwirtschaftlichen Geräten konnten manche tüchtige Bauern ihren Ertrag steigern und kamen dadurch zu Wohlstand; die Masse der Landleute aber verarmte infolge der rücksichtslosen Ausbeutung durch Adel und Priesterschaft. Kleine Bauern gaben ihr Land auf und traten in die Dienste anderer Bauern, und allmählich entstand in den Provinzen eine neue Schicht von reichen Großgrundbesitzern. Um ihr Land zu schützen, auch gegen Übergriffe anderer Grundbesitzer und des Adels, begannen sie, ihre Diener zu bewaffnen. Im Laufe der Jahrhunderte kam es so auf dem Lande zu einer Vermischung zwischen Großgrundbesitzern, Angehörigen der Kriegerschicht und Adeligen, die sich – unzufrieden mit dem höfischen Leben – aus Kyoto zurückgezogen hatten, und es entstanden überall in den Provinzen große und kleine Kriegersippen. Zu besonderer Macht gelangte schließlich die Sippe der Minamoto, die ihren Stammsitz im Osten des Reiches, in der Nähe des heutigen Tokyo, hatte.

Im Jahre 1192 endete die Heian-Periode, als der Krieger Yoritomo (1147–1199) aus der Minamoto-Sippe die politische Macht an sich riß. Da der Kaiser aufgrund seiner göttlichen Abkunft unantastbar war, beließ Yoritomo – wie auch alle späteren Usurpatoren – ihn im Amt, das allerdings faktisch auf die Rolle eines geistlichen Oberhaupts des Volks reduziert war. Sich selbst ließ Yoritomo zum Shogun ernennen. Dieses Amt entsprach ursprünglich dem eines obersten Feldherrn; Yoritomo gab ihm aber eine neue Bedeutung, nämlich die des Inhabers der gesamten Staatsgewalt. Das Shogunat wurde erblich, und da alle politische Macht beim Shogun lag, konzentrierten sich von nun an alle Machtkämpfe auf dieses Amt, und das Kaisertum blieb von ihnen weitgehend unberührt. Das Shogunat existierte bis zum Jahr 1867, als der letzte Shogun die Macht dem Kaiser zurückgab.

Zur Festigung seiner Stellung verlegte der Shogun Minamoto no Yoritomo seinen neuen Regierungssitz nach Kamakura, weit entfernt von der Kaiserstadt Kyoto und dem Einfluss des Hofadels. Unter den neuen Machthabern blühte bald eine neue Kultur auf, die Kamakura-Kultur; sie war gekennzeichnet durch den schlichten Lebensstil und den auf das Praktische gerichteten Geschmack der Kriegerschicht, aber auch durch einen deutlichen chinesischen und buddhistischen Einfluss.

In der Baukunst begann der Übergang von der höfischen Architektur (Shinden-Bau) zu einer neuen Architektur der Kriegerschicht (Shoin-Bau) mit deutlichen Einflüssen aus dem Bereich des Tempelbaues. In diesen Wohnhäusern gab es jetzt buddhistische Hausaltäre, auf denen Blumenopfer wie in Tempeln dargebracht wurden.

Mit dem wiedererwachten Interesse an der chinesischen Kultur kam in dieser Zeit der Zen-Buddhismus von China nach Japan. Vielfältige Kontakte zwischen beiden Ländern, oft vermittelt durch Zen-Priester, brachten zahlreiche chinesische Kunstgegenstände ins Land. Darunter waren auch kostbare Vasen von großer Schönheit und hoher Qualität, die das Interesse an der Beschäftigung mit Blumen belebten.

Nach einer literarischen Überlieferung, »Meigetsuki«, sollen die Hofdamen im Jahre 1225 verschiedene Techniken erprobt haben, Blumen in Vasen »aufrecht zu stellen«. Es ist leider nicht bekannt, was für Kunstgriffe sie dabei anwandten. Immerhin ist es bemerkenswert, dass Blumen damals schon »aufrecht gestellt« (Tate-ru) und nicht einfach »gesteckt« (Sa-su) wurden, was einen deutlichen Wechsel vom »Sashihana« (Blumen in Vasen) zum »Tatebana« (stehende Blumen) bedeutet.

5.2 Tatebana

Der Niedergang des Minamoto-Shogunats bahnte sich schon nach wenigen Jahrzehnten, in der ersten Hälfte des 13. Jahrhunderts, an. Die Ausübung der Macht ging auf Regenten über, die der Hojo-Sippe angehörten. Sie waren zwar sehr tüchtig, aber immer häufigere Machtkämpfe innerhalb der Kriegerschicht und auch innerhalb der kaiserlichen Sippe führten, in Verbindung mit Angriffen vom Festland her (1274 und 1281), zu einem – auch finanziellen – Ausbluten der herrschenden Kreise. Schließlich kam der Krieger Ashikaga Takauji (1305–1358) mit Unterstützung einer kaiserlichen Gruppe an die Macht und verlegte den Regierungssitz als Shogun 1336 nach Muromachi in der Kaiserstadt Kyoto. Dadurch wurde Kyoto wieder politischer und kultureller Mittelpunkt, und es entstand eine neuartige Mischung von höfischer und Kriegerkultur, die sogenannte Muromachi-Kultur.

Es waren unruhige Zeiten, und erst dem dritten Ashikaga-Shogun Yoshimitsu (1358–1408) gelang es, wenigstens in der Hauptstadt Kyoto eine feste Zentralgewalt zu begründen und Ruhe und Sicherheit zu erzwingen. In den Provinzen aber gab es immer wieder Unruhen und Machtkämpfe zwischen den Feudalherren.

Der Entwicklung der Blumenkunst gab Ashikaga Yoshimitsu wichtige Impulse durch die Förderung zahlreicher eleganter Blumen-Wettbewerbe. Sie fanden anlässlich der Blütenschau oder der Mondbetrachtung am Hofe, in Tempeln und auch sonst überall bei besonderen Anlässen statt. Vor allem zum Sternenfest, das jeweils auf den 7. Tag des 7. Monats fiel, wurden regelmäßig Blumen-Wettbewerbe veranstaltet, deren Umfang und Bedeutung von Jahr zu Jahr zunahmen und die mit einer Ausstellung verbunden waren. Anfangs wurden verschiedene Blumen in jeweils sieben Vasen angeordnet, später wurden sogar Arrangements mit 77 Vasen ausgestellt. Dabei haben die

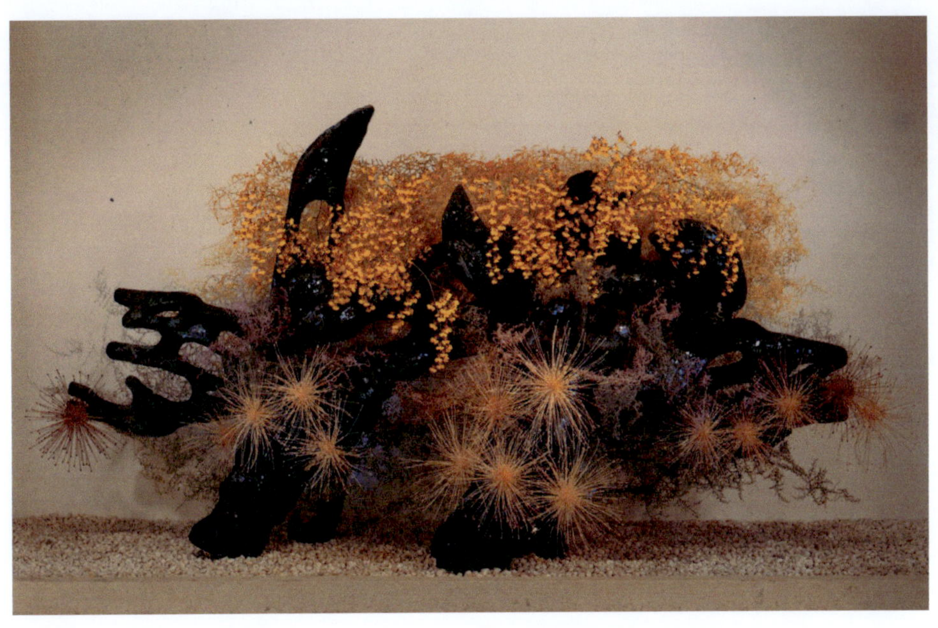

Farbtafel 37. Wolkenmärchen. Dieses sehr große Zeneibana (2,5 m x 2 m) wurde für eine Ausstellung gestaltet. Leuchtend gelb-rote Orchideen (Oncidium), prachtvolle, wie Feuerwerk aussehende Allium (Allium schubertii) und verschieden gefärbte Asparagusblätter verbinden sich mit einem sogenannten Ikebana-Objet – hier ein mit Mosaikglas verziertes Holzstück – zu einer geschlossenen Kombination. Arrangement von Teshigahara Kasumi, 2. Leiterin der Sogetsu-Schule.

Beteiligten verschiedene Techniken und Gestaltungsmöglichkeiten erprobt und vor allem auf die Auswahl geeigneter Vasen besondere Sorgfalt verwendet.

Selbst von »Avantgardisten« wird aus jener Zeit berichtet, so von einem Feudalherren, Sasaki Doyo (1306–1373), der wegen seiner unkonventionellen Aktivitäten, auch auf dem Gebiet des Blumensteckens, berühmt war. Als er im Jahre 1336 anlässlich der Blütenschau ein großes Gartenfest veranstaltete, stellte er zwischen zwei hohen Kirschbäumen ein großes Räuchergefäß und vor den Bäumen zwei Messingvasen so auf, dass es aussah, als ob die Bäume den Vasen entwüchsen. Solche ungewöhnlichen Kompositionen von Blumen und Vasen haben das Blumenstecken dieser Zeit stark beeinflusst.

Besonders wichtig für die Kulturgeschichte der Muromachi-Periode ist der achte Ashikaga-Shogun, Yoshimasa (1435–1490). Er galt nicht gerade als ein tüchtiger Politiker, aber er war als Meister aller Künste bekannt. Die Regierungsgeschäfte überließ er seiner Frau; er selbst zog sich in seinen geschmackvoll gebauten Palast in Higashiyama zurück. Dort lebte er, durch den Zen-Buddhismus und die Zen-Kultur zu inniger Naturverbundenheit geführt, ganz der För-

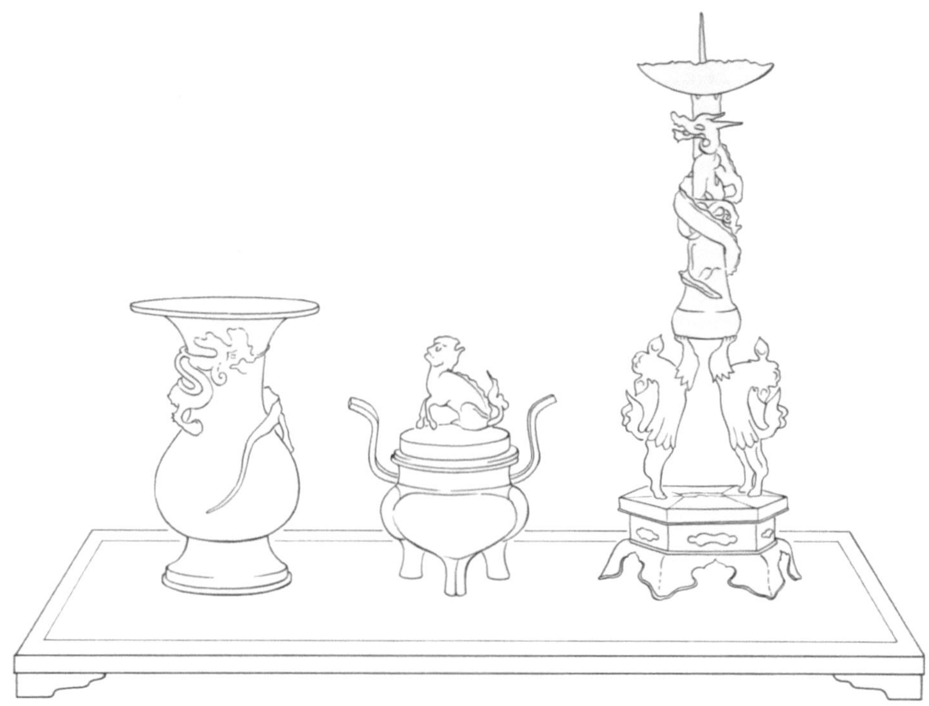

Abbildung 142. Dreiteilige Anordnung (15. Jahrhundert). In der Muromachi-Periode war für die Nische des Shoin-Baues eine dreiteilige Anordnung am weitesten verbreitet: in der Mitte ein Räuchergefäß, rechts ein Kerzenständer, links eine Blumenvase. Darin wurden zur Dekoration Blumen gesteckt. Sie wurden unter dem Namen »Tatebana« (stehende Blumen) bekannt. Die asymmetrische Komposition des Tatebana und des späteren Rikka setzt diese dreiteilige Anordnung voraus.

derung der Kunst. Als Ergebnis trat in der Tuschmalerei, der Architektur, dem Gartenbau und in allen anderen Bereichen der Kultur eine ästhetische Reform ein; die Kunst löste sich von ihrer rituellen Bindung an den Buddhismus, von der dekorativen, sentimentalen Kultur des Hofes und vom chinesischen Einfluss. Die im Abschnitt 2.2.3 erläuterten Begriffe »Wabi« und »Sabi«, die bis auf den heutigen Tag die japanische Kunst und Ästhetik beherrschen, haben ihren Ursprung in dieser Zeit und in Yoshimasas Wirken. Die von ihm geprägte Kultur nennt man nach seinem Wohnsitz in Higashiyama in Kyoto »Higashiyama-Kultur«.

In dieser Zeit wurde die Blumenkunst »Ikebana« geboren; sie ist als Kunstform ein Ausfluss der Higashiyama-Kultur des 15. Jahrhunderts.

Auch der neue Typ des Wohnhauses (Shoin-Bau), der seine Ursprünge in der Kamakura-Periode hatte, wurde in der Higashiyama-Zeit vollendet. Er vereint Elemente der älteren höfischen Architektur (Shinden-Bau) und des Zen-Tempels. In den Wohnräumen des Shoin-Baues gab es jetzt meistens eine Nische, eine Vorstufe der Tokonoma-Ehrennische, für die aus China kommenden kostbaren Kunstgegenstände, wie Vasen, Kerzenständer, Räuchergefäße und Rollbilder. Die Aufstellung der Gegenstände in dieser Nische orientierte sich zunächst an der Ausschmückung des buddhistischen Altars: ein Räuchergefäß in der Mitte, an jeder Seite je ein Kerzenständer und eine Vase (fünfteilige Anordnung). Bald wurden zur Vereinfachung anstelle von fünf Gegenständen nur drei aufgestellt: ein Räuchergefäß, ein Kerzenständer und eine Vase; diese dreiteilige Anordnung gibt Abbildung 142 wieder.

In der Vase standen gewöhnlich Blumen, doch waren sie nicht mehr Blumenopfer, sondern hatten eine rein dekorative Funktion wie andere Kunstgegenstände. Sie wurden asymmetrisch gesteckt, sodass sie mit dem Räuchergefäß und dem Kerzenständer sowie mit dem dahinter hängenden Rollbild harmonisch zusammenpassten. Diese Blumengestecke sind unter dem Namen »Tatebana« (stehende Blumen) bekannt. Ein Beispiel zeigt Abbildung 143.

Obwohl diese älteste Form des Ikebana-Stils sich aus dem Blumenopfer (Kuge) entwickelt hatte, zeigte sie doch eine viel kunstvollere Gestaltung als jenes:

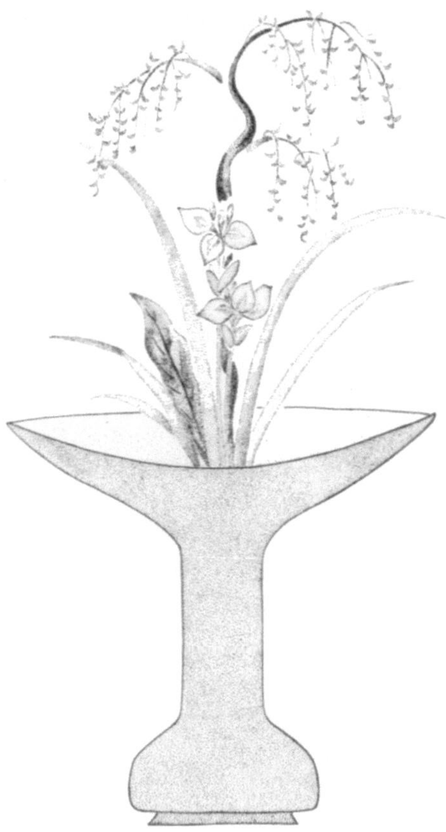

Abbildung 143. Tatebana-Arrangement (16. Jahrhundert). Sehr elegantes Arrangement; ein Blumenmeister namens Shuei soll es gesteckt haben. Als Shin (Hauptstiel) wurde Weide, als Shitagusa (untere Blume) Iris verwendet. Ein zusätzliches Blatt stammt von einer dritten Pflanze. Aus dem Buch »Shuei Kasho«, 1574.

Während Blumenopfer oft paarweise oder symmetrisch angeordnet waren, wurden Tatebana-Arrangements bewusst asymmetrisch gesteckt; während der Altar immer symmetrisch dekoriert wurde – sowohl der Altar im Tempel als auch der Hausaltar –, wurde die Ehrennische im Wohnzimmer asymmetrisch ausgeschmückt. Der Übergang von der Symmetrie zur Asymmetrie ist ein wichtiges Merkmal der Kunst dieser Zeit. Infolge der allgemeinen Beliebtheit des Blumensteckens brachten einige außergewöhnlich begabte Tatebana-Künstler es bald zu Berühmtheit; besonders bekannt wurden Ryuami und Ikenobo Sengyo (auch Senkei genannt).

Ryuami (tätig im 15. Jahrhundert) war ein Bediensteter des Shoguns. Es gab damals eine Gruppe von Handwerkern und Künstlern, die »Doboshu« hießen; sie waren für künstlerische und handwerkliche Tätigkeiten am Hof des Shoguns zuständig. Sie gehörten alle zur Ji-Sekte des Buddhismus und besaßen dadurch den Ami-Titel. Manche waren hochbegabte Künstler. Zum Beispiel hatte sich Zenami als Gartenarchitekt einen Namen gemacht, während Noami, Geiami und Soami auf dem Gebiet der Malerei bekannt waren. Auf dem Gebiet des Blumensteckens aber hat sich Ryuami vor allem ausgezeichnet. Er wird berichtet, dass er auf Bestellung des Shoguns bei verschiedenen Gelegenheiten wunderschöne und geschmackvolle Blumen gesteckt hat. Besonders das Blumenstecken anlässlich des Sternenfestes im Hause des Shoguns war seit 1458 Ryuamis Privileg. Aus dieser Zeit ist die folgende Geschichte überliefert:

»Am 10. Februar 1486 bekam Shogun Yoshimasa ungewöhnlich schöne Pflaumenzweige und Narzissen geschenkt. Ryuami war an diesem Tage krank und ruhte zu Hause, aber Yoshimasa sagte: ›Solche wunderschönen Blumen habe ich in diesem Jahr zum ersten Mal gesehen. Es gibt niemanden außer Ryuami, der sie genauso, wie ich es wünsche, stecken kann‹, und ließ ihn trotz seiner Erkrankung holen. Ryuami kam und steckte die Blumen und Zweige in vollendeter Weise; der Shogun war voll des Lobes und labte ihn mit Sake-Wein, aber den kranken Ryuami konnte selbst das nicht allzu sehr erfreuen.«

Der Mönch Ikenobo Sengyo vom Chohoji-Tempel (sogenannter Rokkakudo) in Kyoto, war ebenfalls im 15. Jahrhundert als Blumenmeister tätig. Durch die tägliche Gestaltung der Opferblumen im Tempel gab es viele Priester, die Erfahrung im Blumenstecken hatten, aber Ikenobo Sengyo soll sie alle übertroffen haben. Nach einer literarischen Überlieferung, »Hekizan Nichiroku«, hat Sengyo im Jahre 1462 Blumen in mehreren Goldvasen so wunderschön gesteckt, dass alle Blumenliebhaber der Stadt Kyoto trotz Regenwetters kamen, um seine Gestecke zu bewundern.

Seit Sengyo haben die Priester dieses Tempels sich immer mit der Blumenkunst beschäftigt. Das war der Anfang der Ikenobo-Schule, die heute von einem Nachkommen Sengyos im Tempel Chohoji geleitet wird und zu den drei größten Ikebana-Schulen gehört.

Die wenigen Regeln, die mit der Gestaltung eines Tatebana verbunden waren, wurden damals meist mündlich weitergegeben, aber allmählich wurden sie auch niedergeschrieben.

Obwohl es immer noch umstritten ist, welches Ikebana-Buch das älteste ist und wann es geschrieben wurde, steht doch fest, dass zwischen dem Ende des 15. und der Mitte des 16. Jahrhunderts zahlreiche Lehrbücher des Ikebana mit Bildern und Zeichnun-

Farbtafel 38. Seika-Gesteck in Bambus-Tripelvase. Iris und Lilien, nach der Seika-Regel der Ko-Schule in einer Bambus-Tripelvase gesteckt. Faszinierend ist die künstlerische Gestaltung der grünen Irisblätter. Die oberen Iris in fließender So-Form, die unteren in steigender Shin-Form und in der Mitte die Lilien in gelockerter Gyo-Form kontrastieren und harmonieren miteinander in Form und Farbe. Grün, Lila und Rot ist eine typische japanische Farbkombination. Arrangement von Nishimura Ikkan, Leiter der Seisen-Ko-Schule.

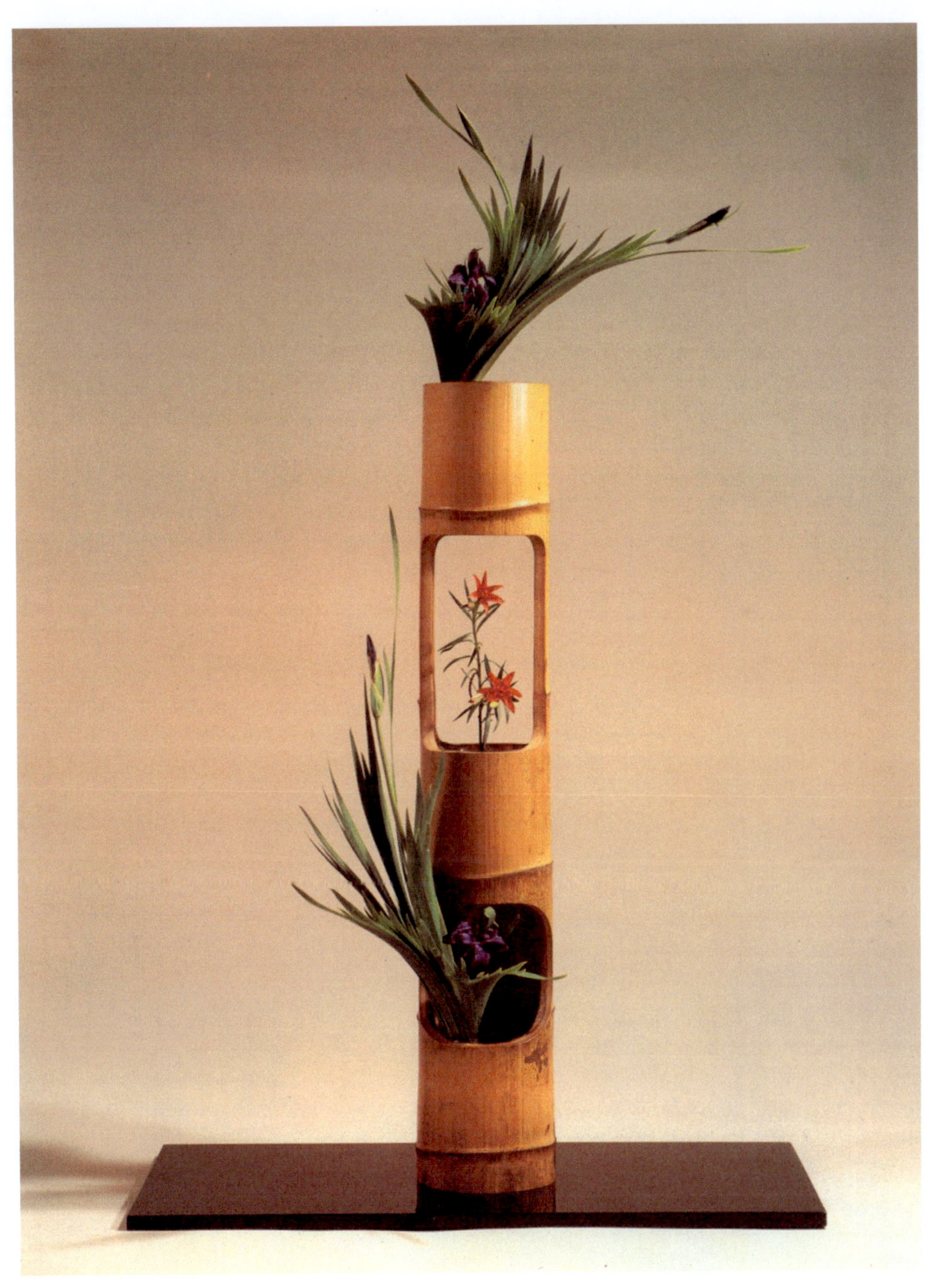

gen erschienen; die bekanntesten sind »Sendensho« (angeblich um 1490) und »Sennokuden« (1542).

In diesen Büchern stehen Regeln für Tatebana-Arrangements zu bestimmten Anlässen wie Neujahrsfest, Erwachsen-Werden und buddhistischen Feiern; sie enthalten auch gewisse Verbote, zum Beispiel sollte vermieden werden, vier Blumen zu stecken, weil im Japanischen die Wörter für »vier« und für »Tod« den gleichen Klang haben. Die meisten Regeln haben ihren Ursprung weniger im Künstlerischen als im Religiösen und im Volkstümlichen, entsprechend der engen Verbindung des Blumenarrangements zum Buddhismus, die noch lange erhalten blieb.

Die meisten Tatebana-Arrangements wurden in dieser Zeit in der Ehrennische aufgestellt und hatten die dafür angemessene aufrechte Form, aber es kam auch vor, dass Tatebana-Arrangements auf Regalen standen oder an Pfeilern oder an der Terrassendecke hingen. So erschienen schon damals verschiedene Arrangements, wie Sunanomono (Sandbecken), Kakebana (am Pfeiler hängend) oder Tsuribana (an der Decke hängend) in ihrer ursprünglichen Form. Auch das Wort »Nageirebana« (Einwurfgesteck) gab es schon; es bedeutete damals allerdings, anders als heute, »Blumen im bootförmigen Gefäß«.

Der letzte bekannte Blumenkünstler, der dem achten Ashikaga-Shogun gedient hat, war Osawa Hisamori (1430–1498). Er hat als erster Gebrauchsgegenstände, wie Reisbehälter oder Waschtröge für Pferde, als Blumenvasen verwendet und damit schöne Arrangements gestaltet. Das war ein sensationeller Versuch; denn als Ikebana-Vasen wurden bis dahin vorwiegend kostbare chinesische Bronze- oder Seladon-Gefäße verwendet. Osawa Hisamori hat auch Namen für die Aufbaustiele des Tatebana eingeführt: Shin (der längste Stiel), Shitagusa (untere Blumen), Migi (rechts), Hidari (links), Mae (vorn) und Hidarimae (links vorn). So wurde Tatebana allmählich formalisiert und entwickelte sich zum Rikka-Stil der nächsten Periode.

5.3 Rikka, Chabana und Nageire

Während der achte Ashikaga-Shogun ganz in seine Kunst versunken war und die Politik mehr und mehr vernachlässigte, wurden die Unruhen in den Provinzen immer größer. Feudalherren in verschiedenen Provinzen begannen sich gegenseitig zu bekämpfen, und etwa 100 Jahre lang war das ganze Land ständig im Kriegszustand. Diese kriegerische Zeit ist die »Sengoku-Periode« (Kriegs-Periode).

Bedeutsam für die Kulturgeschichte dieser Periode sind die Kontakte mit dem Abendland. 1543 wurden erstmals westliche Feuerwaffen von Portugiesen nach Japan gebracht, und 1549 wurde das Christentum von dem spanischen Missionar Francisco de Xavier eingeführt, das allerdings für die Entwicklung des Ikebana keine große Bedeutung erlangt hat. Der Einsatz der Feuerwaffen wirkte sich auch auf die Architektur aus, denn nun versuchten die Feudalherren, festungsartige Schlösser zu bauen, die einem Angriff mit diesen Waffen möglichst standhalten sollten. Diese Anlagen haben sowohl die Funktion einer Burg als auch die einer Residenz; sie werden im Folgenden stets als »Schloss« bezeichnet. Als angemessener Schmuck für die Luxus-Wohnhallen dieser Schlösser entwickelte sich in späteren Jahren der Rikka-Stil.

Im Ganzen war die Sengoku-Periode für die kulturelle Entwicklung wenig ergiebig; sie endete erst, als Oda Nobunaga (1534–1582), ein Feudalherr aus der Provinz Owari, immer mächtiger wurde, nachdem er mehrere Schlachten gewonnen hatte. Schließlich besiegte er 1573 das inzwischen immer schwächer gewordene Muromachi-Shogunat unter dem 15. Ashikaga-Shogun. Aber noch bevor Nobunaga das ganze Land vereinigt hatte, starb er. Seine politischen Pläne hat sein treuer Gefolgsmann und Nachfolger, Toyotomi Hideyoshi (1536–1598), insoweit verwirklicht, als er die Vereinigung des ganzen Landes 1590 abschloss.

Die Zeit Nobunagas und Hideyoshis wird nach deren Schlössern die Azuchi-Momoyama-Periode (1573–1603) genannt; auf Schloß Azuchi am Biwa-See wohnte Nobunaga, auf Schloß Momoyama (auch Fushimi genannt) in Kyoto Hideyoshi. Beide haben sich nicht zum Shogun ernennen lassen, besaßen aber als politische und militärische Führer die gleiche Macht wie ein Shogun.

Die Kultur der Azuchi-Momoyama-Periode ist durch einen gewissen Zwiespalt gekennzeichnet, der sich auch heute noch in Japan beobachten lässt. Einerseits gab es die prunkvolle, luxuriöse Wohnkultur der führenden Schicht und prächtige Schlösser mit großen Wohnräumen (Luxus-Shoin), die mit kostbaren Goldmalereien geschmückt waren, andererseits fällt in diese Periode die Glanzzeit der Teekultur mit ihrer vornehmen Schlichtheit und Einfachheit, wie sie von den großen Teemeistern geschaffen und von den führenden Kriegern gepflegt wurde. Viele geschmackvolle Teeräume wurden in dieser Zeit gebaut.

Die Entwicklung des Ikebana entsprach der Kultur dieser Periode. Es bildete sich einerseits allmählich aus dem Tatebana der aufwendige Rikka-Stil, der gut zu den fürstlich ausgestalteten Wohnräumen passte, andererseits wurde ein einfacher, dabei geschmackvoller Blumen-Stil, Chabana (Teeblumen), von Teemeistern für den schlichten Teeraum entwickelt.

Obwohl der Name »Rikka« erst später aufkam, ist die Form des Rikka-Stils bereits in dieser Periode von verschiedenen Ikenobo-Künstlern geprägt worden. Mit dem Untergang des Muromachi-Shogunats hatte auch die Zeit der Doboshu (Handwerker-Gruppe) geendet, die neben den Ikenobo-Priestern viel für die Entfaltung des Tatebana getan hatten; eine Zeitlang haben jetzt allein die Blumenmeister der Ikenobo-Priestersippe die Kunst des Blumensteckens gepflegt und fortgeführt. Ikenobo Senei († 1589) hat die Form des Tatebana verfeinert und regelmäßig sieben Zweige für den Aufbau eingesetzt, die er Shin, Soe, Soeuke, Shingakushi, Mikoshi, Maeoki und Nagashi nannte. Damit wurde die Vollendung der Form angestrebt und die Eigenart des in der nächsten Periode vollendeten Rikka-Stils zum großen Teil vorbereitet.

Ikenobo Senko I. hat den Blumen-Stil Ikenobo Seneis weiterentwickelt, wobei er besonders die Harmonie des Arrangements mit dem Raum und mit den darin befindlichen Kunstgegenständen anstrebte. Besonderes Aufsehen erregte Senko I., als er bei einem Feudalherrn ein großes Sunanomono (ein Rikka-Arrangement im Sandbecken) vor einem Rollbild mit Affen so gestaltete, dass der Eindruck entstand, die Tiere säßen auf den Kiefernästen des Arrangements.

Während die mächtigen Führer und wohlhabenden Feudalherren dieser Zeit eine pomphafte, luxuriöse Kunst heranreifen ließen, haben sie gleichzeitig auch die schlichte, vornehme Teekultur und -kunst gepflegt und gefördert. Nobunaga und Hideyoshi haben oft Teezeremonien veranstaltet, an denen gebildete Krieger, Priester und Politiker teilnahmen. Sie haben diese Teezeremonie als eine Art Schulung des Geistes für den Kriegerberuf gepflegt. Bei der Teezeremonie wird nicht nur Tee getrunken; wichtig ist vielmehr das stumme Einverständnis zwischen den Gästen und dem Gastgeber, das durch die formellen Vorgänge der Zeremonie gefördert wird. Zur Ausstattung des Teeraums gehörte immer ein Blumenarrangement (Chabana), das als Ausdruck der Gastfreundschaft des schweigenden Gastgebers anlässlich der Teezeremonie gesteckt worden war. Hier wurde immer die einfache, lockere Nageire-Art des Arrangements bevorzugt, im Gegensatz zum großen, pomphaften Rikka.

Mehrere Teemeister, vor allem der große Meister Sen no Rikyu (1521–1591), haben die Gestaltung der Teeblumen (Chabana) entscheidend beeinflusst. Rikyu hat die Forderung erhoben: »Blumen stecken, wie sie auf der Wiese stehen.« Nur wenige Blumen und Zweige werden verwendet und fast ohne förmliche Regeln einfach, locker und natürlich in die Vase gesteckt (Abbildung 144). Wichtig war, dass die Blumen den inneren Gehalt des »Wabi« verwirklichten (siehe Abschnitt 2.2.3), denn »Wabi« ist das ästhetische Ziel der Teezeremonie selbst. Die Einstellung Rikyus zu den Blumen wird am besten verdeutlicht durch folgende überlieferte Geschichte:

»Der Führer Hideyoshi hörte von wunderschönen Prunkwinden mit Tausenden von Blüten in Rikyus Garten und wollte sie ansehen. Als er eintraf, gab es im Garten keine Prunkwinde mehr, und Hideyoshi fragte den Teemeister, was geschehen sei. Dieser führte Hideyoshi in den Teeraum. Dort stand in einer Vase eine einzige Prunkwinde und zeigte ihre Form und Farbe in ihrer ganzen Schönheit. Rikyu wollte Hideyoshi damit vor Augen führen, dass eine einzige wunderbar entfaltete Blüte viel schöner sei als die Fülle von Blüten im Garten; deshalb hatte er alle Prunkwinden im Garten abschneiden lassen.«

Die Teezeremonie und die damit verbundene Kunst schätzt Einfachheit und Leichtigkeit, vor allem die Beschränkung auf das Wesentliche. Diese Richtung war in der Blumenkunst immer in der Nageire-Art des Steckens gepflegt worden; nun bildete sich daraus eine noch weiter vereinfachte Form, Chabana. Mehrere große Teemeister haben im Laufe der Zeit ihre eigenen Teezeremonie-Schulen gegründet, und jede von ihnen hat einen etwas anderen Chabana-Stil entwickelt. So wurde Chabana bis heute zwar vorwiegend innerhalb einzelner Teezeremonie-Schulen überliefert, aber der gegenseitige Einfluss zwischen Teezeremonie und Ikebana blieb immer erhalten.

Nach Hideyoshis Tod (1598) gab es einen Machtkampf zwischen dem Krieger Ishida Mitsunari, der Hideyoshis Sohn als Nachfolger unterstützte, und dem Krieger Tokugawa Ieyasu, der durch seine Tätigkeit als Berater Hideyoshis politisch und militärisch mächtig geworden war. Im Jahre 1600 errang Tokugawa Ieyasu (1542–1616) in der Schlacht bei Sekigahara den entscheidenden Sieg über Ishida Mitsunari, und im Jahre 1603 richtete er seinen Regierungssitz als Shogun in Edo, dem heutigen Tokyo, ein.

Dies war der Beginn einer mehr als 250jährigen Herrschaft der Tokugawa, der sogenannten Edo-Periode. Es war eine Zeit der Ruhe und des Friedens, allerdings auch der Repression. Zu den Maßnahmen, die die Tokugawa zur Festigung ihrer Herrschaft trafen, gehörte das Verbot der christlichen Religion und die vollständige Unterbindung aller Kontakte mit dem Ausland. Nur mit Chinesen und Holländern durfte man unter Beachtung strenger Vorschriften im Hafen von Nagasaki in Südjapan einen beschränkten Handel treiben. In der starren Hierarchie der Gesellschaft standen Krieger an der Spitze, Kaufleute gehörten zur untersten Schicht. Darstellende Kunst und Literatur unterlagen der Zensur. Die Kaiser der Edo-Periode hatten nur geringe politische Macht; sie residierten weiterhin in Kyoto, das ein bedeutendes kulturelles Zentrum blieb.

In der Edo-Periode kann man drei Epochen unterscheiden: die frühe (1603–1687), die mittlere (1688–1771) und die späte Edo-Periode (1772–1868).

Die frühe Edo-Periode, die Glanzzeit der privilegierten, dabei fest in das Machtgefüge des Shogunats eingebundenen Kriegerschicht, erhielt ihr politisches und kulturelles Gepräge eindeutig von der Tokugawa-Sippe und anderen wohlhabenden Feudalherren; in der Geschichte ist diese Periode als Höhepunkt des Rikka-Stils verzeichnet.

Großen Einfluss auf die Blumenkunst der frühen Edo-Periode hatte der Kaiser Gomizunoo (1596–1680), obwohl er politisch nur eine Marionette des Shoguns war. Als leidenschaftlicher Blumenliebhaber hat er häufig große Blumenausstellungen (etwa 33 allein im Jahr 1629) veranstaltet, an denen Begabte aus allen Gesellschaftsschichten (Kaiser, Adel, Feudalherren, Priester und sogar einfache Bürger) teilnehmen durften. Besonders beliebt waren riesige Rikka-Arrangements. Ikenobo Senko II. war der führende Blumenkünstler dieser Zeit und wurde gelegent-

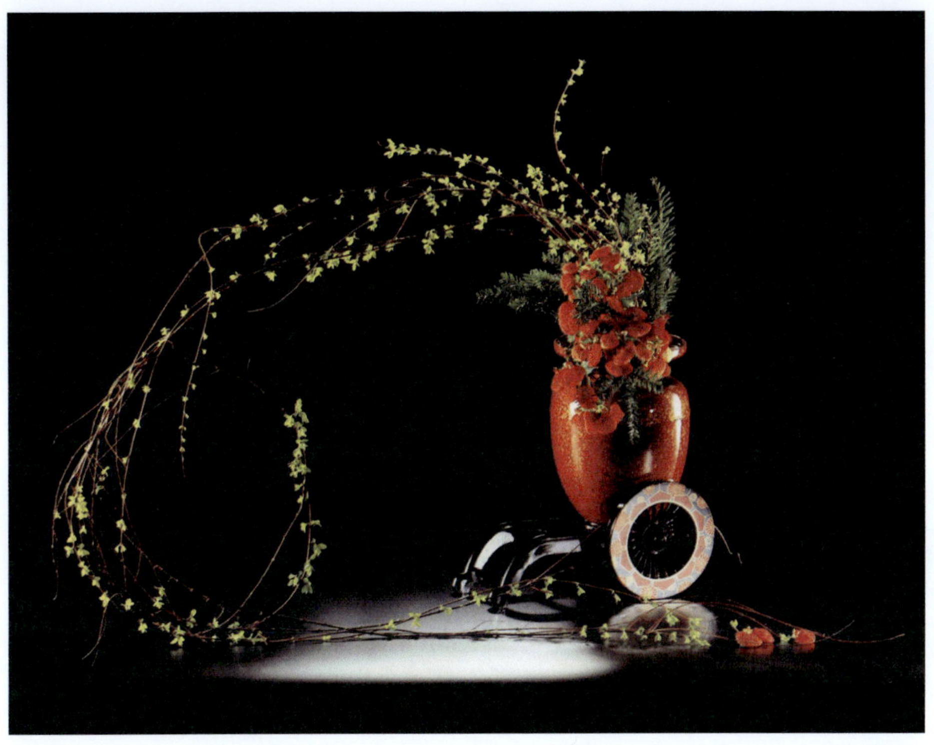

Farbtafel 39. Blumenwagen in freiem Stil. Der »Blumenwagen«, mit dem früher Blumen an den Kaiserhof befördert wurden, ist ein beliebtes Motiv in der japanischen Malerei, für Kimono-Muster und auch für Ikebana. Für die in Rot und Gold lackierte dekorative Vase wurden ähnlichfarbige Pantoffelblumen ausgewählt und zusammen mit Eiben in Massenform gesteckt, um einen Kontrast zu den raumgreifenden Linien des Spierstrauches zu bilden. Seine geschmeidigen Zweige wurden gebogen und geknotet, um die Bewegung des Wagens anzudeuten. Ein paar Blüten, die vor dem Wagen liegen, sind offenbar während der Fahrt abgefallen. Arrangement von Ayako Graefe.

lich von Kaiser Gomizunoo beauftragt, die ausgestellten Rikka mit Noten zu beurteilen.

Nach allgemeiner Auffassung hat Senko II. den Übergang zum Rikka-Stil vollendet; Senkos Rikka-Regeln wurden von seinem Schüler Juichiya Taemon in dem Buch »Rikka Taizen« im Jahre 1683 festgehalten. In diesem Buch wurde der Name »Rikka« statt »Tatebana« zum ersten Mal eindeutig verwendet. Wörtlich bedeuten »Tatebana« und »Rikka« dasselbe, nämlich »stehende Blumen«.

Es gab sieben Aufbaustiele; sie wurden »große Werkzeuge« genannt: Shin, Shoshin, Soe, Uke, Mikoshi, Nagashi und Maeoki. Die Nebenstiele (Hikae, Do, Oha, Ushirogakoi, Kidome, Kusadome usw.) waren »kleine Werkzeuge«.

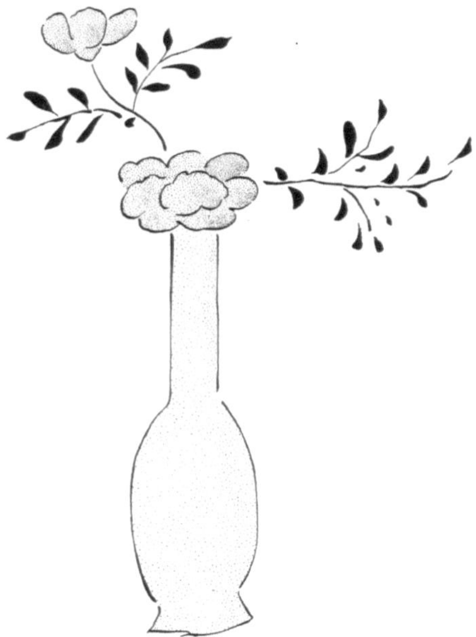

Abbildung 144. Chabana (16. Jahrhundert). Dem großen Teemeister Sen no Rikyu (1521–1591) zugeschrieben. Sein Motto war: »Blumen stecken, wie sie auf der Wiese stehen.« Aus dem Buch »Sansaiko Monogatari«, um 1730.

Man unterschied drei Rikka-Formen: Shin (Rikka mit geradem Hauptstiel), Gyo (Rikka mit gebogenem Hauptstiel) und So (Sunanomono-Rikka im Sandbecken). Gemeinsam ist allen Formen, dass der Rikka-Stil mit seinen Aufbaustielen (Werkzeugen) die Natur und das Universum symbolisiert, und dass alle Stiele wie ein einziger Stamm senkrecht aus dem Wasser emporstreben. Um die Stiele in der Vase festzuhalten, wurde in dieser Zeit gewöhnlich ein »Komiwara« (Strohbündel) verwendet; das Komiwara gilt heute noch als die korrekte Steckvorrichtung des Ikenobo-Rikka.

Gegen Ende des 17. Jahrhunderts waren große, elegante und prachtvolle Rikka-Arrangements in Mode gekommen.

Das berühmte Sunanomono (Abbildung 145), das Daijuin Ishin 1663 für die Zweihundertjahrfeier des Tempels Honnoji in Kyoto gestaltete, war 11,5 m breit. Daijuin hatte Ikebana bei Ikenobo Senko I. gelernt, aber bald entwickelte er seinen eigenen Stil und ging nach Edo (= Tokyo). Dort schuf er prachtvolle, riesengroße Rikka-Arrangements für die Luxuswohnhallen der Feudalherren. Auch die beiden Rikka-Arrangements, die von den großen Rikka-Meistern der Ikenobo-Schule, Ikai Sanshi und Fujikake Isui, als Opferblumen (Kuge) für den Tempel Todaiji im Jahre 1692 gestaltet wurden, waren über 10 m hoch.

Auch die Rikka-Meister Anryubo Shugyoku und Fushunken Senkei haben durch zahlreiche kreative Arrangements die Entwicklung des Rikka gefördert. Abbildung 146 zeigt ein interessantes Beispiel von Fushunken Senkei. Er hat sich 1669 von der Ikenobo-Schule gelöst und seine eigene Senkei-Schule begründet, die heute noch existiert.

Auch in technischer Hinsicht erreichte der Rikka-Stil damals seinen Höhepunkt. So wurden Verfahren entwickelt, um Kiefernzweige zu bleichen oder mit Hilfe von Schwefel Flecken auf Kamelienblüten zu erzeugen.

Parallel zur Entwicklung des Rikka-Stils fand das Nageire (Einwurfgesteck) in dieser Zeit Anerkennung als selbstständiger Stil der Blumenkunst. Den Begriff »Nageire«, der vom Wort her »hineinwerfen« oder »schräg stecken« bedeutet, gab es schon seit dem Anfang der Ikebana-Geschichte; er bezog sich zunächst vorwiegend auf Gestecke in Bootgefäßen. Im 15. Jahrhundert war aus diesen locker und leicht gesteckten Arrangements, die besonders bei Teemeistern beliebt waren, das spezielle Teeblumen-Arrangement (Chabana) für die Teezeremonie entstanden.

Die großen Tatebana- und Rikka-Meister hatten dieses Einwurfgesteck ursprünglich nicht als einen eigenständigen Stil der Blumenkunst anerkannt. Aber um die Mitte des 17. Jahrhunderts, als die Rikka-Gestecke immer größer und komplizierter wurden, entstand ein Bedarf an kleineren und einfacheren Arrangements für das tägliche Leben. Dadurch fand Nageire auch bei Rikka-Meistern Anerkennung als gleichwertiger Stil (Abbildung 147). Das erste Nageire-Lehrbuch »Nageirebana Densho« erschien im Jahre 1684.

Beim Nageire (= Nageirebana) verwendete man in der Regel keine Komiwara-Steckvorrichtung wie beim Rikka. Die Pflanzen wurden ganz natürlich, etwas zur Seite geneigt und locker gesteckt, während Rikka mit vielen und stark gekrümmten Ästen nach strengen Regeln und meistens ziemlich groß gesteckt wurde. Man sagte, Nageire ist wie Kalligrafie oder Tuschmalerei: Man steckt die Pflanzen mit einer einzigen Handbewegung (wie mit einem Pinselstrich), nachträgliche Korrekturen sind verpönt. Dies kommt der japanischen mit »Wabi« und »Sabi« ausge-

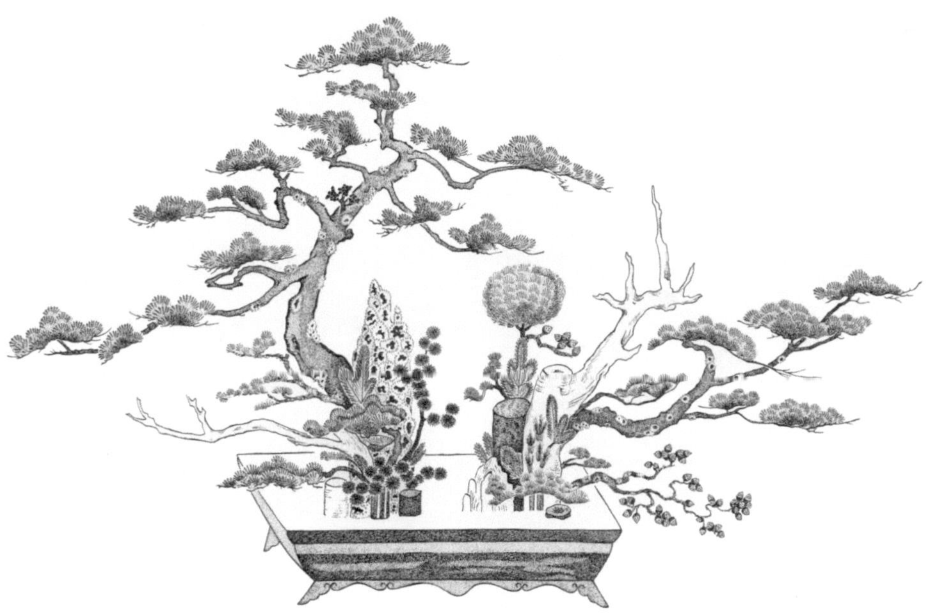

Abbildung 145. Sunanomono (17. Jahrhundert). Dieses Riesen-Sunanomono, dessen Breite 11,5 m beträgt, wurde von Daijuin Ishin gestaltet; es besteht nur aus Kiefern. Verschiedene Phasen ihres Wachstums (vergleiche auch Abschnitt 2.1.3, Wachstum und Zeitdimension) sind in einem mit Sand gefüllten Gefäß eindrucksvoll dargestellt. Aus dem Buch »Rikka Sunanomono-zu«, 1678.

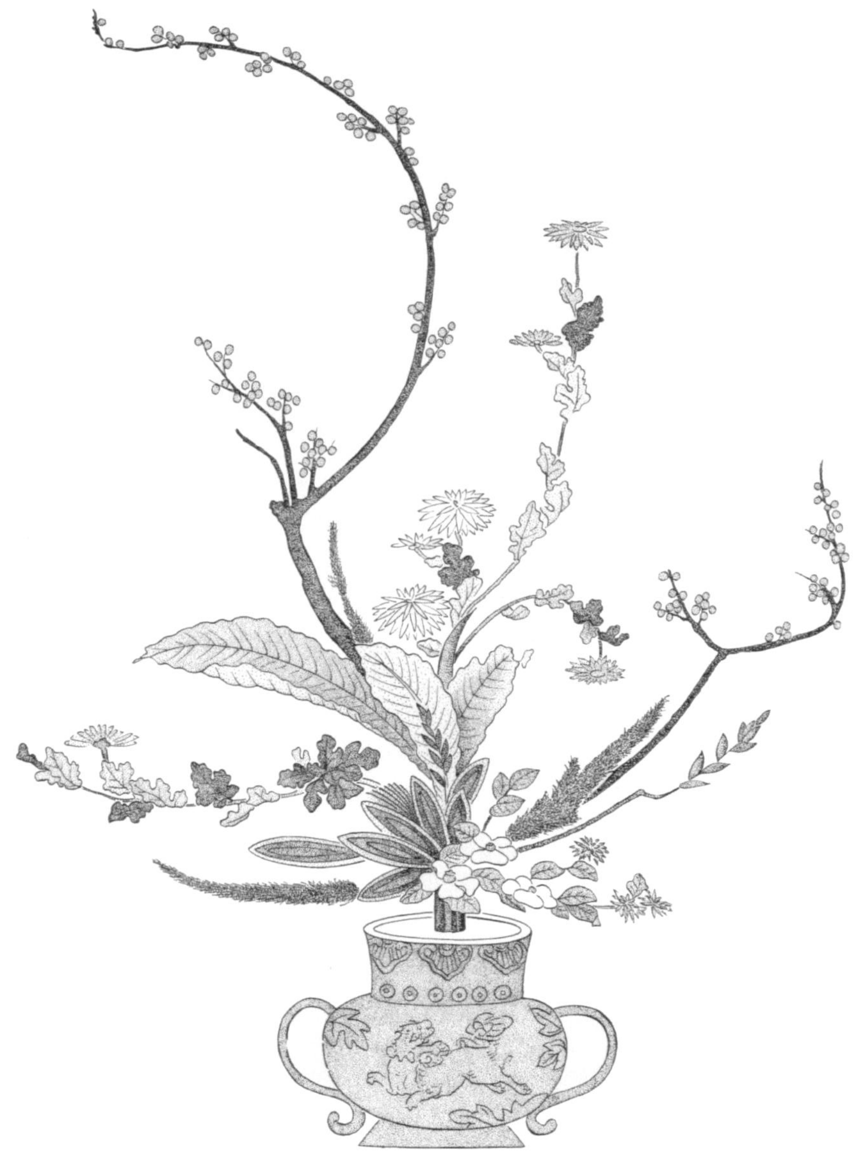

Abbildung 146. Rikka-Arrangement (17. Jahrhundert). Ein dekoratives Rikka-Arrangement von Fushunken Senkei, dem Begründer der Senkei-Schule. Sein Stil ist durch interessant gebogene Zweige und Blumenstiele gekennzeichnet. Aus dem Buch »Rikka Imayosugata«, 1688.

drückten Kunstauffassung sehr nahe, die im Abschnitt 2.2.3 erläutert wurde. Der Nageire-Stil wurde auch von Senko II., Shugyoku, Isui und anderen damaligen Rikka-Meistern sehr geschätzt.

5.4 Seika und Bunjinbana

Unter der mächtigen Tokugawa-Herrschaft war endlich wieder Friede im Lande eingekehrt. Die Bauern konnten ihre Erträge steigern, das Wirtschaftsleben mit Zentren in Edo und Osaka blühte auf, und die Kaufleute, zunächst eine verachtete Unterschicht, kamen allmählich zu Wohlstand und dem damit verbundenen Ansehen. Mit dem Aufstieg der Kaufleute gingen Wohlstand und Macht der Krieger zurück; einerseits, weil die Tokugawa dafür sorgten, dass außenstehende Kriegersippen nicht zu viel Geld und Einfluss erwarben, andererseits, weil in der langen Friedenszeit die Krieger an Bedeutung verloren.

Während zu Anfang der Edo-Periode Kultur und Kunst im Allgemeinen Sache der Krieger, des Hofadels und der gebildeten Priester gewesen waren, nahmen nun, in der mittleren Edo-Periode, auch wohlhabende Kaufleute am kulturellen Leben teil, und so blühte zum ersten Mal in der japanischen Geschichte die bürgerliche Kultur auf. Diese »Genroku-Kultur« brachte Kunstarten wie Holzschnitt, Haiku-Dichtung und Kabuki-Theater hervor.

Aus dem Krieger-Wohnhaus (Shoin-Bau) und aus dem Teeraum entwickelte sich jetzt das gehobene, wenn auch etwas vereinfachte bürgerliche Wohnhaus (Sukiya-Bau), für das viele Naturhölzer verwendet wurden. Oft ließen die wohlhabenden Bürger in ihrem Wohnzimmer heimlich eine Tokonoma-Ehrennische einbauen, obwohl Kaufleuten und Bauern dies eigentlich nicht erlaubt war.

Für ihr Tokonoma wünschten sich die Bürger natürlich geeignete Blumenarrangements. Rikka war zu groß und zu kompliziert, Nageire zu locker und zu bescheiden für diesen Ehrenplatz. So entstand der neue Stil »Seika« (lebende Blumen) etwa um 1730 als eine Vereinigung und Weiterentwicklung von Elementen beider Stilarten. Seika-Arrangements sind wesentlich kleiner und einfacher als Rikka, besitzen aber trotzdem Würde und Eleganz, sodass sie als Blu-

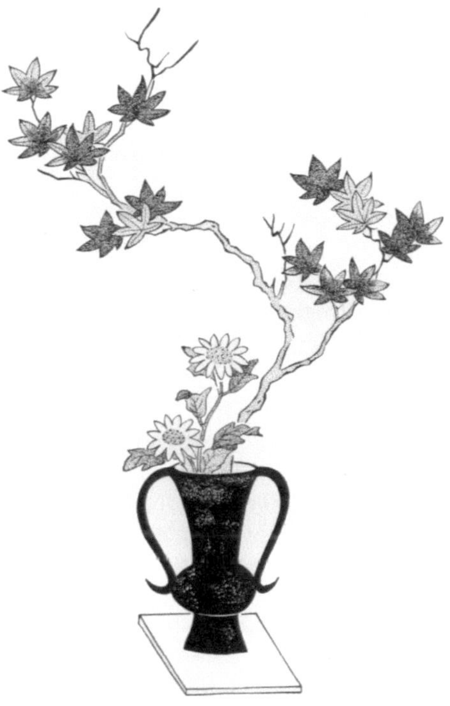

Abbildung 147. Nageire-Arrangement (17. Jahrhundert). Dieses Nageire-Arrangement eines namentlich nicht bekannten Gestalters besteht aus einem Ahornzweig und zwei Chrysanthemen. Es ist in einer Rikka-Vase aus Metall natürlich und locker gesteckt und bringt eine herbstliche Stimmung zum Ausdruck. Aus dem Buch »Nageirebana Densho«, 1684.

men für das Tokonoma im Wohnzimmer geeignet sind. Beim Seika bilden die Pflanzen – wie beim Rikka – dort, wo sie die Wasseroberfläche durchstoßen, ein schlankes Bündel. Dadurch zeigt dieser Stil die für das Rikka typische fesselnde Schönheit am Fußpunkt (Mizugiwa), bewahrte aber sonst die Natürlichkeit und die geneigte und lockere Haltung des Nageire-Arrangements.

Während der Rikka-Stil seinen Ursprung im Buddhismus hat, gehört der neue Seika-Stil mehr zum geistigen Feld des Konfuzianismus, was jeweils die politische und kulturelle Ausrichtung der Geburtsperiode der beiden Stile widerspiegelt.

Es gibt drei Aufbaustiele im Seika, und es hieß, dass sie Himmel, Mensch und Erde symbolisierten. Die Himmel-Mensch-Erde-Symbolik (sogenannte Drei-Wesen-Theorie) geht auf die Weltanschauung des Konfuzianismus zurück, in welcher es drei streng getrennte Elemente oder Schichten gibt: Himmel, Mensch und Erde. Diese Elemente befinden sich in einem harmonischen Einklang miteinander, der sich in der Harmonie eines gelungenen Ikebana-Arrangements widerspiegelt und sich auf die Harmonie einer streng hierarchisch aufgebauten Gesellschaft übertragen lässt, die so ihre Rechtfertigung erfährt. Deshalb wurde der Konfuzianismus in der Edo-Periode auch vom Staat als ethische Grundlage der autoritären Herrschaft des Tokugawa-Shogunats gefördert (siehe Abschnitt 2.2.1).

Mit dem Aufkommen des Seika-Stils gelang es vielen Blumenmeistern, innerhalb der Grundregel (drei Aufbaustiele und Dreieck-Komposition), eigene künstlerische Richtungen zu entwickeln. So entstanden viele verschiedene Seika-Richtungen, und zahlreiche Ikebana-Schulen wurden in dieser Zeit begründet. Die Entwicklung der Ikebana-Kunst wurde von nun an nicht mehr von der Ikenobo-Gruppe allein getragen.

Die bekanntesten Schulen, die in den ersten hundert Jahren nach dem Aufkommen des Seika-Stils offiziell gegründet wurden, sind (Gründungsjahr im Klammern):

- Seizan-Schule (1738)
- Genji-Schule (1765)
- Ko-Schule (1769)
- Enshu-Schule (1782)
- Soami-Schule (1795)
- Misho-Schule (1816)

Seika wurde manchmal »Ryugibana« (Blumen eigener Schulrichtung) oder »Kakubana« (= »Kakuka«, formelles Gesteck) genannt. Auch die traditionelle Ikenobo-Schule hat neben dem Rikka-Stil den Seika-Stil anerkannt und nannte ihn »Shoka«.

Die Abbildungen 148 bis 151 zeigen Seika-Arrangements verschiedener Schulrichtungen.

Ikebana wurde jetzt auch als »Kado« (Blumen-Weg) bezeichnet, wenn die Tätigkeit des Blumensteckens vorwiegend als eine Form der Schulung des Geistes und des Verhaltens betrachtet wurde. (Der Blumen-Weg wurde im Abschnitt 2.3 besprochen.)

Ikebana wurde allmählich zu einer weiblichen Tätigkeit und zu einer Form der Bildung für Frauen, wie es noch heute in Japan der Fall ist, und die Zahl der Ikebana-Liebhaber wuchs schnell. Die Gestaltung im vorher üblichen Rikka-Stil mit seinen großen Arrangements und komplizierten Gestaltungsregeln war dagegen nur von einer begrenzten Zahl von Männern, meistens beruflich, ausgeübt worden.

Mit der Gründung vieler Ikebana-Schulen und dem zunehmenden Interesse an Ikebana in der Bevölkerung traten auch wirtschaftliche Gesichtspunkte in den Vordergrund; einige Ikebana-Schulen führten nun das schon in anderen Kunstgebieten bewährte Iemoto-System ein, um die Finanzierung ihrer Schule zu sichern: Der Iemoto ist der Leiter der Schule (oft der Begründer der Schulrichtung oder sein erblicher Nachfolger) und hat das Monopol für die Lehre und die Vergabe von Zeugnissen. Die unter ihm – auf mehreren hierarchischen Ebenen – arbeitenden Lehrer müssen zum Beispiel Gebühren für jedes ausgestellte Zeugnis an den Iemoto abführen. Diese Zahlungen haben den Charakter einer Lizenzzahlung für das Recht, die in der Schule überlieferten Regeln zu lehren und mit dem Namen der Schule Werbung zu betreiben. Das Iemoto-System existiert immer noch in Ikebana-Schulen sowie in anderen Kunstgebieten im modernen Japan.

In der mittleren Edo-Periode erreichte auch die Holzschnittkunst (Ukiyoe) ihren Höhepunkt, und es wurden viele Ikebana-Anleitungen von verschiedenen Blumenmeistern, mit Holzschnitten illustriert, gedruckt. Dadurch wurde Ikebana noch weiter verbreitet, nicht nur in den kulturellen Zentren Edo und Kyoto, sondern im ganzen Lande.

In den Ikebana-Kreisen dieser Zeit haben auch die in der mittleren Edo-Periode ins Japanische über-

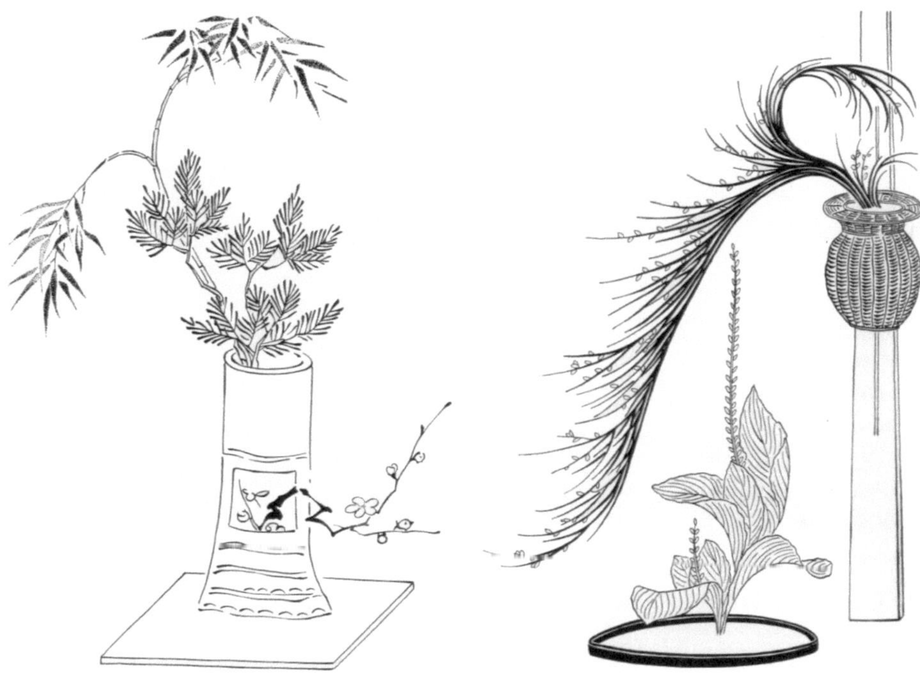

Abbildung 148. Seika-Arrangement der Ko-Schule. Bekanntes Arrangement, von Imai Isshiken Sofu gestaltet, der im Allgemeinen als Begründer der Ko-Schule gilt. Die drei Glück bringenden Pflanzen Kiefer, Bambus und Pflaumenzweig sind in einer Bambus-Doppelvase gesteckt. Aus dem Buch »Heika Gunsai«, 1769.

Abbildung 149. Seika-Arrangement der Enshu-Schule. Ein hängendes und ein stehendes Arrangement, zu einer Komposition vereinigt. Für den oberen Teil (Mukogake-Arrangement) wurde Ginster verwendet, der Korb hängt an einem Suihatsu-Brett; in der Schale unten ist Funkie (Hosta undulata) gesteckt. Für die Enshu-Schule charakteristisch sind die elegant gebogenen Linien. Aus dem Buch »Enshuryu Soka Hyakuhei Zushiki«, 1806.

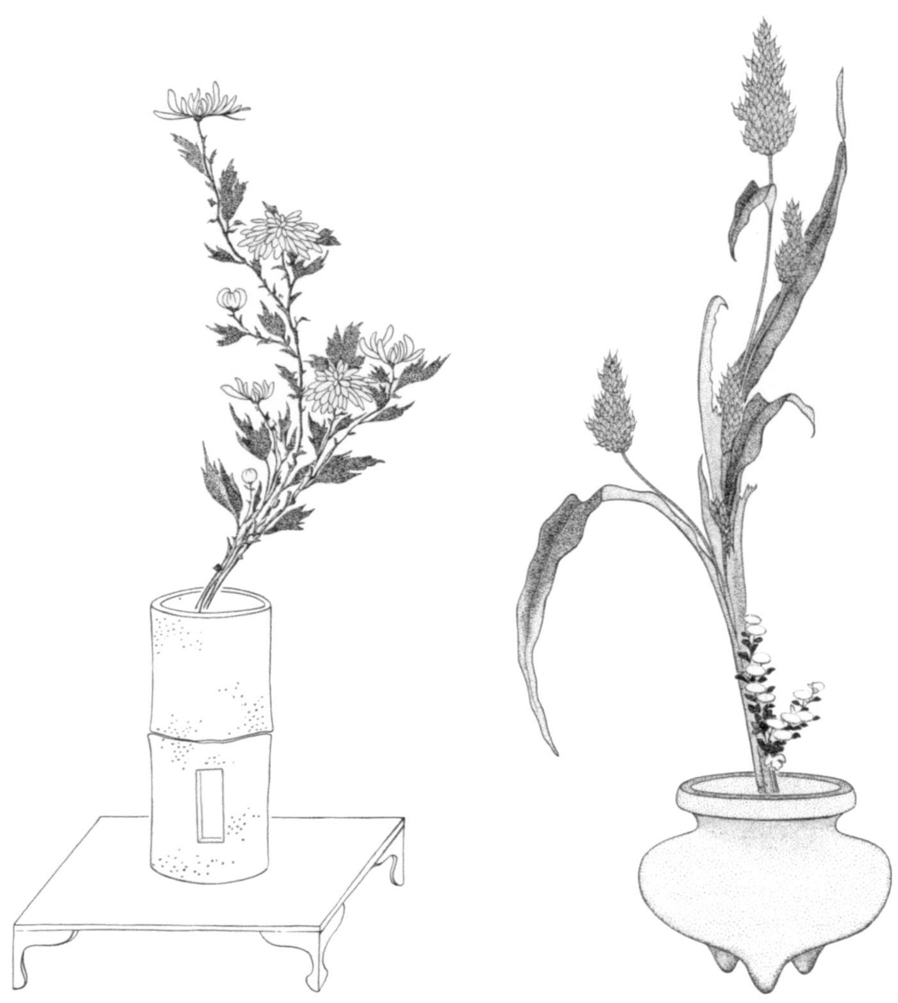

Abbildung 150. Seika- (= Kakubana-) Arrangement der Misho-Schule. Es stammt von Mishosai Ippo, dem Begründer dieser Schule. Die Chrysanthemen sind sorgfältig gebogen und in einer »Brückenpfosten« genannten Bambusvase gesteckt. In der Originalabbildung ist die für die Misho-Schule charakteristische dreieckige Umrissform durch eine punktierte Linie markiert. Aus dem Buch »Ikebana Hyakuren«, 1816.

Abbildung 151. Seika- (= Shoka-) Arrangement der Ikenobo-Schule. Von Ikenobo Senjo (1769–1832), dem 40. Leiter der Ikenobo-Schule; ihm hat die Entwicklung des Ikenobo-Shoka viel zu verdanken. Hier hat er Hirse und kleine Chrysanthemen in einem Tsubo (tiefe Schale) als Zweierleigesteck in der Gyo-Stufe der Förmlichkeit gestaltet. Aus dem Buch »Ikebana Hyakki«, 1820.

setzten chinesischen Bücher des Blumensteckens, »Heishi« und »Heikafu«, starke Beachtung gefunden. In Anlehnung an den Namen des Autors des »Heishi«, Yuan Hung-Tao (japanisch: En Kodo), wurde sogar 1769 eine Ikebana-Schule »Kodo-Schule« begründet, und unter dem Einfluss dieser Bücher erschien 1740 das Nageire-Buch »Nageire Kishi no Nami«, das zur Entwicklung der Gestaltungstheorie des Nageire- und des Seika-Stils viel beigetragen hat.

Als der neue Seika-Stil immer größere Beliebtheit gewonnen hatte, kam die Entwicklung des Rikka allmählich zum Stillstand. Ein Rikka-Arrangement wurde jetzt allgemein als zu künstlich, zu bunt und zu pompös empfunden, sodass es von der mittleren Edo-Periode an mehr als Kunststück denn als Kunstwerk betrachtet wurde. Nur wenige Ikenobo-Meister haben weiterhin den traditionellen Stil ihrer Schule gepflegt und sich um die Erhaltung und die Entwicklung der wahren Form des Rikka bemüht. Ikenobo Senjo (1769–1832) hat in dieser Zeit das herkömmliche siebenstielige Rikka zum heutigen neunstieligen Ikenobo-Rikka fortentwickelt. Manche Rikka-Arrangements von Senjo zeigten eine vollendete Reife des Stils, aber im Ganzen wurde Rikka vom neuen Seika-Stil aus dem Mittelpunkt des Interesses verdrängt.

In der zweiten Hälfte des 18. Jahrhunderts überschritt die Edo-Periode und die Macht der Tokugawa ihren Höhepunkt; es begann die Zeit des Niedergangs, die späte Edo-Periode. Da die Krieger – trotz ihrer allmählichen Verarmung – den gewohnten Luxus weiterhin betrieben und die Mißwirtschaft der Tokugawa-Regierung immer schlimmer wurde (z. B. Prägung von schlechten Münzen), gerieten der Shogun und die Feudalherren in den Provinzen in wachsende finanzielle Schwierigkeiten. Nach mehreren Missernten in den dreißiger Jahren des 19. Jahrhunderts kam es zu zahlreichen Unruhen unter den Bauern. In den vierziger Jahren versuchte die Regierung, mit einer Reihe von Reformen (Rettungsaktionen für die Verhungernden, Spar- und Anti-Luxus-Maßnahmen, einem Antimonopolgesetz, einer Begrenzung der Einwohnerzahl der Stadt Edo und anderen Maßnahmen) die Situation zu verbessern, womit sie allerdings keinen allzu großen Erfolg hatte. Dagegen haben die Spar- und Anti-Luxus-Maßnahmen, aber auch eine verschärfte Zensur, die Entwicklung vieler Kunstarten und des Theaters schwer getroffen; die Ikebana-Kunst wurde jedoch wegen ihres konfuzianistischen Sinngehaltes weiterhin offiziell gefördert.

Die Kritik an der Regierung, auch im Ausland, wurde immer lauter. In den Provinzen trafen liberale Krieger zusammen mit Angehörigen der kaiserlichen Sippe Vorbereitungen zum Sturz des Tokugawa-Regimes. Von außen bedrängten die Russen, die Engländer, die Franzosen und die Amerikaner die Regierung und forderten Japans Öffnung zum Ausland.

In dieser Zeit, der späten Edo-Periode, fand ein durch die chinesische Richtung der Malerei geprägtes Stilempfinden Eingang in die Blumenkunst Japans.

Es gab eine Gruppe von Dichter-Malern, die ihre Leitbilder vor allem aus der chinesischen Kunst und Literatur bezogen; sie nannten sich »Bunjin« (Literaten). Sie pflegten die chinesische Malerei (Bunjin-Stil) und die neu entwickelte Sencha-Teezeremonie; auch haben sie Blumen gesteckt, in erster Linie, um sie zu malen. Dabei orientierten sie sich am chinesischen Blumenstecken und an chinesischen Stilvorstellungen der Malerei, ihr Stil in der Blumenkunst wurde »Bunjinbana« (Literaten-Blumen) oder »Bunjin-ike« (Literaten-Gesteck) genannt (Abb. 152).

Die Ausübung des Bunjinbana setzte eine gewisse Bildung in chinesischer Literatur voraus; deshalb wurde dieser Stil besonders von den Intellektuellen der späten Edo-Periode gepflegt, während der Seika-Stil von den intellektuell weniger gebildeten, aber durchaus wohlhabenden Bürgern geschätzt wurde.

So wie Chabana zu der traditionellen, strengen Matcha-Teezeremonie (mit Pulvertee) gehört, passte Bunjinbana zu der etwas gelockerten, freien Sencha-Teezeremonie (mit Blättertee).

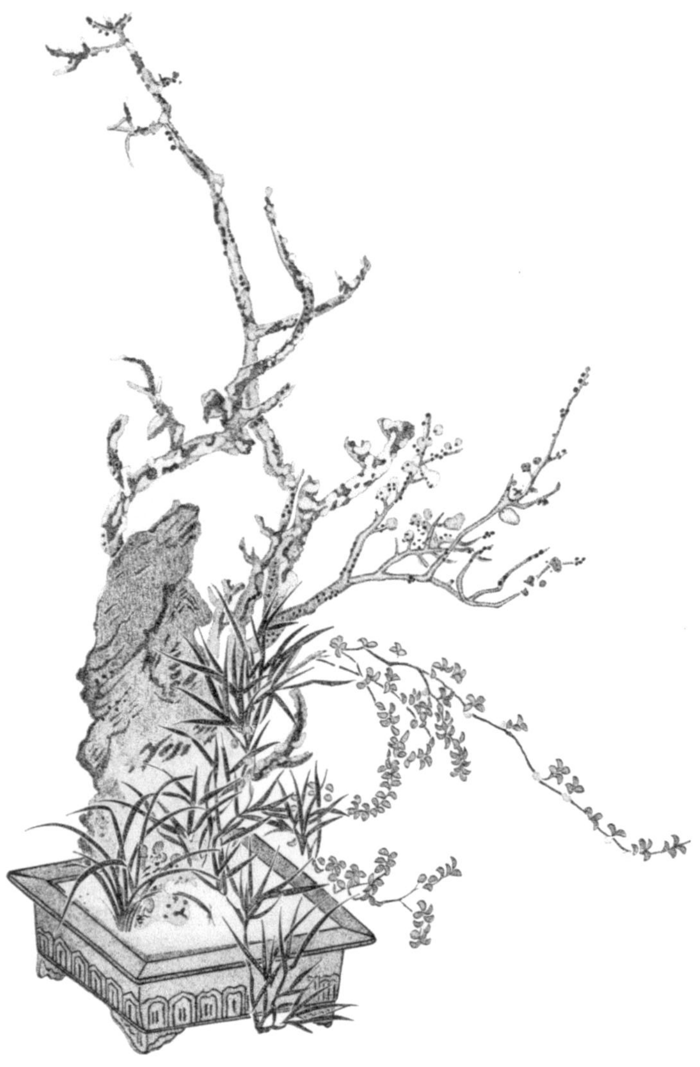

Abbildung 152. Bunjinbana in einer Schale (um 1900). Ob in einer hohen Vase oder in einer flachen Schale gesteckt – ein Bunjinbana hat immer einen gewissen chinesischen Einschlag. Dieses Beispiel stammt von Nishikawa Issotei (1878–1938), einem großen Förderer des Bunjinbana. Hier hat er moosbedeckte Pflaumenzweige, Heckenrosen und Bambusgräser (Sasa veitchii) mit einem großen Stein ohne förmliche Gestaltungsregeln großzügig und frei angeordnet. Die Kombination Pflaumen, Rosen, Bambus und Stein bedeutet in der chinesischen Literatur Friede und Glück. Aus der Zeitschrift »Heishi«, o. J.

5.5 Moribana

Die Tokugawa-Regierung hatte sich lange Zeit gegen die Forderungen ausländischer Mächte, die Isolation Japans zu beenden, gewehrt. Aber als 1853 ein amerikanischer Flottenverband unter dem Kommodore M. C. Perry vor der Hauptstadt aufkreuzte, um den Wünschen der Amerikaner Nachdruck zu verleihen, musste der 13. Tokugawa-Shogun, Iesada, allerdings nachgeben und einen Freundschafts- und Handelsvertrag mit den Vereinigten Staaten von Amerika abschließen. Diese diplomatische Niederlage wurde nicht nur als Demütigung für die Regierung empfunden – der Anblick der modernen amerikanischen Kriegsschiffe machte der japanischen Öffentlichkeit auch den erschreckenden technischen Rückstand klar, den die lange Isolationspolitik der Tokugawa zur Folge gehabt hatte.

Zum weiteren finanziellen und militärischen Verfall des Tokugawa-Shogunats trugen auch die erfolglosen Kämpfe der Regierung gegen die zunehmenden Anti-Tokugawa-Bewegungen in verschiedenen Provinzen bei. Schließlich sah sich der 15. Tokugawa-Shogun, Yoshinobu, 1867 gezwungen, die Macht dem Kaiser zurückzugeben.

Mit der Entmachtung des Tokugawa-Shogunats ging die Edo-Periode zu Ende, und 1868 begann die Meiji-Periode unter dem Meiji-Kaiser. Eine neue Regierung wurde gebildet, in welcher der kaiserliche Adel und ausgewählte Krieger, die beim Sturz des Tokugawa-Shogunats eine führende Rolle gespielt hatten, politisch wichtige Positionen erhielten.

Die Hauptstadt Edo wurde in »Tokyo« (»Östliche Hauptstadt«) umbenannt und der kaiserliche Hof von Kyoto dorthin verlegt. Die neue Regierung setzte sich das Ziel, so schnell wie möglich auf technischem, militärischem und wirtschaftlichem Gebiet den Anschluss an die westlichen Großmächte zu finden. Um dieses Ziel zu erreichen, war man bereit, durchgreifende Änderungen bei der Verwaltung des Staates, im Rechtssystem und auf vielen anderen Gebieten vorzunehmen. Die traditionelle feudalistische Gesellschaftsstruktur wurde abgeschafft. Kontakte mit dem Westen wurden sehr gefördert; Japaner reisten ins Ausland, westliche Fachleute wurden eingeladen. Die Übernahme westlicher Einrichtungen erwies sich als außerordentlich erfolgreich, und Japan entwickelte sich schnell zu einer Industrienation nach westlichem Muster.

Auf kulturellem Gebiet gab es nach der vollständigen Isolation vom Ausland, die über 250 Jahre gedauert hatte, nun erstmals freien Zugang zu westlicher Kultur und Kunst, zu europäischer Architektur und Inneneinrichtung. Diese neue Welt nahm die Japaner vorübergehend so gefangen, dass die traditionelle japanische Kultur und Kunst vernachlässigt wurde; auch für Ikebana gab es eine Zeit lang einen Stillstand.

Aber als dann gegen Ende des 19. Jahrhunderts die als exotisch empfundenen Blumen aus dem Westen in Japan eingeführt wurden (Gladiole, Paradiesvogelblume, Flamingoblume usw.), haben diese farbenfreudigen Blumen der Ikebana-Kunst neue Anregungen gegeben.

Mit den »neuen« Blumen hat ein Bildhauer und Blumenmeister, Ohara Unshin (1861–1916), im Jahre 1897 eine aufsehenerregende Ikebana-Ausstellung veranstaltet. Er zeigte Ikebana-Arrangements in einem völlig neuen Stil, den er »Moribana« (aufgehäufte Blumen) nannte.

Durch die Verwendung einer großen Schale, wie sie bisher nur für Bonsai (Zwergbäume) gebräuchlich war, und in Anlehnung an die künstlerischen Regeln des Seika-Stils brachte er die Schönheit auch der westlichen Blumen überzeugend zum Ausdruck. Dies war der Anfang des Moribana-Stils und der Ohara-Schule, die heute zu den drei größten Ikebana-Schulen gehört.

Der Grundaufbau des Moribana besteht ebenso wie beim Seika aus drei Aufbaustielen, aber diese Auf-

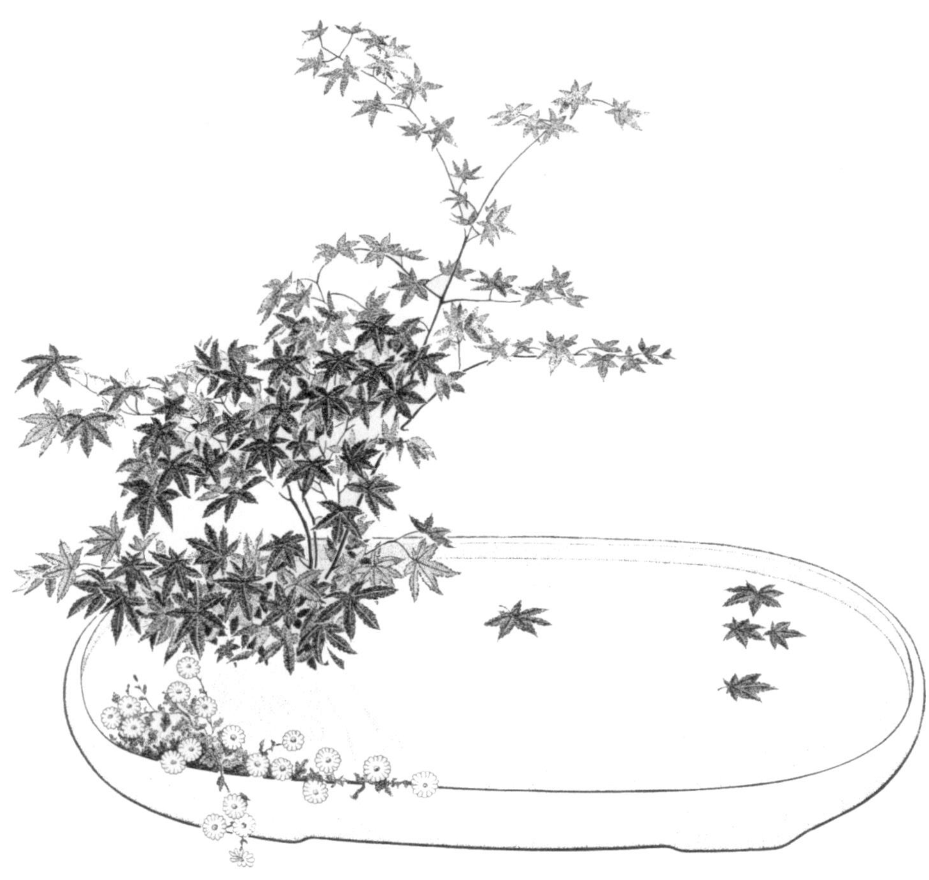

Abbildung 153. Moribana-Arrangement der Ohara-Schule. Ein bekanntes Moribana von Ohara Unshin (1816–1916), das mit rot verfärbten Ahornzweigen und weißen kleinen Chrysanthemen in einer weißen flachen Schale gesteckt wurde. Ein paar in der Schale schwimmende Ahornblätter (siehe auch Abschnitt 2.1.1) bringen die herbstliche Stimmung besonders gut zum Ausdruck. Aus dem Buch »Moribana-zu«, 1912.

baustiele und sämtliche Nebenstiele werden in Form eines Busches oder Haufens in einer flachen Schale gesteckt (Abbildung 153), während sämtliche Stiele beim Seika, unabhängig von der Schule, immer wie ein schlankes Bündel aus der Wasseroberfläche emporsteigen.

Der Moribana-Stil brachte nicht nur die farbenfreudigen westlichen Schnittblumen zur Geltung, sondern passte auch gut zum neu eingeführten westlichen Wohnzimmer mit westlicher Inneneinrichtung. Für das Tokonoma im japanischen Wohnzimmer ist Seika am besten geeignet, während sich mit den europäischen Schränken und Tischen Moribana eher verträgt. So kam dieser neue Stil bald in Mode. Der Moribana-Stil von Ohara war eine Abkehr von der Regel, dass ein Ikebana-Gesteck eine Linienkomposition ist: Bei ihm stand – vielleicht unter dem Einfluss westlicher Dekorationsideale dieser Zeit – das Massenelement im Vordergrund.

Ohara Unshin hat gleichzeitig ein Gesteck in einer hohen Vase unter dem Namen »Heika« (Vasengesteck) vorgestellt. Als »Moribana« zum Begriff für ein Arrangement in einer flachen Schale wurde, bürgerte sich für Arrangements in hohen Vasen der Name »Heika« oder »Nageire« ein.

Gegen Ende des 19. Jahrhunderts wurden die neuen japanischen Streitkräfte allmählich stärker. Nach den Siegen 1895 über China und 1905 über Russland stieg Japan zur stärksten Militärmacht in Ostasien auf, und es gründete Kolonien in Korea und China.

Dem militaristisch-imperialistischen Geist jener Zeit entsprechend ergriff eine nationalistische Bewegung alle Bereiche der Kultur. Die Ikebana-Kunst wurde als Nationalkunst von der damaligen Meiji-Regierung – auch als ideale Bildung für Frauen – offiziell gefördert.

1912 endete die Meiji-Periode mit dem Tod des Kaisers, und die Taisho-Periode begann unter dem Taisho-Kaiser. Obwohl sie sehr kurz war, machte die Modernisierung auf dem gesamten kulturellen Gebiet in dieser Zeit enorme Fortschritte. Durch Massenkommunikationsmittel wie Radio und Frauenzeitschriften verbreitete sich der Moribana-Stil rasch im ganzen Land. In den meisten Schulen übernahm man allerdings nicht genau die Haufenform Oharas, sondern gestaltete eine Komposition aus Linien und Massen in einer flachen Schale und nannte dies Moribana. In der Taisho-Periode wurden Ikebana-Ausstellungen, die früher nur am Hof, in Tempeln oder in teuren Restaurants stattgefunden hatten, nun auch in bürgerlichen Kaufhäusern veranstaltet; heute sind Kaufhäuser die beliebtesten Ausstellungsplätze.

Viele begabte Ikebana-Künstler haben in dieser Zeit die Entwicklung und Verbreitung der Ikebana-Kunst gefördert:

Yoshimura Kaun (1859–1932), ein Blumenmeister aus der Ikenobo-Schule, machte sich selbstständig, und nachdem er seine Schule, Ryuseiha, im Jahre 1886 gegründet hatte, bemühte er sich besonders um die klassischen Formen des Ikebana, Seika und Rikka, sowie um die Verbreitung des Ikebana in bürgerlichen Kreisen. Die Ryusei-Schule ist heute eine der zehn größten Ikebana-Schulen.

Ohara Koun (1880–1938), der Sohn von Ohara Unshin, trug zur Entwicklung und Verbreitung des Moribana-Stils in der Taisho-Periode viel bei. Die Ohara-Schule erlangte in dieser Zeit große Bedeutung.

Nishikawa Issotei (1878–1938) hat sich vor allem um die Entwicklung des Bunjinbana verdient gemacht (siehe Abbildung 152). Sein lockerer, eleganter und geschmackvoller Stil war besonders bei Intellektuellen der Taisho-Periode beliebt und hat auf die Entwicklung des freien Stils, der gegen Ende der Taisho-Periode und Anfang der Showa-Periode ins Leben gerufen wurde, großen Einfluss gehabt.

Adachi Choka I. (1887–1969) stammt aus der Ikenobo-Schule und hat mit seinen neuen Lehrmethoden und der schönen Darstellung natürlicher Blumen im Jahre 1912 seine eigene Schule, Adachi-shiki, begründet. Die Adachi-Schule gehört heute ebenfalls zu den zehn der größten Ikebana-Schulen. Abbildung 154 zeigt ein bekanntes Moribana-Arrangement von Adachi Choka I.

5.6 Jiyubana und Zeneibana

In den zwanziger Jahren des 20. Jahrhunderts gab es eine politische Bewegung, die für mehr Freiheit im Staat eintrat, und eine avantgardistische Kunst-Bewegung. Gleichzeitig mit dieser Entwicklung war in Ikebana-Kreisen oft von »Freiem Stil« die Rede. Es war Yamane Suido (1893–1966), der zum ersten Mal offiziell von Jiyubana (freien Blumen) gesprochen hat.

Die grundlegende Idee des Jiyubana war die Befreiung des Ikebana von der Tradition, aber dieses Ziel wurde unterschiedlich interpretiert. Es erschienen auf jeden Fall viele Schalen- und Vasengestecke ohne bestimmte Gestaltungsregeln, die jeweils Moribana und Nageire »in freiem Stil« genannt wurden (Abbildung 155).

Nach dem Tod des Taisho-Kaisers begann 1926 mit der Thronbesteigung des Kaisers Hirohito die Showa-Periode.

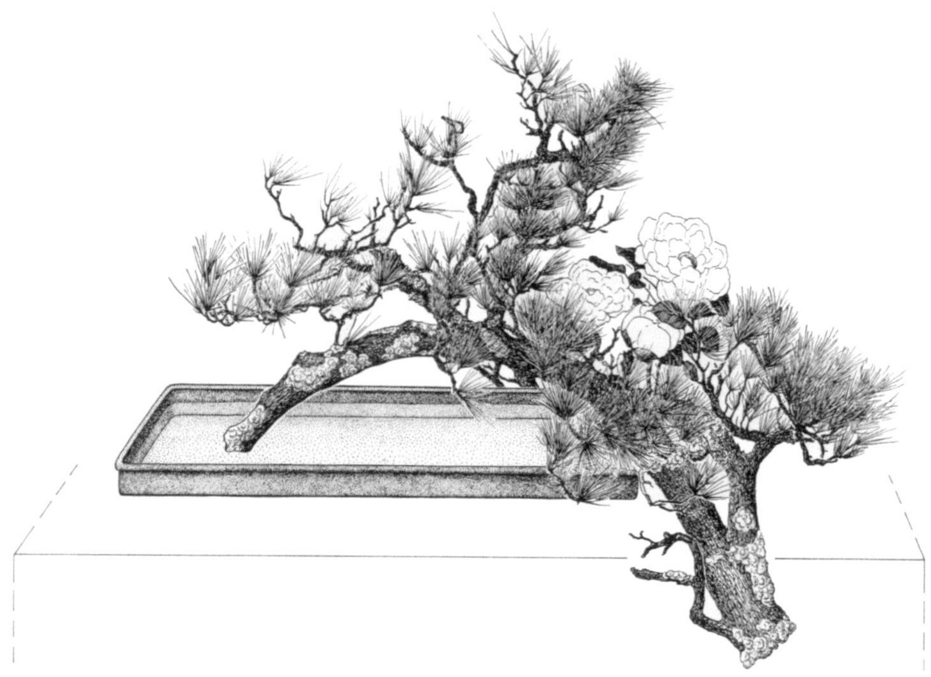

Abbildung 154. Moribana-Arrangement der Adachi-Schule. Gestaltet von Adachi Choka (1887–1969), dem Begründer der Adachi-Schule. Moosbedeckte kräftige Kiefernäste hängen zum Teil von der Schale (und vom Tisch) herab. Zartrosa Päonienblüten geben dem Arrangement Farbe und Weiblichkeit als Kontrast.

Im gleichen Jahr löste sich Teshigahara Sofu (1900–1979) vom traditionellen Ikebana und gründete eine neue, die »Sogetsu-Schule«, die heute zu den drei größten Ikebana-Schulen gehört.

Einige Jahre später wurde die Saga-Schule begründet, die neben dem Seika der Misho-Richtung auch Moribana, Heika (= Nageire), Chabana, Shogonka (= Rikka) und Bunjinbana in ihren Lehrplan aufgenommen hat. Die Saga-Schule ist heute eine der zehn größten Ikebana-Schulen.

Im Jahre 1930 veröffentlichten einige Ikebana-Künstler zusammen mit liberalen Schriftstellern die »Erklärung zur Befreiung des Ikebana« (Shinko Ikebana Sengen). Zu ihnen gehörten

- Teshigahara Sofu (Sogetsu-Schule),
- Nakayama Bunpo (Misho-Schule Nakayama-Bunpokai) und
- Kuwahara Senkei (Kuwahara-Senkei-Schule).

Nach dieser Erklärung soll das freie Ikebana frei von pflanzlicher Begrenzung, frei von Gestaltungsregeln und frei von Einschränkungen in der Form und Art der Gefäße sein.

Der Grundgedanke des freien Stils ist, dass sich Persönlichkeit und Schöpfungskraft des Künstlers im Ikebana widerspiegeln sollen. Dafür hatte es nach Meinung der Verfechter des freien Stils im traditionellen Ikebana wegen der vielen festen Regeln nicht genügend Raum gegeben.

Die dreißiger Jahre waren zunächst gekennzeichnet durch eine Fortentwicklung der in der Meiji-Periode begonnenen allgemeinen Modernisierung und durch eine günstige Wirtschaftsentwicklung. Zugleich war jedoch der Einfluss des Militärs auf die Politik übermächtig geworden, besonders nachdem Japan am Ersten Weltkrieg auf der Seite der Sieger teilgenommen hatte. Er führte schließlich zur Verwicklung Japans in den Zweiten Weltkrieg, der 1945 mit der totalen Niederlage des Landes endete.

Dies war das erste Mal, dass Japan auf eigenem Boden geschlagen wurde; das Erlebnis der Niederlage im Krieg und der anschließenden amerikanischen Besatzung führte zu einem Bruch mit vielen Traditionen und zu einem Neubeginn auf vielen Gebieten. Das Militär wurde abgeschafft; eine neue Verfassung machte Japan zu einer parlamentarischen Demokratie nach amerikanischem Muster; der Kaiser verlor alle Machtbefugnisse und blieb – jetzt ein gewöhnlicher Sterblicher – nur noch symbolisches Staatsoberhaupt. In den folgenden Jahren entwickelte sich Japan zu einer modernen Industrienation und einer wirtschaftlichen Großmacht.

Alle Künste und das ganze Kulturleben in Japan befanden sich während des Krieges vorübergehend im Stillstand, und auch die Entwicklung des Ikebana zu fortschrittlicher Kunst war unterbrochen worden.

Aber schon wenige Monate nach Kriegsende begann die Wiederauferstehung der Ikebana-Kunst und vor allem die Entwicklung des Ikebana zur bildenden Kunst, als Teshigahara Sofu zusammen mit Ohara Houn (dem dritten Iemoto der Ohara-Schule) eine erfolgreiche Ausstellung veranstaltete. Ikebana entwickelte sich von nun an ähnlich wie die anderen Künste; unter dem Einfluss avantgardistischer und abstrakter Kunst entstand die neue Ikebana-Stilrichtung »Zeneibana« (Avantgarde-Blumen: Abbildung 156).

Zeneibana, auch »Zenei-Ikebana«, »Zokei-Ikebana« oder manchmal »Ikebana-Objet« genannt, ist ein abstraktes Ikebana-Werk, in dem man mit pflanzlichen sowie mit anorganischen Materialien (Beton, Gips, Metall, Glas oder Kunststoff) seine eigene künstlerische Idee ausdrückt.

Da nach dem Krieg Mangel an geeigneten Materialien und Vasen herrschte, machte die Not auch hier erfinderisch; es wurden nicht nur frische Schnittblumen, sondern auch getrocknete Pflanzen, Treibholz und sogar Teile aus Abfalleisen als Ikebana-Material verwendet; Gebrauchsgegenstände wurden als

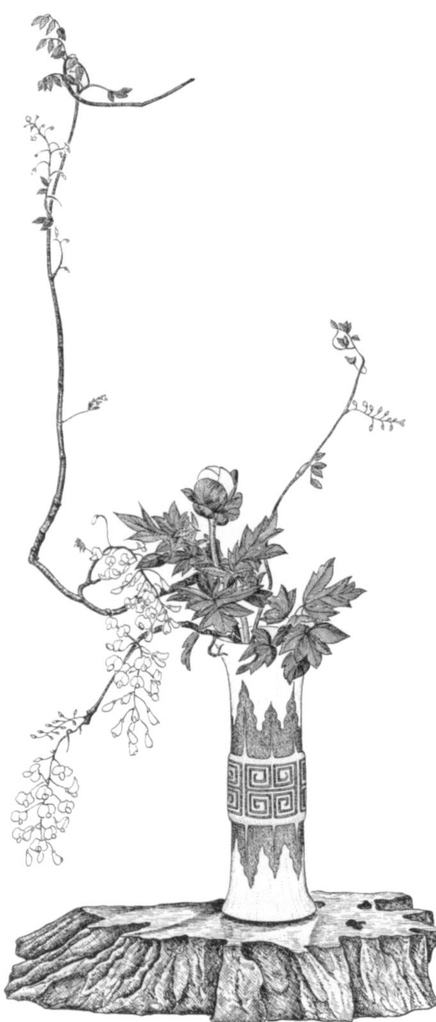

Abbildung 155. Jiyubana-Arrangement (1938). Ein interessant wachsender Glyzinenzweig, teils stehend, teils hängend, und eine Päonienknospe mit ihren hübschen Blättern sind in einer blau-weißen Porzellanvase frei gesteckt. Der Wurzeluntersatz gibt dem Arrangement optisches Gleichgewicht. Vasengesteck in freiem Stil von Tsujii Koshu, Saga-Schule.

Ikebana-Gefäße entdeckt, und manchmal wurden Ikebana-Werke sogar ohne Gefäße gestaltet. Diese neuen Anregungen haben die Ausbildung der abstrakten Richtung des Ikebana beschleunigt.

Die Entwicklung verlief parallel zur Entwicklung in der Architektur, deren erste Ansätze bereits in den zwanziger Jahren liegen. Infolge des wirtschaftlichen Aufstiegs nach dem Krieg wurden viele repräsentative, moderne Stahlbetonbauten mit dazu passender Inneneinrichtung errichtet. In solchen Gebäuden kommen gerade abstrakte Ikebana-Werke vortrefflich zur Wirkung.

Teshigahara Sofu und seine Sogetsu-Schule haben bei der Entwicklung des Zeneibana eine führende Rolle gespielt.

Im traditionellen Ikebana wurden Pflanzen oft als Bedeutungsträger betrachtet, zum Beispiel eine Frühlingsblume, ein Glück bringender Zweig oder ein gerade wachsender Grashalm, und das Ikebana-Gesteck wollte die natürliche Schönheit der Pflanzen zur Geltung bringen. In allen Arrangements in freiem Stil (Jiyubana und Zeneibana) ist dagegen die Pflanze ein neutrales Material; eine Chrysantheme ist nicht mehr Herbstsymbol, sondern eine Masse gelblicher Elemente. Diese neue Vorstellung vom Ikebana-Material als »Objet« ist eine wichtige Eigenheit des Jiyubana und Zeneibana. Das Wort »Ikebana-Objet« stammt von diesem Begriff, wird aber heute in einem anderen Sinne gebraucht; es bedeutet hauptsächlich eine abstrakte Skulptur, die entweder aus pflanzlichem Material besteht oder an pflanzliches Material erinnert.

Ein wesentlicher Unterschied zwischen den traditionellen Stilen und den modernen freien Stilen besteht darin, dass Ikebana jetzt als eine selbstständige bildende Kunst anerkannt wird. Dadurch hat sich der Begriff Ikebana sehr stark erweitert.

Unter dem Einfluss dieser Entwicklung sahen sich auch die traditionellen Ikebana-Schulen gezwungen, ihre Schulrichtungen zu modernisieren. Man sagte: »Ohne freien Stil kommt kein Schüler.«

Die Ikenobo-, Ko-, Misho-, Ryusei- und andere Schulen haben neben den herkömmlichen klassischen Stilen auch Moribana, Nageire, Jiyubana und Zeneibana in die Lehrpläne aufgenommen. Außerdem haben sie westliche Blumen sowie gebleichtes und gefärbtes Pflanzenmaterial und sogar auch industrielle Materialien für ihre klassischen Stile eingeführt. Ihre modernen Versionen der klassischen Stile nennen sie »Gendai-Rikka« (modernes Rikka) oder »Gendai-Seika« (modernes Seika). Sie bewahren zwar die klassische Form und Technik, aber durch die Verwendung neuartigen Materials und moderner Vasen harmonieren sie gut mit moderner Innenarchitektur.

5.7 Die Gegenwart

Im heutigen Ikebana finden sich fast alle Stilrichtungen, die im Laufe der Ikebana-Geschichte entwickelt worden sind, nebeneinander. Vom alten Rikka-Stil, der heute noch genauso gesteckt wird wie vor einigen Jahrhunderten, bis zum neuen Rikka-Stil, der durch neuartige Materialien und Vasen modernisiert worden ist, kann man heute alle Ikebana-Stile sehen und auch erlernen. Es gibt relativ schlichte Gestecke wie Chabana, aber auch sehr große Werke, bei denen man nicht nur die verschiedenen Ikebana-Techniken, sondern auch die Technik der Bildhauerei beherrschen muss.

Ikebana-Arrangements sind heute in Japan nicht nur in privaten Häusern zu sehen; man sieht oft schöne Arrangements in Geschäften, Banken, Schulen, Büros, Krankenhäusern, Restaurants oder Hotels. In großen Kaufhäusern sowie in zahlreichen Ausstellungsräumen finden häufig Ikebana-Ausstellungen statt. Ikebana-Ausstellungen waren zwar schon seit der Mitte des 15. Jahrhunderts bekannt, aber so viele Ausstellungen wie heutzutage gab es früher nie. Die meisten großen Ikebana-Schulen veranstalten regelmäßig Ikebana-Ausstellungen, um den Schülern Gelegenheit zu geben, ihre Werke in der Öffentlichkeit zu zeigen und um ihre Leistungen und Fähigkeiten zu fördern. Bestimmte Arten von Ikebana, zum Beispiel große Ikebana-Skulptur (siehe Farbtafel 37), Rikka (siehe Farbtafel 4) oder andere Gestecke, die mühsame Vorbereitungen erfordern (siehe Farbtafel 24), sind fast nur auf Ausstellungen zu sehen, deshalb nennt man diese Ikebana-Arten manchmal »Kaijobana« (Ausstellungsgestecke), während man die anderen Ikebana-Arten, die vorwiegend zu Hause, ohne große Vorbereitungen, gesteckt werden, »Kateibana« (Zimmergesteck) nennt. Kateibana werden selbstverständlich auch für Ausstellungen gesteckt.

Europäer fragen oft, ob man in Japan Blumen immer in Form eines Ikebana steckt oder auch einfach ohne besondere Regeln in die Vase stellt. Selbstverständlich stellen auch die Japaner Blumen einfach in die Vase (wie Sashihana) oder arrangieren sie in der Art eines europäischen, dekorativen Blumenstraußes. Aber es ist bemerkenswert, dass die Japaner von »Ikeru« (Stecken) sprechen, wenn es sich um Ikebana handelt, und von »Kazaru« (Schmücken), wenn die Blumen in anderer Weise in die Vase eingebracht werden. Hier wird der feine Unterschied der Tätigkeiten und die Einstellung der Japaner gegenüber Ikebana angedeutet.

Japaner lernen Ikebana nicht nur aus Interesse an schönen Arrangements für ihre Häuser, sondern auch häufig zusammen mit der Teezeremonie als eine allgemeine Schulung des Verhaltens und des Geistes. Ikebana ist seit der Edo-Zeit ein beliebter Bildungsweg für Frauen. Heute besteht die »Ikebana-Bevölkerung« überwiegend aus Frauen; damit sind diejenigen gemeint, die formellen Ikebana-Unterricht nehmen oder genommen haben – in Japan sollen es etwa 30 Millionen sein.

Schüler des Ikebana – ob sie in einer großen Lehranstalt oder privat Unterricht nehmen – können entsprechend ihren Leistungen und Fähigkeiten offi-

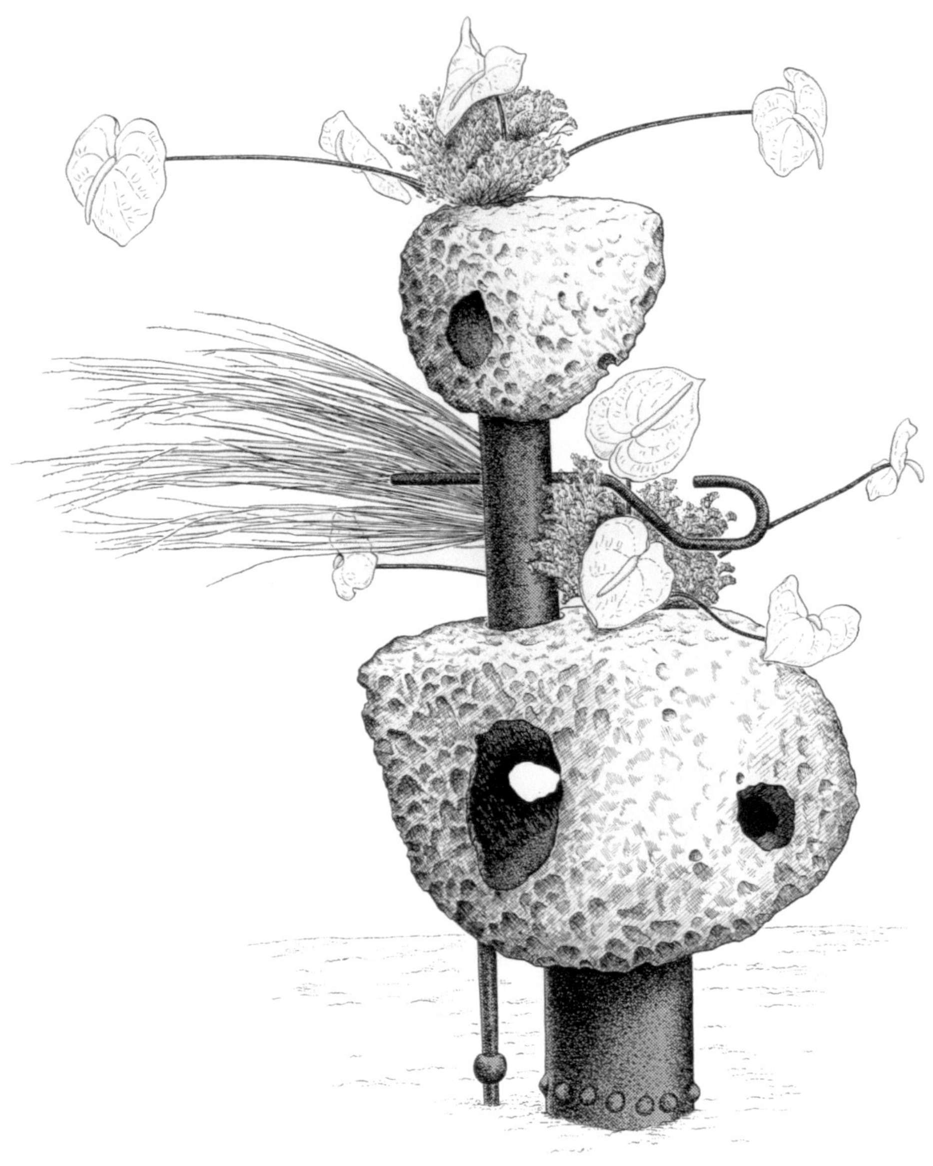

Abbildung 156. Zeneibana »Vogel« (1951). Von Teshigahara Sofu (1900–1979), dem Begründer der Sogetsu-Schule. Knallrote Flamingoblumen und getrocknete Statice (Limonium sinensis) sind in einem aus Natursteinen und Eisen gebauten »Objet-Gefäß« arrangiert.

zielle Zeugnisse in verschiedenen Stufen durch ihre Lehrer vom Iemoto (dem Leiter der Schule) erwerben. Diese Stufen sind in verschiedenen Schulen unterschiedlich organisiert, aber für das Lehrerdiplom werden in allen Schulen hohe Anforderungen gestellt, denn die Ikebana-Lehrer werden in Japan als Meister der Kunst sehr respektiert. Ein Ikebana-Lehrer tritt auch mit seinem Künstlernamen auf, der sich oft an den Namen seines Lehrers anlehnt.

Ikebana stellt in Japan durchaus einen bedeutenden Wirtschaftsfaktor dar: Jedes Jahr wird für Ikebana-Unterricht der Gegenwert von mehreren Hundert Millionen Euro ausgegeben. Viele Ikebana-Schulen, gerade die großen, behalten noch heute das im Abschnitt 5.4 erwähnte feudalistische Iemoto-System zur Finanzierung der Schule bei. Es ist so erfolgreich, dass die wirtschaftliche Bedeutung der großen Ikebana-Schulen mit den größten mittelständischen Unternehmen vergleichbar ist. Ursprung dieses Systems ist der Gedanke der Abtragung einer Dankesschuld des Schülers gegenüber seinen Lehrern. Es wird oft kritisiert, da es manchmal zu Missbräuchen und Auswüchsen neigt, aber es ist fest in der Tradition der japanischen Kultur verankert; es betrifft nicht nur Ikebana, sondern auch die anderen traditionellen Kulturgebiete, wie Teezeremonie und Tanz.

Die Zahl der Ikebana-Schulen soll bei 800 liegen; sie werden meistens mit »-ryu« bezeichnet, dies bedeutet »Schule« (im Sinne von »Schulrichtung«, nicht »Unterrichtsstätte«). Dass es so viele verschiedene Schulen gibt, ist wohl für den Europäer befremdlich, aber gerade der Konkurrenzgeist zwischen den verschiedenen Schulen hat zur Entwicklung dieser Kunst sehr viel beigetragen.

Die heute größten und bekanntesten Ikebana-Schulen in alphabetischer Reihenfolge sind:

- Adachi
- Enshu
- Ikenobo
- Ko
- Misho
- Ohara
- Ryusei
- Saga
- Senkei
- Sogetsu

Manche Schulen haben über 100 Zweigschulen in Japan und über eine Million Schüler (z. B. Ikenobo, Ohara und Sogetsu). Neue Schulen sind oft durch Abspaltung von einer bestehenden Schule entstanden. Sie bewahren häufig Elemente der Lehre ihrer Stammschule und tragen nicht selten auch einen Namen, der die Abstammung erkennen lässt.

Enshu-Gruppe:

- Enshu-ryu
- Enshu-ryu Isshinkai
- Seifu-Enshu-ryu
- Enshu-ryu Musashinoha
- Oka-Enshu-ryu und viele andere

Ikenobo-Gruppe:

- Ikenobo
- Shin-Ikenobo
- Sensho-Ikenobo
- Yamato-Ikenobo
- Ikenobo-Seigetsuha und viele andere

Ko-Gruppe:

- Ko-ryu Shotokai (Leiter: Familie Ikeda)
- Ko-ryu Shotokai (Leiter: Familie Enomoto)
- Ko-ryu Shookai
- Ko-ryu Katabamikai
- Shogetsudo-Ko-ryu und viele andere

Misho-Gruppe:

- Misho-ryu
- Misho-ryu Nakayama-Bunpokai
- Misho-ryu Issokai
- Misho-ryu Osaka
- Miyako-Misho-ryu und viele andere

Es gibt auch Ikebana-Schulen, die eine Art Kunstakademie betreiben (zum Beispiel Adachi, Ikenobo und Saga), oder solche, die in Form einer Stiftung bestehen, wie Ko-ryu Shotokai, Ohara, Sogetsu und Yamato-Kado.

In den letzten Jahrzehnten hat die Bekanntheit japanischer Kultur und speziell auch von Ikebana in Amerika und in anderen westlichen Ländern stark zugenommen. Viele große Ikebana-Schulen haben deshalb Zweigstellen im Ausland eröffnet (Sogetsu, Ikenobo, Ohara und andere), und dank zahlreicher Bücher, Ausstellungen und Demonstrationen wird Ikebana seit ca. 1950 im Westen sehr stark beachtet.

Im Jahre 1956 wurde eine internationale Gesellschaft für die Ikebana-Kunst, »Ikebana International«, von der Amerikanerin Ellen G. Allen gegründet. Zweck der Gesellschaft ist die Förderung und Verbreitung der Ikebana-Kunst und damit der internationalen Freundschaft und des gegenseitigen Verstehens. Die Gesellschaft ist in über 30 Ländern tätig.

Zehn Jahre später, 1966, wurde die Gesellschaft japanischer Ikebana-Kunst, »Nihon Ikebana Geijutsu Kyokai«, gegründet, deren Ziel die Entwicklung und Erhaltung der Kunst des Ikebana durch die Zusammenarbeit verschiedener Ikebana-Schulen in Japan ist. Der Gesellschaft gehören 130 Ikebana-Schulen an.

Gegen Ende des 20. Jahrhunderts hat die Kunst des Ikebana als »space design« eine parallele Entwicklung mit der modernen Architektur durchgemacht. Ikebana-Werke finden sich in Japan überall, z. B. in Schaufenstern, Kaufhäusern, Theaterfoyers, Hotellobbys, Eingangshallen von Bürogebäuden, öffentlichen Parks und Gärten von Museen. Wenn es größere Werke sind, werden sie oft auch »Ikebana-Installationen« genannt.

Der Einfluss des Ikebana auf die westliche Floristik ist hier in Europa enorm gestiegen, und die Anzahl der Anhänger des Ikebana nimmt ständig zu. Auch das Wort »Ikebana« hat Eingang in die deutsche und viele andere Sprachen gefunden. Es gibt inzwischen zahlreiche Unterrichtsstätten, und in fast allen größeren Volkshochschulen in Deutschland wird Ikebana-Unterricht angeboten. Seit 1980 gibt es in der Bundesrepublik auch einen »Ikebana Bundesverband e. V.«, in dem alle großen Ikebana-Schulen vertreten sind, und dessen mittlerweile über 500 Mitglieder vorwiegend diplomierte oder angehende Ikebana-Lehrer sind.

Frische Blumen werden heute regelmäßig weltweit als Luftfracht befördert. Dadurch gibt es nun im Handel, sowohl in Japan als auch in Deutschland, »exotische« Blumen aus allen Ländern und zu fast allen Jahreszeiten. Dazu haben auch hochtechnisierte Gewächshäuser viel beigetragen. Von einer solchen Entwicklung hätte vor 600 Jahren, als Ikebana geboren wurde, niemand zu träumen gewagt. Wie diese vielseitige und tiefsinnige Ikebana-Kunst sich wohl im 21. Jahrhundert weiterentwickeln wird?

Tabelle 8. Geschichte des Ikebana

In Japan übliche Bezeichnung der Periode	Politische Geschichte	Kulturgeschichte	Ikebana-Geschichte
ca. 350 A. D. Yamato-Periode	Entstehung des Kaiserreiches; Kerngebiet war die Landschaft Yamato (in der Nähe von Nara).		
	Zunehmende Ausbildung streng hierarchischer Strukturen mit Hofadel und Feudalherren an der Spitze.	Der Shintoismus herrscht, später wird der Konfuzianismus eingeführt (ca. 400).	Shintoistische Blumenopfer und Blumenzeremonien sind allgemein verbreitet.
ca. 550 Asuka-Periode	Einführung grundlegender Gesetze durch den Prinzregenten Shotoku. Offizielle Kontakte mit China.	Der Buddhismus kommt nach Japan (538/552). Der Buddhismus wird von der herrschenden Schicht gefördert.	Die Tradition der Blumenopfer in buddhistischen Tempeln beginnt (Kuge).
710 Nara-Periode	Verlegung der Hauptstadt nach Nara.	»Tenpyo-Kultur« (buddhistische Kultur und Kunst).	
	Glanzzeit der Macht des Kaisers und Aufstieg der buddhistischen Priesterschaft.	Es werden viele Tempel gebaut.	Buddhistische Blumenopfer (Kuge) in Tempeln sind allgemein verbreitet.
794 Heian-Periode	Verlegung der Hauptstadt nach Kyoto (Heian-kyo) zur Verminderung des Einflusses der Priester.		
	Übergang zur politischen Macht vom Kaiser auf Regenten (Fujiwara-Sippe); Frieden im Lande. Entstehung einer ländlichen Oberschicht von Kriegern und Großgrundbesitzern. Wachsende Macht der Kriegerschaft in den Provinzen.	»Heian-Kultur« (eigenständig japanische Kultur des Kaisers und des Hofadels; wenig chinesischer Einfluss). Höhepunkt der höfischen Architektur (Shinden-Bau).	Kaiser und Hofadel stecken Blumen (ohne besondere Regeln) in Vasen (Sashihana). Am Hof werden oft Blumenwettbewerbe veranstaltet.

In Japan übliche Bezeichnung der Periode	Politische Geschichte	Kulturgeschichte	Ikebana-Geschichte
1192 Kamakura-Periode	Übernahme der Macht durch den Krieger Minamoto no Yoritomo und Verlegung der Hauptstadt in das weit vom kaiserlichen Hof entfernte Kamakura; Frieden unter dem Mina-	»Kamakura-Kultur« (Kultur des Shoguns und der Krieger).	Blumenwettbewerbe mit Sashihana (Blumen in Vase) sind verbreitet; Blumen werden »gesteckt« (Sa-su).
	moto-Shogunat. Übergang der politischen Macht vom Shogun auf Regenten (Hojo-Sippe). Verfall der Zentralgewalt durch Angriffe vom Festland (1274 und 1281) und Machtkämpfe innerhalb der kaiserlichen Sippe und zwischen verschiedenen Kriegersippen.	Übergang von der höfischen Architektur zu einer neuen Architektur der Kriegerschicht (Shoin-Bau). Der Zen-Buddhismus kommt von China nach Japan; viele Kontakte mit China durch Zen-Priester und starker Einfluss chinesischer Kunst und Kultur.	In den Wohnräumen der Krieger gibt es buddhistische Hausaltäre, dort werden Blumenopfer dargebracht. Viele chinesische Vasen werden eingeführt. Blumen werden »aufrecht gestellt« (Tate-ru).
1336 Muromachi-Periode	Übernahme des Shogunats durch die Ashikaga-Sippe und Verlegung der Hauptstadt nach Muromachi in Kyoto.	»Muromachi-Kultur« (Mischung von höfischer und Kriegerkultur).	
		Glanzzeit der Architektur der Kriegerschicht (Shoin-Bau).	Aus dem Hausaltar entwickelt sich eine Ehrennische für Kunstgegenstände (zum Beispiel kostbare chinesische Vasen), und aus dem Blumenopfer wird ein kunstvoller Schmuck für die Ehrennische.
	Starke Zentralgewalt und Frieden in Kyoto trotz ständiger Unruhen in den Provinzen.	»Higashiyama-Kultur« (kulturelle Blütezeit unter dem achten Ashikaga-Shogun Yoshimasa mit star-	In dieser Zeit entstehen die ersten förmlichen Regeln für das Blumenstecken (Tatebana).

In Japan übliche Bezeichnung der Periode	Politische Geschichte	Kulturgeschichte	Ikebana-Geschichte
		kem Einfluss durch den Zen-Buddhismus und die Zen-Kultur).	Entdeckung der Asymmetrie für die Blumenkunst. Tatebana-Meister treten auf.
1467 Sengoku-Periode	Niedergang der Ashikaga-Herrschaft (beginnend mit dem achten Ashikaga-Shogun) infolge der zunehmenden Kriege zwischen den Feudalherren der Provinzen. Westliche Feuerwaffen kommen nach Japan.	Das Christentum kommt nach Japan (1549).	Die Tatebana-Regeln werden zuerst nur mündlich, dann auch in Büchern verbreitet.
1573 Azuchi-Momoyama-Periode	Sieg des Feudalherrn Oda Nobunaga über den letzten (15.) Ashikaga-Shogun. Vereinigung und Befriedung des Landes durch Nobunagas Nachfolger Toyotomi Hideyoshi.	»Momoyama-Kultur« (prachtvolle Kultur der Krieger und schlichte Teekultur der Teemeister).	Entwicklung des Blumensteckens durch Angehörige der Ikenobo-Priestersippe.
	Hauptregierungssitz in den Schlössern Azuchi und Momoyama. Offizielle Förderung der Kontakte mit dem Abendland.	Festungsartige Schlösser zum Schutz gegen Feuerwaffen mit luxuriösen Wohnräumen für die Krieger; daneben Teehäuser von schlichter Eleganz für die Teezeremonie.	Übergang vom schlichten Tatebana- zum prachtvollen Rikka-Stil. Teemeister treten auf. Die Teezeremonie findet in den führenden Schichten zunehmende Verbreitung; der Teeblumen-Stil (Chabana) entsteht.
1603 Frühe Edo-Periode	Machtübernahme durch den Krieger Tokugawa Ieyasu (1603); Verlegung der Hauptstadt nach Edo (= Tokyo).	»Edo-Kultur« (Kultur des Tokugawa-Shoguns und der Feudalherren).	Der Kaiser Gomizunoo veranstaltet zahlreiche Blumenausstellungen.
	Beginn einer 250jährigen absoluten und unange-	Der Konfuzianismus wird als geistige Grundlage der	

In Japan übliche Bezeichnung der Periode	Politische Geschichte	Kulturgeschichte	Ikebana-Geschichte
	fochtenen Diktatur des Tokugawa-Shogunats bei vollständiger Isolation vom Ausland.	autoritären Politik des Tokugawa-Shogunats gefördert.	
	Glanzzeit der Kriegerschicht (Shogun und Feudalherren an der Spitze).		Vollendung des Rikka-Stils. Nageire findet Anerkennung als ein Stil der Blumenkunst.
1688 Mittlere Edo-Periode	Wirtschaftliche Blütezeit.	»Genroku-Kultur« (Kultur der Bürgerschaft).	
	Aufstieg des Bürgertums und Verarmung der Kriegerschicht.	Aus dem Shoin-Bau entwickelt sich das bürgerliche Wohnhaus (Sukiya-Bau).	Entwicklung kleinerer und weniger komplizierter Formen (Seika) aus Rikka und Nageire, geeignet als Schmuck für die Ehrennische (Tokonoma) im bürgerlichen Haus. Die Symbolik des Seika-Arrangements wird vom Konfuzianismus beeinflusst (Himmel-Mensch-Erde). Gründung zahlreicher Ikebana-Schulen. Frauen finden zunehmend Interesse an der Ikebana-Kunst. Das Iemoto-System wird eingeführt.
		Glanzzeit der Holzschnittkunst.	Zahlreiche Ikebana-Lehrbücher werden gedruckt (illustriert mit Holzschnitten); dadurch weitere Verbreitung des Ikebana.
1772 Späte Edo-Periode	Allmählicher Verfall der Tokugawa-Macht.	Die Entwicklung vieler Kunstarten kommt durch Zensur- und Sparmaßnahmen des Shoguns zum Stillstand.	Die Ikebana-Kunst wird wegen ihrer konfuzianistischen Symbolik offiziell gefördert.

In Japan übliche Bezeichnung der Periode	Politische Geschichte	Kulturgeschichte	Ikebana-Geschichte
	Kritik am Tokugawa-Shogunat im In- und Ausland. Die USA erzwingen die Öffnung des Landes zum Ausland (1854).	Die chinesische Richtung der Malerei (Bunjin-Stil) ist weit verbreitet.	Chinesische Blumen und chinesische Stilvorstellungen der Malerei finden Eingang in die Blumenkunst (Bunjinbana).
1868 Meiji-Periode	Machtübernahme durch den Meiji-Kaiser (1868); Abschaffung des Shogunats; Verlegung des kaiserlichen Hofes in die jetzt »Tokyo« genannte Hauptstadt.		
	Entwicklung zum Industriestaat nach westlichem Muster; Übernahme westlicher Strukturen im Staat.	Anfangs Eindringen westlicher Kultur und Kunst einschließlich europäischer Architektur und Inneneinrichtung.	Erlöschen des Interesses am herkömmlichen Ikebana. Import westlicher Schnittblumen, Entwicklung eines für sie besonders geeigneten Ikebana-Stils (Moribana). Ikebana als Schmuck westlicher Wohnzimmer.
	Aufstieg zur stärksten Militärmacht in Ostasien (Sieg über China 1895 und über Russland 1905).	Später Nationalismus-Bewegung in allen Bereichen der Kultur.	Offizielle Förderung von Ikebana als Nationalkunst.
1912 Taisho-Periode	Thronbesteigung des Taisho-Kaisers.	Fortsetzung der Modernisierung des Lebensstils.	Ikebana wird durch Massenkommunikationsmittel im ganzen Land verbreitet.
	Teilnahme am Ersten Weltkrieg auf der Seite der Sieger.	Erscheinen einer avantgardistischen Kunstbewegung.	Moribana und Nageire in freiem Stil (Jiyubana) erscheinen.
1926 Showa-Periode	Thronbesteigung des Kaisers Hirohito.		Erklärung der Befreiung des Ikebana (1930).
	Wachsender, schließlich übermächtiger Einfluss des Militärs. Totale Niederlage	Vorübergehender Stillstand der Kunst und Kultur während des Krieges.	Stillstand während des Krieges, anschließend Wiederaufbau der Ikebana-Kunst.

In Japan übliche Bezeichnung der Periode	Politische Geschichte	Kulturgeschichte	Ikebana-Geschichte
	im Zweiten Weltkrieg (1945).		
	Amerikanische Besatzung; Entmachtung des Kaisers und des Militärs. Neue Verfassung, parlamentarische Demokratie mit Kaiser als symbolischem Staatsoberhaupt.	Repräsentative, moderne Stahlbetonbauten mit moderner Inneneinrichtung.	Entwicklung eines avantgardistischen Ikebana-Stils (Zeneibana), geeignet für die moderne Architektur. Modernisierung der Ikebana-Schulen und der klassischen Stile (Seika und Rikka).
	Aufstieg zur wirtschaftlichen Großmacht.	Durch das Wachsen des internationalen Verkehrs steigert sich der Austausch zwischen westlicher und japanischer Kultur.	Zunehmendes Interesse an Ikebana im Westen; »Ikebana International« wird gegründet (1956). Die Gesellschaft japanischer Ikebana-Kunst wird gegründet (1966).
1989 Heisei-Periode	Thronbesteigung des Kaisers Akihito. Weltpolitik und -wirtschaft ohne Beteiligung Japans nicht mehr denkbar.	Mit zunehmendem Wohlstand kommen sowohl westliche als auch japanische Kultur und Kunst zur Blüte.	Fast alle Blumen sind ganzjährig erhältlich. Weltweiter Lufttransport von Blumen ist gang und gäbe.
		Moderne großräumige Architektur, gleichzeitig Verfeinerung der Architektur und Inneneinrichtung im traditionell japanischen Stil.	Große abstrakte Ikebana-Installationen werden allgemein als Kunst anerkannt. Das Wort »Ikebana« hat Eingang in viele andere Sprachen gefunden.

Farbtafeln

Zeichnungen

Literatur

Bei den japanischsprachigen Werken wird nach dem Autor zuerst der Originaltitel (in Transliteration) angegeben, dann folgt die deutsche Übersetzung in Klammern.

Bei den »Ikebana Card Books« handelt es sich um Bildersammlungen von Ikebana-Arrangements mit japanischen und englischen Erläuterungen.

Monographien

Ashida, I.: Seifu-Enshu-ryu no Shoka (Shoka der Seifu-Enshu-Schule). Shufunotomo, Tokyo 1978.

Baumgardt, B.: Ikebana – Die Kunst der lebendigen Blüte. Bruckmann, München 1972.

Berrall, J. S.: A History of Flower Arrangement. Thames and Hudson, London 1969.

Beuchert, M.: Sträuße aus meinem Garten. Ulmer, Stuttgart 1978.

Briel, D.: Ikebana – Die Sogetsu-Schule und ihre Gestaltungsmöglichkeiten. Englisch, Wiesbaden 1994.

Carr, E.: Japanese Floral Art. Van Nastrand, Princeton 1961.

Conder, J.: The Theory of Japanese Flower Arrangements. Thompson, Kobe 1935.

Davidson, G.: Mit Ikebana wohnen. BLV, München 1973.

Debon, G., und Meisen, E.: Ikebana – Handbuch für den Unterricht. Ostasiatischer Kunstverlag, Linz am Rhein 1979.

Diels-Krafft, D.: Ikenobo-Ikebana. Franckh'sche Verlagshandlung, Stuttgart 1972.

Encke, F., Buchheim, G., und Seybold, S.: Zander Handwörterbuch der Pflanzennamen. Ulmer, Stuttgart 1980.

Evers, M.: Werkformen der Blumenbinderei. Parey, Berlin 1960.

Exner, E.: Trockenblumen – zauberhafter Zimmerschmuck. Bertelsmann, München 1974.

Fujiwara, Y.: Ikenobo no Ikebana (Ikebana der Ikenobo-Schule). Aus der Reihe: Dokushu Shirizu (Selbststudium-Reihe). Shufunotomo, Tokyo 1961.

Fujiwara, Y.: Ikenobo School. 5 Bände. Aus der Reihe: Ikebana Card Books, Shufunotomo, Tokyo 1971.

Fujiwara, Y., und Graefe, A.: Rikka – Klassische Form japanischer Blumenkunst. Ulmer, Stuttgart 1984.

Fukushima, K.: Hana-Damari. Sogetsu, Tokyo 1994.

Hasegawa, K. (Hrsg.): Saga School. 6 Bände. Aus der Reihe: Ikebana Card Books, Shufunotomo, Tokyo 1970.

Hasegawa, K. (Hrsg.): Saga-ryu Ikebana (Ikebana der Saga-Schule). Aus der Reihe: Dokushu Shirizu (Selbststudium-Reihe). Shufunotomo, Tokyo 1972.

Hasegawa, K., et al.: Ikebana Tekisuto (Ikebana-Lehrbuch). 3 Bände. Seikasha, Kyoto 1973.

Hay, R., und Synge, P. M.: Das große Blumenbuch. Ulmer, Stuttgart 1971.

Herr, E.: Häusliches Blumenbinden. Ulmer, Stuttgart 1971.

Herr, E., und Menzel, P.: Trockenblumen – Sammeln, Präparieren, Gestalten. Ulmer, Stuttgart 1980.

Herrigel, G. L.: Der Blumenweg. O. W. Barth, München 1964.

Hihara, K.: Misho School. 4 Bände. Aus der Reihe: Ikebana Card Books. Shufunotomo, Tokyo 1970.

Hihara, K.: Misho-ryu Ikebana (Ikebana der Misho-Schule). Aus der Reihe: Dokushu Shirizu (Selbststudium-Reihe). Shufunotomo, Tokyo 1975.

Hosokawa, M. (Hrsg.): Ikebana (Ikebana). Sonderheft der Zeitschrift Taiyo (Sonne). Heibonsha, Tokyo 1975.

Ikeda, M.: Yoka Ikebana (Ikebana mit westlichen Blumen). Hoikusha, Osaka 1975.

Ikeda, M.: Ko-ryu Ikebana (Ikebana der Ko-Schule). Aus der Reihe: Dokushu Shirizu (Selbststudium-Reihe). Shufunotomo, Tokyo 1976.

Ikeda, R.: Ko-ryu Shotokai Tekisuto (Lehrbuch der Ko-Schule Shotokai). 2 Bände. Ko-ryu Shotokai, Tokyo 1974 (Band 1) und 1978 (Band 2).

Ikeda, R., und Ikeda, M.: Ko-ryu Shotokai. 3 Bände. Aus der Reihe: Ikebana Card Books. Shufunotomo, Tokyo 1970.

Ikeda, R., und Ikeda, M.: Ko-ryu (Ko-Schule). Aus der Reihe: Ikebana Zensho (Das vollständige Ikebana-Werk). Shogakukan, Tokyo 1971.

Ikenobo, S.: Hanakagami Rikka no Shiori (Rikka-Lehrheft). Nihonkadosha, Kyoto 1955.

Ikenobo, S.: Hanakagami Shoka no Shiori (Shoka-Lehrheft). Nihonkadosha, Kyoto 1955.

Ikenobo, S.: Ikebana – Shoka of the Classic Style. Nihonkadosha, Kyoto 1962.

Ikenobo, S., et al.: Ikenobo ABC (Ikenobo-Abc). 5 Bände. Ikenobo, Kyoto o. J. (um 1970).

Ikenobo, S.: Ikenobo (Ikenobo-Schule). Aus der Reihe: Ikebana Zensho (Das vollständige Ikebana-Werk). Shogakukan, Tokyo 1971.

Ikenobo, S.: Ikebana of Senei Ikenobo. 3 Bände. Aus der Reihe: Ikebana Card Books. Shufunotomo, Tokyo 1974.

Ikenobo, S. (Hrsg.): Ikenobo Ikebana Nenpyo (Chronologische Tabelle des Ikenobo-Ikebana). Nihonkadosha, Kyoto 1974.

Ikenobo, S.: Ohana ni Tsuyokunaru 180 no Chie (180 Punkte zur schönen Ikebana-Gestaltung). Kodansha, Tokyo 1974.

Inoue, K., et al.: Ikebana Kazai Sojiten (Ikebana-Pflanzen-Lexikon). Kodansha, Tokyo 1979.

Ishimoto, T.: Japanische Blumenkunst. Droemer, München 1974.

Kasuya, M.: Ichiyo-shiki Ikebana (Ikebena der Ichiyo-Schule). Shufunotomo, Tokyo 1975.

Kusunoki, I.: Yosezutsu no Ikekata (Kombinierte Vasengestecke). Seikasha, Kyoto 1972.

Kusunoki, I.: Tsuki Fune Tsurube no Ikekata (Mond-, Boot- und Schöpfeimer-Gestecke). Seikasha, Kyoto 1974.

Leppich, E.: Ikebana-Lehrbuch. Ostasiatischer Kunstverlag, Köln 1966.

Massy, P.: The Essentials of Ikebana. Shufunotomo, Tokyo 1978.

Mittwer, H.: The Art of Chabana. Charles E. Tuttle, Tokyo 1974.

Müller-Nishio, N.: Mit Ikebana anfangen. Franckh'sche Verlagshandlung, Stuttgart 1977.

Nakamura, R.: Atarashii Rikka no Manabikata (Lehrbuch für das neue Rikka). Nihonkadosha, Kyoto 1979.

Nakayama, B.: Misho-ryu (Misho-Schule). Aus der Reihe: Ikebana Zensho (Das vollständige Ikebana-Werk). Shufunotomo, Tokyo 1971.

Nakayama, B.: Misho-ryu (Misho-Schule). Aus der Reihe: Dokushu Shirizu (Selbststudium-Reihe). Shufunotomo, Tokyo 1974.

Nakayama, B., und Nakayama, S.: Misho-ryu Nakayama-Bunpokai. 4 Bände. Aus der Reihe: Ikebana Card Books, Shufunotomo, Tokyo 1970.

Naruse, K.: Chiko School. Aus der Reihe: Ikebana Card Books. Shufunotomo, Tokyo 1976.

Nishibori, I.: Nihon no Ikebana (Japanisches Ikebana). Kawarashoten, Kyoto 1975.

Nising, H., Sudbrack, J., und Eichler, C.: Zwischen Rosen und Schatten. Fotokunst-Verlag Groh, München 1979.

N. N. (Hrsg.): Cha (Tee). Sonderheft der Zeitschrift Taiyo (Sonne). Heibonsha, Tokyo 1973.

N. N. (Hrsg.).: Cha no Kokoro to Bi (Herz und Schönheit der Teezeremonie). Aus der Reihe: Derakkusu Shirizu (Luxusreihe). Shufunotomo, Tokyo 1976.

Ohara, H.: Ohara-ryu Ikebana (Ikebana der Ohara-Schule). Aus der Reihe: Dokushu Shirizu (Selbststudium-Reihe). Shufunotomo, Tokyo 1961.

Ohara, H.: Ikebana Kyohon (Ikebana-Lehrbuch). 5 Bände. Ohara, Tokyo 1962.

Ohara, H.: Bunjinshumi to Hana (Bunjin-Richtung und Blumen). Ohara, Tokyo 1969.

Ohara, H.: Ikebana of Japan. 2 Bände. Aus der Reihe: Ikebana Card Books. Shufunotomo, Tokyo 1969.

Ohara, H.: Ohara-ryu (Ohara-Schule). Aus der Reihe: Ikebana Zensho (Das vollständige Ikebana-Werk). Shogakukan, Tokyo 1975.

Ohara, H.: Kakitsubata o Ikeru (Iris Stecken). Ohara, Tokyo 1989.

Oi, M.: Ikebana Jiten (Ikebana-Lexikon). Tokyodo, Tokyo 1978.

Okada, K.: Shiki no Hana (Blumen in vier Jahreszeiten). Shufunotomo, Tokyo 1974.

Okada, K. (Hrsg.): Zusetsu Ikebana Bunkashi (Ikebana-Kulturgeschichte). 3 Bände. Shufunotomo, Tokyo 1979.

Oshima, R.: Ikenobo Rikka no Manabikata (Lehrbuch für das Ikenobo-Rikka). Nihonkadosha, Kyoto 1979.

Oshima, S.: Teshigahara Sofu – in the Postwar Avant-Garde Era. Setagaya Art Museum, Tokyo 2001.

Pointner-Komoda, S., und Pointner, H.: Ikebana-Praxis. Neumann, Leipzig 1975.

Polunin, O.: Pflanzen Europas. BLV, München 1980.

Pucks, M.: Ikebana-Momente. Marianne Pucks (Hrsg.), Berlin o. J. (um 1997).

Richter, R.: Blüten und Zweige zauberhaft arrangiert. BLV, München 1975.

Rohrer, E.: Festliche Dekorationen mit Blumen. Frech, Stuttgart 1969.

Sakagawa, K.: Ikebana – Die Kunst, die Seele der Natur darzustellen. Moritz Schauenburg, Lahr 1977.

Sass, E.: Werken mit Blumen in flachen Gefäßen. Parey, Berlin 1968.

Sass, E.: Gestalten mit Trockenblumen. BLV, München 1977.

Schaarschmidt-Richter, I.: Ikebana, japanische Blumenkunst. Insel, Frankfurt 1962.

Schwalbe, H.: Japan. Prestel, München 1974.

Schwalm, E.: Ikebana – Mit Diagrammen aller Grundstile und Variationen. Falken, Taunus 1994.

Seckel, D.: Einführung in die Kunst Ostasiens. Piper, München 1960.

Seki, Y., et al.: Ikebana Benri-cho (Praktisches Ikebana-Handbuch). Shufunotomo, Tokyo 1998.

Shoji, S.: Chabana (Teeblumen). Seitosha, Tokyo 1998.

Sikora, M.: Inszenierung des Zufalls – Ikebana Sogetsu. Marianne Sikora (Hrsg.), Biberach 2001.

Sparnon, N.: Ikebana-Kurs. Ulmer, Stuttgart 1969.

Steere, W. C., et al.: Flower Arrangement – The Ikebana Way. Shufunotomo, Tokyo 1980.

Stein, H.: Blumen im Haus. Bertelsmann, München 1958.

Sudheimer, H.: Ikebana. 3 Bände. Parey, Berlin 1968.

Suzuki, D. T.: Erfülltes Leben aus Zen. O. W. Barth, München 1973.

Takahashi, S. (Hrsg.): Gendai Ikebana Geijutsu Zenshu (Moderne Ikebana-Kunst) 6 Bände. Shufunotomo, Tokyo 1976.

Teshigahara, H.: Sogetsu Textbook. 4 Bände. Sogetsu, Tokyo 1983.

Teshigahara, H., et al.: Gendai Ikebana Kazai Jiten (Modernes Ikebana-Pflanzen-Lexikon). Sogetsu, Tokyo 1999.

Teshigahara, K.: Space and Color in Japanese Flower Arrangement. Kodansha, Tokyo 1965.

Teshigahara, K.: Sogetsu no Shohinka (Kleine Arrangements der Sogetsu-Schule). Aus der Reihe: Ikebana Gurafikku (Ikebana-Graphik). Shufunotomo, Tokyo 1969.

Teshigahara, K.: Sogetsu Kyozai (Sogetsu-Lehrbuch). 2 Bände. Sogetsu, Tokyo 1975.

Teshigahara, K.: Das Ikebana-Jahr. Ulmer, Stuttgart 1979.

Teshigahara, S.: Ikebana – Sogetsu Flower Arrangement for a Beginner. Sogetsu, Tokyo o.J. (ca. 1964).

Teshigahara, S.: Sogetsu-ryu Ikebana (Ikebana der Sogetsu-Schule). Aus der Reihe: Dokushu Shirizu (Selbststudium-Reihe). Shufunotomo, Tokyo 1968.

Teshigahara, S.: Sogetsu-ryu (Sogetsu-Schule). Aus der Reihe: Ikebana Gurafikku (Ikebana-Grafik). Shufunotomo, Tokyo 1969.

Teshigahara, S.: Ikebana of Sofu. Aus der Reihe: Ikebana Card Books. 2 Bände. Shufunotomo, Tokyo 1969.

Teshigahara, S., und Teshigahara, K.: Sogetsu-ryu (Sogetsu-Schule). Aus der Reihe: Ikebana Zensho (Das vollständige Ikebana-Werk). Shogakukan, Tokyo 1974.

Teshigahara, S.: Kadensho – The Book of Flowers. Sogetsu, Tokyo 1996.

Teshigahara, W.: Ikebana Dokushusho (Ikebana-Selbststudium). Kodansha, Tokyo 1975.

Tsujii, H., et al.: Saga-goryu Taikan (Großes Sammelwerk der Saga-Schule). Shufunotomo, Tokyo 1986.

Uematsu, M.: Shogetsudo-Ko-ryu Sakuhinshu (Ikebana-Arrangements der Shogetsudo-Ko-Schule). Shufunotomo, Tokyo 1980.

Ujino, K.: Ikebana Nyumon (Einführung in die Ikebana-Kunst). Kinensha, Tokyo 1978.

Vocke, G.: Ikebana – Moribana-Schalenarrangement. Falken, Wiesbaden 1974.

Vocke, G.: Ikebana – Nageire-Vasenarrangement. Falken, Wiesbaden 1974.

Wakamori, T.: Nihonshi (Japanische Geschichte). Yushindo, Tokyo 1969.

Walter, H.: BI-Lexikon – Ikebana und Bonsai. Bibliographisches Institut, Leipzig 1990.

Wegener, U., und Wegener, P.: Ikebana – faszinierende Blumenkunst. BLV, München 1975.

Wegener, U., und Wegener, P.: Florales Gestalten mit Trockenblumen. Ulmer, Stuttgart 1981.

Wundermann, I.: Blumen, Blätter, Zweige arrangiert in schönen Gefäßen. Bertelsmann, München 1967.

Wundermann, I.: Der Florist I – Gestaltungslehre und Arbeitstechniken. Ulmer, Stuttgart 1978.

Yashiro, Y., und Swann, P. C.: Japanische Kunst. Droemer, München 1958.

Yokoi, T.: Ikebana with Fruits and Vegetables. Aus der Reihe: Ikebana Card Books. Shufunotomo, Tokyo 1974.

Yoshimura, K.: Ryusei-ha (Ryusei-Schule). Aus der Reihe: Ikebana Card Books. Shufunotomo, Tokyo 1970.

Yoshimura, K.: Ryusei-ha (Ryusei-Schule). Aus der Reihe: Ikebana Zensho (Das vollständige Ikebana-Werk). Shogakukan, Tokyo 1971.

Yoshimura, K.: Ryusei-ha Ikebana (Ikebana der Ryusei-Schule). Aus der Reihe: Dokushu Shirizu (Selbststudium-Reihe). Shufunotomo, Tokyo 1975.

Periodika

The Ikebana and Bonsai (Kalender, erscheint jährlich). Chigira Mineko, Urawa.

Garten-Praxis. Ulmer, Stuttgart.

Ikebana Gendai (Ikebana modern). Ko-ryu Shotokai, Tokyo.

Ikebana International. Ikebana International, Tokyo.

Ikebana Sogetsu (Ikebana der Sogetsu-Schule). Sogetsu, Tokyo.

Kado (Der Blumen-Weg). Nihonkadokai, Tokyo.

Saga (Zeitschrift der Saga-Schule). Seikasha, Kyoto.

So (Zeitschrift für Sogetsu-Lehrer). Sogetsu, Tokyo.

Za Ikenobo (Das Ikenobo). Nihonkadosha, Kyoto.

Bildquellen

Sämtliche Zeichnungen stammen von Gisela Tambour, Göttingen, größtenteils nach Vorlagen der Autorin; bei Nachzeichnungen aus der Literatur ist die Quelle beziehungsweise der Urheber des Arrangements in der Legende vermerkt. Arrangements ohne solche Angaben stammen von der Autorin.

Farbtafeln

1 a Gartenpraxis 6, 1981 (Foto Dieter Woog)
1 b Beuchert 1978 (Foto Jochen Schade)
2, 13, 37 Sogetsu-Schule, Tokyo
3, 18, 24 Ohara-Schule, Kobe
4, 14 Ikenobo-Schule, Kyoto
5, 35 Ryusei-Schule, Tokyo
6–10, 12, 15, 17, 19, 25, 27, 28, 30, 31, 33, 34, 36, 38 (= 1c) Verlag Shufunotomo, Tokyo
11, 16, 20 (= 1d), 21–23, 26, 29, 32, 39 Arrangements von der Autorin gestaltet, fotografiert von Christof Eichler, München

Sachregister

Nachwort

zur Neuausgabe 2004

Dieses Buch widme ich Margarethe Goebels, ohne die diese Neuausgabe gar nicht erst zustande gekommen wäre.

Ich bedanke mich besonders bei Ayako Graefe, der Autorin, für die wundervolle Zusammenarbeit; ich fürchte, das wird schwer zu überbieten sein. Ich bedanke mich auch bei Gisela Tambour, der Zeichnerin, und Christof Eichler, dem Fotografen, die ohne langes Zögern ihren wesentlichen Anteil an dieser Neuausgabe leisteten, indem sie der Verwendung ihrer Werke zustimmten.

Wenn Ihnen die Qualität der Fotos und der Zeichnungen gegenüber der Originalausgabe verändert erscheint, so hat dies einen Grund – einen technischen. Für die Reproduktion der Fotos und Zeichnungen stand nur ein Exemplar der Originalausgabe zur Verfügung – das anerkanntermaßen »selten« zu nennen war und ist –, und dieses sollte zudem nicht zerstört oder gar beschädigt werden. Die Scans aus dem Original wurden mit bestmöglichen technischen Mitteln durchgeführt, können jedoch zwangsläufig nie an das Original heranreichen. Ich denke aber, dies ist auch nicht unter allen Umständen nötig.

Im Übrigen spielte auch ein Ziel, welches ich gemeinsam mit der Autorin verfolgte, eine Rolle: Das Buch soll eine möglichst hohe Verbreitung finden, und das geht heutzutage nur noch über den Preis. Und um einen vernünftigen Preis zu finden, war es nötig, einen Teil der ursprünglich farbigen Fotos nur in Schwarz-Weiß zu bringen, vor allem dort, wo Farbe für das Verständnis des Textes nicht unerlässlich war. Da heute schnelle Internetzugänge in der Regel keine Frage mehr sind, stehen die Bildtafeln komplett farbig im Internet unter www.pmachinery.de zur Ansicht zur Verfügung.

[…]

Der Verlag verweigert sich – so weit möglich – der neuen, sogenannten Rechtschreibung als einer Verunstaltung der deutschen Schriftsprache.

Michael Haitel
Peißenberg
Frühjahr 2004

Nachwort

zur Neuausgabe 2010

Man mag sich darüber streiten wollen, wie sinnvoll es ist, ein Buch, das bereits Anfang der 80er Jahre des 20. Jahrhunderts erschien, noch einmal neu aufzulegen, in einer Fassung, die gegenüber der ursprünglichen wenig Änderungen erfahren hat. Schon die Neuausgabe 2004 hatte sich in dieser Hinsicht auf Fehlerkorrekturen und einige wenige wirkliche Aktualisierungen beschränkt.

Doch obwohl die Neuausgabe 2004 seit 2006 wiederum nicht mehr lieferbar war, erreichten uns immer wieder Anfragen, sogar Bestellungen. Letztlich hat auch die Autorin mit ihrem Wunsch den Ausschlag gegeben, das Projekt einer weiteren Neuausgabe nie aus den Augen zu verlieren. Dass es dann doch gleich noch einmal mehr als drei Jahre gedauert hat, das hatte und hat so viele Gründe, dass es wenig sinnvoll ist, sie alle hier zu nennen.

Gegenüber der Neuausgabe 2004 hat sich einiges geändert, immerhin.

Die 2004er Ausgabe hatten wir mit der Autorin gemeinsam finanziert und selbst vertrieben, ein wenig mühselig, zugegeben, denn um an so schöne einfache Lieferquellen wie den Internetbuchhandel heranzukommen, muss man einige Bedingungen erfüllen – oder sich mit Krücken behelfen. Bei der neuen Ausgabe haben wir auf die inzwischen bewährten und bekannten Möglichkeiten von Books on Demand zurückgegriffen. Dass wir damit nicht mehr eigentlicher, sondern allenfalls Co-Verlag sind, können wir leicht verschmerzen. Und der Autorin ist es ebenso gleich wie den späteren Käufern, woher genau ihr Exemplar denn nun stammt.

Das Layout wurde wieder der ursprünglichen Version aus den 80er Jahren angepasst – hochkant, zweispaltig, fast ein wenig konservativ. Aber das DIN A4-Querformat der 2004er Ausgabe hätte Books on Demand nicht mitgemacht, und schon unsere damalige Druckerei hat uns ganz sicher den einen oder anderen bösen Gedanken beim Binden der Bücher geschenkt.

Die neue Rechtschreibung hat auch in diesem Buch nun ihren Einzug gehalten, aber aus welchen Gründen auch immer – wir schieben es auf das Thema an sich – ist es nicht wirklich schmerzhaft spürbar. Und man muss sich auch als altgedienter Freund und Liebhaber der deutschen Schriftsprache letztlich irgendwann mit Neuerungen dieser Art auseinandersetzen. Immerhin hat die Reform der Reform einige der schlimmsten Änderungen zurückgenommen, was den Schmerz nicht stillt, aber doch erträglich macht.

Die 2004er Ausgabe war vor allem bei uns, im Verlag, zu beziehen. Die 2010er Ausgabe wird es bei uns direkt gar nicht geben. Dank Books on Demand sind wir in praktisch allen Internetbuchhandlungen vertreten, und ebenso ist das Buch über den Buchhändler ums Eck zu bekommen. Und das in jeder beliebigen Menge für mindestens die kommenden fünf Jahre. Und dann ist es vielleicht auch mal Zeit für eine grundsätzliche Überarbeitung. Vielleicht. Das sieht man dann.

Michael Haitel
Murnau am Staffelsee
Dezember 2009